Die Skepping van die Boeridentiteit

DIE WAARHEID OOR DIE BOERERFENIS

Wiets J Buys

Kopiereg

Die Skepping van die Boeridentiteit

Kopiereg 2024 © Wiets J. Buys

Alle Regte Voorbehou

Geen deel van hierdie publikasie mag gereproduseer, gestoor word in 'n herwinningstelsel, of oorgedra word, in enige vorm of op enige wyse, elektronies, meganies, fotokopiëring, opname of andersins, sonder die uitdruklike skriftelike toestemming van die skrywer nie.

Eerste Uitgawe: 19 Februarie 2024

Geskryf deur Wiets J Buys

ISBN: 978-0-9756467-2-4

WIETS BUYS

Opdrag

Christian, Vaughn, Yoné, Anya, Larissa.

Aan die nageslag van die Boere.

DIE SKEPPING VAN DIE BOERIDENTITEIT

Inhoudsopgawe

Voorwoord v

Hoofstuk 1: Die Oorsprong van die Boere 1
Hoofstuk 2: Die Boere word Gekoloniseer 40
Hoofstuk 3: Die Boere onder Britse Bewind 74
Hoofstuk4: Die Boere Trek 117
Hoofstuk5: Die Boerrepublieke 217

Naskrif 337
Bibliografie 339

Kaarte:
Kaart 1: Die Grense van die Kaap in 1795 36
Kaart 2: Die Zuurveldgebied 41
Kaart 3: Die Migrasieroetes van die Boere 188
Kaart 4: Die Verenigde Boerrepubliek 265
Kaart 5: Die Boerrepublieke 335

Voorwoord

Objektiewe historiografie, die onpartydige en onbevooroordeelde optekening van geskiedenis, is 'n onbereikbare ideaal. Dit bestaan nie, want geskiedenis word vanuit spesifieke perspektiewe geskryf. Historici kies en interpreteer feite noukeurig om hul gekose narratief te bevorder. Hierdie boek is geen uitsondering nie - dit het sy narratief doelbewus binne die Boeridentiteit geplaas. Die doel van die boek is om die geskiedenis van die skepping en ontwikkeling van die Boeridentiteit weer te gee.

Die status van wit Afrikaanssprekende Suid-Afrikaners het na 1994, toe demokrasie aan alle Suid-Afrikaners uitgebrei is, aansienlik verander. Hierdie verandering in status is duidelik in die veranderde narratief van die land se geskiedenis merkbaar. Die geskiedenis van Suid-Afrika fokus nou op die bereiking van demokrasie vir alle bevolkingsgroepe, met spesifieke klem op die rol wat die swart bevolking daarin gespeel het. Die geskiedenis van die Afrikaanssprekende bevolking word nou soms gemarginaliseer, en hul positiewe bydraes tot die land se ontwikkeling word oor die hoof gesien. Die gevolg is dat

DIE SKEPPING VAN DIE BOERIDENTITEIT

baie Afrikaanse mense 'n skuldgevoel aangeleer is of dat hulle eenvoudig nie meer in hul geskiedenis belangstel nie - en so gaan mense se kennis oor hul geskiedenis verlore. Geskiedenis is belangrik, want 'n volk is wat hulle kennis van hul kollektiewe geskiedenis is.

Voor 1994 was die situasie omgekeerd. Die historiese narratief in Suid-Afrika het grootliks om die wit Afrikaanssprekende bevolking gedraai, en die geskiedenis van ander groepe is dikwels verwaarloos. Gedurende die 20ste eeu was die aanbieding van geskiedenis 'n belangrike onderneming vir opeenvolgende Afrikaanse regerings. Daar is baie aandag aan geskiedenis gegee en die belangrikheid daarvan is wyd onder kinders en hul ouers verkondig. Die regering, onderwysinstellings, kerke, kultuurinstellings en die media het almal hul deel gedoen sodat die Afrikaanse kind sy geskiedenis ken.

Hierdie historiese voorstelling is egter hoofsaaklik deur die ideologie van Afrikaner-nasionalisme gevorm. Die verhaal van die Boere is nie as hul eie vertel nie. In die aanbieding van die geskiedenis van die Afrikaanse bevolking van Suid-Afrika, het Afrikaner-nasionalistiese historici nooit op die skepping en ontwikkeling van die Boeridentiteit gefokus nie – asof dit nooit bestaan het nie - asof só 'n epiese gedeelde geskiedenis en gedeelde trauma geen effek op die vorming van 'n kulturele identiteit het nie. Al hierdie is ten koste van die Boeridentiteit gedoen.

Buite Suid-Afrika is die geskiedenis van die Boere hoofsaaklik deur Britse skrywers geskryf. Sommige Britse skrywers was simpatiek teenoor die Boere en het hulle in 'n positiewe lig uitgebeeld, terwyl ander, meestal om hul konflikte met die Boere te regverdig, die Boere in 'n negatiewe lig gestel het. Die meeste het egter meer gedoen om die Boere as 'n kulturele entiteit voor te stel as wat die Afrikaner-nasionalistiese historici ooit gedoen het. Die geskiedenis van die Boere kan egter nie vertel word sonder om die Britte te betrek nie, omdat Brittanje 'n massiewe invloed op die ontwikkeling van die Boere as 'n kulturele groep gehad het. Afrikaner-nasionalistiese historici van die 20ste eeu was geneig om kritiek op Brittanje te vermy. Hierdie werk fokus op die skepping en ontwikkeling van die Boeridentiteit, maar dit moet ook ongerieflike waarhede oor Britse regerings van die tyd vertel.

Hierdie boek het ten doel om die voorstelling van die Boere se geskiedenis van die beperkings van Afrikanernasionalisme te bevry. Dit beoog om lesers te bemagtig om vir hulself te besluit of die Boeridentiteit werklik in 'n unieke en onafhanklike kulturele identiteit ontwikkel het.

NOTA: Dit is belangrik om daarop te let dat sommige historiese figure woorde gebruik het wat vandag as aanstootlik beskou word. In die konteks van 'n geskiedenisboek is dit nodig om die taal te gebruik wat destyds gebruik is om die historiese gebeure en mense akkuraat voor te stel. Die skrywer ondersteun of bevorder nie die gebruik van sulke taal nie, maar gebruik dit eerder om 'n akkurate uitbeelding van die verlede te gee.

Hoofstuk 1:
Die Ontstaan van die Boere

Die Kaap de Goede Hoop, geleë aan die mees suidelike punt van Afrika, was aanvanklik vir 143 jaar deur 'n private maatskappy, die Nederlandse Verenigde Oos-Indiese Kompanjie (VOC), beset. Gedurende hierdie tyd is die VOC se invloed en karakter in die Kaap se bestuur en algehele identiteit weerspieël en dit het vandag steeds 'n invloed op Suid-Afrika. Die VOC, wat in 1602 gestig is, is die oorsprong van die globale kapitalistiese stelsel. Dit was die eerste multinasionale maatskappy wat aandele aangebied het om kapitaal te bekom. Die VOC was 'n kapitaalintensiewe maatskappy, vergelykbaar met hedendaagse maatskappye soos Apple en Google. Ten spyte van sy hoë bedryfskoste het die VOC gedurende sy hele bestaan deurgaans uitstekende dividende van minstens 12% aan aandeelhouers uitbetaal.[1] Die handelsgebied van die VOC het van Suidoos-Asië, Ceylon, Indië, Persië, tot in Kaapstad gestrek.[2] In Asië het

---

[1] Schutte, G.J., (2002) *Neerlands India. De wereld van de VOC: calvinistisch en multi-cultureel*, Historia 47(1), Mei 2002, p.159
[2] Ploeger, J. (2012). *In diens van die Kompanjie*. Scientia Militaria - South African Journal of Military Studies, 20(3), p.5

DIE SKEPPING VAN DIE BOERIDENTITEIT

die VOC byna 'n miljoen Europeërs in diens gehad, terwyl hy sy 4 785 skepe gebruik het om meer as 2,5 miljoen ton voorraad na Europese markte te vervoer. In vergelyking kon sy mededinger, die Britse Oos-Indiese Kompanjie, met 2 690 skepe, slegs een vyfde van die VOC se voorraad vervoer.[3] Toe die VOC in 1602 gestig is, was die Nederlanders in die middel van 'n 80-jarige opstand teen Spanje, wat tot hul onafhanklikheid in 1648 gelei het. As Protestante het die Nederlanders probeer om hul regte, vryhede en godsdienstige oortuigings te beskerm. Die VOC moes as beide 'n kommersiële en polities-militêre entiteit funksioneer. Die State-Generaal, die regering van die Republiek van die Sewe Verenigde Nederlande, het op 20 Maart 1602 die VOC met politieke en militêre magte toegerus. Dié privaatmaatskappy het nou die magte van 'n staat gehad. Dit kon kolonies stig, 'n weermag saamstel en in die naam van die regering oorloë voer.[4]

Met die verkryging van sy onafhanklikheid in 1648 het die Republiek van die Verenigde Nederlande 'n Calvinistiese Gereformeerde teokrasie geword.[5] Terwyl die land vryheid van godsdiens toegelaat het, kon slegs die Hervormde Kerk openbare godsdiensoefeninge uitvoer en is dit finansieël deur die staat ondersteun. Die VOC moes toe ook 'n Christelike organisasie wees en sy kolonies volgens sy

---

[3] Van Boven, M. W. (2006). *"Memory of the World - Archives of the Dutch East India Company*: Nomination Form - VOC Archives Appendix 2"
[4] Schutte, G.J., (2002) *Neerlands India. De wereld van de VOC: calvinistisch en multi-cultureel*, Historia 47(1), Mei 2002, p.164
[5] Schutte, G.J., (2002) *Neerlands India. De wereld van de VOC: calvinistisch en multi-cultureel*, Historia 47(1), Mei 2002, p.165

DIE ONTSTAAN VAN DIE BOERE

Calvinistiese Protestantse geloof vestig. Dit het egter ook wins geprioriteer, en sy direkteure het, soos Dr Schutte dit gestel het, "blykbaar geglo dat God, goud en glorie 'n natuurlike kombinasie was."[6] In 1796 het die Nasionale Vergadering van die Bataafse Republiek die VOC genasionaliseer en teen die einde van 1799 weens materiële bankrotskap maar ook weens "morele bankrotskap" afgeskaf.[7] Die VOC was nie net geplaag deur korrupsie en nepotisme nie, maar was ook betrokke by slawehandel. Die maatskappy het sy personeel mishandel, mense met geweld verskuif en het verslaafdes van opium voorsien. Klagtes deur die Kaapse Patriotte oor die korrupsie van VOC-amptenare in 1784 het "vier volumes gevul".[8]

Die lewe op 'n VOC-skip van Nederland na Batavia in die 1600's was vir gewone matrose en soldate uiters moeilik en gevaarlik. Die bemanning het met beknopte en ongemaklike lewensomstandighede, gure weer en streng dissipline te kampe gehad. Dié wat reëls gebreek het is ernstige strawwe opgelê, insluitend geseling, tronkstraf of selfs die dood. Onvoldoende voeding was 'n groot uitdaging vir die bemanning, aangesien die kos wat verskaf is dikwels vrot was en nie die nodige voedingstowwe gehad het nie, wat tot hoë sterftesyfers gelei het. Skeurbuik, veroorsaak deur 'n tekort aan vitamien C as gevolg van 'n gebrek aan vars groente en vleis, het die lewens van ongeveer 'n derde van die

---

[6] Schutte, G.J., (2002) *Neerlands India. De wereld van de VOC: calvinistisch en multi-cultureel*, Historia 47(1), Mei 2002, p.163
[7] Schutte, G.J., (2002) *Neerlands India. De wereld van de VOC: calvinistisch en multi-cultureel*, Historia 47(1), Mei 2002, p.161
[8] Schutte, G.J., (2002) *Neerlands India. De wereld van de VOC: calvinistisch en multi-cultureel*, Historia 47(1), Mei 2002, p.160

bemanning per skip geëis, met nog 'n derde wat siek geword het.⁹ Om die kwessie van skeurbuik tydens lang seereise aan te spreek, het die VOC besluit om in 1652 'n verversingstasie aan die Kaap die Goeie Hoop te stig. Die voorpos was bedoel om verbygaande vlote van vars water, groente, vleis en mediese sorg te voorsien om so die gevolge van skeurbuik te bestry. Die verversingsstasie moes administratief beperk wees om koste laag te hou.¹⁰ Die VOC het beplan om tuine vir vrugte en groente te bewerk, maar het het besluit om met die Khoi-Khoi-mense vir beeste handel te dryf om vars vleis vir die manskappe te voorsien. Die verversingsbuitepos se primêre doelwit was om die doeltreffendheid van die VOC se bedrywighede te verhoog, aangesien die Kaap nooit winsgewend vir die maatskappy sou wees nie.

Die VOC het Jan van Riebeeck gekies om die verversingstasie aan die Kaap die Goeie Hoop te stig. Van Riebeeck het voorheen ook vir die VOC gewerk en hy is as 'n talentvolle individu beskou wat goed deur die range gevorder het. Hy is egter in Desember 1647 deur die VOC afgedank weens sy betrokkenheid by private handel, wat 'n ernstige oortreding was.¹¹ Ten spyte van sy afdanking het Van Riebeeck gehoop om na die VOC se diens terug te keer. Toe hy Kaap toe gestuur is, het hy dit as 'n trappie na 'n beter posisie in die Ooste beskou. Net elf dae na sy aankoms het hy

---

[9] Theal, G. M. (1916). *The story of Nations - South Africa* (8th ed., p. 24). T. Fisher Unwin Ltd., p.23

[10] Du Toit, A., & Giliomee, H. (1983). *Afrikaner Political Thought. Volume 1: 1780-1850*. University of California Press, p.1

[11] Du Plessis, J. S. (1952) *Jan Van Riebeeck — 'N Biografiese Skets En Enkele Karaktereienskappe*. Koers, vol. 19, no. 4, 1952, pp. 129-143., p.133

in 'n brief versoek om uit die Kaap "bevry" te word.[12] Hy wou nie by die Kaap wees nie omdat individue, in teenstelling met "Nederlandse Indië", nie in die Kaap rykdom kon verwerf deur handel te dryf of in kommoditeite te spekuleer nie.[13] Ten spyte van sy onwilligheid het Van Riebeeck besef hoe beter en gouer hy sy taak aan die Kaap voltooi, hoe vinniger hy bevordering na Indië sou kon ontvang. Hy het uiteindelik daarin geslaag om die verversingstasie suksesvol te vestig, maar hy het gretig gebly om die Kaap te verlaat en na die Ooste terug te keer. Hy het herhaaldelik versoek om weer in Indië te dien. Sy versoeke is uiteindelik op 12 Augustus 1660 toegestaan. Hy is toegelaat om die Kaap op 7 Mei 1662 te verlaat.[14] Uiteindelik het die VOC van hom vereis om vir tien jaar in die Kaap te bly.

In 1652 het suidelike Afrika se inheemse mense, na raming 100 000 Khoi-Khoi en 10 000 San, regoor die land gewoon. Die VOC het besluit om nie self met beeste te boer nie, maar om eerder met die pastorale Khoi-Khoi vir beeste, as bron vir vars vleis vir die verbygaande vlote, handel te dryf. Jan van Riebeeck het aan sy manskappe die belangrikheid daarvan beklemtoon om goeie betrekkinge met die Khoi-Khoi te handhaaf om sodoende goeie veehandel te verseker. Hy het sy manne beveel om vriendelikheid en

---

[12] Du Plessis, J. S. (1952) *Jan Van Riebeeck — 'N Biografiese Skets En Enkele Karaktereienskappe.* Koers, vol. 19, no. 4, 1952, pp. 129-143., p.138
[13] Heese, H. F. (2019). *Cape Melting Pot, The role and status of the mixed population at the Cape 1652-1795*, as translated by Delia Robertson from Groep Sonder Grense, p.46
[14] Du Plessis, J. S. (1952) *Jan Van Riebeeck — 'N Biografiese Skets En Enkele Karaktereienskappe.* Koers, vol. 19, no. 4, 1952, pp. 129-143., p.138

DIE SKEPPING VAN DIE BOERIDENTITEIT

vriendskap aan hulle te betoon, en sou enigiemand, wat enige Khoi-Khoi sou mishandel, "in hul teenwoordigheid met vyftig houe" straf.[15] Van Riebeeck het persoonlik met die Khoi-Khoi handel gedryf.

Tussen 1652 en 1699 het die Nederlanders 36 000 skape en 16 000 beeste van die Khoi-Khoi vir items soos krale, koper, tabak en alkohol verruil.[16] Hierdie ruiltransaksies was hoogs ongelyk en het die Khoi-Khoi verwoes. Die beeste wat hulle weggeruil het, was die kern van hul sosio-ekonomiese stelsels, en daarsonder is hul stamoutonomie vernietig.[17] Die Nederlanders het amper niks daarvoor teruggegee nie. Die Khoi-Khoi kon nie hul voorraad beeste en skape weer aanvul nie, en dit het hul ekonomie vernietig. Sosiale ontwrigtings het tot interne konflik en oorloë tussen die Khoi-Khoi-stamme gelei. Die konflikte het hulle met geen beeste gelaat om handel te dryf nie en het gelei tot 'n afname in die VOC se voorrade. In 1672 het die VOC kommer uitgespreek dat die rykste veeeienaars in die ooste nie die fort kon besoek nie weens vrees om deur hul vyande (die Khoi-Khoi-stamme in die omgewing van die fort) beroof te word, terwyl dié naaste aan die fort geruïneer is deur interne konflikte met naburige

---

[15] Leftwich, A. (1976). *Colonialism and the constitution of Cape society under the Dutch East India Company* [Doctoral dissertation, University of York]., p.4
[16] Steyn, J.C. 2016 *Afrikanerjoernaal. 'n Vervolgverhaal in 365 episodes*. Pretoria: FAK., p.29
[17] Leftwich, A. (1976). *Colonialism and the constitution of Cape society under the Dutch East India Company* [Doctoral dissertation, University of York]., p.316

stamme.[18] In 1679 het die VOC besluit om self met die teel van vee te begin. Selfs in Maart 1699 nog, het die Kaap in 'n brief na Amsterdam, die voortdurende onderlinge oorloë en diefstalle onder die Khoi-Khoi-stamme betreur wat steeds die VOC se voorrade beïnvloed het.[19]

Na 'n paar moeilike jare het van Riebeeck goeie vordering gemaak om die verversingstasie te vestig. 'n Basiese hospitaal met 200-300 beddens is gebou, 'n groot tuin is bewerk en verskeie diere soos perde, varke, skape, honde, hase en pluimvee is vanaf Java en Europa na die Kaap ingevoer.[20] Van Riebeeck het egter besef dat die huidige produksie onvoldoende was om die buitepos te onderhou en om die vloot te voorsien. Hulle het 'n aansienlike toename in die produksie van graan en koring nodig gehad.[21] Hy was ook voortdurend onder druk van sy hoofde by die VOC om koste te verminder. Om dit aan te spreek, het hy 'n strategie ontwikkel om produksie te verhoog en terselfdertyd koste te besnoei deur 'n "Vryburger" bevolking in die Kaap bekend te stel. Tydens sy aanbieding aan die Here XVII, die raad van direkteure van die VOC, het Van Riebeeck verskeie voordele

---

[18] Leftwich, A. (1976). *Colonialism and the constitution of Cape society under the Dutch East India Company* [Doctoral dissertation, University of York]., p.334
[19] Leftwich, A. (1976). *Colonialism and the constitution of Cape society under the Dutch East India Company* [Doctoral dissertation, University of York]., p.335
[20] Theal, G. M. (1916). *The story of Nations - South Africa* (8th ed., p. 24). T. Fisher Unwin Ltd., p.31
[21] Fourie, Johan and Uys, Jolandi, (2011), *A survey and comparison of luxury item ownership in the eighteenth century Dutch Cape Colony*, No 14/2011, Working Papers, Stellenbosch University, Department of Economics, p.4

uiteengesit wat die maatskappy kon verkry deur "Vrye" boere (Vryburgers) in die Kaap te vestig. Eerstens het hy betoog dat hierdie boere skepe van meer verversings teen 'n laer koste aan die VOC kon voorsien. Verder, aangesien die meeste Vryburgers voormalige soldate sou wees, kon 'n Burgerwag die fort beskerm, wat die VOC in staat sou stel om minder soldate aan te stel en verdedigingsuitgawes te verminder. Eiendomsbelasting wat die Vryburgers opgelê sou word, sou ook addisionele inkomste vir die VOC genereer en benodigdhede kon teen 'n wins aan hulle verkoop word. Van Riebeeck het ook gesuggereer dat VOC-amptenare en hul families verblyfsgelde van die Vryburgers kon ontvang, wat die maatskappy se verantwoordelikheid om hulle met kos te voorsien, sou verlig.[22] In Februarie 1657 is "vrybriewe" (briewe wat hulle uit die maatskappy se diens ontslaan en hulle as Vryburgers aanstel) aan die eerste nege Vryburgers oorhandig en klein stukke grond is in Rondebosch aan hulle toegestaan.[23]

Die openlike uitbuiting waarop Van Riebeeck se Vryburgerplan gegrond was, was onthullend van die tipe regering waaronder die Vryburgers sou ly. Hy het 'n unieke markstelsel in die Kaap geïmplementeer waar die VOC produksiebesluite gedikteer het deur vrye handel te verbied en opdrag te gee dat alle goedere teen 'n vaste prys aan die

---

[22] Olivier, G. C. (1968). *Die vestiging van die eerste vryburgers aan die Kaap die Goeie Hoop*. Historia, 13(3), 146-175., p.150
[23] Olivier, G. C. (1968). *Die vestiging van die eerste vryburgers aan die Kaap die Goeie Hoop*. Historia, 13(3), 146-175., p.150

maatskappy verkoop moet word.²⁴ Daar was 'n duidelike skeiding tussen die VOC-regering en die burgers. Die VOC het nou getransformeer van die werkgewer na, nie net die regering nie, maar ook die enigste mark. Die Vryburgers het geen politieke regte gehad nie en hulle was stewig onder VOC-jurisdiksie. Die Vryburgers sou vasgevang word in 'n handelstelsel waar die VOC monopolië en manipulasie gebruik het om volledige beheer oor die burgers se lewens uit te oefen. Gevolglik was dit uitsonderlik uitdagend vir hulle om finansiële onafhanklikheid te bereik.²⁵ As die enigste koper het die VOC nie net daarna gemik om die pryse so laag as moontlik te stel nie, maar dit het ook vervaardigingsaktiwiteite verbied en nie toegelaat dat private handelaars ander markte vir Kaapse goedere vind nie. Daarbenewens het die VOC ook monopoliekontrakte, bekend as "pachte" vir byna elke soort produk toegeken. Dit het die rykste boere toegelaat om die regte te verkry om aan die VOC te kan verskaf.²⁶ Hierdie praktyk het geleenthede vir uitgebreide korrupsie geskep en aanleiding tot 'n florerende smokkelhandel gegee.

Die meeste van die aanvanklike Vryburgers was individue wat per toeval as soldate of matrose by die Kaap

---

[24] Dieter and Johan Fourie, (2010), *A history with evidence: Income inequality in the Dutch Cape Colony*, No. 184, Working Papers, Economic Research Southern Africa, p.4
[25] Heese, H. F. (2019). *Cape Melting Pot, The role and status of the mixed population at the Cape 1652-1795*, as translated by Delia Robertson from Groep Sonder Grense, p.48
[26] Fourie, Johan and van Zanden, Jan Luiten, (2012), *GDP in the Dutch Cape Colony: The national accounts of a slave-based society*, No. 04/2012, Working Papers, Stellenbosch University, Department of Economics, p.468

aangekom het.[27] Die meeste het geen noemenswaardige formele opleiding gehad het nie. Toe hulle die Petisie van 1658 aan Jan van Riebeeck voorlê, kon sewe van die veertien slegs met 'n merk teken.[28] Hulle het gesukkel weens hul gebrek aan kennis oor landbou en die uitdagende weersomstandighede, vererger deur die lae pryse wat die VOC bied. Sommige van hulle het in armoede verval. In sommige gevalle moes die kerk fondse insamel om behoeftige boere te ondersteun wie se "kinders kaal saam met diere in hooi moes slaap".[29] Sommige moes jag en pastorale boerdery gebruik om aan die lewe te bly terwyl ander verstekelinge op skepe geword het wat terug na Europa was.[30] Die aanstelling van die Vryburgers het na 'n proses van keuring gelyk, met net die hardwerkende en betroubaarste individue wat daarin geslaag het. Sodra 'n man bewys het dat hy homself kan onderhou, kon hy versoek dat sy vrou en kinders uit Europa gestuur word.[31] Kort na die boere, het ander beroepe ook hulle vrybriewe van die VOC ontvang: kleremakers, jagters, vissers, houtsaers,

---

[27] Heese, H. F. (2019). *Cape Melting Pot, The role and status of the mixed population at the Cape 1652-1795, as translated by Delia Robertson from Groep Sonder Grense.*
[28] Olivier, G. C. (1968). *Die vestiging van die eerste vryburgers aan die Kaap die Goeie Hoop. Historia).*, VI p.176
[29] Johan Fourie and Dieter von Fintel, (2010), *The dynamics of inequality in a newly settled, pre-industrial society: the case of the Cape Colony, Cliometrica, Journal of Historical Economics and Econometric History,* 4, (3), 229-267, p.8
[30] Fourie, Johan and van Zanden, Jan Luiten, (2012), *GDP in the Dutch Cape Colony: The national accounts of a slave-based society*, No 04/2012, Working Papers, Stellenbosch University, Department of Economics, p.481
[31] Theal, G. M. (1916). *The story of Nations - South Africa* (8th ed., p. 24). T. Fisher Unwin Ltd., p.33

DIE ONTSTAAN VAN DIE BOERE

skrynwerkers, alegemene handlangers, geneeshere, landmeters, meulenaars, bouers, tappers en tuiniers.[32] Die VOC was huiwerig om verdere uitbreiding in die Kaap aan te moedig weens die Vryburgers se onvermoë om voldoende te produseer.[33] Europeërs het dus nie in groot getalle na die Kaap getrek nie.

Gedurende die grootste deel van die agtiende eeu was die Kaap 'n samelewing wat sterk op slawe-arbeid staatgemaak het. Die eerste slawe het in 1658 in 'n verowerde Portugese slaweskip, wat van Angola na Brasilië op pad was, by die Kaap aangekom.[34] Dit was egter eers aan die begin van die agtiende eeu dat die VOC slawe-invoere bo Europese immigrante verkies het. Europese bediendes genaamd "knechts" was in diens, maar die VOC het verkies om slawe in te voer om insetkoste laag te hou sodat hulle die produkte teen lae pryse van die boere kon kry. Die slawe het hoofsaaklik van vier hoofbestemmings deur die Nederlandse netwerk in die Oos-Indiese Eilande gekom: die Indonesiese eilandgroep, Indië (en Ceylon), Madagaskar (en Mauritius) en Mosambiek.[35] Die inheemse bevolking, die Khoi-Khoi en die San, is nooit as slawe geneem nie.

---

[32] Olivier, G. C. (1968). *Die vestiging van die eerste vryburgers aan die Kaap die Goeie Hoop*. Historia, VI p.24
[33] Vrey, W.J.H., (1968), *Blanke besetting en bevolkingsgroei van die Republiek van Suid-Afrika vanaf 1652 tot 1960*, [Doctoral dissertation, University of the Orange Free State, Bloemfontein]., p.163
[34] Hattingh, J. L. (1988). *Kaapse Notariële stukke waarin slawe van Vryburgers en amptenare vermeld word* (1658 - 1730). Kronos: Journal of Cape History, *14*(1), 43-65., p.49
[35] Fourie, Johan and van Zanden, Jan Luiten, (2012), *GDP in the Dutch Cape Colony: The national accounts of a slave-based society*, No

DIE SKEPPING VAN DIE BOERIDENTITEIT

Aan die begin van die agtiende eeu is begin om wingerdbou op groot skaal toe te pas wat meer goedkoop arbeid vereis het.[36] Dit het die VOC in die Kaap gedryf om groter by slawehandel betrokke te raak, wat daartoe gelei het dat meer as 60 000 slawe tussen 1652 en 1808 na die Kaap gebring is.[37] Al was slawe meestal op die koring- en wynplase naby Kaapstad gekonsentreer, het slawe sodanig 'n algemene deel van die Kaapse samelewing geword dat tot 65% inwoners wat bate-opgawes ingedien het, minstens een slaaf gehad het.[38] In 1706 het die Here XVII 'n besluit wat in 1700 geneem is om Europese immigrasie na die Kaap aan te moedig herroep om eerder meer slawe in te voer. In 1716 het Here XVII weer die VOC-amptenare aan die Kaap die keuse gegee om eerder Europese arbeiders as slawe in te voer. Teen daardie tyd was daar ongeveer 2000 vryburgers en 744 amptenare vergeleke met byna dieselfde aantal slawe, effens meer as 2700. Die Kaapse Beleidsraad, wat geheel en al uit VOC-amptenare bestaan het, het ten gunste van die invoer van slawe besluit.[39]

04/2012, Working Papers, Stellenbosch University, Department of Economics, p.470
[36] Fourie, Johan, (2011), *Slaves as capital investment in the Dutch Cape Colony, 1652-1795*, No 21/2011, Working Papers, Stellenbosch University, Department of Economics, p.13
[37] Baten, Joerg and Fourie, Johan, (2015), *Numeracy of Africans, Asians, and Europeans during the early modern period: new evidence from Cape Colony court registers*, Economic History Review, 68, issue 2, p. 632-656, p.8
[38] Fourie, Johan and van Zanden, Jan Luiten, (2012), *GDP in the Dutch Cape Colony: The national accounts of a slave-based society*, No. 04/2012, Working Papers, Stellenbosch University, Department of Economics, p.470
[39] Steyn, J.C. 2016 *Afrikanerjoernaal. 'n Vervolgverhaal in 365 episodes*. Pretoria: FAK., p.42

DIE ONTSTAAN VAN DIE BOERE

Die VOC se besluit om slawe in te voer was 'n groot terugslag vir die Vryburgers. Die verhoogde produksie as gevolg van die bekendstelling van slawe-arbeid het veroorsaak dat die klein mark vinnig versadig het. Die teenwoordigheid van slawe het ook 'n verskuiwing in rassedenke meegebring, met velkleur wat 'n onderskeidende faktor tussen klasse geword het. Die Vryburgers het begin om hande-arbeid as benede hulle te beskou, wat gelei het tot die wydverspreide gebruik van slawe-arbeid vir beide geskoolde en ongeskoolde take. Hierdie afhanklikheid van slawe het die ontwikkeling van die Vryburgers gestrem.[40] Vanweë die hoë vrugbaarheid van die Vryburgers, wat met elke geslag meer as hulleself vervang het, moes baie sodra hulle volwasse geword het, hul eie plase kry en beeste grootmaak om hulself te onderhou. Baie het hulle tot bestaansbeesboerdery gewend.[41]

Die VOC kon nie voorsien dat sy beperkte verversingsstasie 'n heeltemal nuwe etnisiteit sou skep nie.[42]

---

[40] Du Toit, A., & Giliomee, H. (1983). *Afrikaner Political Thought.* Volume 1: 1780-1850. University of California Press., p.2
[41] Du Toit, A., & Giliomee, H. (1983). *Afrikaner Political Thought.* Volume 1: 1780-1850. University of California Press., p.2
[42] Gedurende daardie tyd is 'n tweede nuwe etnisiteit in die Kaap geskep. Vandag in Suid-Afrika identifiseer hulle hulself as Kleurling. In vergelyking met die etnisiteit onder bespreking in hierdie boek, is die oorsprong van die Kleurlingbevolking meer uiteenlopend. Die Kaapse Kleurlingbevolking vanaf Wellington (binne die streek van die oorspronklike Kaapkolonie): 30,1% Khoe-San, 24% Europeërs, 10,5% Oos-Asiër, 19,7% Suid-Asiër, 15,6% Wes/Oos-Afrikaans en 0,2% Inheemse Amerikaners. Die Kleurlingbevolkings wat verder van die oorspronklike Kaapkolonie woon, het verskillende vermengingspatrone gehad met minder Asiatiese en meer Khoe-San-bydrae: Colesberg Kleurling (48,6% Khoe-San, 20% Europees, 2,9% Oos-Asiër, 6,7% Suid-Asiër, 21,6% Wes /Oos-Afrikaans, 0,2% inheems Amerikaans) en Askham

DIE SKEPPING VAN DIE BOERIDENTITEIT

Binne die eerste vyftig jaar van die lewe van die verversingstasie is 'n komplekse mengsel van Europese, Oosterse en Afrika-bevolkingsgroepe in die Kaap saamgevoeg, en die gevolg daarvan was die ontstaan van 'n nuwe etnisiteit. Hierdie nuwe etnisiteit kan nie buite Afrika gevind word nie en kan nie as Nederlands, Duits, Frans, Khoi-Khoi, San of Oosters geklassifiseer word nie. 'n Nuwe Afrika-identiteit is gebore.

 Kommissaris Rijckloff van Goens, wat teenwoordig was toe van Riebeeck aanvanklik die Vryburgers uitgeplaas het, het sekere kriteria vir die Vryburgers gespesifiseer. Hierdie kriteria het ingesluit dat Vryburgers van Nederlandse of Duitse oorsprong moes wees, getroud moes wees en hulle moes 'n reputasie van onaantasbare karakter besit.[43] Daarbenewens het hy bepaal dat Katolieke nie in aanmerking as Vryburgers kon kom nie, waarskynlik weens hul onlangse oorlog met Katolieke Spanje, en Engelse is as onbetroubaar en gevaarlik beskou.[44] Die meerderheid Vryburgers is uit die geledere van soldate aangestel, waarvan die meeste nie van Nederlandse oorsprong was nie, maar Duits.[45] Die

---

Kleurling (76,9% Khoe-San, 11,1% Europees, 0,9% Oos-Asiër, 3,9% Suid-Asiër, 7,2% Wes/Oos-Afrika). Hollfelder, N., Erasmus, J.C., Hammaren, R. et al. *Patterns of African and Asian admixture in the Afrikaner population of South Africa.* BMC Biol 18, 16 (2020)., p.5
[43] Vrey, W.J.H., (1968), *Blanke besetting en bevolkingsgroei van die Republiek van Suid-Afrika vanaf 1652 tot 1960,* [Doctoral dissertation, University of the Orange Free State, Bloemfontein]., p.27
[44] Vrey, W.J.H., (1968), *Blanke besetting en bevolkingsgroei van die Republiek van Suid-Afrika vanaf 1652 tot 1960,* [Doctoral dissertation, University of the Orange Free State, Bloemfontein]., p.42
[45] Ploeger, J. (2012). *In diens van die Kompanjie.* Scientia Militaria - South African Journal of Military Studies, 20(3)., p.24

meerderheid Duitsers wat in die Kaap aangekom was tussen die ouderdomme van twintig en drie-en-twintig.[46] Sommige Duitsers het na die Dertigjarige Oorlog na Nederland verhuis om armoede en gedwonge verskuiwings te ontsnap, waar hulle deur die VOC gewerf en na die Kaap gestuur is. Andere het direk uit Duitsland na die Kaap gemigreer.[47] Voor 1800 het byna 15 000 mans en vroue uit Duitssprekende dele van Europa hul pad na die Kaap gevind.[48] Daar sou in totaal 3 keer meer vrybriewe aan Duitsers as aan Nederlanders uitgereik word.[49] Benewens Duitsers is Vryburgers ook uit ander seevarende Europese lande soos Swede gewerf en selfs sommige Pole is gewerf.[50]

In 1688 het 'n groep Franse Hugenote-immigrante hulle in die Kaap gevestig nadat hulle uit hul vaderland gevlug het op soek na godsdiensvryheid.[51] Die geslagswanbalans in die Vryburger-bevolking het gelei tot gemengde-afkomsverhoudings met slawe- of Khoi-Khoi-

---

[46] Olga Witmer, "Germans, the Dutch East India Company, and Early Colonial South Africa," in German Historical Institute London Blog, 15/09/2020, https://ghil.hypotheses.org/23. P1
[47] Vrey, W.J.H., (1968), *Blanke besetting en bevolkingsgroei van die Republiek van Suid-Afrika vanaf 1652 tot 1960*, [Doctoral dissertation, University of the Orange Free State, Bloemfontein]., p.29
[48] Olga Witmer, *"Germans, the Dutch East India Company, and Early Colonial South Africa,"* in German Historical Institute London Blog, 15/09/2020, https://ghil.hypotheses.org/23. p.1
[49] Vrey, W.J.H., (1968), *Blanke besetting en bevolkingsgroei van die Republiek van Suid-Afrika vanaf 1652 tot 1960*, [Doctoral dissertation, University of the Orange Free State, Bloemfontein]., p.39
[50] Zukowski, A. (1992). *Polish relations with and settlement in South Africa (circa 1500-1835)*. Historia, 37(1)., p4
[51] Theal, G. M. (1916). *The story of Nations - South Africa* (8th ed., p. 24). T. Fisher Unwin Ltd., p.51

vroue met die kinders wat in die Vryburgerbevolking of die Kleurlingbevolking opgeneem is.[52] Die kerk het huwelike tussen Vryburgers en vrygemaakte slawe aangeteken.[53] Vryburger-mans het soms 'n "voorkind" ('n kind voor die huwelik gebore) met slawe gehad voordat hulle met vroue getrou het wat uit Europa aangekom het. Hierdie kinders is soms in die Vryburger-bevolking opgeneem.[54] Later, in die 18de eeu, was 167 vroue wat getroud was met mans wat 'vrybriewe' ontvang het, slawe of Khoi-Khoivroue.[55] Na die instelling van die leningstelsel vir grondtoewysing in die binneland in 1717, is dit baie waarskynlik dat al hierdie boere saam met hul gesinne die binneland ingetrek het en in die Boergemeenskap aanvaar is. 'n Geleidelike verskuiwing na negatiewe houdings teenoor gemengde-rasverhoudings het later ontstaan.[56] Die Vryburger-bevolking het aanhou groei as gevolg van 'n hoë geboortesyfers van byna 3% per jaar en immigrasie.[57]

---

[52] Hollfelder, N., Erasmus, J.C., Hammaren, R. et al. *Patterns of African and Asian admixture in the Afrikaner population of South Africa*. BMC Biol 18, 16 (2020)., p.1
[53] Hollfelder, N., Erasmus, J.C., Hammaren, R. et al. *Patterns of African and Asian admixture in the Afrikaner population of South Africa*. BMC Biol 18, 16 (2020)., p.2
[54] Hollfelder, N., Erasmus, J.C., Hammaren, R. et al. *Patterns of African and Asian admixture in the Afrikaner population of South Africa*. BMC Biol 18, 16 (2020)., p.2
[55] Vrey, W.J.H., (1968), Blanke besetting en bevolkingsgroei van die Republiek van Suid-Afrika vanaf 1652 tot 1960, [Doctoral dissertation, University of the Orange Free State, Bloemfontein]., p39
[56] Steyn, J. C. (2016). *Afrikanerjoernaal*. FAK., p47
[57] Hollfelder, N., Erasmus, J.C., Hammaren, R. et al. *Patterns of African and Asian admixture in the Afrikaner population of South Africa*. BMC Biol 18, 16 (2020)., p.2

DIE ONTSTAAN VAN DIE BOERE

Genealogiese en genetiese studies oor die samestelling van die nuwe etnisiteit wat deur die Vryburgerbevolking in die Kaap in die laat 1600's geskep is, toon baie soortgelyke resultate. Die genetiese ontleding van die afstammelinge van hierdie nuwe etnisiteit, wat vandag na verwys word as Afrikaners, toon dat 95,3% van sy afkoms van Europese bevolkings afkomstig is, meestal afkomstig van Nederlands en Duits (61–en 71%), Frans (13–26%), met kleiner hoeveelhede van ander Europese groepe.[58] Merkbare bydraes is getoon van Suid-Asiërs (1,7%), Khoe-San (1,3%), Oos-Asiërs (0,9%) en Wes/Oos-Afrikane (0,8%), en van inheemse Amerikaners (0,1%).[59] Ten spyte van hul oorsprong vanuit 'n klein bevolking, toon die etnisiteit nie genetiese bottelnek in vergelyking met Europese groepe nie. Dit kan wees as gevolg van hul diverse Europese afkoms en vermenging met ander etnisiteite, wat verhoed het dat allele gekonsentreer word, wat gelei het tot lae intelingskoëffisiënte selfs met 125 gemeenskaplike opspoorbare voorouers.[60]

Die genetiese ontleding van die etnisiteit van is 'n interressante onderwerp. Die etnisitiet toon duidelike genetiese verskille met Europese groepe. Hulle vertoon 'n merker wat gekoppel is aan 'n testes-geen wat betrokke is by spermfunksie, wat moontlike aanpassing by hul omgewing en

---

[58] Hollfelder, N., Erasmus, J.C., Hammaren, R. et al. *Patterns of African and Asian admixture in the Afrikaner population of South Africa*. BMC Biol 18, 16 (2020)., p.7
[59] Hollfelder, N., Erasmus, J.C., Hammaren, R. et al. *Patterns of African and Asian admixture in the Afrikaner population of South Africa*. BMC Biol 18, 16 (2020)., p.3
[60] Hollfelder, N., Erasmus, J.C., Hammaren, R. et al. *Patterns of African and Asian admixture in the Afrikaner population of South Africa*. BMC Biol 18, 16 (2020)., p.9

DIE SKEPPING VAN DIE BOERIDENTITEIT

die ontwikkeling van unieke voortplantingseienskappe aandui.[61] Genetiese ontleding van Afrikaners het ook die teenwoordigheid van dieetverwante gene aan die lig gebring wat dermfunksie, vet- en suikerverwerking beïnvloed. Hierdie bevindinge dui op aanpassing by nuwe of diverse voedselbronne oor tyd.[62] Verder het die etnisiteit Wes-Afrikaanse gene, hoofsaaklik van Wes-Afrikaanse slawe, eerder as Suider-Afrikaanse Bantoesprekendes. As daar na hul gene gekyk word, is die etnisiteit meer soortgelyk aan die Yoruba-mense van Nigerië as aan Bantoesprekendes van Suidoos-Afrika. Dit is waarskynlik omdat die suidelike en oostelike Bantoesprekendes nie in die Kaap gewoon het toe die nuwe etnisiteit gevorm is nie.[63] Ten spyte dat hulle vir die grootste deel van die tyd, sedert 1806, deel van 'n Britse kolonie was, ondersteun genetiese analise genealogiese rekords wat bevestig dat Britse individue nie beduidend tot die Boer- of die Afrikanerbevolking bygedra het nie.[64]

Teen 1730 het die Kaap, in "reekse van persoonlike stryde" verskeie identiteite in 'n Nederlandsgeoriënteerde

---

[61] Hollfelder, N., Erasmus, J.C., Hammaren, R. et al. *Patterns of African and Asian admixture in the Afrikaner population of South Africa*. BMC Biol 18, 16 (2020)., p.8
[62] Hollfelder, N., Erasmus, J.C., Hammaren, R. et al. *Patterns of African and Asian admixture in the Afrikaner population of South Africa*. BMC Biol 18, 16 (2020)., p.8
[63] Hollfelder, N., Erasmus, J.C., Hammaren, R. et al. *Patterns of African and Asian admixture in the Afrikaner population of South Africa*. BMC Biol 18, 16 (2020)., p.8
[64] Hollfelder, N., Erasmus, J.C., Hammaren, R. et al. *Patterns of African and Asian admixture in the Afrikaner population of South Africa*. BMC Biol 18, 16 (2020)., p.7

DIE ONTSTAAN VAN DIE BOERE

samelewing geassimileer.[65] Die Duitsers was bykans net soveel as die Nederlanders, maar hulle het vinnig geassimileer. Nie eers die goedkeuring van 'n Lutheraanse kerk in die Kaap in 1780 kon verhoed dat hulle gou assimileer nie.[66] Die rede daarvoor is waarskynlik omdat hulle jong manne van twintig tot drie-en-twintig jaar was wat, bykans sonder uitsondering, met Nederlandse vroue getrou het.[67] Ongeveer 200 Franse Hugenote het tussen 1688 en 1689 aan die Kaap aangekom. Die VOC het 'n beleid van gedwonge kulturele assimilasie teenoor die Hugenote geïmplementeer. Simon van der Stel het die meerderheid van die Hugenote in Franschhoek en Drakenstein, tussen Nederlandssprekende Vryburgers gevestig om hul assimilasie te versnel. Daarbenewens het die Here XVII, die VOC se beheerliggaam, opdrag gegee dat gepaste stappe geneem moet word om die Franse taal geleidelik uit te skakel.[68] Die VOC se aggressiewe beleid van assimilasie het geslaag, want ondanks hulle beste pogings om hul Franse identiteit en taal te behou, was die Hugenote teen 1780 reeds ten volle in die Nederlandsgeoriënteerde gemeenskap geassimileer.[69]

---

[65] Kapp, P. (2002). *Die VOC-tydperk en die ontwikkeling van identiteitsbewussyne aan die Kaap. Historia*, 47(2), 709-738., p.720 (Prof. Kapp verwys na 'n stelling van A. Biewenga in sy doktorale thesis.)
[66] Giliomee, Hermann. *Die Afrikaners* (Afrikaans Edition). Tafelberg. Kindle Edition. P.28
[67] Theal, G. M. (1916). *The story of Nations - South Africa* (8th ed., p. 24). T. Fisher Unwin Ltd., p.52
[68] Giliomee, Hermann. *Die Afrikaners* (Afrikaans Edition). Tafelberg. Kindle Edition. P.28-29
[69] Vrey, W.J.H., (1968), *Blanke besetting en bevolkingsgroei van die Republiek van Suid-Afrika vanaf 1652 tot 1960*, [Doctoral dissertation, University of the Orange Free State, Bloemfontein]., p.31

DIE SKEPPING VAN DIE BOERIDENTITEIT

Toe die Franse Hugenote aan die Kaap aangekom het, het sommige van hulle uit wynmaakgebiede in Frankryk gekom en het kennis van wingerdbou en die produksie van brandewyn en asyn gehad. Hul kennis en vaardighede in wynmaak het veranderinge in produksiemetodes meegebring wat produksie aansienlik verhoog het en tot skaalekonomieë gelei het. Sommige koringplase het ook hierdie produksieveranderinge toegepas.[70] Gevolglik het die Kaap met die verbetering in marktoestande vanaf die 1730's relatief welvarend geword. Die ekonomieë van skaal en omvang is deur middel van slawerny bereik nadat die VOC die immigrasie van Europese immigrante ontmoedig het om arbeidskoste laag te hou.[71] Kaapstad was die sentrale punt van ekonomiese aktiwiteit in die Kaap. Alkohol het 'n belangrike rol in die ekonomie van 18de-eeuse Kaapstad gespeel, soos blyk uit die feit dat 'n aansienlike proporsie van die bevolking nie by landbou-aktiwiteite betrokke was nie. Die stad was bekend as die "kroeg van die see," met byna elke huis wat enige vorm van openbare vermaak of verblyf gebied het.[72] Alkoholmonopoliste (pachters) wat eksklusiewe regte gehad het om drank aan die publiek te verkoop, het aansienlike wins uit hul besigheid gemaak, soos aangedui

---

[70] Fourie, J. & von Fintel, D. (2010) *The Fruit of the Vine? An Augmented Endowments-Inequality Hypothesis and the Rise of an Elite in the Cape Colony*. WIDER Working Paper 2010/112. Helsinki: UNU-WIDER., p.2
[71] Fourie, Johan, (2011), *Slaves as capital investment in the Dutch Cape Colony, 1652-1795*, No 21/2011, Working Papers, Stellenbosch University, Department of Economics, p.1
[72] *Dieter and Johan Fourie, (2010),* A history with evidence: Income inequality in the Dutch Cape Colony, No. 184, Working Papers, Economic Research Southern Africa, p.7

deur die feit dat die brutowinste 247% van die aanvanklike koste van die monopolie was.[73]

In die agtiende eeu was die Kaap een van die mees welvarende streke ter wêreld.[74] Die Kaapse inwoners van die 18de eeu was opmerklik ryk in vergelyking met hul Europese en Noord-Amerikaanse eweknieë. Hulle het meer bates besit, insluitend luukse items soos boeke, skilderye en horlosies, as mense in ander streke.[75] Wetgewing wat verkwistende uitgawes beperk het, is in 1755 uitgereik as gevolg van die oormatige vertoning van rykdom deur sommige burgers.[76] Besoekers het die welstand van boere en hul duur smaak opgemerk.[77] Die burgers het hoë vlakke van geletterdheid gehad en meer boeke en skilderye per huishouding besit as mense in die meeste streke van Engeland.[78] Die Kaap was 'n welvarende samelewing, selfs vir diegene in die laagste

---

[73] Dieter and Johan Fourie, (2010), *A history with evidence: Income inequality in the Dutch Cape Colony,* No. 184, Working Papers, Economic Research Southern Africa, p.7

[74] Fourie, Johan, (2011), Slaves as capital investment in the Dutch Cape Colony, 1652-1795, No 21/2011, Working Papers, Stellenbosch University, Department of Economics, p.1

[75] Fourie, Johan, (2013), *The quantitative Cape: Notes from a new Histriography of the Dutch Cape Colony,* No. 371, Working Papers, Economic Research Southern Africa, p.14

[76] Fourie, J., *The remarkable wealth of the Dutch Cape Colony: measurements from eighteenth-century probate inventories,* Economic History Review, 66, 2 (2013), pp. 419–448, p.421

[77] Fourie, J. & von Fintel, D. (2010) *The Fruit of the Vine? An Augmented Endowments-Inequality Hypothesis and the Rise of an Elite in the Cape Colony.* WIDER Working Paper 2010/112. Helsinki: UNU-WIDER., p.7

[78] Fourie, J., *The remarkable wealth of the Dutch Cape Colony: measurements from eighteenth-century probate inventories,* Economic History Review, 66, 2 (2013), pp. 419–448, p.421

inkomstevlakke.⁷⁹ Oor die algemeen het die gemiddelde Kaapse burger 'n hoë lewenstandaard gehad, vergelykbaar met sommige van die mees welvarende streke in Engeland en Nederland, en daar is geen bewyse wat 'n afname in lewenstandaarde oor die verloop van die eeu aandui nie.⁸⁰ Tog was die welvaart nie eweredig verdeel nie, en die groei van die wynbedryf het uiteindelik gelei tot die vorming van elite groepe.

Die bereiking van skaalekonomië in wynproduksie, en tot 'n mindere mate in koringproduksie, deur middel van die benutting van laekoste slawearbeid, het gelei tot 'n elite wat die ekonomie oorheers het. Dit het aansienlike ongelykheid onder die Vryburgers meegebring het.⁸¹ Die pacht-stelsel van die VOC het die elite selfs verder bevoordeel, aangesien hulle hul uitgebreide wyn- en koringoeste teen monopolistiese winste aan die VOC kon verkoop.⁸² Baie boere het weens die maatskappy se handelsversperrings voor 'n gebrek aan geleenthede te staan gekom, terwyl goedkoop grond in oorvloed in die binneland beskikbaar was. Daarom het hierdie boere, veral die jongeres,

---

[79] Fourie, J., *The remarkable wealth of the Dutch Cape Colony: measurements from eighteenth-century probate inventories*, Economic History Review, 66, 2 (2013), pp. 419–448, p.444
[80] Fourie, J., *The remarkable wealth of the Dutch Cape Colony: measurements from eighteenth-century probate inventories*, Economic History Review, 66, 2 (2013), pp. 419–448, p.444
[81] Fourie, J. & von Fintel, D. (2010) *The Fruit of the Vine? An Augmented Endowments-Inequality Hypothesis and the Rise of an Elite in the Cape Colony*. WIDER Working Paper 2010/112. Helsinki: UNU-WIDER., p.3
[82] Dieter and Johan Fourie, (2010), *A history with evidence: Income inequality in the Dutch Cape Colony*, No. 184, Working Papers, Economic Research Southern Africa, p.7

geen ander alternatief gehad as om beesboerdery in die binneland aan te pak nie.[83] Die oorgang na beesboerdery in die binneland, deur ekonomiese noodsaak, was 'n deurslaggewende faktor in die ontstaan van die Boervolk.

Die Vryburger bevolking wat die Kaap in die vroeë 18de eeu bewoon het, was nie Nederlanders nie. As gevolg van hul Nederlandse oriëntasie kan hulle geïdentifiseer word as Kaaps-Hollands, maar ten spyte van hul Nederlandse oriëntasie, het hulle verskil van die Nederlanders in Nederland in terme van beide genetika en kultuur. Hierdie verskille was te wyte aan die assimilasie van mense uit diverse etniese agtergronde in die gemeenskap, asook menging en kontak met ander groepe, soos die Khoi-Khoi, San, en slawe met diverse identiteite. Ten spyte van hul Nederlandse invloed was die Kaaps-Hollanders nie Europeërs nie, maar Afrikane. Kulturele identiteit is egter nie 'n statiese of onveranderlike konsep nie - dit is 'n vloeiende en dinamiese konsep wat by nuwe omstandighede aanpas.[84] In die loop van die 1700's sou 'n noemenswaardige deel van hierdie bevolking egter indringende verandering en intense ervarings beleef, wat hul gemeenskaplikle lewensuitkyk, lewenswyse en kulturele identiteit wesenlik sou verander.

Die eerste dertig jaar van die 18de eeu was 'n tydperk van ekonomiese depressie in die Kaap as gevolg van 'n

---

[83] Fourie, J. & von Fintel, D. (2010) *The Fruit of the Vine? An Augmented Endowments-Inequality Hypothesis and the Rise of an Elite in the Cape Colony.* WIDER Working Paper 2010/112. Helsinki: UNU-WIDER.
[84] Kapp, P. (2002). *Die VOC-tydperk en die ontwikkeling van identiteitsbewussyne aan die Kaap.* Historia, 47(2), 709-738., p.712

DIE SKEPPING VAN DIE BOERIDENTITEIT

gebrek aan vraag van skepe, die prysplafonne wat deur die VOC opgelê is en, vir die eerste keer, 'n oorskot in produksie van die vernaamste gewasse.[85] Die VOC het nie 'n vrye mark en vrye handel toegelaat nie. Die koring-, wyn- en vleismarkte is almal beheer deur ryk burgers wat monopolieregte gekry het om hul produkte aan die VOC te verkoop. Die kudde van 18,000 skape en 1,000 beeste van Goewerneur W.A. van der Stel kon al die skepe van die VOC op sy eie voorsien,[86] hoewel VOC-amptenare, volgens hul eie wetgewing, nie mag boer nie. Die VOC het ook 'n verbod op enige vorm van vervaardiging gehad en verhoed dat privaat handelaars Kaapse goedere uitvoer.[87] Vir die "surplus" Vryburgers – die jong mense, armes en landloses[88] - was daar geen ander geleenthede beskikbaar nie. Baie moes hulle tot bestaansveeboerdery, pastorale boerdery en jag as hul primêre bronne van inkomste wend.[89] Dit kon egter nie binne die grense van die gebied wat deur die VOC beset was, gedoen word nie.

---

[85] Fourie, J., *The remarkable wealth of the Dutch Cape Colony: measurements from eighteenth-century probate inventories,* Economic History Review, 66, 2 (2013), pp. 419–448, p.438
[86] Giliomee, Hermann. *Die Afrikaners* (Afrikaans Edition). Tafelberg. Kindle Edition., p.37
[87] Fourie, Johan, (2011), *Slaves as capital investment in the Dutch Cape Colony, 1652-1795,* No 21/2011, Working Papers, Stellenbosch University, Department of Economics, p.12
[88] Du Toit, A., & Giliomee, H. (1983). *Afrikaner Political Thought. Volume 1: 1780-1850.* University of California Press., p.3
[89] Fourie, Johan and van Zanden, Jan Luiten, (2012), *GDP in the Dutch Cape Colony: The national accounts of a slave-based society,* No. 04/2012, Working Papers, Stellenbosch University, Department of Economics, p.481

DIE ONTSTAAN VAN DIE BOERE

Om te oorleef, moes hulle beheer oor hul eie lot neem en nie langer op die VOC staatmaak nie. Hulle kon nie langer binne die beperkings van die VOC se gebied oorleef nie. Hulle moes in ware pioniers verander en Afrika hul eie maak. Die skuif na veeboerdery in die binneland was nou onomkeerbaar. Met hul waens het hulle die dor en gevaarlike binneland ingetrek met die enkele doel om te oorleef. Hulle het beeste met die Khoi-Khoi geruil, hul beeste gewei en gejag. Dit het die begin van die Trekboer-era ingelei en die grondslag vir die Boeridentiteit gelê. Soos De Kiewiet dit gestel het: "In die lang stilte van die agtiende eeu is die Boer-ras gevorm."[90]

Die vroeë Boere, die Trekboere van die 1700s, was nomadiese veeboere en hul produksie was hoofsaaklik selfonderhoudend van aard. In teenstelling met die Khoi-Khoi en die Xhosa wie hulle later sou ontmoet, het die Boere individuele eienaarskap eerder as gemeenskaplike eienaarskap van hulpbronne beoefen. Die Boere se pastorale produksie het om die gesin gedraai wat patriargies, met die vader as gesagsfiguur, georden was en wat sy vrou, sy ongetroude kinders en ook sy werkers ingesluit het. Die gesin kon ook die uitgebreide gesin van tot drie geslagte insluit.[91] Familie was van uiterste belang. Die toestand van 'n man se gesin en die gesinsgrootte, was nou verwant aan die aantal en toestand van beeste of skape wat hy kon besit en beheer

---

[90] De Kiewiet, C. W. (1957). *A History of South Africa*, Social & Economic. Oxford University Press., p.17
[91] Penn, N. (1995). *The Northern Cape frontier zone, 1700 - c.1815*. (Doctoral thesis). University of Cape Town, Faculty of Humanities, Department of Historical Studies., p.214

omdat die familie ook grootliks die arbeid was wat die vee moes beheer en onderhou. Pastorale mense het verwantskappe en alliansies gebruik om voortplanting op die huishoudelike vlak te verseker. Hulle het dikwels die huishoudelike groep met ander huishoudelike groepe deur middel van huwelike verbind en so is die gemeenskap as geheel verbind. Terwyl die Boere sterk individualisties was, het die gemeenskap 'n belangrike rol in die verkryging van natuurlike hulpbronne gespeel, wat noodsaaklik vir die hele gemeenskap se voortplanting was. Die gemeenskap was nodig vir die individu se voortplanting en uitbreiding. Daarom is die uitbreiding van die gemeenskap aangevoer deur seuns wat die ouerhuis moes verlaat as gevolg van afnemende hulpbronne, toename in vee of hulle begeerte vir onafhanklikheid.[92] Oorlogvoering en strooptogte was van kritieke belang vir die oorlewing van enige nomadiese pastorale samelewing, aangesien verskeie gemeenskappe om hulpbronne meegeding het. Die Boere het hulle eie militêre organisasie, die kommando, ontwikkel wat sterk op verwantskapstrukture gebaseer was wat van huishoudelike groepe geërf is. Die kommando was die belangrikste instelling van die grensgebied.[93]

In die vroeë 1700's het die veeboere noordwaarts beweeg en begin om hulle tussen die weskus en die bergreeks te vestig. Hulle kon nog nie ooswaarts trek nie omdat die

---

[92] Penn, N. (1995). *The Northern Cape frontier zone, 1700 - c.1815*. (Doctoral thesis). University of Cape Town, Faculty of Humanities, Department of Historical Studies., p.214
[93] Penn, N. (1995). *The Northern Cape frontier zone, 1700 - c.1815*. (Doctoral thesis). University of Cape Town, Faculty of Humanities, Department of Historical Studies., p.211

goewerneur die grond in daardie rigting beset het. Dit was slegs na die herroeping van W.A. van der Stel in 1708 dat die Trekboere oos kon begin trek.[94] In Maart van 1713 het 'n pokke-epidemie in die Kaap uitgebreek, wat tot die dood van byna 'n kwart van die Vryburger-inwoners van Kaapstad gelei het.[95] Die Khoi-Khoi het egter die mees verwoestende verliese gely. Sommige beraam dat tot 90% van die westelike Khoi-Khoi-bevolking om Kaapstad as gevolg van die pokke-epidemie gesterf het.[96] Sommige krale van die westelike Khoi-Khoi is geheel en al uitgewis.[97] Hierdie tragiese gebeurtenis het tot die opening van grond vir die Trekboere se trek in die binneland gelei. Die Trekboere het hul nuwe lewens in die binneland op 'n positiewe noot begin. Hulle het bevind dat die Khoi-Khoi vriendelik teenoor hulle was, omdat hulle beter vergoeding vir vee as die VOC se werknemers betaal het. Die wild was in oorvloed en die Trekboere het die vryheid gehad om grond te bekom waar hulle ookal wou.[98] Aanvanklik het die Trekboere voortdurend rondgeswerf op soek na nuwe weidingsgronde en het

---

[94] Van der Merwe, P. J. (1937). *Die Noordwaartse beweging van die Boere voor die Groot Trek* (1770-1842) [Doctoral dissertation, Rijksuniversiteit, Leyden]., p.1
[95] Theal, G. M. (1916). *The story of Nations - South Africa* (8th ed., p. 24). T. Fisher Unwin Ltd., p.71
[96] Fourie, J. & von Fintel, D. (2010) *The Fruit of the Vine? An Augmented Endowments-Inequality Hypothesis and the Rise of an Elite in the Cape Colony.* WIDER Working Paper 2010/112. Helsinki: UNU-WIDER., p.6
[97] Theal, G. M. (1916). *The story of Nations - South Africa* (8th ed., p. 24). T. Fisher Unwin Ltd., p.72
[98] Roux, P. E. (1946). *Die geskiedenis van die burgerkommando's in die Kaapkolonie (1652-1878)* [Doctoral dissertation, Universiteit Stellenbosch]., p.37

gewoonlik nie behoorlike huise op hul plase gebou nie.[99] Hulle het skaars enige kontak met amptenare van die VOC-regering gehad en het nie in die korrupsie wat in die westelike Kaap aan die gang was belang gestel nie.[100] Theal het dit "die mees volmaakte vryheid" genoem.[101]

In 1714 het die VOC 'n stelsel van leningsplase ingestel wat Trekboere in staat gestel het om groot stukke grond, van ten minste 2420 hektaar (6000 akker), vir 'n klein jaarlikse bedrag te kon huur.[102] Dit het die Trekboere in staat gestel om groot plase sonder kapitaal te bekom en het hulle aangemoedig om vinnig oor 'n groot gebied te versprei, wat dit moeilik vir die regering gemaak het om hulle te beheer. Die doel wat die VOC met die stelsel van leningsplase wou bereik het, was om sy eienaarskap van die grond wat die Trekboere ingeneem het, te vestig, deur hulle 'n jaarlikse huurgeld te laat betaal.[103] Oor tyd het die Trekboere die stelsel van leningsplase as 'n fundamentele reg begin beskou, en jong Boere sou hul ouerhuise verlaat om hul eie plase te eis. Die hoë geboortekoers onder die Boere het, danksy die stelsel van leningsplase, die grense van die Kaap drasties uitgebrei. Namate die Boere dieper in die binneland getrek het, het hulle hulself toenemend as onafhanklike mense wat

---

[99] Steyn, J.C. 2016 *Afrikanerjoernaal. 'n Vervolgverhaal in 365 episodes*. Pretoria: FAK., p.46
[100] Theal, G. M. (1916). *The story of Nations - South Africa* (8th ed., p. 24). T. Fisher Unwin Ltd., p.86
[101] Theal, G. M. (1916). *The story of Nations - South Africa* (8th ed., p. 24). T. Fisher Unwin Ltd., p.63
[102] Giliomee, Hermann., *Die Afrikaners* (Afrikaans Edition) (pp. 34-35). Tafelberg. Kindle Edition., p.39
[103] De Kiewiet, C. W. (1957). *A History of South Africa, Social & Economic*. Oxford University Press., p.16

DIE ONTSTAAN VAN DIE BOERE

in Afrika hoort, geïdentifiseer.[104] Dit was nie wat die VOC wou hê nie, want hulle het nou beheer oor die Trekboere verloor. Die VOC regering wou beheer oor die Trekboere behou en voorkom dat hulle te ver beweeg, omdat dit hul uitgawes om die gebied te bestuur sou verhoog. Al wat hulle nou kon doen, was om die Trekboere te volg en die grense van die Kaap voortdurend te verskuif soos hulle verder van die Wes-Kaap beweeg het.

Die Boere aan die voorpunt was veronderstel om eers regeringstoestemming te verkry alvorens hulle 'n stuk grond beset het, maar hulle het die VOC te min geag om daaraan gehoor te gee.[105] Die VOC het wette en reëls vir die Boere vasgestel, soos 'n verbod op veehandel met die Khoi-Khoi en die verpligting van jaglisensies. Hierdie wette en reëls is grootliks deur die Trekboere geïgnoreer. Die VOC wou beheer oor die Boere uitoefen en eiendomsreg oor die grond wat die Boere inneem opeis, maar die VOC wou nie die uitgawes verbonde aan die daarstel van strukture vir effektiewe regeringsdienslewering aangaan nie. Die VOC het nie aan die Boere se veiligheidsbehoeftes voorsien nie. Die Boere moes self hul lewens en eiendomme deur die hul kommando's beskerm. Vir dekades het die VOC-regering nie 'n landdros of 'n kerk of 'n Nederduitse Gereformeerde predikant aan die Boere voorsien wat hulle kon trou en hulle kinders kon doop nie. Desnieteenstaande, het die Boere egter

---

[104] Giliomee, Hermann. *Die Afrikaners* (Afrikaans Edition). Tafelberg. Kindle Edition., pp. 34-35
[105] De Kiewiet, C. W. (1957). *A History of South Africa, Social & Economic*. Oxford University Press., p.16

DIE SKEPPING VAN DIE BOERIDENTITEIT

in 'n groot mate, ondanks die groot afstande, nog steeds van die VOC se markte in die Kaap gebruik.

Die lewe vir die Trekboere, wat 'n nomadiese leefstyl in die binneland gelei het, was baie moeilik.[106] Die Trekboere het voortbeweeg sodra weiding uitgeput geraak het, wat akkumulasie van kapitaal beperk het tot goedere wat met 'n ossewa vervoer kon word. Tog het die Boere wanneer hulle geskikte leningsplase gekry het, dit dikwels die res van hul lewens bewoon en stabiele gemeenskappe gevorm.[107] Die afwesigheid van eiendomsreg in die binneland het bygedra tot skerp ongelykheid in verhouding met die bewoners van die westelike Kaap.[108] Ondanks dit het die meeste Boere bande met die mark in Kaapstad gehandhaaf. Selfs die armste Boere het luukse items besit, wat bewys dat hulle kontak met die mark behou het. Dit dui ook aan dat die meeste Boere beter as net op oorlewings-ekonomiese vlakke geleef het. Die Boere moes 'n oorskot produseer om op die mark te verkoop.[109] Teen 1770 het veeteelt tweederde van alle boere in die Kaap verteenwoordig, teenoor een tiende in 1716.[110]

---

[106] Fourie, Johan, (2013), *The quantitative Cape: Notes from a new Historiography of the Dutch Cape Colony*, No. 371, Working Papers, Economic Research Southern Africa, p.421

[107] Markram, W. J. (2001). *Die lewe en werk van Petrus Lafras Uys, 1797-1838* [Doctoral dissertation, University of Stellenbosch]., p.11

[108] Johan Fourie and Dieter von Fintel, (2010), *The dynamics of inequality in a newly settled, pre-industrial society: the case of the Cape Colony*, Cliometrica, Journal of Historical Economics and Econometric History, 4, (3), 229-267, p.7

[109] Fourie, Johan, (2011), *Slaves as capital investment in the Dutch Cape Colony, 1652-1795*, No 21/2011, Working Papers, Stellenbosch University, Department of Economics, p.4

[110] Johan Fourie and Dieter von Fintel, (2010), *The dynamics of inequality in a newly settled, pre-industrial society: the case of the Cape Colony*,

DIE ONTSTAAN VAN DIE BOERE

Die hoë vlakke van beeste- en skaapbesit wat in die inventarisse uitgewys is, dui daarop dat vee 'n belangrike inkomstebron was.[111] Boere vanuit die binneland het ook items soos wapens, ammunisie, koffie, suiker, fyn tekstiele en tabak vanaf die markte in Kaapstad verkry in ruil vir produkte van hul eie soos vleis en wol, sowel as ander byprodukte soos botter, aloe, ivoor, velle, talg, kerse en tou.[112]

Weens die lang afstande na die markte in die Kaap, het die Boere die meeste luukshede en lekkernye prysgegee. Daar was geen koring vir brood nie en daar was ook geen wyn of bier nie. Die Boerpioniers het elke dag gejag vir ontspanning en vir hulle kos. Selfs die ryk Boere het vir hul kos gejag om hulle vee te spaar om daarmee aan te teel. Die Boere het vleis geëet – grootliks net vleis - en water gedrink. Hulle sou hulself op Sondae met melk bederf wat hulle by die Khoi-Khoi geruil het. Die vleisdieet was baie goed vir hulle, want hulle het selde siek geword.[113] Hulle het by die Khoi-Khoi geleer velskoene dra en biltong eet. As gevolg van die isolasie wat hulle ervaar het, het hulle 'n sterk sin van onafhanklikheid en individualiteit ontwikkel wat dit vir hulle moeilik gemaak het om gesonde verhoudings met ander te

---

Cliometrica, Journal of Historical Economics and Econometric History, 4, (3), 229-267, p.7
[111] Fourie, Johan, (2011), *Slaves as capital investment in the Dutch Cape Colony, 1652-1795*, No 21/2011, Working Papers, Stellenbosch University, Department of Economics, p.4
[112] Fourie, Johan, (2013), *The quantitative Cape: Notes from a new Histriography of the Dutch Cape Colony*, No. 371, Working Papers, Economic Research Southern Africa, p.424
[113] Steyn, J.C. 2016 *Afrikanerjoernaal. 'n Vervolgverhaal in 365 episodes*. Pretoria: FAK., p.45

vestig. Hierdie individualiteit het ook bygedra tot 'n opstandige houding teenoor diegene in gesag vir wie hulle as onverskillig teenoor hul behoeftes beskou het.[114] Hul het baie wydverspreid en afgesonderd geleef, wat tot gevolg gehad het dat hulle van hulle gemeeskap losgeraak het. Hulle het net met hul mede-Boere in kontak gekom wanneer krisis of gevaar dit genoodsaak het en die meeste het net een keer per jaar by die mark of by die kerk uitgekom. Maar nogtans het hulle 'n sterk sin van samehorigheid, lojaliteit en eenheid met hul eie Boermense gehad. De Kiewiet het hulle sosiale gewoontes wat somtyds 'n gebrek aan samewerking getoon het, met hul kommando's vergelyk. Wanneer hulle bereid was om met mekaar saam te werk, het dit uitstekend presteer, maar ander tye het dit in duie gestort.[115]

Die vroeë Boere het 'n werklike risiko geloop om ongetem en onbeskaafd te word. In 1776 het Hendrik Swellengrebel Jr., die seun van die voormalige goewerneur aan die Kaap, opgemerk dat die Boere aan die oosgrens "nie veel beter as die Hottentotte geleef het nie".[116] Hulle was intellektueel en kultureel minder ontwikkel as die Kaaps-Hollanders (later die Kaapse Afrikaners genoem) in die westelike Kaap, en die groot afstande het hul sosiale ontwikkeling belemmer. As gevolg hiervan het hulle gesukkel om gereeld kerk toe te gaan of hul kinders skool toe te stuur. Tog het hul eenvoudige godsdiens voorkom dat die

---

[114] Steyn, J.C. 2016 *Afrikanerjoernaal. 'n Vervolgverhaal in 365 episodes*. Pretoria: FAK., p.46
[115] De Kiewiet, C. W. (1957). *A History of South Africa, Social & Economic*. Oxford University Press., p.19
[116] Giliomee, Hermann. *Die Afrikaners* (Afrikaans Edition). Tafelberg. Kindle Edition., p.45

DIE ONTSTAAN VAN DIE BOERE

Boere in barbarisme verval. Hulle het 'n paar basiese kulturele gewoontes gekweek, soos om elke dag te begin deur 'n paar verse uit die groot statebybel te lees en met 'n gebed af te sluit, wat hulle gehelp het om die lewe kalm en oopkop aan te pak. Vir Boergesinne was huisgodsdiens baie belangrik. Om hul kinders op te voed, het hulle rondreisende skoolonderwysers aangestel wat die basiese beginsels van wiskunde, lees, skryf en godsdiens geleer het.[117]

Die San het 'n ernstige bedreiging vir die Boere ingehou. Die San se aanvalle was so intens dat die Boere amper gedwing was om terug te trek na die Kaap en dit het noord- en oostelike uitbreiding bykans gestaak. In die noordwestelike streek het die trekboere 'n reeks konflikte met die San ondervind as gevolg van veediefstalle deur die San. Na 'n paar jaar is daar uiteindelik vrede tussen die twee groepe bewerkstellig, en het die San vir 'n paar jaar daarna vreedsaam opgetree.[118] Die San het geveg vir hul oorlewing omdat die Boere wildlewe oral waar hulle gevestig het, uitgewis het. Die San het ook die Khoi-Khoi aangeval, en saam met die Khoi-Khoi en Basters[119] het die Boere teen die San geveg, en honderde is gedood. Dit het die San net harder laat veg.[120] Dit blyk dat die Boere in die oostelike streek

---

[117] Steyn, J.C. 2016 *Afrikanerjoernaal. 'n Vervolgverhaal in 365 episodes*. Pretoria: FAK., p.46
[118] Van der Merwe, P. J. (1937). *Die Noordwaartse beweging van die Boere voor die Groot Trek (1770-1842)* [Doctoral dissertation, Rijksuniversiteit, Leyden]., p.8
[119] Basters was persone van gemengde-ras afkoms wat kultuurgroepe in die Kaap gevorm het. In die laaste deel van die 19de eeu het sommiges na Rehoboth in Namibië gemigreer, waar hulle 'n etniese minderheid is.
[120] Theal, G. M. (1916). *The story of Nations - South Africa* (8th ed., p. 24). T. Fisher Unwin Ltd., p.89

DIE SKEPPING VAN DIE BOERIDENTITEIT

minder probleme met die San ondervind het in vergelyking met die in die noordweste. In 1754 het die diefstalle langs die noordoostelike grens egter hervat. Hele kuddes vee is gesteel, en wagte is vermoor. In September daardie jaar moes die Boere in die area hulle plase verlaat weens die erns van die aanvalle. Die plaaslike kommando's was egter uiteindelik suksesvol om die rowers aan te keer.[121] Na vroeëre konflikte is formele vrede met die San herstel. In 1770 het daar egter nuwe berigte van aanvalle deur die San begin opduik.[122] Die San het 'n ernstige bedreiging langs die noordoostelike grens geword, en in 1771 is die Boere weereens gedwing om hulle plase weens die intensiteit van die situasie te verlaat. Na raming het die San in net twee jaar, tussen 1786 tot 1788, 107 veewagters vermoor en 99 perde, 6 299 beeste en 17 970 kleinvee geroof of doodgemaak.[123] Ten spyte daarvan dat gereelde kommando-eenhede teen die San uitgestuur is, is blywende vrede nie vir die volgende dertig jaar bereik nie, en die Boere het voortdurend met veiligheidsprobleme te kampe gehad.[124] Verdere uitbreiding na die noorde is vir eers deur die gevaar wat die San ingehou het, gestaak.

Die Boere het, danksy hul hoë geboortekoers en die stelsel van leenplase, die grense van die Kaap drasties

---

[121] Van der Merwe, P. J. (1937). *Die Noordwaartse beweging van die Boere voor die Groot Trek (1770-1842)* [Doctoral dissertation, Rijksuniversiteit, Leyden]., p.9
[122] Van der Merwe, P. J. (1937). *Die Noordwaartse beweging van die Boere voor die Groot Trek (1770-1842)* [Doctoral dissertation, Rijksuniversiteit, Leyden]., p.10
[123] Botha, J. P. (2008). *Ons Geskiedenis* (1st ed.). J.P. Botha., p.45
[124] Van der Merwe, P. J. (1937). *Die Noordwaartse beweging van die Boere voor die Groot Trek (1770-1842)* [Doctoral dissertation, Rijksuniversiteit, Leyden]., p.11

DIE ONTSTAAN VAN DIE BOERE

uitgebrei. 'n Klein hoeveelheid Boere het oor 'n groot gebied versprei geraak. Wanneer 'n plaas oorbewei geword het, het die Boer weggetrek of sy seuns gevra om die binneland in te trek op soek na nuwe grond.[125] Die Swellendamdistrik is in 1743 gestig, nadat baie Boere hul reeds 'n geruime tyd daar gevestig het. Teen die tweede helfte van die 1700's het Boere hul al tot by die Groot-Visrivier gevestig, en 'n nuwe distrik met die naam Graaff-Reinet is in 1786 geskep.[126] Boere het reeds op die walle van die Visrivier gevestig teen die tyd wat Goewerneur van Plettenberg sy beroemde reis deur die kolonie in 1778 gemaak het.[127] Verdere uitbreiding na die ooste is deur die Xhosas, wat self besig was met hul eie migrasie na die suide en die VOC se desperate pogings om vrede te bewaar, beeindig.[128] Deur die Boere te volg en deurentyd die Kaap se grense te verskuif het die oppervlakte wat deur die VOC beset is noordwes met 500 kilometer en in die oostelike rigting met 800 kilometer vergroot. Die vier distrikte van die Kaap, naamlik die Kaapstad, Stellenbosch, Swellendam en Graaff-Reinet het nou 'n oppervlakte van 110 000 vierkante myl (286 000 vierkante kilometer) ingesluit.[129]

---

[125] Giliomee, Hermann. *Die Afrikaners* (Afrikaans Edition) Tafelberg. Kindle Edition, pp.39-40
[126] Fourie, Johan, (2013), *The quantitative Cape: Notes from a new Historiography of the Dutch Cape Colony*, No. 371, Working Papers, Economic Research Southern Africa, p.426
[127] Van der Merwe, P. J. (1937). *Die Noordwaartse beweging van die Boere voor die Groot Trek (1770-1842)* [Doctoral dissertation, Rijksuniversiteit, Leyden]., p.3
[128] Van der Merwe, P. J. (1937). *Die Noordwaartse beweging van die Boere voor die Groot Trek (1770-1842)* [Doctoral dissertation, Rijksuniversiteit, Leyden]., p.3
[129] Giliomee, Hermann. *Die Afrikaners* (Afrikaans Edition). Tafelberg. Kindle Edition., pp. 39-40

DIE SKEPPING VAN DIE BOERIDENTITEIT

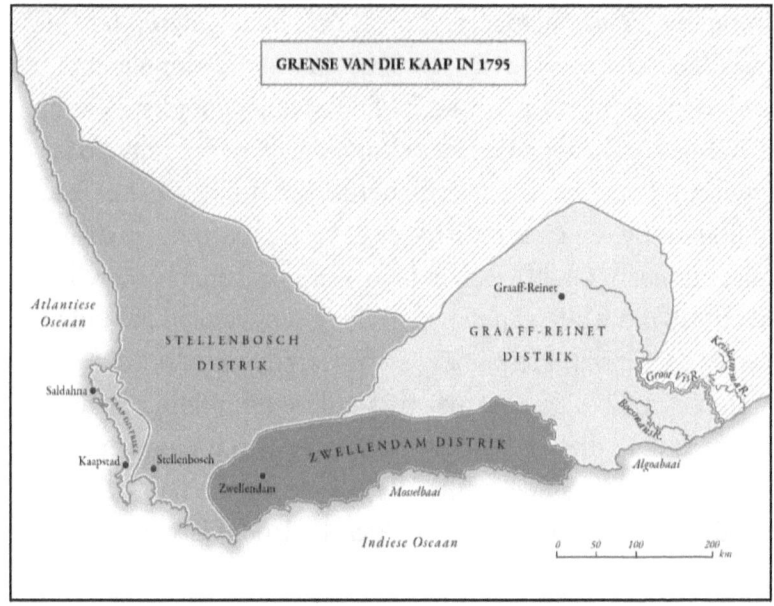

Kaart 1: Die grense van die Kaap in 1795

Oor 'n tydperk van bykans 'n eeu het die Boere in die oostelike distrikte, weens die groot afstande en ekstreme verskillende omstandighede en ervarings, kultureel vanaf die Kaapse Afrikaners in die westelike Kaap weggedryf. Volgens die geskiedkundige, Hermann Giliomee, kon die twee groepe nie in 'n "geestelike band" saamsnoer nie omdat hulle nie kontak gehad het nie en omdat die groot verskil in ontwikkelingspeil wat tussen die twee groepe ontstaan het, ingewerk het teen 'n samehorigheidsgevoel en die ontwikkeling van 'n gemeenskaplike bewussyn.[130] Die Kaapse Afrikaners het, ongeag hule eie onderlinge verskille in geestelike ontwikkeling en materiele welvaart, 'n groep

---

[130] Giliomee, H. B. (1973). *Die Kaapse samelewing teen die einde van die kompanjiesbewind*. Historia, 18(1), 2-17., p.16

gevorm wat verskil het van die Boere aan die oosgrens. Die Kaapse Afrikaners was 'n gevestigde en ordelike gemeenskap sonder die konflikte wat die Boere met die San en die Xhosa sou ervaar.[131] Die kontras in materiele welvaart tussen die twee groepe was opvallend.[132] Die welgestelde boere van die westelike Kaap het 'n gevoel van meerderwaardigheid teenoor die armer Boere op die oosgrens gehad.[133] Die Kaapse Afrikaners het die Kaapse Patriotbeweging gebruik om hul politieke en ekonomiese regte te versterk. Die Boere in die oostelike Kaap sou in in opstand kom deur Republieke vir Swellendam en Graaff-Reinett uit te roep vir groter vryheid en om hul veiligheidsituasie op die oosgrens te verbeter. Die Kaapse Afrikaners, al was hulle dubbel soveel in getalle, sou egter nooit vir hulle politieke vryheid opstaan nie terwyl die Boere daadwerklik hul vryheid in verskeie Boerrepublieke in Natalia en die binneland gaan skep het.

Die twee groepe het selfs verskillende taalvariante ontwikkel. Die Boere het hul eie kenmerkende dialek van taal ontwikkel, wat aanvanklik Boerhollands deur C.J. van Rijn en later Oosgrensafrikaans deur M.C.J. Van Rensburg, genoem is.[134] Hierdie dialek het verskil van die vorm van Hollands wat die Kaapse Afrikaners in die westelike Kaap gepraat is. Die dialek wat in die westelike Kaap gebesig was,

---

[131] Giliomee, H. B. (1973). *Die Kaapse samelewing teen die einde van die kompanjiesbewind.* Historia, 18(1), 2-17., p.14
[132] Fourie, Johan, (2013), *The quantitative Cape: Notes from a new Histriography of the Dutch Cape Colony*, No. 371, Working Papers, Economic Research Southern Africa, p.421
[133] Giliomee, H. B. (1973). *Die Kaapse samelewing teen die einde van die kompanjiesbewind.* Historia, 18(1), 2-17., p.16
[134] Grebe, H. P. (1999). *Oosgrensafrikaans: 'n te eksklusiewe begrip?* Literator, Vol. 20(no.1), pp.51-66

was bekend as Burgerhollands of Kaapse Afrikaans. Boerhollands of Oosgrensafrikaans was 'n vereenvoudigde vorm van Hollands wat natuurlik as gevolg van isolasie ontstaan het. Volgens Van Rensburg is Oosgrensafrikaans hoofsaaklik tussen 1770 en 1840 in landelike gebiede langs die oosgrens gepraat. Hierdie taalvariant is later deur die Groot Trek binneland toe geneem.[135] Toe moderne Afrikaans (Standaardafrikaans) in die vroeë 20ste eeu ontwikkel is, is dit volgens Van Rensburg sowel as F.A. Ponelis, op Boerhollands gebasseer.[136] Die grammatikale struktuur van Boerhollands soos dit vanaf 1750 al gebruik was, was reeds soos dié van moderne Afrikaans.[137]

Die storie van die Trekboere is 'n suksesverhaal. Vanuit 'n ekonomiese situasie van depressie en korrupte onderdrukking deur die VOC, het hulle in uiters moeilike en gevaarlike omstandighede baie meer vermag as net oorleef. De Kiewiet het die Boere se trek van die 1700's met die Bybelse Trek van 40 jaar vergelyk - met die verskil dat Boere se trek baie wyer en meer ekstensief oor 'n heelwat groter area was en baie langer as 40 jaar geduur het.[138] Hoe meer die VOC-regering hulle probeer verhoed het om verder te trek, hoe meer het hulle in getalle gegroei. Terwyl daar 'n netto verlies van mense as gevolg van emigrasie wat groter as immigrasie in

---

[135] Grebe, H. P. (1999). *Oosgrensafrikaans: 'n te eksklusiewe begrip?* Literator, Vol. 20(no.1), pp.51-66
[136] Grebe, H. P. (1999). *Oosgrensafrikaans: 'n te eksklusiewe begrip?* Literator, Vol. 20(no.1), pp.51-66, p.61
[137] Giliomee, Hermann. *Die Afrikaners* (Afrikaans Edition) Tafelberg. Kindle Edition, p.63
[138] De Kiewiet, C. W. (1957). *A History of South Africa, Social & Economic.* Oxford University Press., p.15

hierdie tydperk was[139], het hul bevolking, danksy hulle hoë natuurlike aanwas, vanaf 1308 in die jaar 1700 tot 14952 in 1795 gestyg.[140] Hulle het die grondgebied van die Kaap tot 110 vierkante myl tot by die Groot Visrivier in die Ooskaap vergroot.[141] Hulle het droogtes, wilde diere, vyandige inboorlinge, natuurlike hindernisse, groot afstande en afsondering met vasberadenheid en vindingrykheid oorwin. Hierdie trek van bykans 'n eeu het egter so 'n groot impak op die Trekboere gehad dat hulle 'n unieke gemeenskaplike karakter ontwikkel het wat as die kulturele Boeridentiteit sou bekend staan.

---

[139] Vrey, W.J.H., (1968), *Blanke besetting en bevolkingsgroei van die Republiek van Suid-Afrika vanaf 1652 tot 1960*, [Doctoral dissertation, University of the Orange Free State, Bloemfontein]. P.37
[140] Vrey, W.J.H., (1968), *Blanke besetting en bevolkingsgroei van die Republiek van Suid-Afrika vanaf 1652 tot 1960*, [Doctoral dissertation, University of the Orange Free State, Bloemfontein]. P.131
[141] Giliomee, H. B. (1973). *Die Kaapse samelewing teen die einde van die kompanjiesbewind*. Historia, 18(1), 2-17., p.2

Hoofstuk 2
Die Boere word Gekoloniseer

In 1770 was die laaste stamme van die inheemse Khoi-Khoi in die Zuurveldstreek, tussen die Vis- en Boesmanrivier, op die punt om gekoloniseer te word - óf deur die Boere wat van die weste af na daardie gebied migreer het óf deur die Xhosa wat uit die noordooste daarheen getrek het. Die suidwestelike migrasie van die Xhosa het gelei tot die oorheersing van die Khoi-Khoi-stamme, wat in 'n ondergeskikte posisie aan Xhosa-leiers geplaas is. Sommige Khoi-Khoi- en San-groepe is by Xhosa-stamme geïnkorporeer en in hul stamstrukture geassimileer. In die 18de eeu is die Gonaqua Khoi-Khoi wat in die streek tussen die Kei- en Keiskamma-riviere gewoon het, deur Xhosa-hoofmanne verower. Gevolglik het hulle ondergeskiktes van die Xhosa geword en as veewagters en bediendes vir hulle gewerk.[1] Van die Gonaqua het ook militêre en administratiewe dienste aan Xhosa-stamleiers verskaf en is hoogs gerespekteer deur die Xhosa.[2] In die

---

[1] De Klerk, P. (2002). *1652 - Die begin van kolonialisme in Suid-Afrika?* Historia, 47(2), 739-764, p.755
[2] De Klerk, P. (2002). *1652 - Die begin van kolonialisme in Suid-Afrika?* Historia, 47(2), 739-764, p.755

DIE BOERE WORD GEKOLONISEER

Wes-Kaap het die Khoi-Khoi-stamme hul stamstruktuur en ekonomie verloor as gevolg van ongelyke veehandel met die VOC. Hulle het met Kaapse slawe en Vryburgers vermeng. Sommige is as plaasarbeiders in die Kaapse ekonomie opgeneem, terwyl ander weggebreek en noordwaarts migreer het en hulle buite die Kaapse gebied gevestig het. Hierdie migrasies het gelei tot die ontstaan van betekenisvolle kultuurgroepe, soos die Afrikaner Basters, die Griekwas en die Korannas. Hierdie volke het die Westerse kultuur geassimileer en die Afrikaanse taal, kleredrag, gewere en perde aangeneem, wat hulle in staat gestel het om hulself teen die San en Bantoestamme in die noorde te kon handhaaf.[3]

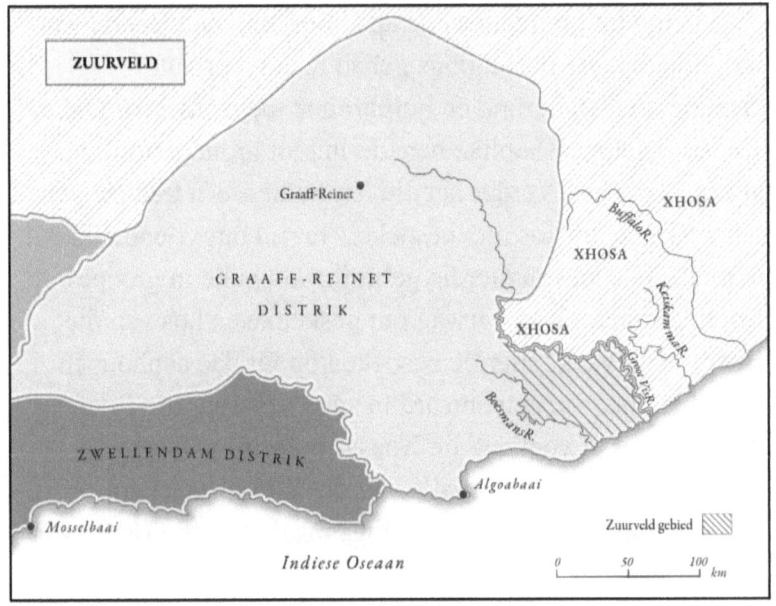

Kaart 2: Die Zuurveldgebied

---

[3] Miller, C. F. (1981). *500 Years - A History of South Africa* (3rd ed.). Academica, p.91

DIE SKEPPING VAN DIE BOERIDENTITEIT

Tydens die 1770's het die Boere by die Visrivier aangekom en die Xhosavolk daar ontmoet. Vir 'n aansienlike tydperk het hulle in 'n hartlike verhouding in noue kontak met mekaar aan die westekant van die Visrivier, in 'n gebied wat as die Zuurveld bekend gestaan het, geleef.[4] Maar soos die getal migrante toegeneem het, het kulturele verskille en die kompetisie vir hulpbronne die tafel vir toekomstige konflikte gedek. Teen die tyd wat Goewerneur van Plettenberg sy reis deur die kolonie onderneem het om die oostelike grens van die Kaap in 1778 af te baken, het 'n konflik tussen die Boere en Xhosas alreeds gedreig.[5] Dit sou 'n formidabele taak vir die mense van daardie era wees om die kulturele verskille tussen die Boere en Xhosas met betrekking tot grondeienaarskap te oorkom. Die Boere, wat individualistiese oortuigings gehad het, het private eiendomsreg van grond en hulpbronne toegepas, terwyl die Xhosa 'n gemeenskaplike benadering tot grondgebruik voorgestaan het. Verder het die Xhosamense 'n tradisie gehad om geskenke en kos met besoekers te ruil om vriendelikheid te toon. As deel van hierdie gebruik, sou hulle in groepe Boerplase besoek en verwag om geskenke en kos van die Boere te ontvang. Hierdie besoeke kon vir dae aanhou, en sommige daarvan sou ontaard in situasies waar die Boer bedreig voel of voel dat die Xhasas hulself op die Boere afdwing. In sommige gevalle sou die Xhosabesoekers bedekte dreigemente en uitdagings maak, wat die Boere wat

---

[4] Van der Merwe, P. J. (1995). *The Migrant Farmer in the History of the Cape Colony 1657-1842*. Ohio University Press, p.213
[5] Van der Merwe, P. J. (1995). *The Migrant Farmer in the History of the Cape Colony 1657-1842*. Ohio University Press, p.125

DIE BOERE WORD GEKOLONISEER

in afsondering met hul gesinne op afgeleë plase gewoon het, ongemaklik en bang vir hul veiligheid gemaak het.[6]

Die Boere, wat reeds rekognisiefooie (eiendomsbelasting) vir hul plase aan die VOC betaal het, was ontsteld om te sien hoe die Xhosa hul weivelde met hul groot troppe beeste vernietig. Die teenwoordigheid van 'n groot aantal Xhosa het die geïsoleerde grensboere onveilig laat voel, wat daartoe gelei het dat sommige hul plase langs die Visrivier verlaat het. Vanaf Junie tot Oktober 1779 het die Xhosa verskeie plase aangeval en ten minste 21 000 stuks vee van die Boere wat langs die Boesmansrivier gewoon het, weggevoer.[7] Die Xhosa het beweer dat hulle gemotiveer was deur die feit dat die Gonaqua Khoi-Khoi, wat hulle as die Boere se handlangers beskou het, hul vee gesteel het.[8] Ten spyte van verskeie pogings om die Xhosa te oorreed om terug oos van die Visrivier te trek, het besprekings misluk, en die Boere was met twee keuses gelaat: om die vrugbare grond van die Zuurveld prys te gee en die area te verlaat of om die Xhosa met geweld terug na "hul eie land" te dwing. Aan die begin van 1780 het 'n sterk, goed-bewapende kommando, bestaande uit 92 Boere en 40 Khoi-Khoi,[9] aangevoer deur Adriaan van Jaarsveld, verskeie Xhosa-kapteins en hul mense oor die regering-aangewese grens gedryf en ongeveer 5 000

---

[6] Du Toit, A., & Giliomee, H. (1983). *Afrikaner Political Thought. Volume 1: 1780-1850*. University of California Press, p.129
[7] Giliomee, Hermann. *Die Afrikaners* (Afrikaans Edition), p.72
[8] Van der Merwe, P. J. (1995). *The Migrant Farmer in the History of the Cape Colony 1657-1842*. Ohio University Press, p.216
[9] Van der Merwe, P. J. (1995). *The Migrant Farmer in the History of the Cape Colony 1657-1842*. Ohio University Press, p.228

DIE SKEPPING VAN DIE BOERIDENTITEIT

stuks vee by hulle afgeneem.[10] Hierdie gebeurtenis het die einde van die Eerste Grensoorlog (1779-1781) gebring. Die grens sou vir bykans die volgende dekade relatief rustig bly.

Die Boere het 'n sterk sin van onafhanklikheid en individualisme gekweek. Hulle sou nie gesag aanvaar wat nie hulle belang gedien het nie.[11] Vanuit hulle verwysingsraamwerk was al wat hulle van 'n regering benodig het, om hul eise van hulle plase te legitimiseer en om vir hulle 'n kerk en 'n predikant te voorsien - wat in daardie tyd as 'n funksie van die regering beskou is. Hulle was gewoond om plaaslike regering- en militêre sake op hul eie te hanteer en al wat hulle van die regering nodig gehad het, was dat amptenare in tye van konflik aan hulle van die nodige ammunisie voorsien.[12] Toe die Boere in die Camdeboo-omgewing (Graaff-Reinet) in 1778 die VOC-regering versoek het vir 'n drostdy ('n plaaslike administratiewe eenheid) en 'n predikant, was dit al wat hulle van die regering benodig het. Teen die tyd wat die Boere die oosgrens beset het, het die administrasie van die VOC-regering vir die laaste 100 jaar onveranderd gebly.[13] Teen 1790 was daar steeds minder as 10 predikante in die hele Kaap.[14] Tot op daardie stadium moes hulle afstande van tot 800 kilometer na

---

[10] Van der Merwe, P. J. (1995). *The Migrant Farmer in the History of the Cape Colony 1657-1842*. Ohio University Press, p.216
[11] Giliomee, H. B. (1973). *Die Kaapse samelewing teen die einde van die kompanjiesbewind*. Historia, 18(1), 2-17, p.15
[12] Miller, C. F. (1981). *500 Years - A History of South Africa* (3rd ed.). Academica, p.82
[13] Du Toit, A., & Giliomee, H. (1983). *Afrikaner Political Thought. Volume 1: 1780-1850*. University of California Press, p.3
[14] Du Toit, A., & Giliomee, H. (1983). *Afrikaner Political Thought. Volume 1: 1780-1850*. University of California Press, p.10

DIE BOERE WORD GEKOLONISEER

Kaapstad reis om te trou, hulle kinders te laat doop of om enige besigheid met die regering te hanteer, soos om hulle rekognisiefooie te betaal. Hulle moes dan vir lang tydperke hul plase onbeheerd laat. Die drostdy van Graaff-Reinet is in 1786 gestig met M. H. O. Woeke as landdros en eers in 1792 het die eerste predikant, Ds. J. H. von Manger, daar aangekom.[15]

Kort nadat die Graaff-Reinet drostdy opgerig was, het die optrede van die VOC-amptenare die vermoë van die Boere om hulself te verdedig aan bande gelê.[16] In die laat 1780's het politieke onrus binne Xhosaland daartoe gelei dat 'n groot aantal Xhosa-mense oor die grens die Zuurveld binnegetrek het. Sommige van hulle het op klein skaal van die Boere se vee gesteel skynbaar om te vergoed vir verliese wat in gevegte met ander Xhosas gely het.[17] Volgens die Boere is slegs 493 beeste vanaf Januarie 1790 tot 15 Mei 1793 gesteel.[18] Alhoewel die Xhosa nie die Boere skade wou berokken nie, het hul groot kuddes van tot 16,000 beeste die Boere se weivelde uitgeput,[19] en hul jagekspedisies het wild laat verdwyn. Dit het die Boere se lewens- en bestaansmiddele in gevaar gebring. Ondanks die feit dat die

---

[15] Miller, C. F. (1981). *500 Years - A History of South Africa* (3rd ed.). Academica, p.93
[16] Miller, C. F. (1981). *500 Years - A History of South Africa* (3rd ed.). Academica, p.93
[17] Du Toit, A., & Giliomee, H. (1983). *Afrikaner Political Thought. Volume 1: 1780-1850*. University of California Press, p.14
[18] Smith, K. W. (1974). *From frontier to midlands - A history of the Graaff-Reinet District, 1786-1910* [Doctoral dissertation, Rhodes University]. P.47
[19] Van der Merwe, P. J. (1995). *The Migrant Farmer in the History of the Cape Colony 1657-1842*. Ohio University Press, p.235

geïsoleerde Boerfamilies in vrees vir Xhosa-aanvalle geleef het, het landdros Maynier genadeloos geëis dat hulle nie hul plase moet verlaat nie,[20] en hy het geweier om die kommando's op te roep om die Xhosa van hul land te verdryf. Manyier was 'n tipiese VOC-amptenaar wat probeer het om die VOC enige potensiële koste te bespaar deur konflik ten alle koste te vermy.[21] Hy wou eerder die Xhosa met mooi woorde en geskenke paai, maar hy het nie die situasie waarin die Boere en die Xhosa hulle bevind het, verstaan nie. Tydens gesprekke het die Xhosa die rede vir hul onvermoë om na die oostelike kant van die Visrivier terug te keer, wat ook die rede vir die konflik wat vir bykans die volgende 100 jaar aan die oosgrens sou duur, aan die lig gebring. Hulle kon nie sonder die grond wat hulle wes van die Visrivier beset het, bestaan nie, omdat dit die enigste grond was waar hulle hul vee kon laat wei en leervelle vir klere kon kry.[22] Hulle het aangebied om vir die grond te betaal, maar die landdros moes weier.

Intussen het sommige Boere in die Zuurveld gefrustreerd geraak met die landdros se weiering om die distrik te mobiliseer en het, onder leiding van veldkornet Barend Lindeque, 'n alliansie met die Xhosahoof Ndlambe gevorm om ander Xhosa wat wes van die Visrivier gevestig

---

[20] Giliomee, Hermann. *Die Afrikaners* (Afrikaans Edition). Tafelberg. Kindle Edition, p.74
[21] Giliomee, Hermann. *Die Afrikaners* (Afrikaans Edition). Tafelberg. Kindle Edition, p.74
[22] Van der Merwe, P. J. (1995). *The Migrant Farmer in the History of the Cape Colony 1657-1842*. Ohio University Press, p.238

DIE BOERE WORD GEKOLONISEER

het, aan te val.[23] Die plan het misluk, en die Xhosa het 'n massiewe teenaanval geloods, waar hulle byna al die plaashuise in die Zuurveld afgebrand en meer as 50,000 beeste, 11,000 skape en 2,000 perde geroof het. [24]Die Boere het gevlug en laers opgeslaan.[25] Maynier het beveel dat alle verdere kommando-aanvalle op die Xhosa gestaak moet word en hy het 'n onsuksesvolle poging aangewend om hulle te oortuig om die gesteelde vee terug te bring en na hul kant van die grens terug te keer. Hy het 'n tweede poging geloods om die Xhosa uit die gebied te verwyder, maar hy het misluk omdat sy kommando te klein was.[26] 'n Kommando van Graaff-Reinet en Swellendam het toe opgeruk en 'n aansienlike aantal Xhosas gedwing om terug oor die Visrivier te vlug en ongeveer 8,000 stuks vee van die Xhosas af te vat. Maynier en landdrost Faure van Swellendam het besluit om 'n onsekere vrede met die Xhosa te sluit.[27] Nietemin het 'n aansienlike aantal Xhosas en hul vee in die Zuurveld agtergebly, en die Boere het landdros Maynier

---

[23] Smith, K. W. (1974). *From frontier to midlands - A history of the Graaff-Reinet District, 1786-1910* [Doctoral dissertation, Rhodes University], p.48

[24] Giliomee, Hermann. *The Afrikaners* (Afrikaans Edition). Tafelberg. Kindle Edition, p.73

[25] Die Boere het die laer as 'n militêre fort gebruik. 'n Laer was gevorm deur vyftig of meer swaar waens in 'n kring te trek en doringboomtakke tussen die wawiele in te steek. In die middel die laer is waens in 'n vierkant getrek wat met planke bedek was om skuiling vir vroue, bejaardes en kinders te bied. Giliomee, Hermann. The Afrikaners (Afrikaans Edition). Tafelberg. Kindle Edition, p.73

[26] Miller, C. F. (1981). *500 Years - A History of South Africa* (3rd ed.). Academica, p.95

[27] Smith, K. W. (1974). *From frontier to midlands - A history of the Graaff-Reinet District, 1786-1910* [Doctoral dissertation, Rhodes University], p.49

DIE SKEPPING VAN DIE BOERIDENTITEIT

verantwoordelik gehou vir hul swaar verliese en die mislukking om al hul vee te herwin.[28] Die Boere het nou besef dat die VOC nooit in hul belang sal regeer nie en het begin met hul soeke na selfbeskikking.

In die laaste jaar van die 143 jaar wat die VOC die Kaap besit het, het die Boere teen die VOC opgestaan vir hul vryheid en reg tot selfregering.[29] Op 4 Februarie 1795 het Adriaan van Jaarsveld en die twee Tregard-broers (die vader en oom van die latere Voortrekkerleier, Louis Trichardt), namens 'n groep Boere 'n vergadering van amptenare, voormalige amptenare en militêre offisiere belê. Twee dae later, tydens die vergadering, is 'n dokument genaamd die "Tesamenstemming" voorgelê en deur drie-en-veertig Boere onderteken. Maynier is beveel om die distrik Graaff-Reinet te verlaat.[30] Hierdie "volksverteenwoordigers" het die distrik oorgeneem en die driekleur van die Franse Rewolusie vertoon. Hulle het die regering wat hulle ingestel het, die "Nasionale Konvensie" genoem.[31] Hulle het ook geweier om belasting aan die VOC te betaal of sy wetgewing te gehoorsaam.[32] Die Swellendamdistrik is ook in Junie 1795 deur Boerrebelle oorgeneem. Hulle het hul eie "Nasionale

---

[28] Giliomee, Hermann. *The Afrikaners* (Afrikaans Edition). Tafelberg. Kindle Edition, pp.73-74
[29] Miller, C. F. (1981). *500 Years - A History of South Africa* (3rd ed.). Academica, p.80
[30] Smith, K. W. (1974). *From frontier to midlands - A history of the Graaff-Reinet District, 1786-1910* [Doctoral dissertation, Rhodes University], p.49
[31] Giliomee, Hermann. *The Afrikaners* (Afrikaans Edition). Tafelberg. Kindle Edition, p.74
[32] Giliomee, Hermann. *The Afrikaners* (Afrikaans Edition). Tafelberg. Kindle Edition, p.74

DIE BOERE WORD GEKOLONISEER

Landdros" geskep en 'n regerende liggaam, die "Nasionale Konvensie" gestig. Hulle het ook teen VOC-belasting geprotesteer en het Landdros A.A. Faure, wat die mislukte 1793-kommando saam met Maynier gelei het, verdryf.[33]

Sommige regeringsamptenare het begin vrees vir wat hulle "Jakobynse waansin" genoem het, toe daar 'n gerug onder die Swellendammers ontstaan het dat 'n lys met die name van regeringsamptenare wat onthoof of verban sou word, versprei word.[34] Die Nederduitse Gereformeerde Kerk (daardie jare die Hervormde kerk genoem) het die Boere as "onbeskaafd" beskou, wat volgens hulle bygedra het tot die ontwikkeling van "belaglike idees van politieke vryheid" in hul gedagtes.[35] Die Kerk het ook geglo dat 'n "fortuinsoekende Italianer" (Napoleon) eenvoudige mense aangehits het om teen die regering in opstand te kom.[36] Intussen het die Kaapse Afrikaners in die westelike distrikte van die Kaap deur die Kaapse Patriotbeweging probeer om hul politieke, ekonomiese en sosiale status te verbeter.[37] Alhoewel daar nie baie gemeenskaplike belangstelling tussen die Patriotte en die Boere was nie, het die konsep dat 'n

---

[33] Giliomee, Hermann. *The Afrikaners* (Afrikaans Edition). Tafelberg. Kindle Edition, p.74
[34] Giliomee, H. B. (1971). *Die Kaap tydens die eerste Britse bewind, 1795-1803* [Doctoral dissertation, Stellenbosch University], p.29
[35] De Wet, J. (1888). *Beknopte geschiedenis van de Nederduitsche Hervormde Kerk van de Kaap de Goede Hoop sedert de stichting der volkplanting in 1652 tot 1804*. J.C. Juta & Co., p.79
[36] De Wet, J. (1888). *Beknopte geschiedenis van de Nederduitsche Hervormde Kerk van de Kaap de Goede Hoop sedert de stichting der volkplanting in 1652 tot 1804*. J.C. Juta & Co., p.79
[37] Giliomee, H. B. (1971). *Die Kaap tydens die eerste Britse bewind, 1795-1803* [Doctoral dissertation, Stellenbosch University], p.17

DIE SKEPPING VAN DIE BOERIDENTITEIT

ongewilde regering teengestaan moet word, na die oostelike distrikte versprei waar dit die Boere geïnspireer het om aksie te neem oor hul ontevredenheid met die VOC-regering.[38] Dit blyk of die Boere nie oor hul toekomstig vryheidstelsel ooreengekom het nie. Alhoewel hulle steeds onder die Nederlandse regering wou staan, het 'n VOC-amptenaar aan die Kaap, J.F. Kirsten, in 'n skrywe aan die Britse owerheid in 1795, daarop gewys dat die Amerikaanse rewolusie die Boere van Graaff-Reinet-distrik geinspireer het om hul onafhanklikheid te verklaar.[39] Al hul planne het egter tot niet gegaan toe die Britte die Kaap in September 1795 beset het.[40]

As gevolg van Europese konflikte het die Kaap van Goeie Hoop verskeie kere sedert 1795 van hande verwissel. Die Franse Rewolusionêre Oorloë (1792-1802) was 'n reeks oorloë tussen Frankryk en 'n koalisie van Europese magte.[41] Die Britte was aanvanklik neutraal, maar hulle het in 1793 by die oorlog betrokke geraak toe Frankryk teen hulle oorlog verklaar het. Op 16 Mei 1795 het Nederland oorgegee en 'n vasalstaat van Frankryk geword, met die naam Batawiese Republiek. Die Britte het gevrees dat Frankryk die strategies belangrike Kaap sou inneem, en om dit te voorkom het hulle

---

[38] Smith, K. W. (1974). *From frontier to midlands - A history of the Graaff-Reinet District, 1786-1910* [Doctoral dissertation, Rhodes University], p.3
[39] Nel, H. F. (1967). *Die Britse verowering van die Kaap in 1795* [Masters' Thesis, University of Cape Town], p.9
[40] Giliomee, Hermann. *The Afrikaners* (Afrikaans Edition). Tafelberg. Kindle Edition, p.74
[41] Britannica, T. Editors of Encyclopaedia (2017, Februarie 14). *Franse Rewolusionêre oorloë.* Encyclopedia Britannica. https://www.britannica.com/event/French-revolutionary-wars

die Kaap in 1795 beset.[42] Die Vredesverdrag van Amiens is in 1802 tussen Frankryk en Brittanje onderteken. Die verdrag het die Franse Rewolusionêre Oorloë beëindig en die Kaap van Goeie Hoop aan die Nederlanders terug besorg. Skaars drie maande nadat die Nederlandse vlag op 21 Februarie 1803 in die Kaap gehys is,[43] het die Napoleontiese Oorloë op 18 Mei 1803 begin. Toe Napoleon aansienlike sukses in die oorlog behaal het, het die Britte in 1806 weer bekommerd geraak dat die Franse die Kaap mag beset en dit as 'n basis gebruik om Britse skepe in die Indiese Oseaan aan te val, en het toe weer die Kaap ingeneem. Die Vredesverdrag van Parys is in 1814 tussen Frankryk en Brittanje onderteken.[44] Die verdrag het die Napoleontiese Oorloë beëindig en die Kaap permanent aan die Britte oorgedra.

Die gees van bevryding wat deur die Amerikaanse en Franse rewolusies aangeblaas is, het ook in Nederland opstande veroorsaak. Die Patriotte wat die beginsels van die Franse rewolusie in Nederland met die steun van die Franse wou implementeer, het te staan gekom teen die Oranje party wat Prins Willem van Oranje as monarg ondersteun het. Prins Willem het in alliansie met Brittanje gestaan.[45] In die Kaap het hierdie selfde politieke verdeling voorgekom. Die VOC-amptenare het die die Oranje party in Nederland gesteun en

---

[42] Nel, H. F. (1967). *Die Britse verowering van die Kaap in 1795* [Masters' Thesis, University of Cape Town], p.38
[43] Giliomee, H. B. (1971). *Die Kaap tydens die Eerste Britse Bewind, 1795-1803* [Doctoral dissertation, University of Stellenbosch], p.393
[44] Britannica, T. Editors of Encyclopaedia (2022, Oktober 3). *Napoleontiese Oorloë*. Encyclopedia Britannica. (https://www.britannica.com/event/Napoleonic-Wars
[45] Nel, H. F. (1967). *Die Britse verowering van die Kaap in 1795* [Masters' Thesis, University of Cape Town], p.3

was pro-Brittanje, terwyl die Kaapse Patriotte pro-Frankryk was en vir ekonomiese en polieke regte geprotesteer het. Die Boere in die Oos-Kaap het oor die algemeen min belangstelling in die kwessies wat deur die Kaapse Afrikaner Patriotte naby die hoofstad opgewek is, getoon.[46] In die onstabiele oostelike grensgebied was hul kwessies ernstiger as die ekonomiese vryheid waarna die Kaapse Afrikaners in die weste gestreef het. Hulle was meer geïnteresseerd in vryheid deur selfbeskikking en het onafhanklikheid verklaar vir die Republieke van Graaff-Reinet en Swellendam. Hulle "vryheid" was egter van korte duur. Die Swellendammers was nog besig om hulle Republiek te verklaar toe die Britse Vloot in Valsbaai anker gooi. Toe die Franse Utrecht in Januarie 1795 verower het Prins Willem na Brittanje gevlug. Volgens 'n ooreenkoms tussen Nederland, Brittanje en Pruise wat in 1788 gesluit is, het Prins Willem vir Brittanje versoek om die Kaap teen 'n moontlike inval deur Frankryk te beskerm. Op grond van hierdie ooreenkoms het Brittanje die Kaap op 16 September 1795 beset.[47]

Die Nederlandse VOC-amptenare wat veronderstel was om die Kaap te verdedig, was ondersteuners van die Huis van Oranje en pro-Brits. Die Britte het dus met min weerstand die Kaap beset. General Craig, bevelvoerder van die verowerende Britse magte, het 'n brief van Prins Willem van Oranje aan hulle oorhandig waarin hulle beveel is om die

---

[46] Smith, K. W. (1974). *From frontier to midlands - A history of the Graaff-Reinet District, 1786-1910* [Doctoral dissertation, Rhodes University], p.51
[47] Nel, H. F. (1967). Die Britse verowering van die Kaap in 1795 [Masters' Thesis, University of Cape Town], p.4

DIE BOERE WORD GEKOLONISEER

Kaap aan Craig te oorhandig. Hulle het oënskynlik besluit om die bevel van die Stadhouer-in-ballingskap te gehoorsaam.[48] Luitenant-kolonel C. de Lille het 'n halfhartige poging aangewend om die Kaap te verdedig, en het sy manne op 16 September 1795 beveel om hul wapens neer te lê waarna Craig besit van die Kaap geneem het.[49] Die Kaapse distrikte van Kaapstad, Stellenbosch en selfs Swellendam, met die uitsondering van Kommandant Petrus Delport wat later sonder verhoor uit die Kaap verban is, het gou oorgegee. Graaff-Reinet het geweier om hulle aan die Britse bewind te onderwerp.[50]

Generaal Craig het 'n VOC-offisier, Frans Bresler, na Graaff-Reinet gestuur met 'n proklamasie wat hom as magistraat daar aanstel.[51] Bressler het op 9 Februarie 1796 in Graaff-Reinet aangekom, maar die Boere het hom toegang tot die hofgebou en amptelike dokumente geweier.[52] Op 22 Februarie 1796 het Bressler die Britse vlag gehys wat dadelik weer deur drie Boere, Jan Kruger, Jacobus Joubert, and Jan Groning, afgetrek is waarna Bressler na Kaapstad teruggekeer het.[53] In reaksie op die Boere se weiering om

---

[48] Voigt, J. C. (1969). *Fifty years of the history of the Republic in South Africa 1795 - 1845, Volume 1*. New York, Negro Universities Press, p.48
[49] Voigt, J. C. (1969). *Fifty years of the history of the Republic in South Africa 1795 - 1845, Volume 1*. New York, Negro Universities Press, p.49
[50] Giliomee, H. B. (1971). *Die Kaap tydens die Eerste Britse Bewind, 1795-1803* [Doctoral dissertation, University of Stellenbosch], p.43
[51] Voigt, J. C. (1969). *Fifty years of the history of the Republic in South Africa 1795 - 1845, Volume 1*. New York, Negro Universities Press, p.56
[52] Cory, G. E. (1921). *The Rise of South Africa*. Longmans, Green & Co., p.66
[53] Voigt, J. C. (1969). *Fifty years of the history of the Republic in South Africa 1795 - 1845, Volume 1*. New York, Negro Universities Press., p.57

Britse gesag te aanvaar, het Generaal Craig 'n verbod op die versending van ammunisie na Graaff-Reinet ingestel en hy het 300 soldate daarheen gestuur om die Britse bewind met geweld te vestig.[54] Die Boere het reeds 'n tekort aan ammunisie ervaar nadat die VOC-regering dit afgesny het toe hulle die gehate Landdros Maynier vroeër uit sy pos verwyder het. Hulle sou nie effektiewe weerstand teen die Britte kon bied nie en in die grensgebied, wat na die onrus van 1793 steeds onstabiel gebly het, was voldoende voorrade buskruit en koeëls van kritieke belang. Na briefwisseling met Generaal Craig het die laaste Boere van Graaff-Reinet op 14 Januarie 1797 in 'n brief oorgegee en lojaliteit aan die Britse regering beloof.[55]

Die Eerste Britse besetting van die Kaap van 1795 tot 1803 het die grondslag vir Anglo-Boer-verhoudinge gelê wat uiteindelik op die Anglo-Boereoorlog van 1899 tot 1902 sou uitloop. Die Boere is aanvanklik deur 'n onderdrukkende, winsbejagde private maatskappy geregeer en word nou deur 'n vreemde imperialistiese mag gekoloniseer. Tydens die eerste Britse besetting van die Kaap, anders as in ander Britse kolonies, is die regering van die Kaapse kolonie doelbewus as 'n autokrasie ontwerp. Alle burgerlike en militêre mag het uitsluitlik by die goewerneur berus, wat direkte en absolute beheer deur die imperialistiese gesag oor die Kaapse kolonie verseker het.[56] Kritiek op die Britse regering in die Kaap was

---

[54] Voigt, J. C. (1969). *Fifty years of the history of the Republic in South Africa 1795 - 1845, Volume 1*. New York, Negro Universities Press, p.59
[55] Giliomee, H. B. (1971). *Die Kaap tydens die Eerste Britse Bewind, 1795-1803* [Doctoral dissertation, University of Stellenbosch], p.59
[56] Du Toit, A., & Giliomee, H. (1983). *Afrikaner Political Thought. Volume 1: 1780-1850*. University of California Press, p.11

DIE BOERE WORD GEKOLONISEER

'n strafbare misdaad. Generaal Dundas het kritiek volgens Giliomee as "opruiend en opstokend en dus onverenigbaar met openbare vrede" beskou.[57] Theal het die Britse regering in die Kaap as 'n despotisme beskryf.[58]

Die Britse oorname in 1795 het die verlies van burgerskapstatus van die Boere en die Kaapse burgers tot gevolg gehad.[59] Die Britse regering het eksklusiewe verpligtinge en verantwoordelikhede aan hulle opgelê. Slegs hulle is gedwing om getrouheid aan die Britse kroon te sweer en slegs hulle is verbied om die Kaapkolonie sonder spesiale toestemming te verlaat. Daar was slegs van hulle verwag om kommandodiens te verrig en slegs hulle was verplig om belasting te betaal. Die Britse privaatsekretaris van Goewerneur Lord George MaCartney, John Barrow, wat 'n groot invloed op beleid teenoor die Boere gehad het, het sterk vooroordele teenoor die Boere gehad. Hy het die Boere as wilde mense afgeskryf wat hy volgens Dr. Henry Lichtenstein beskou het as "onstuimig, opruiend en versteurders van openbare vrede ... en met wie dit skaars die moeite werd was om verder mee kennis te maak" - dít, nog voordat hy ooit die Boere se lewenstyl leer ken het en voordat hy selfs geweet het waar Graaff-Reinet geleë was.[60]

---

[57] Giliomee, H. B. (1971). *Die Kaap tydens die Eerste Britse Bewind, 1795-1803* [Doctoral dissertation, University of Stellenbosch], p.82
[58] Cilliers, D. H. (1951). *Die Eerste Verhoudinge Tussen Boer en Brit*. Koersjoernaal, 19(3), p.96
[59] Giliomee, Hermann. *Die Afrikaners* (Afrikaans Edition). Tafelberg. Kindle Edition., p.77
[60] Cory, G. E. (1921). *The Rise of South Africa*. Longmans, Green & Co., p.74

DIE SKEPPING VAN DIE BOERIDENTITEIT

Beïnvloed deur die filantrope en evangelistiese Christene, en sonder om die ware oorsake van die konflikte aan die Oosgrens te bepaal, het die Britse owerhede besluit dat, ten spyte van bewyse tot die teendeel, die Boere die aggressors was en dat die weg na vrede was om enige militêre optrede deur die Boere te elimineer.[61] Hierdie beleid, wat op vooroordeel en onkunde gebasseer was, het 'n ernstige bedreiging vir die Boere se voortbestaan ingehou, aangesien dit "die Boere se selfbehoud in die oostelike distrikte bykans 'n misdaad gemaak het."[62] Die Britse houding teenoor die Boere is die duidelikste gedemonstreer deur Generaal Dundas in sy brief aan die Britse Staatsekretaris vir Oorlog en die Kolonies. In hierdie brief het Generaal Dundas sy voorneme verklaar om troepe na Graaff-Reinet te stuur om 'n Boeropstand teen Manyier te onderdruk. Hy het uitdruklik genoem dat hy van plan was om die Boere aan te val en, as hulle weier om hul opstand te staak, hulle uit te wis.[63] Gegewe die moeilikheidsgraad en koste om doeltreffende stelsels vir beskerming en bestuur van die oënskynlike waardelose gebied te vestig, was die beleid om die Boere onder dwang te hou egter 'n gerieflike en goedkoop beleid om te handhaaf.[64]

---

[61] Cory, G. E. (1921). *The Rise of South Africa*. Longmans, Green & Co., p.72
[62] Cory, G. E. (1921). *The Rise of South Africa*. Longmans, Green & Co., p.72
[63] Giliomee, H. B. (1971). *Die Kaap tydens die Eerste Britse Bewind, 1795-1803* [Doctoral dissertation, University of Stellenbosch], p.367
[64] Cory, G. E. (1921). *The Rise of South Africa*. Longmans, Green & Co., p.43

DIE BOERE WORD GEKOLONISEER

Die volgende bespreking van die Derde Xhosa-oorlog is hoofsaaklik gebaseer op inligting wat verkry is uit die doktorale proefskrif van H.B. Giliomee. Terwyl Giliomee egter terme soos "Blankes" en "Koloniste" gebruik het, gebruik hierdie werk die korrekte identiteit van die mense aan die Oosgrens, naamlik Boere.

In 1797 het 'n grootskaalse migrasie van Xhosamense oor die Visrivier plaasgevind as gevolg van 'n interne stamkonflik.[65] Hierdie migrasie het 'n reeds gespanne situasie aan die Oosgrens versleg, aangesien die Xhosas wat betrokke was by die oorlog van 1793 nie uit die gebied verdryf was nie. Daar was nou verskeie Xhosahoofde, saam met hul volgelinge en vee, in die Zuurveldgebied. Die groot getal Xhosabeeste het die Boere se weivelde vernietig.[66] Groot groepe Xhosas het die plase van die Boere begin besoek en "geskenke" geëis, wat 'n groot bedreiging vir die veiligheid van die Boere was.[67] Die groot getal Xhosas het kommer onder die Boere veroorsaak, wat gevrees het vir aanvalle en die veiligheid van hul families. Die Britse gesag het die Boere verbied om teen die Xhosas op te tree, en as gevolg van die regering se verbod het die Boere 'n ernstige tekort aan ammunisie gehad. Baie Boere het geen ander keuse gehad as om hul plase te verlaat nie. Teen die begin van 1798, volgens Bresler, was die gebied tussen die Visrivier en

---

[65] Giliomee, H. B. (1971). *Die Kaap tydens die Eerste Britse Bewind, 1795-1803* [Doctoral dissertation, University of Stellenbosch], p.313
[66] Giliomee, H. B. (1971). *Die Kaap tydens die Eerste Britse Bewind, 1795-1803* [Doctoral dissertation, University of Stellenbosch], p.320
[67] Giliomee, H. B. (1971). *Die Kaap tydens die Eerste Britse Bewind, 1795-1803* [Doctoral dissertation, University of Stellenbosch], p.321

DIE SKEPPING VAN DIE BOERIDENTITEIT

die Sondagsrivier heeltemal deur die Boere ontruim.[68] Die Xhosas in die Zuurveld moes nou met nie-gewelddadige middele oortuig word om die kolonie te verlaat. Bresler en Barrow het op 30 Julie 1797 in Graaff-Reinet aangekom om met Xhosahoofde van beide kante van die Visrivier te onderhandel. Na gesprekke met die Xhosahoofde het hulle geglo dat hulle die situasie opgelos het, maar hulle was verkeerd.[69] In 1798 het Macartney dit duidelik gemaak dat hy nie van plan was om die Xhosas te dwing om oor die Visrivier terug te keer nie, ten spyte daarvan dat dit duidelik was dat gesprekke hulle nie gaan oortuig nie. Die Britse regering het die mislukking van die onderhandelingsbeleid toegeskryf aan die Boere wat verhinder het dat die Xhosas terugtrek na Xhosaland.[70] Nietemin is die beleid van versoening voortgesit.

Adriaan van Jaarsveld, leier van die opstand teen die VOC in 1795 in Graaff-Reinet, is op 17 Januarie 1799 deur die Britse owerhede op aanklagte van die vervalsing van 'n kwitansie gearresteer. Na bewering is die datum op die kwitansie van 1791 na 1794 verander, 'n paar jaar voordat die Kaap onder Britse beheer gekom het. Op 21 Januarie 1799, tydens sy vervoer onder bewaking na Kaapstad, is hy deur 'n groep van 40 gewapende Boere, gelei deur Marthinus

---

[68] Giliomee, H. B. (1971). *Die Kaap tydens die Eerste Britse Bewind, 1795-1803* [Doctoral dissertation, University of Stellenbosch], p.318
[69] Giliomee, H. B. (1971). *Die Kaap tydens die Eerste Britse Bewind, 1795-1803* [Doctoral dissertation, University of Stellenbosch], p.316
[70] Giliomee, H. B. (1971). *Die Kaap tydens die Eerste Britse Bewind, 1795-1803* [Doctoral dissertation, University of Stellenbosch], p.321

DIE BOERE WORD GEKOLONISEER

Prinsloo, bevry.[71] Die nuus van Van Jaarsveld se ontsnapping het Kaapstad op 16 Februarie 1799 bereik, waarna Generaal Francis Dundas, die waarnemende goewerneur, besluit het om onmiddellik op te tree om die rebelle te straf. Generaal Vandeleur het met troepe via Algoabaai in Graaff-Reinet aangekom en beide Van Jaarsveld en Prinsloo gearresteer.[72] Die Britse Imperiale regering in Londen het daarop aangedring dat hulle die doodvonnis opgelê word,[73] maar omdat hulle nie weerstand teen Vandeleur gebied het nie, is hul vonnis na lewenslange gevangenisstraf afgeskaal. Van Jaarsveld is die tronk in die Kasteel oorlede, en Martinus Prinsloo is later deur die Bataafse regering vrygelaat.[74]

Op hul pad vanaf Algoabaai na Graaff-Reinet het Generaal Vandeleur en sy soldate 'n groot groep gewapende Khoi-Khoi aangetref wat betrokke was by rooftogte, plundery van plase, en die steel van wapens en klere van die Boere. Hierdie Khoi-Khoi was waarskynlik onder die indruk dat hulle by Vandeleur kon aansluit. Hul leier, Klaas Stuurman, het verduidelik dat die Khoi-Khoi die land moes herwin wat deur die Boere van hulle afgevat is.[75] Generaal Vandeleur het hulle egter oortuig om hul wapens neer te lê en

---

[71] Smith, K. W. (1974). *From frontier to midlands - A history of the Graaff-Reinet District, 1786-1910* [Doctoral dissertation, Rhodes University], p.57
[72] Giliomee, H. B. (1971). *Die Kaap tydens die Eerste Britse Bewind, 1795-1803* [Doctoral dissertation, University of Stellenbosch], p.78
[73] Giliomee, H. B. (1971). *Die Kaap tydens die Eerste Britse Bewind, 1795-1803* [Doctoral dissertation, University of Stellenbosch], p.80
[74] Giliomee, H. B. (1971). *Die Kaap tydens die Eerste Britse Bewind, 1795-1803* [Doctoral dissertation, University of Stellenbosch], p.81
[75] Giliomee, H. B. (1971). *Die Kaap tydens die Eerste Britse Bewind, 1795-1803* [Doctoral dissertation, University of Stellenbosch], p.322

DIE SKEPPING VAN DIE BOERIDENTITEIT

die troepe tydelik te vergesel terwyl verdere reëlings getref word. Op 'n ander punt in hul reis het Generaal Vandeleur 'n groep Xhosas onder Cunwa teëgekom, wat hy beveel het om oor die Visrivier terug te trek. Terwyl hulle op pad terug na Algoabaai was, is Generaal Vandeleur se manne egter deur hierdie groep Xhosas aangeval. Hierdie aanval het die lewens van 16 Britse soldate en 'n luitenant geëis.[76] 'n Aansienlike aantal Khoi-Khoi het toe by die Xhosas in die Zuurveld aangesluit. Hulle het toe as 'n gesamentlik mag 'n veldtog van wydverspreide plundering en die vernietiging van plase en plaashuise in die distrik Graaff-Reinet begin.[77] Hierdie optrede was die begin van die Derde Xhosa-oorlog.

Die gesamentlike mag van die Khoi-Khoi en Xhosas het verwoestende rooftogte uitgevoer wat vrees en chaos onder die Boere in die gebied veroorsaak het. Baie Boere wat geen ammunisie gehad het nie, was genoodsaak om weswaarts te vlug op soek na veiligheid. Die Boere kon ook nie ammunisie by die landdroskantoor bekom nie, wat beteken het dat hulle nie kommando's op die been kon bring nie.[78] Op 24 Mei 1799 het Generaal Vandeleur dringend 'n beroep op veldkommandant Hendrik Jansen van Rensburg gedoen om 'n kommando saam te stel om die Xhosas oor die Visrivier te verdryf. Boere wat steeds ammunisie gehad het, het dadelik by die kommando aangesluit en begin om die Xhosas sistematies te verdryf. Ondanks die desperaatheid van

---

[76] Giliomee, H. B. (1971). *Die Kaap tydens die Eerste Britse Bewind, 1795-1803* [Doctoral dissertation, University of Stellenbosch], p.323
[77] Giliomee, H. B. (1971). *Die Kaap tydens die Eerste Britse Bewind, 1795-1803* [Doctoral dissertation, University of Stellenbosch], p.324
[78] Giliomee, H. B. (1971). *Die Kaap tydens die Eerste Britse Bewind, 1795-1803* [Doctoral dissertation, University of Stellenbosch], p.329

DIE BOERE WORD GEKOLONISEER

die Boere het Dundas koppig geweier om ammunisie beskikbaar te stel, maar hy het Vandeleur opdrag gegee om ammunisie aan "verdienstelike gevalle" te verskaf. Van Rensburg se kommando het egter in Junie 1799, na 'n nagaanval, 'n nederlaag teen 'n mag bestaande uit Xhosas en Khoi-Khoi gelei.[79] Gedrewe deur hul suksesse het die Xhosas en Khoi-Khoi op 'n wye front strooptogte geloods, waarin hulle vee geplunder en plaasgeboue aan die brand gesteek het. As gevolg van die gebrek aan ammunisie was die Boere en hul families genoodsaak om vir veiligheid laers op te slaan. Vandeleur self was in Algoabaai saam met ongeveer 200 soldate vasgekeer.[80] Die Xhosas en Khoi-Khoi het ook invalle in die oostelike deel van Swellendam geloods, waarby verskeie Boere doodgemaak en vrouens en kinders gevange geneem is.[81]

Gedurende Augustus 1799 het die Boere hul eerste tekens van effektiewe weerstand getoon.[82] Boervroue en -kinders moes in armoede en ongemak in die veld bly terwyl hul mans op kommando was.[83] Terwyl Veldkornet S. de Beer op kommando was het sy dapper vrou aan hom geskryf: "Ek rus geen enkele uur in die nag nie. Die vyand is op ons

---

[79] Giliomee, H. B. (1971). *Die Kaap tydens die Eerste Britse Bewind, 1795-1803* [Doctoral dissertation, University of Stellenbosch], p.330
[80] Giliomee, H. B. (1971). *Die Kaap tydens die Eerste Britse Bewind, 1795-1803* [Doctoral dissertation, University of Stellenbosch], p.331
[81] Giliomee, H. B. (1971). *Die Kaap tydens die Eerste Britse Bewind, 1795-1803* [Doctoral dissertation, University of Stellenbosch], p.331
[82] Giliomee, H. B. (1971). *Die Kaap tydens die Eerste Britse Bewind, 1795-1803* [Doctoral dissertation, University of Stellenbosch], p.332
[83] Giliomee, Hermann. *Die Afrikaners* (Afrikaans Edition). Tafelberg. Kindle Edition., p.117

DIE SKEPPING VAN DIE BOERIDENTITEIT

hakke."[84] Dundas en Vandeleur het 'n sterk minagting gehad vir wat hulle beskou het as die lafhartige weerstand en vlug van die Boere.[85] Die grondslag vir hierdie oordeel is onduidelik. Vandeleur, volgens homself, was in 'n "staat van beleg" in Algoabaai met 200 gewapende troepe. Ten spyte van 'n aansienlike en goedtoegeruste mag tot sy beskikking, het Dundas geen lewensvatbare moontlikheid van 'n suksesvolle aanval teen die opposisiemagte gesien nie.[86] Dit was eers in Augustus 1799 dat Dundas, in Kaapstad, die erns van die situasie besef het. Hy het toe bevele uitgereik om 1 600 pond buskruit na Graaff-Reinet en Swellendam te stuur.[87] Op 6 Augustus 1799 het hy, aan die hoof van 'n mag van ongeveer 500 man, na die oostelike grens gereis. Gelyktydig het Vandeleur versterkings deur Algoabaai ontvang toe addisionele troepe per skip arriveer.[88]

Op 9 Augustus 1799 het Dundas versoek dat voormalige landdros Maynier by hom aansluit om 'n vredesooreenkoms met die Xhosas te onderhandel. Alhoewel Dundas nou Maynier by hom gehad het, wou hy steeds 'n sterk Boerkommando teenwoordig hê ingeval die vriendelike maatreëls sou misluk. Daarom het hy teen mid-Augustus 1799 opdrag gegee vir die vorming van kommando's om

---

[84] Giliomee, Hermann. *Die Afrikaners* (Afrikaans Edition). Tafelberg. Kindle Edition., p.119
[85] Giliomee, H. B. (1971). *Die Kaap tydens die Eerste Britse Bewind, 1795-1803* [Doctoral dissertation, University of Stellenbosch], p.333
[86] Giliomee, H. B. (1971). *Die Kaap tydens die Eerste Britse Bewind, 1795-1803* [Doctoral dissertation, University of Stellenbosch], p.334
[87] Giliomee, H. B. (1971). *Die Kaap tydens die Eerste Britse Bewind, 1795-1803* [Doctoral dissertation, University of Stellenbosch], p.334
[88] Giliomee, H. B. (1971). *Die Kaap tydens die Eerste Britse Bewind, 1795-1803* [Doctoral dissertation, University of Stellenbosch], p.334

DIE BOERE WORD GEKOLONISEER

saam met die troepe onder sy bevel op te tree.[89] Na die aankoms van ammunisie aan die begin van September 1799, het meer Boere van Graaff-Reinet by Tjaart van der Walt en sy Swellendamse kommando aangesluit. As gevolg van onmiddellike bedreigings op hul plase kon baie Boere van die suidoostelike deel van Graaff-Reinet nie by die kommando's aansluit nie. In ander gebiede het Boere in groter getalle by hul kommando's aangesluit. Dundas se indruk oor die rede waarom die Graaff-Reinetters nie dadelik by die kommando's aangesluit het nie, was dat hulle "teen enige maatreëls wat die regering vir die distrik se verdediging geneem het, weerstand gebied het".[90] Terwyl Dundas en sy troepe nog onderweg na Graaff-Reinet was, het die bedreiging wat deur die en Xhosas veroorsaak is, veral in die Swellendamse distrik, begin afneem.[91]

In Algoabaai het Vandeleur en Dundas teenstrydige sienings gehad oor hoe om die oorlog te beëindig. Vandeleur was gekant teen die beëindiging van die oorlog deur onderhandelinge omdat hy gevrees het dat dit as 'n teken van swakheid beskou sou word. Dundas het 'n ander perspektief gehad. Hy het vroeg in Oktober 1799 beveel dat alle vyandighede gestaak word en opdrag uitgereik dat die Xhosas onder geen omstandighede aangeval moet word nie. Hy het geglo dat die gesamentlike mag van die Khoi-Khoi en

---

[89] Giliomee, H. B. (1971). *Die Kaap tydens die Eerste Britse Bewind, 1795-1803* [Doctoral dissertation, University of Stellenbosch], p.335
[90] Giliomee, H. B. (1971). *Die Kaap tydens die Eerste Britse Bewind, 1795-1803* [Doctoral dissertation, University of Stellenbosch], p.338
[91] Giliomee, H. B. (1971). *Die Kaap tydens die Eerste Britse Bewind, 1795-1803* [Doctoral dissertation, University of Stellenbosch], p.339

DIE SKEPPING VAN DIE BOERIDENTITEIT

Xhosas te sterk vir die Boere en sy soldate sou wees.[92] Op 21 September 1799 het Dundas egter vanuit Algoabaai geskryf: "Ek glo die bedoeling van die Kaffers en die Hottentotte is bloot om soveel moontlik vee te bekom en soveel moontlik woonplekke te vernietig."[93] Deur onderhandelinge deur Maynier, het Dundas vrede met die Xhosas en die Khoi-Khoi bereik. Op 16 Oktober 1799 is die beëindiging van vyandighede amptelik aangekondig.[94] In November 1799 het Maynier die Xhosahoof Ngqika aan die oostelike kant van die Visrivier besoek. Hy het egter geen sukses behaal nie en is amper deur Ngqika vermoor.[95] Interessant genoeg was die verhouding tussen die Boere en die Xhosahoof Ngqika aan die oostekant van die Visrivier baie beter as met die Xhosakapteins in die Zuurveld. In 1799 het Ngqika die grond tussen die Kachaberge en die Koonaprivier aan die Boere aangebied. Ngqika het sy wens uitgespreek om vreedsaam met die Boere te leef en aan hulle beskerming te bied.[96]

Die vrede wat in 1799 gesluit is, was bloot 'n tydelike staking van vyandelikhede in die konflik tussen die verskillende bevolkingsgroepe aan die oosgrens. Dit het in beginsel tot die oorgawe van die Zuurveld, wat aanvanklik

---

[92] Giliomee, H. B. (1971). *Die Kaap tydens die Eerste Britse Bewind, 1795-1803* [Doctoral dissertation, University of Stellenbosch], p.339
[93] Giliomee, H. B. (1971). *Die Kaap tydens die Eerste Britse Bewind, 1795-1803* [Doctoral dissertation, University of Stellenbosch], p.340
[94] Giliomee, H. B. (1971). *Die Kaap tydens die Eerste Britse Bewind, 1795-1803* [Doctoral dissertation, University of Stellenbosch], p.341
[95] Giliomee, H. B. (1971*). Die Kaap tydens die Eerste Britse Bewind, 1795-1803* [Doctoral dissertation, University of Stellenbosch], p.341
[96] Giliomee, H. B. (1971). *Die Kaap tydens die Eerste Britse Bewind, 1795-1803* [Doctoral dissertation, University of Stellenbosch], p.74

DIE BOERE WORD GEKOLONISEER

deur Boere bewoon is, aan die Xhosas gelei.[97] Tydens die oorlog het die Khoi-Khoi en Xhosa beduidende verliese aan die Boere toegedien voordat vrede met hulle gesluit is. Met die vrede is hulle ook toegelaat om alles wat hulle van die Boere gebuit het, te behou. Toe slegs twee-derdes van die Boere hul verliese verklaar het, het hulle 858 perde, 4 475 osse, 35 474 beeste, 34 023 skape en 2 480 bokke verloor. 470 plase in Graaff-Reinet en Swellendam is geplunder en verlaat. Die Eerste Britse Bewind aan die Kaap was die donkerste tydperk vir die Boere aan die Oosgrens.[98] Dundas het self erken dat die garnisoen by Algoabaai min of geen beskerming sou bied in geval van 'n inval nie. Dundas was hoofsaaklik daarin geïnteresseerd om, soos hy dit gestel het, die "lastige, ontroue en losbandige Boere" onder beheer te hou.[99] As beloning vir sy dienste is Maynier op 25 Desember 1799 as Resident-kommissaris, die hoogste amp vir die distrikte Graaff-Reinet en Swellendam, aangestel.[100]

Die geskiedenis van Suid-Afrika sou baie anders gewees het as die Britte, as die koloniale gesag en die wêreld se magtigste ryk, in hierdie vroeë stadium van hulle kolonisasie van die gebied, meer moeite gedoen het om die situasie en die mense in die oosgrens van die Kaap beter te verstaan. Hulle moes verstaan het dat die Xhosa besig was

---

[97] Giliomee, H. B. (1971). *Die Kaap tydens die Eerste Britse Bewind, 1795-1803* [Doctoral dissertation, University of Stellenbosch], p.343
[98] Giliomee, Hermann. *Die Afrikaners* (Afrikaans Edition). Tafelberg. Kindle Edition., p.119
[99] Giliomee, H. B. (1971). *Die Kaap tydens die Eerste Britse Bewind, 1795-1803* [Doctoral dissertation, University of Stellenbosch], p.343
[100] Giliomee, H. B. (1971). *Die Kaap tydens die Eerste Britse Bewind, 1795-1803* [Doctoral dissertation, University of Stellenbosch], p.341

DIE SKEPPING VAN DIE BOERIDENTITEIT

met 'n migrasie na die suide en dat die Xhosas wes van die Visrivier gedryf is deur 'n interne stryd met vyande aan die oostekant van die rivier wat baie gevaarliker as die Boere aan die westekant was. Hulle moes besef het dat die Boere nie Europeërs was nie, maar pre-industriële Afrika-grensboere wat vir hul voortbestaan geen ander keuse gehad het as om hul weivelde teen vernietiging deur groot Xhosakuddes te beskerm nie, en dat, as hulle na wes sou terugbeweeg het, hulle slegs die weivelde van die Boere agter hulle sou vernietig en hulle almal so in armoede sou dompel. Hulle moes geweet het dat die laaste vry Khoi-Khoi, as die ware oorspronklike mense van suidelike Afrika, 'n laaste stryd gevoer het, en geveg het vir hul land en vir hul reg om te bestaan, en dat hulle nie verdien het om na sendingstasiekampe verskuif te word nie. Bo alles was die grootste fout wat die Britse koloniale gesag met betrekking tot die Boere gemaak het, soos De Kiewiet gesê het, "sy weiering om die selfregering van die Boere te respekteer wat die verwaarlosing van die VOC-regering hulle in staat gestel het om te ontwikkel".[101]

Napoleon het 'n belangrike mylpaal met die Vrede van Amiens behaal wat op 25 Maart 1802 tussen Frankryk en Brittanje gesluit is. Hierdie verdrag het nie net 'n einde aan die Franse Rewolusionêre Oorloë gebring nie, maar dit het ook meegebring dat Frankryk se territoriale winste nou deur sy grootste mededinger, Groot Brittanje, aanvaar en erken

---

[101] De Kiewiet, C. W. (1957). *A History of South Africa, Social & Economic.* Oxford University Press, p.33

DIE BOERE WORD GEKOLONISEER

is.[102] As beloning vir sy ondersteuning aan die Franse het die Batawiese regering in die Nederland, in terme van hierdie verdrag, eienaarskap van die Kaap die Goeie Hoop gekry. Kommissaris-generaal Jacob Abraham Uitenhage de Mist is deur die regering van die Batawiese Republiek gestuur om beheer oor die Kaap van die Engelse oor te neem en 'n regering en administrasie daar te vestig. Hy is vergesel deur Luitenant-generaal Jan Willem Janssens wat die eerste goewerneur sou wees.[103] Alhoewel die Boere baie min gemeen gehad het met die verligte, liberale Nederland van daardie tyd, was die meerderheid Boere emosioneel lojaal teenoor Nederland en het hulle die nuwe regering hartlik verwelkom.[104] Interessant genoeg het de Mist reeds in 1801, 'n jaar voor die Vrede van Amiens en nog voordat hy ooit voet in die Kaap gesit het, 'n gedetailleerde verslag vir die Batawiese regering voorberei waarin hy sy beginsels vir die bestuur van die Kaap uiteengesit het.[105] Sy navorsing vir sy "Memorie" het grootliks gesteun op inligting wat hy ingewin het uit mondelinge mededeling en geskrifte van die voormalige Britse privaatsekretaris John Barrow, - dieselfde John Barrow wat geglo het dat die Boere barbaars was omdat hulle nie brood geëet het nie.[106] In sy "Memorie" het de Mist sy voornemens vir die bestuur van die Kaap beskryf: "Die

---

[102] Erasmus, L. J. (1972). *Die Tweede Britse Verowering van die Kaap, 1806* [Master's Thesis, Potchefstroomse Universiteit vir Christelike Hoer Onderwys]. P.5
[103] Botha, J. P. (2008). *Ons Geskiedenis* (1st ed.). J.P. Botha., p.67
[104] Voigt, J. C. (1899). *Fifty Years of the History of the Republic in South Africa 1795-1845 - Vol 1*. E. O. Dutton & Co., p.92
[105] Gie, S. F. (1932). *Geskiedenis vir Suid-Afrika, II* (2nd ed.). Pro Ecclesia-Drukkery., p.96
[106] Van der Merwe, J. P. (1926). *Die Kaap onder die Bataafse Republiek 1803-1806*. Swets & Zeilinger, Amsterdam., p.168

DIE SKEPPING VAN DIE BOERIDENTITEIT

inwoners het die reg om 'n regering te eis wat nie altyd uitsluitlik in belang van 'n derde party regeer nie, maar primêr en hoofsaaklik, volgens vasgestelde, geskrewe en regverdige wette, om hul eie welsyn te bevorder."[107] Hy het egter omvattende hervormings beplan sodat hierdie "strategies belangrike Kaap 'n broodmandjie en 'n bron van rykdom vir die Moederland sal word."[108]

Die sosiale hervormings in De Mist se Memorie is gebasseer op die die verligte idees van liberale humanitarisme wat in die tyd in Holland geheers het. Dit is teen hierdie agtergrond wat hy sterk vooroordele teenoor die Boere uit bronne soos Barrow ontwikkel het.[109] Volgens de Mist was die verskaffing van meer kerke en meer en beter skole aan die Boere noodsaaklik om die "verwilderde Boere', wat die "naturelle so onmenslik wreed behandel" geleidelik in goedgeaarde, beskaafde mense te ontwikkel.[110] Tot sy krediet het de Midst, en ook Janssens, 'n toer deur die Oosgrensgebiede gemaak om die Boere en die situasie daar, beter te leer ken. Hulle het die Oosgrens in verwoesting gevind. Honderde plase en plaasopstalle is afgebrand en groot getalle vee is deur die Xhosas gebuit. Die Xhosas het onbeheersd deur groot dele van die distrik beweeg.[111] Toe die

---

[107] Gie, S. F. (1932). *Geskiedenis vir Suid-Afrika, II* (2nd ed.). Pro Ecclesia-Drukkery., p.97
[108] Gie, S. F. (1932). *Geskiedenis vir Suid-Afrika, II* (2nd ed.). Pro Ecclesia-Drukkery., p.100
[109] Van Zyl M.C., Edited by Muller, C. F. (1984). *500 Years, A History of South Africa* (4th ed.). Academica, p.110
[110] Gie, S. F. (1932). *Geskiedenis vir Suid-Afrika, II* (2nd ed.). Pro Ecclesia-Drukkery, p.99
[111] Van der Merwe, J. P. (1926). *Die Kaap onder die Bataafse Republiek 1803-1806*. Swets & Zeilinger, Amsterdam, p.165

meeste Boere de Mist op sy roete deur die gebied versoek om vryskelding van recognisiefooie weens hul verliese in die onlangse oorlog, was hy huiwerig om dit te doen, want hy het gereken dat hulle "eenvoudigheid voorgee" "aandoenlik is" en "baie oordryf".[112] Hy het neerhalend na die versoeke van hierdie Boere as 'n teken van wat vir hom voorlê verwys. Hy het gereken hulle versoeke "klagtes van wraaksugtige mense" is, wat "deur die regering die Xhosas se osse en koeie in die hande wil kry". Hy het die ongelukkige Boere afgemaak as mense wat ontevrede is met almal wat sukses het, mense wat "hoop dat die nuwe regering als sal red".[113] Later het Janssens aan de Mist geskryf dat die Swellendammers se manne besonder aantreklik is met goeie geaardhede, maar dat sommige onder hulle bevooroordeeld is met versteekte agandas wat die lewe vir hulle almal baie gevaarlik kan maak.[114] De Midst se "hart het gebloei" vir "sy Afrikane" - soos hy die Boere genoem het - toe hy aan die Oosgrens "'n paar honderd "mooi jong mense van beide geslagte" teegekom het, "aan wie die milde natuur niks geweier het nie", wat weens die "gebrek aan geleenthede" kwalik die eerste stadium van menslike beskawing kon bereik.[115] Hy het gereken "redelike jong mans" word weens hulle onbeskaafdheid skadelik en "ontembaar". Daarom, volgens De Mist se verslag aan die Staatsbewind (die Hollandse

---

[112] Van der Merwe, J. P. (1926). *Die Kaap onder die Bataafse Republiek 1803-1806*. Swets & Zeilinger, Amsterdam, p.166
[113] Gie, S. F. (1932). *Geskiedenis vir Suid-Afrika, II* (2nd ed.). Pro Ecclesia-Drukkery, p.102
[114] Van der Merwe, J. P. (1926). *Die Kaap onder die Bataafse Republiek 1803-1806*. Swets & Zeilinger, Amsterdam, p.165
[115] Van der Merwe, J. P. (1926). *Die Kaap onder die Bataafse Republiek 1803-1806*. Swets & Zeilinger, Amsterdam, p.169-p.170

DIE SKEPPING VAN DIE BOERIDENTITEIT

Bataafse regering) versoek hy dat predikante en onderwysers, "van onberispelike sedes" dringend voorsien moet word.[116]

Toe Goewerneur Janssens by Algoabaai aangekom het, het hy die sendeling Van der Kemp van die Londense Sendingsgenootskap ontmoet, wat saam met die Engelse in 1799 daar aangekom het.[117] Van der Kemp en sy medesendeling, Reid, was verantwoordelik vir 'n groep van 'n paar honderd Khoi-Khoi, waarvan die meeste by aanvalle op die grens gedurende die vorige Britse besetting betrokke was.[118] Jansen het Van der Kemp 'n plaas van 7000 morg toegestaan vir 'n sendingstasie by Bethelsdorp.[119] Die sendelinge het namens die Khoi-Khoi verskeie beskuldigings van mishandeling teen die Boere aan Janssens gemaak. Aanvanklik het hierdie beskuldigings Janssens ontstel, maar soos die bewerings meer buitensporig geword het, het hy oor hul egtheid begin twyfel. Een van die beskuldigings wat teen 'n Boer gemaak is, was dat hy "die keel van 'n Khoi-Khoi-vrou afgesny het en haar kind in stukke gesny het terwyl die kind nog lewendig was".[120] Nadat Janssens en De Mist aanvanklik oortuig was van die Boere se wrede behandeling van die inheemse mense, het hulle na hul grensbesoeke, opgehou om die beskuldigings teen die Boere ernstig op te

---

[116] Van der Merwe, J. P. (1926). *Die Kaap onder die Bataafse Republiek 1803-1806.* Swets & Zeilinger, Amsterdam, p169-p.170
[117] Voigt, J. C. (1899). *Fifty Years of the History of the Republic in South Africa 1795-1845 - Vol 1.* E. O. Dutton & Co, p.93
[118] Voigt, J. C. (1899). *Fifty Years of the History of the Republic in South Africa 1795-1845 - Vol 1.* E. O. Dutton & Co, p.93
[119] Van Zyl M.C., Edited by Muller, C. F. (1984). *500 Years, A History of South Africa* (4th ed.). Academica., p.114
[120] Gie, S. F. (1932). *Geskiedenis vir Suid-Afrika, II* (2nd ed.). Pro Ecclesia-Drukkery, p.103

neem.[121] Toe De Mist later die sendingstasie van die Londonse sendingsgenootskap by Bethelsdorp besoek vind hy die plek "slordig" en "armoedig". Al die bome is afgekap vir vuurmaakhout en daar is geen skadu op die kaal grond nie. Daar is geen teken dat enige-een werk nie en die mense is maer, uitgeteer, gedek met ou lappe of sommiges heelemal kaal. Dr Lichtenstein, wat De Mist op sy tog vergesel het, was van mening dat Ven der Kemp en Reid nie geskik is om "as sendelinge te werk om heidene te bekeer nie".[122] By sy terugkeer in die Kaap het De Mist kantnotas in sy memorie oor die Boere gemaak wat bevestig dat sy menings oor die Boere gevorm is voordat hy in die Kaap aangekom het en dat dit hoofsaaklik op die skywes van Barrow gebaseer is.[123] In sy kantnota het hy oor Barrow se geskrifte oor die Boere geskryf: "Ek het toe nie gedink dit moontlik is om soveel laster uit slegs nasionale afguns te spuig nie".[124]

De Mist het omvattende hervormings in die Kaap aangebring. Hierdie hervormings het die vestiging van 'n sterk sentrale regering en 'n nuwe plaaslike regeringstelsel ingesluit. Hy het twee nuwe distrikte geskep deur die Graaff-Reinetdistrik in twee dele te verdeel, met die tweede deel, Uitenhage, na homself vernoem.[125] De Mist het belangrike

---

[121] Gie, S. F. (1932). *Geskiedenis vir Suid-Afrika, II* (2nd ed.). Pro Ecclesia-Drukkery, p.103
[122] Gie, S. F. (1932). *Geskiedenis vir Suid-Afrika, II* (2nd ed.). Pro Ecclesia-Drukkery., p.107
[123] Gie, S. F. (1932). *Geskiedenis vir Suid-Afrika, II* (2nd ed.). Pro Ecclesia-Drukkery, p.104
[124] Gie, S. F. (1932). *Geskiedenis vir Suid-Afrika, II* (2nd ed.). Pro Ecclesia-Drukkery, p.104
[125] Voigt, J. C. (1899). Fifty Years of the History of the Republic in South Africa 1795-1845 - Vol 1. E. O. Dutton & Co, p.92

ekonomiese hervormings aangekondig. Opvoeding was 'n prioriteit, en De Mist se hervormings het 'n nuwe onderwysorde ingesluit wat sekulêre skole bekend gestel het. Voorheen was alle skole in die Kaap onder die administrasie van die Nederduitse Gereformeerde Kerk. Hy het ook die Onderwyskollege "Tot Nut Van't Algemeen" gestig, wat later bekend geword het as die "Suid-Afrikaanse Kollege".[126] In sy strewe na gelykheid het De Mist 'n nuwe kerkorde afgekondig wat daarop gemik was om alle kerke en gelowe gelyk te behandel. Hy het ook 'n nuwe huweliksordonnansie vir die oostelike grensdistrikte ingevoer wat voorgeskryf het dat alle huwelike deur die landdros (magistraat) gesluit moet word.[127] Op 25 September 1804 het De Mist as kommissaris-generaal aan die Kaap bedank. Hulle het enige dag 'n Britse aanval op die Kaap verwag en De Mist wou Generaal Janssens die geleentheid gee om vir die verdediging van die Kaap voor te berei. Janssens se troepe was nie opgewasse vir die sterker magte van Generaal Baird nie, en Janssens het na die Slag van Blaauwberg op 18 Januarie 1806 aan die Britse veroweraars oorgegee.[128] Die Hollandse regering aan die Kaap het nie genoeg tyd gehad vir hul vele hervormingsprogramme om tasbare resultate op te lewer nie. Die Engelse het baie van die verligte en liberale Nederlandse beleide met meer konserwatiewe Britse idees vervang.[129]

---

[126] Voigt, J. C. (1899). Fifty Years of the History of the Republic in South Africa 1795-1845 - Vol 1. E. O. Dutton & Co, p.92
[127] Van der Merwe, J. P. (1926). Die Kaap onder die Bataafse Republiek 1803-1806. Swets & Zeilinger, Amsterdam, p.157
[128] Van Zyl M.C., Edited by Muller, C. F. (1984). *500 Years, A History of South Africa* (4th ed.). Academica, p.116
[129] Van Zyl M.C., Edited by Muller, C. F. (1984). *500 Years, A History of South Africa* (4th ed.). Academica, p.116

DIE BOERE WORD GEKOLONISEER

Die Britte het in 1806 deur verowering die eienaars van die Kaap geword. Daarna het die Kaap, met die ondertekening van die Verdrag van Parys op 30 Mei 1814, permanente Britse besit geword. Na hierdie ooreenkoms het die Britte, in Augustus 1814, ingestem om die Nederlanders £5 miljoen te betaal in ruil vir die Kaap en ander gebiede. Die Boere is eenvoudig, sonder hulle kennis of instemming en sonder enige spesiale oorweging, in hierdie transaksie ingesluit. Hulle het geen regte gehad nie. Hulle was nie burgers van enige land nie en het geen sê oor hul eie toekoms gehad nie. Die Nederlandse en Britse regerings het onbeperkte mag oor hulle gehad sonder enige verpligting om hul regte of belange te respekteer. Gevolglik is die Boere teen hul wil gedwing om Britse onderdane te word. Hulle kon nie die superieure militêre mag van die Britte teenstaan nie. Tydens die oorhandiging van die Kaap aan die Britse Generaal Baird het die uitgaande Nederlandse goewerneur, Generaal Janssens, 'n laaste pleidooi aan Baird gerig. Hy het Baird aangemoedig om nie die disinformasie wat oor die Boere deur hul vyande soos Barrow, versprei word, te glo nie.[130]

---

[130] Erasmus, L. J. (1972). *Die Tweede Britse Verowering van die Kaap, 1806* [Master's Thesis, Potchefstroomse Universiteit vir Christelike Hoer Onderwys], p.181

Hoofstuk 3:
Die Boere onder Britse Bewind

Teen die tyd van die tweede Britse besetting van die Kaap in 1806 het die Boere reeds in 'n onafhanklike en selfonderhoudende kulturele groep ontwikkel. Die eerste eeu van hulle ontwikkeling het hulle geleer hoe om hulself te beskerm en te regeer. Al wat hulle van 'n regering verlang het, was om met rus gelaat te word.[1] Die Kaap het egter nou 'n permanente Britse besitting geword, en hulle het langtermynplanne daarvoor gehad. Die Britte het 'n besonder aggressiewe verengelsingsbeleid in die Kaap ingevoer, wat hul assimilasiepogings op volke in hul ander gebiede, soos die Franse in Kanada, ver oortref het. Die Britte wou die Boerbevolking anglisieer om politieke beheer te vestig en kultureel assimileer om sosiale samehorigheid in die Britse Ryk te bevorder. Die Britse regering wou nie net die Boere leer om Engels te praat nie - hulle wou beter mense van die Boere maak - volgens die Britse Koloniale kantoor: "deur Nederlandse Skoolmeesters geleidelik met Engelse te vervang, as die beste manier om die Engelse taal meer algemeen in die Kolonie te maak en die

---

[1] Kotze C.R., Edited by Muller, C. F. (1984). *500 Years, A History of South Africa* (4th ed.). Academica, p.125

gewoontes en sedes van die mense te verbeter.".² Hulle wou van die Boere Engelse maak. 'n Engelse ouer van Uitenhage het oor die opleiding van Boerkinders in die Engelse vryskool geskryf: „And whether we hear the infant of three years old lisping his A, B, C, or the boy of eight fluently reading the English language, our hearts must overflow with gratitude, to that paternal Government which has thus planted seeds of knowledge upon the soil of ignorance and barbarism".³ Die Engelse was onder die indruk dat hulle die Boere opgehef het deur hulle te verengels.⁴ As die Boere verengels het, sou hulle baie meer lojaal aan die Britse Kroon wees.

Die totale grootte van die Boerbevolking was vergelykbaar met dorpe soos Exeter en Leicester ten tye van die permanente Britse besetting van die Kaap.⁵ Die Britse regering kon dus onder die indruk wees dat hulle nie versigtig met die assimilasie van die Boergemeenskap hoef te wees nie. Hulle het nie die moontlikheid oorweeg dat die Boere, as 'n klein volk, hul kulturele identiteit sou wil behou nie.⁶ Hulle het 'n sterk, outokratiese sentrale regering soortgelyk aan hul eerste besetting van die Kaap ingestel. Die

---

[2] Kotze, C. R. (2021). *Reaksie van die Afrikaners op die owerheidsbeleid teenoor hulle, 1806-1828: II. Historia*, p.252
[3] Kotze, C. R. (2021). *Reaksie van die Afrikaners op die owerheidsbeleid teenoor hulle, 1806-1828: II. Historia*, p.251
[4] Kotze, C. R. (2021). *Reaksie van die Afrikaners op die owerheidsbeleid teenoor hulle, 1806-1828: II. Historia*, p.247
[5] Lambert, T. (2021, March 14). *A History of the Population of England*. Retrieved June 12, 2023, from https://localhistories.org/a-history-of-the-population-of-england/
[6] Kotze C.R., Edited by Muller, C. F. (1984). *500 Years, A History of South Africa* (4th ed.). Academica, p.125

onafhanklikheid van die hooggeregshof, wat voorheen deur die Bataafse regering ingestel is, is herroep en het onder die beheer van die goewerneur gekom. Die goewerneur sou saam met 'n paar selfaangestelde assessore as die hoogste appèlhof in die Kaap dien.[7] Om groter beheer oor die grensdistrikte uit te oefen, het die Britse regering in die Kaap twee nuwe distrikte, George en Albany, gestig en 'n rondgaande hof ingestel. Die rondgaande hof was 'n hooggeregshof wat uit twee of drie regters bestaan het, wat periodiek deur die land gereis het om sake aan te hoor. Die eerste rondgaande hof het sy reis in Oktober 1811 begin.[8]

Goewerneur Cradock het in 1813 engelstaligheid as 'n vereiste vir aanstelling in staatsinstellings gestel.[9] Onderwys het 'n deurslaggewende rol gespeel in die bevordering van die verengelsingsagenda, hoewel pogings vóór 1820 om die Engelse taal in skole te bevorder, beperkte sukses gehad het. Vanaf 1820 was Engelse en Skotse skoolmeesters ingevoer. 'n Taalproklamasie in 1822 het Engels as die eksklusiewe amptelike taal in regeringskantore vanaf 1 Januarie 1825 verklaar, ten spyte van die feit dat baie min Boere destyds Engels kon praat.[10] Vanaf 1 Januarie 1827 is hofverrigtinge ook verengels. Die Britse bewind aan die Kaap het ook 'n nuwe regstelsel ingevoer, waarin die strafreg die Engelse

---

[7] Gie, S. F. (1932). *Geskiedenis vir Suid-Afrika, II* (2nd ed.). Pro Ecclesia-Drukkery, p.126
[8] Gie, S. F. (1932). *Geskiedenis vir Suid-Afrika, II* (2nd ed.). Pro Ecclesia-Drukkery, p.128
[9] Kotze, C. R. (2021). *Reaksie van die Afrikaners op die owerheidsbeleid teenoor hulle, 1806-1828: II. Historia*, p.247
[10] Kotze C.R., Edited by Muller, C. F. (1984). *500 Years, A History of South Africa* (4th ed.). Academica, p.129

regstelsel sou volg. Regters is aangestel uit die Britse balie en moes grade van Engeland besit. Hulle het ook later 'n juriestelel ingestel en al was baie min Boere Engels magtig, het die Britse koloniale regering Engels as 'n vereiste gestel om op die jurie te kon dien.[11]

Die Nederduitse Gereformeerde Kerk het 'n betekenisvolle rol as die primêre kulturele instelling van die Boere gespeel. Om hierdie rede het die Britse gesaghebbers gepoog om die Boere te assimileer deur die Kerk by hulle verengelsingspogings te betrek. Goewerneur Somerset het 'n plan geïmplementeer om Skotse predikante binne die Nederduitse Gereformeerde Kerk in Boergebiede aan te stel.[12] Tog het die Boere het geen weerstand teen die nuwe Britse besetting gebied nie, en hulle het ook nie teen die veranderinge en regulasies wat aan hulle opgelê is, in opstand gekom nie. Al hierdie hervormings is op die Boere afgedwing sonder enige verteenwoordiging. Die Boere het amper nooit die Britse administrasie gekritiseer nie. Inteendeel, in die vroeë 1820's was die Boere, volgens die Britse staatsamptenaar en filantroop Wilberforce Bird, so "tevrede om stil en gehoorsaam te wees", dat dit die Britse Setlaars geïrriteer het.[13] Dit het baie Britte laat glo dat die Boere se "gewoonte onderwerping (habitual submission)"

---

[11] Giliomee, Hermann. *Die Afrikaners* (Afrikaans Edition). Tafelberg. Kindle Edition., p.196

[12] Gabriels, B. (1999). *'n Vergelyking tussen die verengelsingsbeleid na die Tweede Britse besetting van die Kaap aan die begin van die 19de eeu en die verengelsingsbeleid na die oorname van die ANC-regering in 1994 in Suid-Afrika* [Master's Thesis, Stellenbosch Universiteit]., p.7

[13] Kotze, C. R. (2021). *Reaksie van die Afrikaners op die owerheidsbeleid teenoor hulle, 1806-1828: II. Historia*, p.246

van hulle omstandighede uit hul gedeelde flegmatiese karakter voortspruit.[14] Maar waarom was daar nie verset en opstand teen die anglisasiemaatreels van die Britse regering nie? 'n Belangrike rede was dat die Boere, weens hul afgesonderde lewenstyl op die platteland, nie veel in kontak met die Engelse owerhede gekom het nie. Die enkele grootste rede vir die Boere se onderdanigheid aan die Britse regering en hul gebrek aan optrede en verset teen die Britse anglisasiepogings was egter die invloed wat die Nederduitse Gereformeerde Kerk op hulle gehad het om hulle aan die Britse regering te onderwerp.

Dit was maklik vir die Britse regering om die Kerk in hul anglisasieprogram te betrek, want die kerk was in werklikheid 'n staatsbeheerde entiteit, met die goewerneur as die hoof.[15] Alle predikante is deur die owerhede aangestel en betaal, wat hulle volledig aan die gesag van die goewerneur onderwerp het. Die gevolg was dat die predikante, ingesluit die Skotse predikante, slaafs onderdanig aan die regering was en die onderdanigheid ook aan die lede gepreek het.[16] As voorbeeld van hoe Britse staatsgesag in die Nederduitse Gereformeerde Kerk toegepas is, kan verwys word na 'n bevel wat Goewerneur Cradock uitgereik het dat 'n gebed vir die Britse koninklike familie en vir Britse oorwinnings in hul

---

[14] Kotze, C. R. (2021). *Reaksie van die Afrikaners op die owerheidsbeleid teenoor hulle, 1806-1828: II. Historia*, p.246
[15] Gabriels, B. (1999). *'n Vergelyking tussen die verengelsingsbeleid na die Tweede Britse besetting van die Kaap aan die begin van die 19de eeu en die verengelsingsbeleid na die oorname van die ANC-regering in 1994 in Suid-Afrika* [Master's Thesis, Stellenbosch Universiteit].,p.6
[16] Kotze, C. R. (2021). *Reaksie van die Afrikaners op die owerheidsbeleid teenoor hulle, 1806-1828: II. Historia*, p.246

oorloë elke Sondag gedoen moes word.[17] Die kerk het onderdanigheid aan die regering by hul lidmate ingepredik en die Kerk het die noodsaaklikheid van die aanleer van die Engelse taal by sy lede beklemtoon en bevorder. Die sinode het resolusies aanvaar dat godsdiensonderrig tweetalig moet wees en dat die Heidelbergse Kategismus in Engels beskikbaar gestel moet word. Nederduitse Gereformeerde predikante het moeite gedoen om Engelse vryskole op plaaslike skoolkommissies te bevorder.[18] Die Boere sou later teen die Britse regering verset, maar dit sou om redes baie groter as Britte se pogings om hulle te verengels wees.

Aanvanklik het dit voorgekom asof die nuwe Britse bewind die belange van die Boere waardeer het en opreg gepoog het om verhoudinge met hulle te verbeter. Hulle sou daadwerklike stappe neem om die Boere se veiligheidsituasie op die Oosgrens aan te spreek en te verbeter wat tot goeie verhoudings tussen die Boere en verskeie Britse goewerneurs en Britse militêre leiers gelei het. In sy opdrag van die Imperiale regering in London, moes die eerste Britse goewerneur "ons onderdane in die binneland ", verwysende na die Boere, "teen aanvalle van die Xhosas en ander wilde stamme" beskerm deur onder andere forte en poste op te rig.[19] Die erns van die Britse regering in die Kaap om goeie verhoudings met die Boere te bou was ook sigbaar in 'n skrywe van die nuwe landdros van Uitenhage, Cuyler, aan

---

[17] Kotze C.R., Edited by Muller, C. F. (1984). *500 Years, A History of South Africa* (4th ed.). Academica, p.128
[18] Kotze, C. R. (2021*). Reaksie van die Afrikaners op die owerheidsbeleid teenoor hulle, 1806-1828: II. Historia*, p.249
[19] Gie, S. F. (1932). *Geskiedenis vir Suid-Afrika, II* (2nd ed.). Pro Ecclesia-Drukkery, p.131

die koloniale Sekretaris, Alexander, waarin hy sy kommer uitspreek dat die Britse regering die Boere gou kan vervreem oor 'n bestaande wet wat wat die Boere verbied om teen veediefstalle op te tree.[20] Goewerneur Caledon het in 1809 vir Luitenant-kolonel Collins gestuur om ondersoek na die situasie op die grensgebiede in te stel. Collins het bevind dat die Boere aan die noordoosgrens nodig gehad het om hulleself teen San-aanvalle te beskerm. Hy het aanbeveel dat ammunisie teen kosprys aan hulle verskaf moes word en dat 'n kommando goedgekeur moes word om teen die San uit te gaan.[21] Net soos dokter Lichtenstein vroeër, het Collins, na 'n besoek aan die sendingstasie van Reid en Van der Kemp van die London sendingsgenootskap in Bethelsdorp, tot die gevolgtrekking gekom dat hulle nie geskik is om sendelinge te wees nie.[22] Collins het ook op Barrow se propaganda teen die Boere kommentaar gelewer deur te sê dat Barrow groot moeite gedoen om die Boere met "oortuigende toesprake en skynbaar liefdadige bedoelings" in 'n negatiewe lig te stel en dat sy aantuigings teen die Boere "hoogs onakkuraat" was.[23] Aan die Oosgrens, het Collins saam met Landdros Anders Stockenström, onsuksesvol probeer om verskeie hoofmanne in Xhosaland te oortuig om nie die Visrivier oor te steek nie en die wat reeds in die Zuurveld was, om die kolonie te verlaat. Met sy terugkoms het hy 'n verslag by die

---

[20] Gie, S. F. (1932). *Geskiedenis vir Suid-Afrika, II* (2nd ed.). Pro Ecclesia-Drukkery, p.133
[21] Gie, S. F. (1932). *Geskiedenis vir Suid-Afrika, II* (2nd ed.). Pro Ecclesia-Drukkery, p132
[22] Gie, S. F. (1932). *Geskiedenis vir Suid-Afrika, II* (2nd ed.). Pro Ecclesia-Drukkery, p.130
[23] Gie, S. F. (1932). *Geskiedenis vir Suid-Afrika, II* (2nd ed.). Pro Ecclesia-Drukkery, p.132

goewerneur ingedien en aanbeveel dat die Xhosas met geweld oor die Visrivier gedryf moet word en die Zuurveld skoongemaak moet word.[24]

Ten spyte daarvan dat die Visrivier as die koloniale grens beskou was, het ongeveer 20,000 Xhosas teen 1811 in die Zuurveldstreek en verder wes van die Visriviergrens rondgeswerf.[25] Alhoewel Xhosa-kapteins soos Nhlambe en Chungwa sover moontlik die vrede met die Boere bewaar het, het hulle groot kuddes die Boere se weivelde vernietig. Kleiner stamhoofde, soos Habana, Galata en Xasa, wat in 'n groot mate onafhanklik van hulle oorgeskikte hoofde gefunksioneer het, het die goeie weivelde rondom die Suurberg ingeneem vanwaar hulle plaasaanvalle op die Boere geloods het.[26] Toe Sir John Cradock op 6 September 1811 as die nuwe goewerneur in die Kaap aankom, het verslae van Caledon, asook Landdroste Stockenstroom en Cuyler, hom laat besluit " Om Sy Majesteit se gebiede van die Kaffernasie of enige ander vorm van plunderaars skoon te maak en dat hulle permanent binne hul eie grense gedryf word."[27] Kolonel John Graham is aangestel om die operasie teen Nhlambe se magte te lei. Hy het die bystand van Veldkommandant Gabriel Stoltz en Veldkornette Willem Grobler en Willem

---

[24] Bezuidenhout, J. P. (1985). *Forte en Verdedigingswerke op die Kaapse Oosgrens 1806-1836. Scientia Militaria, South African Journal of Military Studies, 15*(4), 23-45.27

[25] De Villiers, J. (2012). *Colonel John Graham of Fintry and the Fourth Cape Eastern Frontier War, 1811-1812. Scientia Militaria - South African Journal of Military Studies, 31*(2)., p.3

[26] Markram, W. J. (2001). *Die lewe en werk van Petrus Lafras Uys, 1797-1838* [Doctoral dissertation, Universiteit van Stellenbosch]., p.72

[27] Gie, S. F. (1932). *Geskiedenis vir Suid-Afrika, II* (2nd ed.). Pro Ecclesia-Drukkery, p137

DIE SKEPPING VAN DIE BOERIDENTITEIT

Nel ingeroep om twee Boerkommando's te mobiliseer, wat onder bevel van Landdros Cuyler van Uitenhage en Landdros Stockenstroom van Graaff-Reinet sou optree.[28] In Desember 1811 het Kolonel Graham, met 'n gekombineerde mag wat uit 440 Britse soldate, 431 Khoi-Khoi soldate, en 450 Boere bestaan het, 'n veldtog teen die Xhosa-indringers begin.[29] Op 29 Desember 2011 is Landdros Anders Stockenstroom, Veldkornet Johan Christiaan Greyling, Veldkornet Jocobus Potgieter, en verskeie Boere deur krygers van die kleinere stamhoof Xasa vermoor nadat hulle die Xhosaleier ongewapend genader het om vrede te onderhandel.[30] Die moorde sou later as die slagting by Zuurberg bekend staan.[31] Toe Cuyler vir Nhlambi genader het, het die Xhosahoof verklaar dat hy die Zuurveld deur oorlog verkry het en dit nie sal opgee nie.[32]

---

[28] De Villiers, J. (2012). *Colonel John Graham of Fintry and the Fourth Cape Eastern Frontier War, 1811- 1812. Scientia Militaria - South African Journal of Military Studies, 31*(2)., p.7

[29] Giliomee, Hermann. *Die Afrikaners* (Afrikaans Edition). Tafelberg. Kindle Edition, P120

[30] De Villiers, J. (2012). *Colonel John Graham of Fintry and the Fourth Cape Eastern Frontier War, 1811-1812. Scientia Militaria - South African Journal of Military Studies, 31*(2)., p.8

[31] In 'n brief, opgestel deur P. Mare, J.B. Rabie, W.S. Pretorius en H.A. Meyntjes, gerig aan Goewerneur Cradock om hom van die moorde in kennis te stel, is die sterftes van die volgende Boere gelys: Veldkornet Johan Christiaan Greyling, Veldkornet Jocobus Potgieter, Philip Botha, Piet Botha, Philip Buys (vermoedelik 'n seun van Coenrad de Buys), Jacobus du Plessis, Michiel Hattingh, Willem Pretorius en Isaac van Heerden. Cornelis Erasmus en Andries Krugel was gewond en Christiaan Robberts en Paul du Plessis het daarin geslaag om weg te kom. Bron: Meintjes, K. (n.d.). The Massacre at Zuurberg. Eggsa.org. Retrieved September 17, 2023, from
https://www.eggsa.org/articles/Zuurberg_intro.htm

[32] Gie, S. F. (1932). *Geskiedenis vir Suid-Afrika, II* (2nd ed.). Pro Ecclesia-Drukkery, p.137

DIE BOERE ONDER BRITSE BEWIND

Teen die einde van Januarie 2012 het Nhlambe en sy hele gemeenskap, saam met hul vee, die Visrivier oorgesteek en die Zuurveld verlaat. Dit het Kolonel Graham in staat gestel om sy aandag na die Boesmansbergstreek te verskuif. Daar het Xhosa aanvallers 'n mevrou van der Merwe, die vrou van 'n Boer op kommando, en verskeie Khoi-Khoi plaaswerkers vermoor. In reaksie het Graham sy manne beveel om die gesteelde vee op te spoor en alle manlike aanvallers sonder uitsondering, dood te skiet.[33] Goewerneur Cradock het op 7 Maart 1812 amptelik die einde van die vierde Xhosa-oorlog verklaar. Binne net twee maande is ongeveer 20,000 Xhosa indringers suksesvol uit die Zuurveldstreek verwyder. Kolonel Graham se buitengewone militêre en organisatoriese vaardighede het 'n belangrike rol in hierdie prestasie gespeel.[34]

In die dekades voordat die Britse regering militêre beheer oor die Oosgrensgebied geneem het, het die Boere 'n moeilike verhouding met die Xhosas gehad. Die Boere het gereeld met die Xhosas handel gedryf en somtyds hulle selfs bygestaan in faksiegevegte met ander stamme en baie Xhosas het ook vir die Boere op hul plase gewerk.[35] Hulle het ook goeie verhoudings met die Xhosas in Xhosaland, oos van die Visrivier, gehandhaaf. Verskeie Boere het selfs daar gewoon

---

[33] De Villiers, J. (2012). *Colonel John Graham of Fintry and the Fourth Cape Eastern Frontier War, 1811-1812*. Scientia Militaria - South African Journal of Military Studies, *31*(2)., p.9
[34] De Villiers, J. (2012). *Colonel John Graham of Fintry and the Fourth Cape Eastern Frontier War, 1811-1812*. Scientia Militaria - South African Journal of Military Studies, *31*(2). p.11
[35] Giliomee, Hermann. *Die Afrikaners* (Afrikaans Edition). Tafelberg. Kindle Edition, pp.120-121.

nadat die Xhosahoofman, Ngqika, aan hulle 'n stuk grond tussen die Kachaberge en die Koonaprivier gegee het en aan hulle beskerming aangebied het.[36] Maar wes van die Visrivier het die Xhosa se groot veekuddes hul weivelde verwoes, en die Boere het bedreig gevoel deur die aanhoudende, ongenooide besoeke aan hul plase deur groepe Xhosas wat geskenke geëis het.[37] Voor 1811 was die Boere voortdurend in 'n uiters moeilike stryd gewikkel net om Zuurveldstreek te kon behou.[38] Daarteenoor het die Britsbeheerde grensoorlog van 1811 tot 1812 die Xhosas heeltemal uit die gebied uitgedryf. Die Xhosas was in skok. Hulle kon nie indink dat hulle sodanig verpletter kon word nie. Hulle het vir die eerste keer in die grensgebied totale oorlog, met die geweldige verliese wat dit op hulle meegebring het, ervaar.[39] Later sou die Britte die Xhosas nog verder oos oor die Keiskammarivier, verdryf, en die area tussen die Vis- en Keiskammariviere as neutrale gebied verklaar. Die Boere was eenvoudig nie militêr in staat om sulke groot oorwinnings oor die Xhosas te kon behaal nie.[40]

Intussen het die sendelinge Reid en Van der Kemp, van die sendingstasie op Bethelsdorp, 'n brief aan die Londonse Sendingsgenootskap geskryf waarin hulle beweer

---

[36] Giliomee, H. B. (1971). *Die Kaap tydens die eerste Britse bewind, 1795-1803* [Doctoral dissertation, Stellenbosch University],p.74
[37] Giliomee, Hermann. *Die Afrikaners* (Afrikaans Edition). Tafelberg. Kindle Edition, p.120.
[38] Du Toit, A., & Giliomee, H. (1983). *Afrikaner Political Thought. Volume 1: 1780-1850*. The University of California Press, p11
[39] Giliomee, Hermann. *Die Afrikaners* (Afrikaans Edition). Tafelberg. Kindle Edition, pp.120-121.
[40] Du Toit, A., & Giliomee, H. (1983). *Afrikaner Political Thought. Volume 1: 1780-1850*. University of California Press, p15

het dat die Boere die Khoi-Khoi wreed mishandel, en dat "meer as 'n honderd moorde wat in die Uitenhagedistrik alleen" klaarblyklik aan hulle gerapporteer is.[41] As gevolg van die groot invloed van die Christelike evangelistiese filantrope in Londen, het die Britse Imperiale regering op 9 Augustus 1811 die Kaapse goewerneur, Cradock beveel om die aantygings te ondersoek en die oortreders swaar te straf.[42] Cradock het hierdie opdrag noukeurig uitgevoer en Read alle moontlike bystand gegee om bewyse te versamel.[43] In September 1812 het die tweede rondgaande hof, of die "Swarte Ommegang" soos die Boere dit genoem het, begin om hierdie klagtes in George, Uitenhage en Graaff-Reinet aan te hoor.[44] Die vier maande lange sitting van die hof het 22 sake van verskillende soorte klagtes, waarvan sommige na skynbare gebeure van lank gelede verwys het, aangehoor ten spyte van Reid se propaganda aan London.[45] Die hof het al die beskuldigdes van moordaanklagte vrygespreek en slegs enkele boetes is vir kleiner oortredings, soos terughouding van salarisse, uitgereik.[46] Die verslag van die regters het die sendelinge gekritiseer omdat hulle nie die aantygings geverifieer het nie en dat die meeste klagtes net stories is wat

---

[41] Kotze C.R., Edited by Muller, C. F. (1984). *500 Years, A History of South Africa* (4th ed.). Academica, p.135
[42] Gie, S. F. (1932). *Geskiedenis vir Suid-Afrika, II* (2nd ed.). Pro Ecclesia-Drukkery, p.142
[43] Kotze C.R., Edited by Muller, C. F. (1984). *500 Years, A History of South Africa* (4th ed.). Academica, p.135
[44] Gie, S. F. (1932). *Geskiedenis vir Suid-Afrika, II* (2nd ed.). Pro Ecclesia-Drukkery, p.143
[45] Patterson, S. (1957). The Last Trek: A study of the Boer people and the Afrikaner Nation. Routledge & Keagan Paul Ltd., London., p.15
[46] Kotze C.R., Edited by Muller, C. F. (1984). *500 Years, A History of South Africa* (4th ed.). Academica, p.135

DIE SKEPPING VAN DIE BOERIDENTITEIT

in verbeelding bestaan het.[47] Die sendingstasie te Bethelsdorp is beskryf as 'n plek van "luiheid en ledigheid, en gevolglik groei vuilheid en gemors daar tot volmaaktheid".[48] Die Swarte Ommegang het die Boere hewig ontstel en hulle het gevoel dat die vals beskuldigs hulle goeie naam beswadder het. Ten spyte daarvan dat die hof hulle onskuld bewys het, het hulle na die ervaring wantroue teenoor die Britse regering gekoester. Dit sou nie die laaste geval wees waar vyande geloof as 'n voorwendsel teen die Boere gebruik nie.

Graham se verdrywing van die Xhosas uit die Zuurveldstreek het Cradock die geleentheid gebied om die plase wat die Boere in die aangesig van Xhosa-aanvalle verlaat het, te onteien en 'n nuwe vorm van grondbesit in te voer.[49] Nadat die Boere 'n eeu lank onder die leenplaasstelsel geleef het, het Cradock op 6 Augustus 1813 'n nuwe stelsel genaamd "ewigdurende erfpag" ingevoer.[50] Hierdie stelsel, alhoewel duurder as die rekognisiefooie wat voorheen op leenplase betaal is, het groter sekuriteit in grondbesit gebied as gevolg van die vereistes vir deeglike landopmetings en registrasie. Die Boere was om hierdie rede aanvanklik gretig om die nuwe erfpagtelsel te ondersteun om daardeur hulle eiendomsreg vir hulle nageslag te verseker. Onder die nuwe stelsel moes die Boere nie net aansienlik hoër fooie betaal

---

[47] Gie, S. F. (1932). *Geskiedenis vir Suid-Afrika, II* (2nd ed.). Pro Ecclesia-Drukkery, p.144
[48] Gie, S. F. (1932). *Geskiedenis vir Suid-Afrika, II* (2nd ed.). Pro Ecclesia-Drukkery, p.144
[49] Cory, G. E. (1921). *The Rise of South Africa, Vol. 1.* Longmans. Green & Co., p.255
[50] Gie, S. F. (1932). *Geskiedenis vir Suid-Afrika, II* (2nd ed.). Pro Ecclesia-Drukkery, p.150

nie, maar was hulle ook verantwoordelik vir die kostes verbonde aan landopmetings vir registrasie.[51] Bestaande grondeienaars kon onder die ou stelsel bly, wat die meeste ook gedoen het, maar alle nuwe plase moes onder die nuwe stelsel geregistreer word. Weens die groot voorkoms van wanpraktyke met die opmeting van plase en die koloniale regering se onvermoë om die erfpagstelsel doeltreffend te administreer, was daar al teen 1820 'n agterstand van 5 000 grondversoeke. Dit het tot lang vertraging in die proses van grondregistrasie gelei.[52] Dit het algemeen voorgekom dat die regering tot twintig jaar geneem het om geregistreerde grondbriewe uit te reik.

In 1817 het Jacobus Uys, die vader van die Voortrekkerleier, Piet Uys, spesifiek versoek dat sy plase, Driefontein en Spitskop, volgens die ewigdurende erfpagstelsel aan hom toegestaan word. Ten spyte van herhaalde versoeke op 3 April 1820 en 14 Oktober 1822, is die grondbriewe vir die twee plase eers op 1 November 1838, na die dood van Piet en Jacobus Uys in Natal, aan Nicolaas Barend Swart toegeken. Die grondbrief vir Piet Uys se plaas, Welbedagt, waarvoor hy op 2 Maart 1822 aansoek gedoen het om in erfpag aan hom toegeken moet word, is eers 19 jaar later, lank na sy dood uitgereik.[53] Die regering se grondadministrasie was so ondoeltreffend dat die Boere hul eie stelsel van grondbesit, bekend as die "rekwesplaasstelsel"

---

[51] Gie, S. F. (1932). *Geskiedenis vir Suid-Afrika, II* (2nd ed.). Pro Ecclesia-Drukkery, p.150
[52] Markram, W. J. (2001). *Die lewe en werk van Petrus Lafras Uys, 1797-1838* [Doctoral dissertation, Universiteit van Stellenbosch]., p.61
[53] Markram, W. J. (2001). *Die lewe en werk van Petrus Lafras Uys, 1797-1838* [Doctoral dissertation, University of Stellenbosch]., p.60

ontwikkel het.⁵⁴ Hierdie onbekwaamheid van die regering het 'n klimaat van onsekerheid onder die Boere in die volgende dekades geskep. Maar die Boere het nie net onsekerheid oor eiendomsregte as gevolg van die swak administrasie van die nuwe stelsel ervaar nie, maar het ook ekonomiese verliese gely. In sommige areas het die Boere bykans hul hele kuddes verloor as gevolg van siektes soos lamsiekte, as gevolg van die aard en kwaliteit van die gras, en het desperaat behoefte aan ekstra weiding vir hul beeste gehad.⁵⁵ Die swak grondadministrasie deur die Britse koloniale regering sou as 'n belangrike katalisator dien vir die Boere se strewe na selfbeskikking.

In 1815 het Frederik Bezuidenhout, 'n Boer wat aan die Oosgrens gewoon het, 'n dagvaarding van Landdros Andries Stockenström ontvang om op 5 Oktober 1815 in die hof in Graaff-Reinet te verskyn. Hy is van die aanranding van 'n Khoi-Khoiwerker beskuldig. Toe Bezuidenhout nie by die hof opdaag nie, is 'n lasbrief vir sy inhegtenisname uitgereik. Op 10 Oktober 1815 het Luitenant H. Rousseau en veertien Khoi-Khoisoldate by Bezuidenhout se plaas aangekom om hom te arresteer. Bezuidenhout en 'n Kleurlingwerker het in 'n nabygeleë grot gaan skuil en vandaar weerstand gebied. Die soldate het Bezuidenhout doodgeskiet en sy lyk net daar gelos. Sy ouer broer, Hans Bezuidenhout, het die lyk later die aand daar ontdek.⁵⁶ By

---

⁵⁴ Markram, W. J. (2001). *Die lewe en werk van Petrus Lafras Uys, 1797-1838* [Doctoral dissertation, Universiteit van Stellenbosch]., p.58
⁵⁵ Markram, W. J. (2001). *Die lewe en werk van Petrus Lafras Uys, 1797-1838* [Doctoral dissertation, Universiteit van Stellenbosch]., p.47
⁵⁶ Voigt, J. C. (1899). *Fifty Years of the History of the Republic in South Africa 1795-1845 - Vol 1*. E. O. Dutton & Co., p.130

Frederick se begrafnis twee dae later het Hans Bezuidenhout en 'n vriend wraak teen die Britse regering gesweer. Hans Bezuidenhout, saam met Hendrik Prinsloo, die seun van Marthiens Prinsloo wie by die Van Jaarsveld-opstand gedurende die eerste Engelse besetting betrokke was, het mans vir 'n opstand gewerf. Hulle het vir Cornelis Faber en Frans Marais oor die Visrivier gestuur om met die Xhosahoof Ngqika te onderhandel om die Khoi-Khoitroepe te neutraliseer.[57] Hierdie stap was 'n fout, want alhoewel die Boere simpatie met hulle gehad het, kon hulle nie 'n opstand teen die Britte met die hulp van die Xhosahoof ondersteun nie. Daar was egter nog steeds ongeveer sestig Boere, insluitend gevestigde families soos Willem Krugel, waarnemende Veldkornet van Baviaansrivier, en ander in sy wyk, wat die Bezuidenhouts ondersteun het. Die groep is deur kolonel JG Cuyler van Uitenhage, met die ondersteuning van 'n kommando onder bevel van Kommandant Nel en Khoi-Khoisoldate gekonfronteer. Kommandant Nel het die hulle oortuig om hul wapens neer te lê en oor te gee. Sommige het gevlug, maar Hans Bezuidenhout is gevang en doodgeskiet, terwyl sy vrou, Martha en hul 12-jarige seun gewond is. Die res van die rebelle is gearresteer.

Die rebelle is vanaf 16 Desember 1815 tot 22 Januarie 1816 op Uitenhage verhoor. Die Britse regering was vasbeslote om 'n voorbeeld van hulle te maak. Die twee regters was deur die goewerneur aangestel en die aanklaer was ook die militêre leier wat die rebelle gearresteer het en

---

[57] Giliomee, Hermann. *Die Afrikaners* (Afrikaans Edition). Tafelberg. Kindle Edition., p.122

ook die landdros van die distrik, kolonel Cuyler.[58] Ten spyte van die feit dat die rebelle geen skade of dood veroorsaak het nie en hulle optrede beperk was tot weerstand teen arrestasie, het die hof buitensporige wreedheid teenoor die beskuldigdes getoon. Hendrik Prinsloo (32), Stephanus Bothma (43), Cornelis Faber (59), Theunis de Klerk (29), en Abraham Bothma (28) is ter dood veroordeel. Hulle sou op Slagtersnek, waar hulle wraak teen die Engelse regering gesweer het, gehang word.[59] Willem Krugel, was aanvanklik ook ter dood veroordeel, maar hy was begenadig oor sy uitsonderlike diens in 'n onlangse grensoorlog. In plaas daarvan is hy uit die distrik verban. Martha Bezuidenhout is veroordeel tot lewenslange verbanning uit die oostelike distrikte van die kolonie. Die oorblywende twee-en-dertig rebelle is gedwing om die teregstellings by te woon.[60] As 'n verdere vernedering is Frans Marais aan sy nek aan die galg

---

[58] Voigt, J. C. (1899). *Fifty Years of the History of the Republic in South Africa 1795-1845 - Vol 1*. E. O. Dutton & Co., p.144

[59] Voigt, J. C. (1899). *Fifty Years of the History of the Republic in South Africa 1795-1845 - Vol 1*. E. O. Dutton & Co., p.145

[60] Dawid Malan, Nicolaas, Pieter Prinsloo, Andries Meyer, and Adriaan Engelbrecht was lewenslank uit die oostelike distrikte verban. Die volgende tien aangeklaagdes was tot tronkstraf of boetes gevonnis: Hendrik Liebenberg, Abraham en Christoffel Botha, Andries van Dyk, Theunis Mulder, Pieter Delport, Barend de Lange, Gerrit Bezuidenhout, Adriaan en Leendert Labuschagne. Die ander sestien se vonnis was om die dood van hulle vriende te aanskou. Hulle was Joachim Johannes Prinsloo, Nicolaas Prinsloo, Willem Jacobus Prinsloo, Jan Prinsloo, Pieter Laurens Erasmus, Andries Hendrik Klopper, Hendrik Petrus Klopper, Jacobus Marthinus Klopper, Thomas Andries Dreyer, Johannes Bronkhorst, Willem Adriaan Nel, Frans Johannes van Dyk, Johannes Frederik Botha, Philip Eudolf Botha, Hendrik van der Nest, Cornells van der Nest. Voigt, J. C. (1899). *Fifty Years of the History of the Republic in South Africa 1795-1845 - Vol 1*. E. O. Dutton & Co., p.145-146

DIE BOERE ONDER BRITSE BEWIND

vasgemaak en so gedwing om die teregstellings te aanskou. Hy is daarna lewenslank uit die Kaapkolonie verban.[61]

Die mans wat ter dood veroordeel is, is op 9 Maart 1816 op Slagtersnek onder toesig van driehonderd soldate gehang. Die mans het hul teregstelling met kalmte en aanvaarding tegemoet gegaan.[62] Tydens die teregstelling het die galgtoue van vier van die mans gebreek. Die familie het dit as 'n teken van God beskou dat die mans gespaar moes word, en hulle het 'n vurige pleidooi vir genade gerig. Cuyler, die verantwoordelike gesag, kon egter nie aan hul versoek voldoen nie. Gevolglik is die veroordeeldes, toe hulle weer hul bewussyn herwin het, 'n tweede keer gehang.[63] Die families se versoeke om die lyke vir 'n behoorlike Christelike begrafnis te ontvang, is verwerp. Hulle moes by die galg begrawe word.[64] Die plek op Slagtersnek waar die galg opgerig was, was op die plaas van 'n Boer genaamd Van Aarde geleë. Die Britse gesag het Van Aarde se versoek om die galg na die tyd af te breek, geweier. Toe Van Aarde se seuns die volgende oggend gaan om die struktuur af te breek, het hulle die hand en arm van Theuns de Klerk uit die grond sien uitsteek. Die mans is op dieselfde onverskillige wyse begrawe as waarmee hulle gehang is.

---

[61] Voigt, J. C. (1899). *Fifty Years of the History of the Republic in South Africa 1795-1845 - Vol 1*. E. O. Dutton & Co., p.145
[62] Voigt, J. C. (1899). *Fifty Years of the History of the Republic in South Africa 1795-1845 - Vol 1*. E. O. Dutton & Co., p.149
[63] Steyn, J.C. 2016 *Afrikanerjoernaal. 'n Vervolgverhaal in 365 episodes*. Pretoria: FAK., p.87
[64] Voigt, J. C. (1899). *Fifty Years of the History of the Republic in South Africa 1795-1845 - Vol 1*. E. O. Dutton & Co., p.151

Die wreedheid en disrespek wat die Britse owerhede teen die Boere van Slagtersnek gewys het, het 'n bitterheid aangewakker wat nog lank onder die Boere sou sloer. Die gebeure van Slagtersnek het 'n vonk van verset in die die Boere veroorsaak. Toe die Voortrekkers twintig jaar later uit die kolonie trek, het hulle daardie galgbalk saamgeneem. In Natal het die Voortrekkers later vir kommissaris Cloete gesê dat hulle Slagtersnek nooit sou vergeet nie. Toe Shepstone voor die Eerste Boere-oorlog in 1877 die Zuid Afrikaansche Republiek (ZAR) geannekseer het was daar Boere wat gereken het dat hy aan dieselfde balk opgehang moes word.[65] Die geneoloog, J.A. Heese het na 'n studie in sy boek Slagtersnek en sy mense getoon dat mense soos Generaal Louis Botha, Generaal de la Rey en President M T Steyn, wat later 'n groot rol in die geskiedenis van die Boervolk sou speel, afstammelinge van Slagtersnek se mense was. Die balk van Slagtersnek is vandag in die kelder van die Staatsargief in Pretoria.

Plaasaanvalle het nie na die vierde Grensoorlog opgehou nie, maar Graham het stappe geneem om dit aan te spreek. Hy het die Khoi-Khoi regiment tot 800 vergroot,[66] en hy het die Visrivierarea met twee-en-twintig militêre poste gefortifiseer en die hele Khoi-Khoi Kaapse Regiment permanent op die oosgrens gestasioneer.[67] Die spoorstelsel is ingestel waarvolgens patrollies twee keer per dag vanuit die

---

[65] Botha, J. P. (2008). *Ons Geskiedenis* (1st ed.). J.P. Botha., p.82
[66] Gie, S. F. (1932). *Geskiedenis vir Suid-Afrika, II* (2nd ed.). Pro Ecclesia-Drukkery, p.139
[67] Bezuidenhout, J. P. (1985). Forte en Verdedigingswerke op die Kaapse Oosgrens 1806-1836. *Scientia Militaria, South African Journal of Military Studies*, 15(4), 23-45., p.30

militêre poste spore van gesteelde beeste gaan soek het. Krale waar die spore van gesteelde beeste lei, was verantwoordelik gehou en moes die gesteelde vee teruggee of skadevergoeding betaal.[68] Die grenspatrollering was heel effektief, deurdat die militêre poste as afskrikmiddel gedien het.[69] Op 30 Maart 1817 het Goewerneur Somerset die Xhosa-opperhoof, Ngqika, besoek met wie hy 'n reëling getref het om, in ruil vir militêre bystand in tye van oorlog met sy vyande, die plaasaanvalle te stop.[70] Ngqika was nie die magtigste hoof nie en hy het geen beheer oor die optrede van sy oom Nhlambe gehad nie, maar hy wou Somerset se koloniale magte as bondgenoot teen Nhlambe gebruik. In 1818, met die hulp van sy nuwe koloniale bondgenoot, val Ngqika vir Nhlambe aan, verslaan hom en buit 23000 beeste van Nhlambe en sy mense.[71] Somerset het nou met die Xhosas se interne strugwelinge ingemeng en vroeg in 1819 val Nhlambe, gedryf deur honger en sy begeerte vir wraak, die hele Zuurveld met 'n massiewe mag binne. Engelse troepe en die Boerkommando's kon egter daarin slaag om die Xhosas weer terug oor die Keirivier te dryf.[72] Gedurende die vyfde Xhosa-oorlog het 'n mag van 6000 Xhosa-soldate onder hul

---

[68] Giliomee, Hermann. *Die Afrikaners* (Afrikaans Edition). Tafelberg. Kindle Edition., p.123
[69] Bezuidenhout, J. P. (1985). *Forte en Verdedigingswerke op die Kaapse Oosgrens 1806-1836. Scientia Militaria, South African Journal of Military Studies*, 15(4), 23-45., p.30
[70] Bezuidenhout, J. P. (1985). *Forte en Verdedigingswerke op die Kaapse Oosgrens 1806-1836. Scientia Militaria, South African Journal of Military Studies*, 15(4), 23-45., p.30
[71] Giliomee, Hermann. *Die Afrikaners* (Afrikaans Edition). Tafelberg. Kindle Edition., p.123
[72] Giliomee, Hermann. *Die Afrikaners* (Afrikaans Edition). Tafelberg. Kindle Edition., p.123

DIE SKEPPING VAN DIE BOERIDENTITEIT

toordokter, Makanna, 'n militêre barakke in Grahamstad aangeval waartydens duisende Xhosas doodgeskiet is terwyl slegs drie Britse soldate gesterf het en vyf gewond is. Hierdie dapper optrede van Kaptein Trappes, wat in bevel van die kaserne was, en sy manskappe van minder as een-honderd man, het nie net Grahamstad gered nie, maar waarskynlik ook die hele Zuurveld.[73]

In reaksie op die Xhosas se inval op die Zuurveld met die vyfde grensoorlog, het Somerset besluit om al die Xhosas, insluitende Ngqika, verder oos, tot anderkant die Keiskammarivier te skuif. Hy het die gebied tussen die Vis- en die Baviaansrivier, die bestaande koloniale grens aan die een kant, en die Keiskamma- en Laer Tyumierivier verder oos, 'n neutrale gebied verklaar.[74] Hierdie maatreël van Somerset het geweldige druk op die Xhosas geplaas aangesien hulle nou te kampe gehad het met 'n ernstige tekort aan weidingsgrond vir hul beeste. Daarbenewens het die Xhosas aansienlike ontwrigting en lewensverlies ervaar as gevolg van die Mfecane uit die teenoorgestelde rigting.[75] Die beleid ten opsigte van die neutrale gebied was onkonsekwent, wat later tot meer konflik met die Xhosavolk sou lei. In 1822 is Maqomo, die oudste seun van die Xhosahoof Ngqika, en sy volgelinge aanvanklik toegelaat om daar te vestig, maar is

---

[73] Bezuidenhout, J. P. (1985). *Forte en Verdedigingswerke op die Kaapse Oosgrens 1806-1836. Scientia Militaria, South African Journal of Military Studies,* 15(4), 23-45., p.33
[74] Bezuidenhout, J. P. (1985). *Forte en Verdedigingswerke op die Kaapse Oosgrens 1806-1836. Scientia Militaria, South African Journal of Military Studies,* 15(4), 23-45., p.33
[75] Giliomee, Hermann. *Die Afrikaners* (Afrikaans Edition). Tafelberg. Kindle Edition., p.124

later, in 1829, weer met geweld verdryf. In daardie selfde jaar is die Katrivier Khoi-Khoivestiging in die gebied gevestig. Britse koloniale goewerneur Lowry Cole het toe besluit om wit mense in die streek te vestig om die grensverdediging te versterk. In 1831 het die Britse Koloniale Sekretaris, Goderich, die vestiging van wit mense in die neutrale sone goedgekeur, op voorwaarde dat geen Boere daar toegelaat word nie.[76]

Veediefstalle in die Zuurveld was steeds aan die orde van die dag en die Boere wie se vee gesteel is, was verbied om self die grens oor te steek om hul beeste terug te kry.[77] In plaas daarvan moes 'n Boer wat met veediefstal te doen gekry het, 'n klag by die naaste militêre pos indien.[78] 'n Patrollie van Britse troepe, onder leiding van 'n Britse bevelvoerder, sou dan saam met die Boer uittrek om die gesteelde beeste op te spoor en terug te kry. Intussen het Landdros Andries Stockenström ernstige kommer uitgespreek oor die militêre operasies wat deur patrollies uitgevoer is en die grens oorgesteek het om gesteelde beeste te volg en terug te kry. Hierdie patrollies het dikwels met geweld gepaard gegaan, waartydens krale afgebrand is en lewensverlies voorgekom het. Giliomee vertel van 'n voorval waar 'n patrollie onder leiding van Goewerneur Somerset se seun, Kolonel Henry Somerset, twee keer verkeerde krale, met lewensverlies,

---

[76] Kotze C.R., Edited by Muller, C. F. (1984). *500 Years, A History of South Africa* (4th ed.). Academica., P144
[77] Giliomee, Hermann. *Die Afrikaners* (Afrikaans Edition). Tafelberg. Kindle Edition., p.125
[78] Giliomee, Hermann. *Die Afrikaners* (Afrikaans Edition). Tafelberg. Kindle Edition., p.126

afgebrand het.[79] Volgens Stockenström was hy bewus van vyftig gevalle waar patrollies die grens oorgesteek en onskuldige krale geplunder het.[80] In reaksie op die geweld wat deur die Britse owerhede teen die Xhosas gepleeg is, het die Xhosas gereeld teenaanvalle geloods.

Die Mfecane, 'n tydperk van verhoogde militêre konflik, grootskaalse verwoesting en migrasie in die binnelandse en ooskusstreke van suidelike Afrika gedurende die 1820's, het verrykende gevolge vir die Boere wat in die noordoostelike distrikte van die Kaap gewoon het, gehad. As gevolg van die Mfecane het talle vlugtelinge, bekend as Fetcanie (IsiXhosa vir "honger indringers"), vanuit die noorde suidwaarts tussen die Thembu- en San-gemeenskappe getrek, met gevolglike groot verwoesting onder hierdie groepe. Baie San-mense het na die Kaapgebied gevlug vir beskerming tussen die Boere.[81] Andries Stockenström het die Griekwaleier, Adam Kok, in Philippolis besoek en hom gevra om sy uitroeiingsveldtog teen die San te stop omdat dit hulle na die Kaap dryf, waar hulle in die Tarka- en Brakrivierdistrikte weens honger plase aanval en vee buit. As gevolg van die Boere se gebrek aan ammunisie en buskruit, kon hulle, volgens veldkornet Pretorius in Augustus 1830,

---

[79] Giliomee, Hermann. *Die Afrikaners* (Afrikaans Edition). Tafelberg. Kindle Edition., p.126
[80] Giliomee, Hermann. *Die Afrikaners* (Afrikaans Edition). Tafelberg. Kindle Edition., p.126
[81] Markram, W. J. (1992). *Stephanus Petrus Erasmus: Grensboerpionier en Voortrekker, 1788-1847* [Master's thesis, University of Stellenbosch]., p.87

nie hul gesteelde vee gaan terugvat nie.[82] Beduidende getalle Mfecane-oorlewendes het na die suide gevlug, net om weer deur die Griekwa-, Baster- en Korannastamme, aangeval en van hulle oorblywende vee beroof te word.[83] Toe hulle die Kaap bereik het, was hulle desperaat en in 'n toestand van hongersnood en het op hulle beurt baie Boerplase aangeval en hulle beeste gesteel.[84] In Februarie 1826 het gerugte versprei dat die Ngwane 'n aanval op die kolonie beplan. Op daardie tydstip was die ammunisievoorrade van die Boere krities laag weens beperkings wat deur die Britse koloniale regering opgelê is, wat sommige Boere gedwing het om hul plase te verlaat.[85]

Verskeie stamme, insluitend die Ngwane, is deur Tsjaka aangeval en van hulle beeste beroof. In die tweede helfte van 1827 het die Ngwane op hulle beurt die Thembu aangeval en hulle uit hul land verdryf. Veldkornet Steenkamp van Tarka het saam met Kolonel Somerset 'n gebied ontdek waar duisende lyke van die Thembu, wat deur die Ngwane

---

[82] Markram, W. J. (1992). *Stephanus Petrus Erasmus: Grensboerpionier en Voortrekker, 1788-1847* [Master's thesis, University of Stellenbosch]., p.89

[83] Markram, W. J. (1992). *Stephanus Petrus Erasmus: Grensboerpionier en Voortrekker, 1788-1847* [Master's thesis, University of Stellenbosch]., p.99

[84] Markram, W. J. (1992). *Stephanus Petrus Erasmus: Grensboerpionier en Voortrekker, 1788-1847* [Master's thesis, University of Stellenbosch]., p.101

[85] Markram, W. J. (1992). *Stephanus Petrus Erasmus: Grensboerpionier en Voortrekker, 1788-1847* [Master's thesis, University of Stellenbosch]., p.101

doodgemaak is, gevind is.[86] Onder kaptein Bawana het ongeveer 3,000 Thembu met 10,000-12,000 beeste na die Kaap gevlug. Die Thembu was vreedsaam, en die eerste kontak tussen Boer en Thembu het vriendskaplik afgeloop. Nadat hulle die grens na die Kaap oorgesteek het, het die Thembukaptein, Bawana, aan Kolonel Somerset bevestig dat hulle goed deur die Boere behandel is.[87] In 1828 het die Britse landdros, William Dundas, 'n mag aangevoer wat die grens oorgesteek en die Ngwane aangeval het. 25,000 beeste is van hulle afgevat wat waarskynlik oorspronklik van die Thembu gesteel is. 'n Paar maande later, op 27 Augustus 1828, het Kolonel Somerset, met 'n gemengde leër van Britse soldate, Boere, Britse Setlaars, gehuurde Khoi-Khoisoldate, en ondersteun deur duisende Thembu-, Gcaleka- en Mpondotroepe, die Ngwane naby die huidige Umtata aangeval.[88] Tydens hierdie geveg het Somerset ligte en swaar kanonne gebruik, en sy Xhosahulptroepe het duisende Ngwane gedood en al hulle beeste geplunder.[89]

In die tweede helfte van die 1820's het die Britse regering Boerkommando's totaal misbruik omdat hulle nie die vermoë gehad het om 'n effektiewe polisie- of militêre mag op die oosgrens te vestig nie. Boere van die wyke

---

[86] Markram, W. J. (1992). *Stephanus Petrus Erasmus: Grensboerpionier en Voortrekker, 1788-1847* [Master's thesis, University of Stellenbosch]., p.108
[87] Markram, W. J. (1992). *Stephanus Petrus Erasmus: Grensboerpionier en Voortrekker, 1788-1847* [Master's thesis, University of Stellenbosch]., p.108
[88] Markram, W. J. (2001). *Die lewe en werk van Petrus Lafras Uys, 1797-1838* [Doctoral dissertation, Universiteit van Stellenbosch]., p.78
[89] Giliomee, Hermann. *Die Afrikaners* (Afrikaans Edition). Tafelberg. Kindle Edition., p.121

Brakrivier en Agter-Sneeuberg het in 'n versoekskrif aan Goewerneur Lowry Cole gekla dat hulle meer op kommando's aan die oorkant van die grens as by die huis was en dat dit onmoontlik vir hulle geword het om na hulle plase en vee om te sien.[90] Hulle was so baie op kommando uitgroep dat hulle wanhopig geraak het. Hulle het gesê dat, weens die droogte, hulle perde nie meer in staat was om op so baie kommando's te kon gaan nie. Die Basters het in die kommando's se afwesigheid plase in die noord-oostelike wyke aangeval. Die Boere het ook gekla dat baie kommando's onnodig was omdat die stamme oorkant die grens vreedsaam was. Hulle wou ook nie langer by geskille tussen veskillende stamme oorkant die grens betrokke raak nie.[91] Boere van die distrikte Albany en Somerset het in 1829 hul eie versoekskrif aan Goewerneur Cole oorhandig waarin hulle hom versoek om meer Britse troepe op die grens te plaas sodat hulle kommando's minder uitgeroep kan word. Hulle kon nie aanvaar dat hulle in 1827 en 1828 uitgeroep was om teen stamme te gaan veg wat hulle nog nooit enige skade berokken het nie.[92] Hulle het aan die goewerneur genoem dat hulle groot verliese aan diefstalle lei omdat hulle so baie van hul plase afwesig was.

---

[90] Markram, W. J. (1992). *Stephanus Petrus Erasmus: Grensboerpionier en Voortrekker, 1788-1847* [Master's thesis, University of Stellenbosch]., p.51
[91] Markram, W. J. (1992). *Stephanus Petrus Erasmus: Grensboerpionier en Voortrekker, 1788-1847* [Master's thesis, University of Stellenbosch]., p.52
[92] Markram, W. J. (1992). *Stephanus Petrus Erasmus: Grensboerpionier en Voortrekker, 1788-1847* [Master's thesis, University of Stellenbosch]., p.52

DIE SKEPPING VAN DIE BOERIDENTITEIT

Sedert Kolonel Graham in 1810 permanente Britse troepe op die Oosgrens geplaas het, het hulle die Boere se "gewoonte-vryheid" (habitual freedom), soos die geskiedkundiges Du Toit and Giliomee die Boere se selfbestuur beskryf, beëindig en is die mag volledig in die hande van die Britse koloniale regering geplaas.[93] Die Boere het geen beheer en invloed meer op die bepaling van beleid op die Oosgrens of die uitvoer van enige militêre operasies gehad nie. Die kommando's sou nog steeds volgens wet opgeroep kon word, maar hulle sou as 'n ondersteunende mag tot die Britse weermag dien en onder volle beheer van die Britse koloniale regering wees. Die stabiliteit van die situasie waarin die Boere geleef het, en selfs hulle reg en vermoë om hulle eie lewens en eiendom te kon beskerm, was in die hande van die Britse regering. Daarmee saam het die evangelstiese Christene, die vernaamste groep propagandiste wat Britse koloniale beleid in suider Afrika beïnvloed het, gewerk om die Boere se situasie verder te verswak. Die leier van die sendelinge in suider Afrika, Dr. Philip, het die Boere as 'n vyand beskou wat die sendelinge se pogings om die inheemse mense te kersten en te beskaaf, belemmer het. Dr. Philip, wat geen geleerdheid homself gehad het nie en as 'n leerling vir 'n linnehandelaar en as 'n klerk in Dundee, Skotland gewerk het voordat hy by Wesleyaanse sendingwerk betrokke geraak het, het die Boere as minderwaardig teenoor die Britte beskou. Hy het die Boere se "gebrek aan intelligensie en ... onverskilligheid teenoor daardie geriewe wat vir Engelse mense onontbeerlik is"

---

[93] Du Toit, A., & Giliomee, H. (1983). *Afrikaner Political Thought. Volume 1: 1780-1850*. University of California Press, p16

gekritiseer.[94] Hy het gereken dat die Boere met "onversadigbare hebsug en rowersmentaliteit" vervul was.[95] Alhoewel die Boere geensins in 'n posisie van mag was nie en glad nie beleid oor die Xhosas kon beïnvloed nie, en ook glad nie in beheer van enige militêre optrede was nie, het Philip steeds die Boere daarvan beskuldig dat hulle die Xhosas se grond en vee steel. Volgens Philip het die Xhosas daarom geen alternatief gehad as om te steel en te plunder nie.[96] As gevolg van Philip se agitasie, het die Britse Staatsekretaris vir Kolonies op 1 Augustus 1834 die "brutale" kommando's verbied. Die Britse koloniale regering se troepe op die grens was onvoldoende en daarom was die Boere nou weerloos teen aanvalle van die Xhosas of enige ander indringers.[97]

Die konserwatiewe koerant en mondstuk van die Britse handelaars, The Grahamstown Journal, het vir die anneksasie van nog Xhosagrond, gepropageer.[98] Intussen is Maqoma, die oudste seun van die Xhosahoofman Ngqika, weer in 1822 toegelaat om hom in die Neutrale Gebied te vestig. Mettertyd het ander Xhosakapteins ook die Neutrale Gebied binnegegaan. Teen 1826 het Chungwa, Nqeno en

---

[94] Giliomee, Hermann. *Die Afrikaners* (Afrikaans Edition). Tafelberg. Kindle Edition., p.88
[95] Giliomee, Hermann. *Die Afrikaners* (Afrikaans Edition). Tafelberg. Kindle Edition., p.127
[96] Giliomee, Hermann. *Die Afrikaners* (Afrikaans Edition). Tafelberg. Kindle Edition., p.127-129
[97] Kotze C.R., Edited by Muller, C. F. (1984). *500 Years, A History of South Africa* (4th ed.). Academica., P144
[98] Giliomee, Hermann. *Die Afrikaners* (Afrikaans Edition). Tafelberg. Kindle Edition., p.129

DIE SKEPPING VAN DIE BOERIDENTITEIT

Botomane met hulle mense ook daar gaan woon.[99] Die koloniale regering het teen 1833 weer besluit om die Xhosakapteins Maqoma en Tyhali uit die Neutrale Gebied, te verdryf. Daar was twee probleme hiermee. Die Xhosas het hierdie grond as hulle geboortegrond beskou - en die Britse regering het nie vir Maqoma tyd gegun om sy lande te oes nie. In opdrag van die koloniale regering het kolonel Somerset in 1834 verskeie patrollies uitgestuur om woonkrale van die Rharhabe Xhosa af te brand.[100] Die Xhosa het nou al hulle weigronde wes van die Keirivier verloor en hulle moes boonop voorsiening maak om die Mfengu en ander vlugtelinge van die Mfecane te akkommodeer. In die 1830's was die verminderde grond tot die Xhosas se beskikking nie meer voldoende om hulle bevolking te kon onderhou nie.[101] Uit weerstand het Maqoma se halfbroer, Xhoxho, sy vee in die Neutrale Gebied laat wei. Op 12 Desember 1834 het 'n Britse patrollie hom uit die gebied probeer verdryf en hom gewond. Dit was die finale provokasie wat tot die Sesde Grensoorlog gelei het.[102] Op daardie tydstip het die koloniale regering slegs 775 soldate aan die grens gehad,[103] insluitend die 21ste Ligte Dragoons, die Kaapse Korps en die Royal Afrikakorps. Hierdie soldate

---

[99] Markram, W. J. (2001). *Die lewe en werk van Petrus Lafras Uys, 1797-1838* [Doctoral dissertation, Universiteit van Stellenbosch]., p.88

[100] Markram, W. J. (2001). *Die lewe en werk van Petrus Lafras Uys, 1797-1838* [Doctoral dissertation, Universiteit van Stellenbosch]., p.89

[101] Markram, W. J. (2001). *Die lewe en werk van Petrus Lafras Uys, 1797-1838* [Doctoral dissertation, Universiteit van Stellenbosch]., p.89

[102] Markram, W. J. (2001). *Die lewe en werk van Petrus Lafras Uys, 1797-1838* [Doctoral dissertation, Universiteit van Stellenbosch]., p.90

[103] Bezuidenhout, P. J. (1985). *Forte en Verdedigingswerke op die Kaapse Oosgrens 1806-1836. Scientia Militaria, South African Journal of Military Studies.*, p.36

was egter swak opgelei, met die Royal Afrikakorps wat hoofsaaklik uit ongedissiplineerde misdadigers bestaan het.[104] Met die afskaffing van die Boere se kommandostelsel, die stryd om oorlewing waarin die Xhosas gedompel is, en die beperking van die Boere se ammunisie en buskruit, het die Britte die perfekte storm vir die uitwissing van die Boere geskep.

Op 22 Desember 1834 het Maqoma en Tyhali die oostelike grensdistrikte van die Kaap met 'n mag van 12,000 tot 15,000 Xhosakrygers aangeval.[105] Die Xhosa-inval was so suksesvol dat daar gedurende die eerste paar weke bykans geen doeltreffende verdediging geloods kon word nie. Duisende Xhosakrygers het aanvalle in klein eenhede geloods en grootskaalse vernietiging langs die grens veroorsaak.[106] Stephanus Bernardus Buys, was die eerste Boer wat in die oorlog omgekom het.[107] Hy is op sy plaas suid van Fort Beaufort deur 'n groep Xhosas vermoor. Sy vrou Cecilia het daarin geslaag om met hulle ses klein kinders skuiling te kry en later te vlug. Die Xhosa-aanvallers het 202 beeste en 16 perde van Buys gebuit. Weens die verbanning van die kommando's, was die Boere in die swakste posisie nog. Veldkommandant G. van Rooyen het op 29 Desember 1834 berig dat die Olifantshoekstreek in

---

[104] Bezuidenhout, P. J. (1985). *Forte en Verdedigingswerke op die Kaapse Oosgrens 1806-1836. Scientia Militaria, South African Journal of Military Studies.*, p.43
[105] Giliomee, Hermann. *Die Afrikaners* (Afrikaans Edition). Tafelberg. Kindle Edition., p.134
[106] Kotze C.R., Edited by Muller, C. F. (1984). *500 Years, A History of South Africa* (4th ed.). Academica., P144
[107] Visagie, J. C. (1980). *Louis Jacobus Nel: 'n voortrekkerleier uit die tweede linie. Journal of Cape History*, 3(1), 52-89., p.76

DIE SKEPPING VAN DIE BOERIDENTITEIT

beroering was, en deur die Xhosa-invallers vernietig word. Twee dae later het Siviele Kommissaris Duncan Campbell verklaar dat die hele Uitenhagedistrik deur die Xhosa-invallers oorweldig is. Die Boere het klein groepe van 30 tot 70 mans gevorm het om hul eiendomme te beskerm, maar hulle kon nie die meedoënlose aanvalle van die Xhosakrygers stuit nie. Binne die eerste paar dae van die inval is duisende beeste in die Onder-Boesmansrivierdistrik gebuit en die meeste plase langs die Boesmansrivier is afgebrand. Siviele kommissaris Van der Riet het op 3 Januarie 1835 gerapporteer dat 8,000 beeste reeds in die Olifantshoekgebied gesteel is.[108]

Die inwoners van die area moes noodgedwonge hul plase verlaat en skuiling in die Port Elizabethgebied gaan soek. Binne 'n week is sowat 7,000 grensbewoners in groot nood gedompel.[109] Teen die begin van Januarie 1835 het die Xhosa beheer oor die hele oostelike grens verkry.[110] Piet Retief het honderde mense gered toe hy 'n groot groep mense, insluitend meer as twee honderd vroue en kinders, in die Winterbergdistrik in 'n laer byeengebring het vanwaar hulle die Xhosa-indringers doeltreffend kon weerstaan. Retief en sy familie het aansienlike verliese in die oorlog gely. Hul huis was afgebrand en al hul beeste was gesteel.[111]

---

[108] Markram, W. J. (2001). *Die lewe en werk van Petrus Lafras Uys, 1797-1838* [Doctoral dissertation, Universiteit van Stellenbosch]., p.90
[109] Giliomee, Hermann. *Die Afrikaners* (Afrikaans Edition). Tafelberg. Kindle Edition., p.134
[110] Bezuidenhout, P. J. (1985). Forte en Verdedigingswerke op die Kaapse Oosgrens 1806-1836. *Scientia Militaria, South African Journal of Military Studies.*, p.36
[111] Giliomee, Hermann. *Die Afrikaners* (Afrikaans Edition). Tafelberg. Kindle Edition., p.136

DIE BOERE ONDER BRITSE BEWIND

Veldkommandant G.R. van Rooyen se kommando het by Quagga Vlakte versamel, terwyl die Boerfamilies hoofsaaklik by die kerke aan die Boesmansrivier en die plase van Rietvalley en Quagga Vlakte skuiling gesoek het.[112] Siviele kommissaris Ziervogel het berig dat gevegte tussen Boere van die Brakrivierdistrik en die Xhosaindringers, wat op 4 Januarie 1834 vanuit verskillende rigtings die noordoostelike grens oorgesteek het, begin het.[113] Veldkorporaal Pretorius het kommer uitgespreek oor die skaarsheid van kruit en lood in die noordoostelike distrikte, terwyl sy manne genadelose aanvalle van die Xhosa moes trotseer sonder enige rus, dag en nag.[114] In reaksie op die rampspoedige situasie het Goewerneur Sir Benjamin D'Urban op 3 Januarie 1835 krygswet in die oostelike distrikte afgekondig.[115] Alhoewel kommando's op 1 Augustus 1834 deur die Britse regering afgeskaf was, moes D'Urban dit uit nood weer herinstel.

Die hele burgerbevolking tussen 18 en 45 jaar is opgeroep. Een weerbare man moes op elke plaas agtergebly het om dit te beskerm tewyl al die ander Boere by hul

---

[112] Markram, W. J. (1992). *Stephanus Petrus Erasmus: Grensboerpionier en Voortrekker, 1788-1847* [Master's thesis, University of Stellenbosch]., p.121

[113] Markram, W. J. (1992). *Stephanus Petrus Erasmus: Grensboerpionier en Voortrekker, 1788-1847* [Master's thesis, University of Stellenbosch]., p.121

[114] Markram, W. J. (1992). *Stephanus Petrus Erasmus: Grensboerpionier en Voortrekker, 1788-1847* [Master's thesis, University of Stellenbosch]., p.121

[115] Markram, W. J. (1992). *Stephanus Petrus Erasmus: Grensboerpionier en Voortrekker, 1788-1847* [Master's thesis, University of Stellenbosch]., p.121

kommando's aangesluit het.[116] Teen 8 Maart 1835 was minstens 1 848 Boere op kommando.[117] Voorrade is van die publiek gekommandeer met die uitreiking van kwitansies. Gedurende hierdie tyd het Kolonel Harry Smith die algehele militêre bevel van die kolonie, insluitend die Boerkommando's, oorgeneem. Op 1 Januarie 1835 het hy hom, met 'n mag van Britse troepe, vanaf Kaapstad na Grahamstad gehaas en die afstand van 600 myl in ses dae afgelê.[118] Kolonel Smith het sy troepe sowel as die Boerkommando's in 4 divisies verdeel. Die aanvoerders van hierdie vier divisies was onderskeidelik kol. John Peddie, kol. Henry Somerset, majoor William Cox en veldkommandant Stephanus van Wyk wat 'n burgermag vanaf Tarka gelei het.[119] Van Wyk het 500 Boere in sy kommando gehad. Die ander Boere is onder die Britse offisere opgedeel.[120] Tydens die oorlog was daar spanning tussen lede van die Boerkommando's en die Britse staandemagtroepe en etlike voorvalle het tussen hulle plaasgevind. Die Boere het 'n sterk weersin in die lewe van 'n permanente soldaat gehad wat basies die teenoorgestelde lewenswyse as die Boere as individualiste en vrye burgers

---

[116] Le Roux, P. E. (1946). *Die geskiedenis van die burgerkommando's in die Kaapkolonie (1652-1878)* [Doctoral dissertation, University of Stellenbosch]., p.297

[117] Visagie, J. C. (1993). *Verset teen die burgermilisieplan van 1835*. Historical Association of South Africa (HASA), *38*(2)., p.79

[118] Bezuidenhout, P. J. (1985). *Forte en Verdedigingswerke op die Kaapse Oosgrens 1806-1836*. Scientia Militaria, South African Journal of Military Studies., p.36

[119] Visagie, J. C. (1993). *Verset teen die burgermilisieplan van 1835*. Historical Association of South Africa (HASA), *38*(2)., p.78

[120] Le Roux, P. E. (1946). *Die geskiedenis van die burgerkommando's in die Kaapkolonie (1652-1878)* [Doctoral dissertation, University of Stellenbosch]., p.294

verteenwoordig het. Gemoedere tussen die Boere en die Britse soldate het gereeld opgevlam.[121]

7000 mense het na Grahamstad gevlug en daar skuiling gesoek. Die Engelse Setlaars is van kommandodiens vrygestel en hulle het in dorpe as vrywilligers selfverdedigingseenhede gevorm. In Grahamstad het vrywilligers die "Committee of Safety" geskep met vyf leiers van vyf seksies met ongeveer 500 lede. Hulle was dus nie soos die Boere in die voorpunt van die veldslae gebruik nie.[122] Om die Xhosa-aanslag teë te werk, het Kolonel Harry Smith op 12 Januarie 1835 beveel dat Kolonel Somerset die Xhosa van die mond van die Sondagsrivier tot Olifantshoek moet verdryf, terwyl Majoor Gregory opdrag gekry het om die linkeroewer van die Boesmansrivier te verdedig.[123] Vroeg in Februarie 1835 het Kolonel Somerset daarin geslaag om die Xhosa uit die Zuurberg- en Olifantshoekgebiede te verdryf. Veldkommandant van Wyk en sy manne was baie aktief om die Tarkagebied van die Xhosas skoon te maak.[124] Veldkommandant Rademeyer en sy kommando was in so 'n intense stryd met die Xhosas gewikkel dat, toe dit lyk of hulle die slag gaan verloor, het hy, in stede daarvan om te vlug, toegelaat dat die Xhosas hom omsingel. Sy manne het

---

[121] Visagie, J. C. (1993). *Verset teen die burgermilisieplan van 1835.* *Historical Association of South Africa (HASA)*, *38*(2)., p.81
[122] Le Roux, P. E. (1946). *Die geskiedenis van die burgerkommando's in die Kaapkolonie (1652-1878)* [Doctoral dissertation, University of Stellenbosch]., p.294
[123] Markram, W. J. (2001). *Die lewe en werk van Petrus Lafras Uys, 1797-1838* [Doctoral dissertation, Universiteit van Stellenbosch]., p.91
[124] Le Roux, P. E. (1946). *Die geskiedenis van die burgerkommando's in die Kaapkolonie (1652-1878)* [Doctoral dissertation, University of Stellenbosch]., p.296

DIE SKEPPING VAN DIE BOERIDENTITEIT

'n kordon om hom gevorm en na 'n desperate geveg, waartydens al die Boere se klere bloedbevlek was, het daar tussen 60 en 70 Xhosas dood gelê en vyf Boere het in die geveg gesneuwel en sewe was gewond.[125] In Januarie 1835 het Kolonel Harry Smith vir Siviele Kommissaris Harry Rivers beveel om die Swellendamkommando na Uitenhage te stuur. Teen 12 Februarie 1835 het die eerste afdeling van die kommando by Uitenhage aangekom, met die hoogsgerespekteerde Veldkommandant Jacobus Linde, wat toe 75 jaar oud was, aan die voorpunt.[126]

Met die uitbreek van die Sesde Grensoorlog, was Piet Uys en sy Groot Trekverkenningskommissie in Natal. In Januarie 1835, nadat hulle nuus van die Xhosa-inval ontvang het, het Uys se groep besluit om onmiddellik huis toe te keer om by hul families te wees.[127] Terwyl hulle, onder leiding van die ervare spoorsnyer en jagter, Johan Hendrik (Hans Dons) De Lange, oppad terug na die Kaap was, het hulle teen middel Maart 1835 deur die Xhosahoof Hintsa se Gcalekaland gereis.[128] Hintsa het manne gestuur om Uys se groep te waarsku om nie die gewone roete na die kolonie te volg nie, en hy het persoonlik met Uys ontmoet om hulle uit te nooi om 'n paar dae by sy kraal langs die Tsomorivier deur te bring. Volgens 'n berig in The Graham's Town Journal van

---

[125] Le Roux, P. E. (1946). *Die geskiedenis van die burgerkommando's in die Kaapkolonie (1652-1878)* [Doctoral dissertation, University of Stellenbosch]., p.297-p.298
[126] Markram, W. J. (2001). *Die lewe en werk van Petrus Lafras Uys, 1797-1838* [Doctoral dissertation, Universiteit van Stellenbosch]., p.92
[127] Markram, W. J. (2001). *Die lewe en werk van Petrus Lafras Uys, 1797-1838* [Doctoral dissertation, Universiteit van Stellenbosch]., p.92
[128] Markram, W. J. (2001). *Die lewe en werk van Petrus Lafras Uys, 1797-1838* [Doctoral dissertation, Universiteit van Stellenbosch]., p.93

DIE BOERE ONDER BRITSE BEWIND

20 Maart 1835, het Hintsa Uys oor die huidige toestand van die oorlog ingelig. Hintsa het dit aan Uys duidelik gemaak dat hy vriendskaplike betrekkinge met die Britse regering verlang, en hy het sterk afkeuring uitgespreek oor ongeveer 500 van sy soldate wat by die Xhosamagte in die oorlog aangesluit het. Die Xhosahoof het kategories ontken dat hy by die moord op Britse handelaars, waarvan hy beskuldig is, betrokke was.

Die koerant het berig dat Uys en Moolman getuig het van Hintsa se vriendelike en oop gesindheid, en dat hulle sterk in sy onskuld geglo het.[129] Hulle het ook bevestig dat hulle geen koloniale vee in Hintsa se grondgebied gesien het nie. Hoewel Hintsa erken het dat hy 'n paar koloniale perde besit het, het hy dit deur handel bekom. As 'n gebaar van goedgesindheid het Hintsa verskeie osse en 'n paar perde aan Uys geskenk. Hy het ook gidse aan Uys se groep beskikbaar gestel om hulle veilige deurgang na die Kaap te verseker. Uys, 'n bekende perdeteler in die oostelike Kaap, het Hintsa 'n volbloedperd as geskenk gegee. Teen die einde van Maart 1835 het Uys met Goewerneur D'Urban in Grahamstad ontmoet en hom oor hul reis na Natal en ook oor hul ontmoeting en gesprekke met Hintsa ingelig.[130] Hierna het Uys as kommandant onder Kolonel Somerset by die oorlog aangesluit. Toe Uys op 23 Oktober 1835 uiteindelik huistoe kon gaan, is hy ingelig dat sy vrou deur 'n Engelse

---

[129] Markram, W. J. (2001). *Die lewe en werk van Petrus Lafras Uys, 1797-1838* [Doctoral dissertation, Universiteit van Stellenbosch]., p.93
[130] Markram, W. J. (2001). *Die lewe en werk van Petrus Lafras Uys, 1797-1838* [Doctoral dissertation, Universiteit van Stellenbosch]., p.94

DIE SKEPPING VAN DIE BOERIDENTITEIT

polisieman in hegtenis geneem is en na Port Elizabeth onderweg was.[131]

Aan die einde van Maart 1835 het Goewerneur D'Urban, wat intussen persoonlik bevel geneem het, met Britse troepe en Boerkommando's, 'n opvolgoperasie in Xhosaland begin. Die Xhosas is totaal verslaan en oor die Keirivier gedryf terwyl groot hoeveelhede vee ook gebuit is.[132] Hintsa het op 30 April 1835 oorgegee.[133] D'Urban het op 10 Mei 1835 die gebied tussen die Keiskamma- en Keiriviere geannekseer. Hy het die nuutverowerde grond die Provinsie van Koningin Adelaide genoem. Hy het ook verklaar dat die Rharhabe Xhosas uit die nuutgevestigde provinsie verdryf sou word. Op 12 Mei 1835 is Hintsa en nege van sy lyfwag deur koloniale soldate doodgeskiet en 2300 van sy vee is gebuit toe hy gedwing is om 'n patrollie, onder leiding van Kolonel Harry Smith, te vergesel om die vee van die Gcaleka's bymekaar te maak. In 'n poging om te ontsnap, is Hintsa geskiet terwyl hy op 'n donker, rooi-bruin perd, wat volgens 'n lid van Kolonel Smith se lyfwag deur Piet Uys aan hom gegee is, weggejaag het.[134] Later is Hintsa

---

[131] Markram, W. J. (2001). *Die lewe en werk van Petrus Lafras Uys, 1797-1838* [Doctoral dissertation, Universiteit van Stellenbosch]., p.98
[132] Le Roux, P. E. (1946). *Die geskiedenis van die burgerkommando's in die Kaapkolonie (1652-1878)* [Doctoral dissertation, University of Stellenbosch]., p.298
[133] Bezuidenhout, P. J. (1985). *Forte en Verdedigingswerke op die Kaapse Oosgrens 1806-1836. Scientia Militaria, South African Journal of Military Studies.*, p.36
[134] Markram, W. J. (2001). *Die lewe en werk van Petrus Lafras Uys, 1797-1838* [Doctoral dissertation, Universiteit van Stellenbosch]., p.96

se lyk ook vermink.[135] Daarna het die troepe 'n veldtog begin om die Xhosas se bestaansmiddele te vernietig deur hulle gewasse te verbrand en hul vee in beslag te neem.[136] In September 1835 het vredesonderhandelinge plaasgevind, wat gelei het tot die ondertekening van vredesverdrae met die verskillende stamme wat langs die oostelike grens woonagtig was.

Die Christen evangeliste was baie onsteld dat Goewerneur D'Urban die Boerkommando's ontban het en dat hy nog grond van die Xhosas geannekseer het. Dr. J. Philip, die Superintendent van die Londense Sendingsgenootskap, het met die hulp van Read 'n Khoi-Khoi genaamd Andries Stoffels en 'n mindere Xhosa kaptein Jan Tzatzoe uit die Kaap gesmokkel om steun teen D'Urban se pas afgelope veldtog teen die Xhosas in Engeland te gaan werf.[137] Phillip het die twee Afrikane oor die hele Engeland geparadeer en toesprake gelewer waar hy die Boere beswadder het, D'Urban as onderdrukker voorgehou het en die Xhosas van alle skuld vrygespreek het. Op 15 September 1835 het Philip 'n toespraak by 'n openbare gay ontbyt vir sendelinge in Sheffield gelewer, waar hy gepraat het oor D'Urban se uitsetting van die Xhosa's uit die Neutrale Gebied, maar hy het die term "uitroeiing" gebruik in die plek van

---

[135] Giliomee, Hermann. *Die Afrikaners* (Afrikaans Edition). Tafelberg. Kindle Edition., p.135
[136] Giliomee, Hermann. *Die Afrikaners* (Afrikaans Edition). Tafelberg. Kindle Edition., p.135
[137] Godlonton, R. (1879). *Case of the colonists* (2nd ed.). Richards, Slater & Co., p.24

DIE SKEPPING VAN DIE BOERIDENTITEIT

"uitsetting".[138] Dr Philip en ook Andries Stockenström het in Engeland voor 'n "Aborigenes Committee" teen D' Urban getuig. Die Britse Staatsekretaris van kolonies, lord Glenelg, het D'Urban se grensreëling omgekeer. Glenelg het D'Urban in 'n brief op 26 Desember 1835 van sy besluite laat weet. In hierdie brief het Glenelg die skuld vir al die oorloë hoofsaaklik op die Boere gepak.[139] Die geannekseerde gebied, die Provinsie van Queen Adelaide, sou deur Stockenström wat nou tot luitenant-goewerneur van die oostelike distrikte bevorder is, aan die Xhosas teruggegee word en hy sou met die hulp van sendingwerkers verdrae met die hoofmanne sluit.[140] Stockenström sou later deur Goewerneur Napier afgedank word omdat die Britse Setlaars nie sy liberale sieninge kon steun nie.

Benewens hulle persoonlike dienste in die Sesde Grensoorlog, het die Boere ook 2330 perde, 430 agterryers, 92 waens, meestal hulle eie voedsel en hul eie klere vir die ses maande in die veld vir die oorlog bygedra. Die regering was veronderstel om al hierdie kostes te dra. Na maande in die veld, was die Boere se klere, hoede en skoene heeltemal verslete. Die regering het geen klere bygedra nie. Sommige kommandolede het klere van rou beesvelle gemaak.[141] Toe die oorlog verby was, wou D'Urban met sy permanente Britse

---

[138] Godlonton, R. (1879). *Case of the colonists* (2nd ed.). Richards, Slater & Co., p.24
[139] Giliomee, Hermann. *Die Afrikaners* (Afrikaans Edition). Tafelberg. Kindle Edition., p.144
[140] Kotze C.R., Edited by Muller, C. F. (1984). *500 Years, A History of South Africa* (4th ed.). Academica., P145
[141] Le Roux, P. E. (1946). *Die geskiedenis van die burgerkommando's in die Kaapkolonie (1652-1878)* [Doctoral dissertation, University of Stellenbosch]., p.319

troepe nog operasies in die nuwe grondgebied uitvoer. Die Boere moes hulle perde in gelid laat staan sodat die Britse offisiere perde vir verdere diens kon opkommandeer. Die Boere is kwitansies vir £5 per perd uitgereik, maar hulle het nooit betalings vir die perde ontvang nie. Die Boere het dan geen ander keuse gehad as om die sale saam met die perde weg te gee en dan met net hulle gewere vanuit Xhosaland huis toe loop nie. Hulle het dan weke later uitgeteer, met verslete klere, sonverbrand en sonder hoede of skoene by die huis aangekom. In baie gevalle het hulle dan hul plase afgebrand gevind met al hulle kuddes gesteel.[142] Al die vee wat die Boere of Britse soldate van die Xhosas kon terugkry of konfiskeer het in regeringsbesit gebly. Dit is later per veiling verkoop. Menige situasies het dan afgespeel waar Boere hulle eie kuddes erken het, maar nie die geld gehad om dit terug te koop nie. In baie gevalle het Boere hul geliefde perde, waarmee Boere altyd 'n sterk band gehad het, op veilings sien verkoop. Baie van die Boere se vee was ook nog steeds in die Xhosas se hande en daar was geen kans dat hulle dit sou terugkry nie.[143] Die Boere sou hierdeur al hul vertroue in die Britse regering verloor.

Die Sesde Grensoorlog van 1834-1835 was 'n verwoestende slag vir die Boere en het hulle in 'n toestand van desperaatheid en nood gedompel. Die Xhosas het 456 plaashuise afgebrand en 5,700 perde, 115,000 beeste en

---

[142] Le Roux, P. E. (1946). *Die geskiedenis van die burgerkommando's in die Kaapkolonie (1652-1878)* [Doctoral dissertation, University of Stellenbosch]., p.320

[143] Le Roux, P. E. (1946). *Die geskiedenis van die burgerkommando's in die Kaapkolonie (1652-1878)* [Doctoral dissertation, University of Stellenbosch]., p.321

DIE SKEPPING VAN DIE BOERIDENTITEIT

161,000 skape geplunder, wat die Boere finansieël geruïneer en emosioneel uitgeput het.[144] Op 3 Maart 1836 het Thomas Robson, 'n Engelsman, aan Goewerneur D'Urban geskryf: "Ek was weer tussen die Boere langs die grens, dié wat deur die Kaffers geplunder is, en ek verseker jou dat hulle in 'n baie betreurenswaardige toestand verkeer. Hulle het niks om van te leef nie, en in baie gevalle lyk dit of hulle, as gevolg van 'n gebrek aan basiese noodsaaklikhede wat hulle vir ondersteuning benodig, werklik van honger ly. As daar nie binnekort iets gedoen word om hulle te help nie, is ek bevrees dat daar baie slegte dinge gaan gebeur."[145] Volgens die Vrederegter van Bathurst, Walter Currie in 1836, het die Boere geen hoop vir die toekoms in die Kaap onder Britse beheer gesien nie. Hy het vertel: "Een persoon ('n Boer) het gesê dat gedurende sy vader se leeftyd en sy eie, is hulle vyf keer deur die Xhosas "skoongemaak" ... dat vir beskerming die toekoms soos die verlede sou wees; inderdaad het hy gedink dat hulle swakker af was as vyftig jaar gelede; in daardie ou dae het hulle hul vee gaan terugvat as hulle beroof is, maar nou was hul hande vasgebind terwyl die Xhosas vry was (om die Boere te plunder)."[146] Boonop het die Britse regering weer die kommando's verban.[147] So laag was die vertroue in die Britse regering dat Veldkommandant van Wyk, op die hoogste militêre vlak, 'n ondertekende

---

[144] Botha, J. P. (2008). *Ons Geskiedenis* (1st ed.). J.P. Botha., p.93
[145] Muller, C. F. J. (1946). *Die Britse Owerheid en die Groot Trek* [Doctoral dissertation, University of Stellenbosch]., p.105-p.106
[146] Visagie, J. C. (1993). *Verset teen die burgermilisieplan van 1835*. Historical Association of South Africa (HASA), 38(2)., p.82
[147] Le Roux, P. E. (1946). *Die geskiedenis van die burgerkommando's in die Kaapkolonie (1652-1878)* [Doctoral dissertation, University of Stellenbosch]., p.325

dokument van Kolonel Harry Smith geëis het wat hul reg bevestig om hulself en hul eiendom teen aanvallers te mag verdedig.[148] Die Boere se veiligheid en voortbestaan was nou in die hande van die Britte wat nie oor die wil of vermoeë beskik het om dit te verseker nie.[149]

Die meeste Boerleiers was welgestelde individue en het verwag dat die regering toestande vir handel en vooruitgang moes skep deur wet en orde in die binneland te handhaaf en 'n blywende vrede met die Xhosa te smee. Die Britse koloniale regering was nie in staat om die Boere se lewens en eiendom te beskerm nie, maar het nogtans die Boere se regte en middele om hulself te kan beskerm, ingeperk.[150] Die wanbestuur van grondregistrasie het die onbekwaamheid van die koloniale regering in doeltreffende administrasie verder beklemtoon. Die regering se onvermoë om aan hierdie verwagtinge te voldoen, het die Boere se vertroue in Britse heerskappy verder ondermyn. As die Britse regering aan die Boere se behoeftes voldoen het, sou hulle dalk in die Kaap aangebly het en, soos die Kaapse Afrikaners, lojale Britse burgers geword het. Die Boere het geen verteenwoordiging of deelname in die regering op enige vlak gehad nie, en daar was geen doeltreffende kanale vir hulle om hul griewe te lug nie. Dit het hulle oortuiging versterk dat slegs 'n regering wat deur hulleself gevestig is, hul

---

[148] Le Roux, P. E. (1946). *Die geskiedenis van die burgerkommando's in die Kaapkolonie (1652-1878)* [Doctoral dissertation, University of Stellenbosch]., p.329
[149] Le Roux, P. E. (1946). *Die geskiedenis van die burgerkommando's in die Kaapkolonie (1652-1878)* [Doctoral dissertation, University of Stellenbosch]., p.326
[150] Du Toit, A., & Giliomee, H. (1983). *Afrikaner Political Thought. Volume 1: 1780-1850*. University of California Press, p.16

DIE SKEPPING VAN DIE BOERIDENTITEIT

belange sal bevorder. Ten spyte van hul omstandighede het die Boere nie eenvoudig gevlug nie; hulle het doelbewus 'n beter toekoms nagestreef, met die begrip dat vrede en voorspoed slegs deur selfbeskikking bereik kon word.

Hoofstuk 4:
Die Boere Trek

Die Boere was, weens die " ondraaglike gebrek aan sekuriteit"[1] aan die Kaapse oosgrens, wat 'n beduidende bedreiging vir hul oorlewing ingehou het, gedwing om op te tree. Hulle het besluit om die Kaapkolonie te verlaat. Die Groot Trek, soos die Boere se migrasiebeweging later genoem sou word, was 'n vreedsame rewolusie wat die Boere 'n manier gebied het om hulleself van Britse heerskappy te bevry sonder om die wapen teen 'n baie groter en sterker mag op te neem. Die Groot Trek het egter nie uit die bloute gebeur nie. Die idee om die Kaap te verlaat en elders te gaan vestig het by 'n klein groepie Boere begin en dit het aansienlike tyd en moeite geverg om genoeg veld onder die Boere te wen om dit in 'n realiteit te omskep. Die idee het by 'n groep ervare verkenners en jagters, soos Johan (Hans Dons) de Lange, Cornelis en Piet Meyer, Abraham en Piet Greyling en Philip Rudolph Botha - die oupagrootjie van Louis Botha, die toekomstige bevelvoerende generaal van die Boermagte gedurende die

---

[1] Giliomee, Hermann. *Die Afrikaners* (Afrikaans Edition). Tafelberg. Kindle Edition., p.139

Anglo-Boereoorlog,[2] ontstaan. Hierdie verkenners en jagters het, met die vertellinge van hulle togte na die binneland, die idee om te trek onder mede-Boere geplant. Aanvanklik het die verkenningstogte die trekgedagte geplant, en soos die idee versprei en begin posvat het, het dit tot verdere verkenning gelei. Later sou verkenning doelgerig en meer amptelik word om meer inligting oor bepaalde landstreke te bekom.[3] Die organiseerders van die verkenningstogte sou dan hierdie inligting gebruik om die voordele van bepaalde landstreke onder hul mede-Boere te bevorder.

Sterk magte in die Kaap, soos die Britse regering, die media, en die Nederduitse Gereformeerde Kerk, het egter aktief teen die trekgedagte ingewerk om die Groot Trek te dwarsboom. Die Boerleier, Piet Retief, het juis sy manifes in 'n Kaapse koerant gepubliseer om die propaganda teen die trekbeweging teen te werk. In die aanhef tot sy manifes het hy verwys na gerugte wat in die kolonie versprei word wat ten doel het om vooroordeel teen die Voortrekkers te skep.[4] (Die term Voortrekkers was gebruik om na die Boere wat in die eerste fase, vanaf 1836 tot 1839, die Kaap verlaat het, te verwys.) Om die sukses van die migrasiebeweging te verseker, was dit noodsaaklik om voldoende deelnemers te werf. Die strategie om dit te bereik het behels om die Boerleiers, wat reeds leierskapsposisies soos veldkommandante en veldkornette in die Kaap beklee het,

---

[2] Visagie, J. C. (1992). 'n Besoek aan Mzilikazi in 1830. *Historia, 37*(1), 9-23., p.15
[3] Muller, C. F. J. (1987). *Die oorsprong van die Groot Trek* (2nd ed.). Tafelberg Uitgewers., p.258
[4] Du Toit, A., & Giliomee, H. (1983). *Afrikaner Political Thought. Volume 1: 1780-1850*. University of California Press., p.213-214

van die trekgedagte te oortuig.⁵ Hierdie leiers het 'n sterk sin vir verantwoordelikheid teenoor hul gemeenskappe gehad en sou nie deur negatiewe motivering, soos onderdrukking deur die Britse regering, die nimmereindigende grensoorloë en die "bykans aanhoudende reeks diefstalle deur die Khoi-Khoi en Xhosa",⁶ oortuig word om alles agter te laat en te trek nie. Dit sou positiewe motivering, soos die visie van 'n eie land met selfbestuur, vereis om genoeg mense vir die trekgedagte te werf om van die Groot Trek 'n sukses te maak.⁷ 'Die Groot Trek was die Boere se Verklaring van Onafhanklikheid.' ~ L. H. Gann en P. Duignan.⁸

Die Britte sou egter nie 'n klein volk soos die Boere toelaat om die Ryk te verlaat en 'n eie onafhanklike staat te stig nie. Op daardie tydstip was die Britse Ryk die grootste ryk in die geskiedenis en die mees prominente globale mag. Arthur Wellesley, 'n voormalige Britse militêre leier en eerste minister, het die Britse kolonies as "beduidende bronne van invloed, mag en welvaart vir die land", beskryf.⁹ Die Britse eerste minister, John Russel, het aan Staatsekretaris Henry Grey opgemerk: "Die verlies van 'n groot deel van ons Kolonies sou ons belang in die wêreld verminder, en die aasvoëls sou gou saamkom om ons van ander dele van ons

---

⁵ Muller, C. F. J. (1987). *Die oorsprong van die Groot Trek* (2nd ed.). Tafelberg Uitgewers., p.307
⁶ Du Toit, A., & Giliomee, H. (1983). *Afrikaner Political Thought. Volume 1: 1780-1850*. University of California Press., p.16-17
⁷ Muller, C. F. J. (1987). *Die oorsprong van die Groot Trek* (2nd ed.). Tafelberg Uitgewers., p.308
⁸ Muller, C. F. J. (1987). *Die oorsprong van die Groot Trek* (2nd ed.). Tafelberg Uitgewers., p.10
⁹ Muller, C. F. J. (1946). *Die Britse Owerheid en die Groot Trek* [Doctoral dissertation, University of Stellenbosch]., p.307

DIE SKEPPING VAN DIE BOERIDENTITEIT

Ryk te beroof".[10] Grey het die missie van die Britse Ryk soos volg geformuleer: "Die gesag van die Britse Kroon is tans die kragtigste instrument, onder Goddelike leiding, om vrede en orde in baie uitgestrekte streke van die aarde te handhaaf, en dit dra daartoe by om die seën van Christendom en beskawing onder miljoene mense te versprei".[11] Op 8 Mei 1845 het Hutt, 'n lid van die Britse Laerhuis, beklemtoon dat dit die plig van die Staatsekretaris vir Oorlog en die Kolonies was "om nuwe Angelsaksiese nasies in Suid-Afrika, Australië en Nieu-Seeland op te rig".[12] Die Boere se stap om die Kaap te verlaat en hulleself as 'n vrye en onafhanklike volk te verklaar, was 'n vernedering vir die Britse Ryk. Op 11 Desember 1839 het die South African Commercial Advertiser berig: "En kan enigiemand vir 'n oomblik veronderstel dat sy (die Britse Ryk)... 'n handvol Boere... sal toelaat om haar mag te ondermyn..?"[13] Die Britse gesaghebbers het op die Boere se onderwerping aangedring.

Gedurende die eerste helfte van die 19de eeu het filantrope, veral die evangelistiese Christene, 'n aansienlike invloed op die Britse koloniale beleid uitgeoefen. Die "georganiseerde, semi-opgeleide, evangelies-gesinde, en geheel luidrugtige Britse middelklas" het hoofsaaklik op Barrow en sy navolgers gesteun om Suid-Afrika te

---

[10] Muller, C. F. J. (1946). *Die Britse Owerheid en die Groot Trek* [Doctoral dissertation, University of Stellenbosch]., p.306
[11] Muller, C. F. J. (1946). *Die Britse Owerheid en die Groot Trek* [Doctoral dissertation, University of Stellenbosch]., p.307
[12] Muller, C. F. J. (1946). *Die Britse Owerheid en die Groot Trek* [Doctoral dissertation, University of Stellenbosch]., p.307
[13] Muller, C. F. J. (1946). *Die Britse Owerheid en die Groot Trek* [Doctoral dissertation, University of Stellenbosch]., p.326

verstaan.[14] Veral gedurende die kritieke aanvanklike fase van die migrasie van die Boere het hierdie groep propagandiste die Britse regering oorheers. Lord Glenelg, wat van 1835 tot 1839 as die Britse Sekretaris vir die Kolonies gedien het, was 'n humanis en 'n lid van die evangeliese Church Missionary Society. Sy permanente ondersekretaris, James Stephen, het baie van sy liberale denkbeelde gedeel. Glenelg het Sir Benjamin D'Urban met Sir George Napier vervang omdat hy oortuig was van Napier se volkome toewyding aan sy filantropiese beleid. Glenelg het ook die filantroop, Andries Stockenström, as luitenant-goewerneur van die oostelike distrikte van die Kaapkolonie aangestel. Die evangeliste het in die besonder druk op die Britse owerhede uitgeoefen om die Boere se migrasie te vervolg en die gebiede waar hulle vestig, te annekseer. Hulle propaganda het geargumenteer dat die Boere die inheemse bevolking minder ontvanklik vir Christenwording gemaak het deur hulle te ontwrig en hulle te verhoed om "hul regmatige plek as potensiële gelykes van Europeërs in te neem." Dr. Philip, wie vir "Anneksasie tot by die Trope"[15] gepropageer het, het selfs beweer dat oor drie opeenvolgende geslagte 'n "vooruitgang van die skedelformasie" onder die Khoi-Khoi wat in sendingstasies beskerm is, plaasgevind het.[16] Hierdie leier van die sendingwerkers in suidelike Afrika het gepleit vir die Britse kolonisering van Afrika, want soos hy dit in 'n brief aan Read

---

[14] Muller, C. F. J. (1946). *Die Britse Owerheid en die Groot Trek* [Doctoral dissertation, University of Stellenbosch]., p.63
[15] Muller, C. F. J. (1946). *Die Britse Owerheid en die Groot Trek* [Doctoral dissertation, University of Stellenbosch]., p.396
[16] Muller, C. F. J. (1946). *Die Britse Owerheid en die Groot Trek* [Doctoral dissertation, University of Stellenbosch]., p.62

DIE SKEPPING VAN DIE BOERIDENTITEIT

(die jonger) op 19 Oktober 1835 gestel het: "Die Kaffers kan andersins nie van uitwissing gered word nie."[17]

Ondanks talle pleidooie vanuit verskeie geledere, insluitende die evangeliste, Britse handelaars in die Kaap, Britse imperialiste, en selfs in die Britse Parlement, vir onmiddellike en kragdadige optrede deur die Britse regering om die migrasie van die Boere te stuit, het die Britse regering aanvanklik min gedoen om die Groot Trek te belemmer. Die finansiële hulpbronne van die Britse Imperiale regering kon nie met die omvang van Britse kolonisasie tred hou nie. Die benarde finansiële situasie van die Britse regering sedert die Napoleontiese Oorloë, en die begrotingstekorte, tesame met gepaardgaande besnoeiingsmaatreëls tot 1842, het die deurvoering van die idees van hierdie drukgroepe aansienlik ingeperk. Selfs in 1842 het James Stephen, die permanente onder-sekretaris van die Koloniale Kantoor, besorgdheid oor die finansiële posisie van die Britse Imperiale regering uitgespreek: "Ons brei roekeloos ons Koloniale Ryk in alle rigtings uit, en dit skep 'n aanvraag vir vloot- en militêre magte wat ons nie kan voorsien nie, behalwe deur daardie mag te verswak waar sy teenwoordigheid die meeste nodig is."[18] Die luitenant-goewerneur vir die oostelike distrikte, Andries Stockenström, het op 27 September 1836 aan Goewerneur D'Urban geskryf en gesê dat hy geen middele gehad het om die emigrasie te voorkom nie - 'n stelling wat

---

[17] Muller, C. F. J. (1946). *Die Britse Owerheid en die Groot Trek* [Doctoral dissertation, University of Stellenbosch]., p.80
[18] Muller, C. F. J. (1946). *Die Britse Owerheid en die Groot Trek* [Doctoral dissertation, University of Stellenbosch]., p.148

hy ook persoonlik aan Piet Retief gemaak het.[19] Die Kaapse Goewerneur D'Urban het geglo dat as die Britse koloniale regering wetgewing sou aanneem om te verhoed dat die Boere die grens oorsteek om elders te vestig, dit groot finansiële uitgawes sou meebring. Hy het op 29 Julie 1837 aan Staatsekretaris Glenelg geskryf: "Om te probeer om hul planne met enige ander middele as oorreding en argumente te stuit, sou heeltemal nutteloos en erger wees...; en, inderdaad, aangesien hulle in groot gewapende en vasbeslote groepe beweeg het en 'n verre grens oorgesteek het, sou die gebruik van geweld om hulle vordering te stuit, waarskynlik buite die mag van die plaaslike militêre magte gewees het en sou geen ander uitwerking gehad het as om vreedsame emigrante in gevaarlike rebelle te verander nie."[20] Selfs toe die Groot Trek van die Boere reeds momentum gekry het, het die Britse Imperiale regering aangehou om die Kaapse koloniale regering onder druk te plaas om uitgawes te beperk, soos blyk uit Staatsekretaris Glenelg se brief aan Goewerneur Napier op 6 Oktober 1838: "...dat u sulke maatreëls moet aanneem as wat binne u vermoë is om die militêre uitgawes van die Kolonie tot die uiterste te verminder."[21] Uiteindelik het die Britse Departement van Finansies die grootste invloed op die Britse beleid met betrekking tot hul optrede teen die migrasie van die Boere gehad.

---

[19] Muller, C. F. J. (1946). *Die Britse Owerheid en die Groot Trek* [Doctoral dissertation, University of Stellenbosch]., p.158
[20] Muller, C. F. J. (1946). *Die Britse Owerheid en die Groot Trek* [Doctoral dissertation, University of Stellenbosch]., p.158
[21] Muller, C. F. J. (1946). *Die Britse Owerheid en die Groot Trek* [Doctoral dissertation, University of Stellenbosch]., p.151

DIE SKEPPING VAN DIE BOERIDENTITEIT

Toe die Britse Imperiale regering in Londen besef dat die Boere se migrasiebeweging 'n grootskaalse volksbeweging is, het hulle stappe, wat nie groot finansiële uitgawes geverg het nie, geneem om die migrasiebeweging te stuit. Op 13 Augustus 1836 het die Britse Parlement die "Cape of Good Hope Punishment Act" in Brittanje aanvaar.[22] Hierdie wetgewing het bepaal dat Boermigrante vir enige misdade wat suid van die 25ste breedtegraad gepleeg is, in Kaapse howe verhoor kan word. Die 25ste breedtegraad lê net onder die huidige Bela-Bela (Warmbad) in die verre noordelike Limpopo Provinsie van Suid-Afrika. Hierdie wet het beoog om 'n einde aan die Boere se migrasie te bring, maar geen Boer is ooit vir oortredings wat buite die grense van Britse gebied gepleeg is, aangekla nie.[23] Nietemin het die wet 'n kritieke presedent geskep deurdat die Boere selfs noord van die Oranjerivier, buite Britse koloniale gebied, onder Britse regsbevoegdheid gebly het. Dit het hulle effektief van die vermoë om hulself van Britse onderdanigheid te distansieer, en dus ook van enige vooruitsigte van vryheid, ontneem. Die "Cape of Good Hope Punishment Act" het Britse gesag oor die Boere uitgebrei waar hulle ookal getrek het. Hierdie beleid van die vervolging van die Boere het voortgeduur lank nadat dit duidelik geword het dat die Boere geen voornemens gehad het om na die Kaap onder Britse bewind terug te keer of om Britse burgerskap te aanvaar nie.

---

[22] Muller, C. F. J. (1987). *Die oorsprong van die Groot Trek* (2nd ed.). Tafelberg Uitgewers., p.391
[23] Muller, C. F. J. (1981). 500 Years - A History of South Africa (3rd ed.). Academica., p.160

DIE BOERE TREK

Die Britse koloniale regering het die aansienlike invloed van die Nederduitse Gereformeerde Kerk in die lewens van die Boere besef. Hulle het die Kerk daarom strategies betrek om die Boere se migrasieplanne te ontmoedig en te dwarsboom.[24] Die predikante van die Nederduitse Gereformeerde Kerk was in daardie jare deur die koloniale regering aangestel en betaal, en die Britse goewerneur was die Hoof van die Kerk. Die Kerk was daarom bereid om die Boere se geloof as 'n politieke speelbal teen hulle migrasiebeweging te gebruik. Die Nederduitse Gereformeerde Kerk (die Hervormde Kerk gedurende daardie jare) was 'n sentrale instelling in die kulturele erfenis van die Boere, en saam met die Nederlandse taal, het dit die fondasie van die Boere se kultuur gevorm.[25] Die Kerk het elke hulpbron tot sy beskikking aangewend om die "heilige" band met die Boere uit te buit om die migrasie te stuit. Individuele predikante het nie net gepoog om lede wat wou trek te probeer oortuig om te bly nie, maar hulle het ook hul aansienlike sosiale invloed binne hul gemeentes gebruik om die publieke opinie teen die Trek te vorm.[26] Hulle het 'n negatiewe klimaat teenoor die Groot Trek in die Kaap geskep deur negatiewe persepsies van die Groot Trek en die Voortrekkers onder dié wat agtergebly het, te bevorder.[27] Predikante het gepreek dat die Boere geduldig moes wag

---

[24] J. W. Claasen, (1994) *Skotse predikante en die geestelike bearbeiding van die Voortrekkers*. HTS Teologiese Studies/Theological Studies, 50.3., p.493

[25] Giliomee, Hermann. *Die Afrikaners* (Afrikaans Edition). Tafelberg. Kindle Edition., p.197

[26] Strauss, P. (2015). *Die Kaapse NG Kerk en die Groot Trek: 'n evaluering*. Stellenbosch Theological Journal, *1*(1), 273-289., p.277

[27] Strauss, P. (2015). *Die Kaapse NG Kerk en die Groot Trek: 'n evaluering*. Stellenbosch Theological Journal, *1*(1), 273-289., p.277

totdat die regering die omstandighede aan die Oosgrens aangespreek het.[28] Passiwiteit was egter 'n aansienlike risiko vir die sukses van die migrasiebeweging in die vroeë stadium van die Trek, omdat dit die gevaar ingehou het dat die Trek tot stilstand kon kom. Die Boere was konserwatief, en die vooruitsig om nie hul eie Nederduitse Gereformeerde Kerk predikant saam met hulle op die Trek te hê nie, sou die besluit om te trek uiters moeilik gemaak het.

Op 20 November 1837 het die Sinode van die Nederduitse Gereformeerde Kerk 'n deurslaggewende Herderlike Brief goedgekeur,[29] wat die Kerk se standpunt en strategie teen die Groot Trek uiteengesit het. Gedurende hierdie tyd is die Boere se gemeentes hoofsaaklik deur Skotse predikante bedien. Hierdie predikante het onder meer ds Thomas Reid in Colesberg, ds Andrew Murray in Graaff-Reinet, ds John Taylor in Cradock, ds Colin Fraser in Beaufort West, ds Alexander Smith in Uitenhage, ds Alexander Welsh in Glen Lynden, en ds George Morgan in Somerset Oos ingesluit.[30] Ten spyte van hulle teenwoordigheid het die Skotse predikante slegs 'n kwart van die stemgeregtigdes in die 1837 Sinode uitgemaak.[31] Die herderlike brief was dus grootliks deur Kaapse Afrikaner

---

[28] Muller, C. F. J. (1987). *Die oorsprong van die Groot Trek* (2nd ed.). Tafelberg Uitgewers., p.375

[29] Strauss, P. (2015). *Die Kaapse NG Kerk en die Groot Trek: 'n evaluering*. Stellenbosch Theological Journal, 1(1), 273-289. P.277

[30] J. W. Claasen, (1994) *Skotse predikante en die geestelike bearbeiding van die Voortrekkers*. HTS Teologiese Studies/Theological Studies, 50.3., p.493

[31] J. W. Claasen, (1994) *Skotse predikante en die geestelike bearbeiding van die Voortrekkers*. HTS Teologiese Studies/Theological Studies, 50.3., p.495

predikante van die westelike distrikte goedgekeur. Hierdie herderlike brief was beduidend omdat dit bindend was op die lede, gemeentes, ampdraers en vergaderings van die Nederduitse Gereformeerde Kerk, en almal moes dit gehoorsaam.[32] Die Sinode het bepaal dat die Groot Trek 'n "opstand teen die wettige owerheid" was omdat die Boere hulself van die Britse Imperiale regering onttrek het. Gevolglik is die Voortrekkers as rebelle gebrandmerk, en daar is besluit dat almal afgeraai moet word om aan die migrasiebeweging deel te neem.[33] Die herderlike brief het die Boere aangespoor om hul aan die Britse regering, "wat deur God aangestel is", te onderwerp.[34] Volgens die Sinode was dit "afkeuringswaardig" dat die Boere van die koloniale regering verwag het om "uitsluitlik" aan hulle behoeftes te voldoen.[35] Die Sinode het besluit dat almal geduldig moet wag totdat "God die owerheid gebruik om die tydelike probleme aan die Oosgrens reg te stel".[36] Die Sinode het die Boere aangeraai om "getroue en gehoorsame onderdane" te wees, aangesien dit hulle sekerlik die "beskerming en guns van diegene wat oor hulle regeer", sou besorg.[37] In die afsluitende gedeelte is die Sinode se herderlike brief as 'n

---

[32] Pont, A. D., (1978). *Die herderlijken brief van die Sinode van 1837*. HTS Teologiese Studies/Theological Studies. (34)(4), 91-105., p.96
[33] Pont, A. D. (1978). *Die herderlijken brief van die Sinode van 1837*. HTS Teologiese Studies/Theological Studies. (34)(4), 91-105., p.97
[34] Pont, A. D., (1978). *Die herderlijken brief van die Sinode van 1837*. HTS Teologiese Studies/Theological Studies. (34)(4), 91-105., p.91-92
[35] Pont, A, D., (1978). *Die herderlijken brief van die Sinode van 1837*. HTS Teologiese Studies/Theological Studies. (34)(4), 91-105., p.91-92
[36] Pont, A. D., (1978). *Die herderlijken brief van die Sinode van 1837*. HTS Teologiese Studies/Theological Studies. (34)(4), 91-105., p. 97
[37] Pont, A. D., (1978). *Die herderlijken brief van die Sinode van 1837*. HTS Teologiese Studies/Theological Studies. (34)(4), 91-105., p. 91-92

politieke instrument teen die Boere bevestig deur Koningin Victoria te vereer en haar troonbestyging in 1837 as 'n goddelike gebeurtenis te beskryf.

Vir die Boere se migrasiebeweging om sy doelwitte te bereik, het dit nou nodig geword dat genoeg Boere ook teen die Kerk moet verset. Die Voortrekkers is onder sensuur geplaas, hulle is die sakramente geweier, die Kerk het geweier om hul kinders te doop en hul huwelike kon nie in die Kerk bevestig word nie. Die Voortrekkers sou sonder die leiding van 'n geordende predikant trek. Die Skriba van die Sinode, Dr William Robertson, het later in 'n brief na die Bloukransmoorde in Natal, waar amper driehonderd Boere, insluitend 41 mans, 56 vroue en 185 kinders vermoor is, asook na die moorde deur Dingaan op Piet Retief en sy mense, as die "straffende hand van God" verwys.[38] Weens hul geïsoleerde leefwyse, was daar egter reeds vir geslagte lank 'n tradisie van huisgodsdiens in Boerkultuur.[39] Die Boere het 'n eenvoudige, praktiese godsdiens, sonder ingewikkelde ideologieë beoefen. In die oggende en aande het hulle 'n paar verse uit hul Bybel gelees en 'n gebed gedoen. Hulle het hulle nie op evangelie in hul godsdiens toegespits nie en hulle het afgesien van pogings om ander na hul geloof oor te haal. Die Kerk, alhoewel besonder belangrik in hul lewens, was hoofsaaklik beduidend as 'n instelling omdat hulle daar die sakramente ontvang het, hul

---

[38] J. W. Claasen, (1994) *Skotse predikante en die geestelike bearbeiding van die Voortrekkers*. HTS Teologiese Studies/Theological Studies, 50.3., p.496 en Pont, A. D., (1978). *Die herderlijken brief van die Sinode van 1837*. HTS Teologiese Studies/Theological Studies. (34)(4), 91-105., p.97
[39] Muller, C. F. J. (1987). *Die oorsprong van die Groot Trek* (2nd ed.). Tafelberg Uitgewers., p.310

kinders gedoop het, en hulle daar getrou het. Weerstand teen die Kerk het ontstaan. Toe Dominee Andrew Murray probeer het om die Voortrekkerleier, Gerrit Maritz en sy vrou te oortuig om nie te trek nie, het Maritz hom summier sy huis belet.[40] Alhoewel die Nederduitse Gereformeerde Kerk daarin geslaag het om sommige Boere daarvan te weerhou om aan die Groot Trek deel te neem, kon dit nie die loop van die Boere se migrasiebeweging stuit nie. In 1843, toe Dr. A. Faure, die sekretaris van die Kaapse Sinode, die Boere in Natal besoek het, het hy nie meer na hulle as "swerwende rebelle" verwys nie, maar as "immigrante," wat 'n verandering in die kerk se houding teenoor die Boere aangedui het.[41] Nietemin het die Kaapse Kerk nooit die besluite wat tydens die Sinode van 1837 geneem is, herroep nie.

Die mees uitdagende struikelblok tot 'n suksesvolle migrasie was die Boere se hegte verbintenis met die Kaap, wat hulle as hul vaderland beskou het. Boerleiers het het op verskeie geleenthede hul liefde vir die Kaap uitgespreek en het ook verklaar dat hulle gedwing was om hul geboorteland te verlaat, wat hulle as 'n pynlike ervaring beskryf het. In sy manifes van 1837, toe hy die Kaap verlaat het, het Piet Retief daarna verwys as: "die vrugbare land van ons geboorte."[42] Andries Pretorius het in sy brief vanaf die Sandrivier op 24

---

[40] J. W. Claasen, (1994) *Skotse predikante en die geestelike bearbeiding van die Voortrekkers*. HTS Teologiese Studies/Theological Studies, 50.3., p.493

[41] Strauss, P. (2015). *Die Kaapse NG Kerk en die Groot Trek: 'n evaluering*. Stellenbosch Theological Journal, 1(1), 273-289. P.286

[42] Du Toit, A., & Giliomee, H. (1983). *Afrikaner Political Thought. Volume 1: 1780-1850*. University of California Press., p.200

DIE SKEPPING VAN DIE BOERIDENTITEIT

Februarie 1839 aan Goewerneur D'Urban geskryf: "Ons het ons moederland met kommer en hartseer agtergelaat."[43] Die Natal Volksraad het in sy "Verklaring van Protes" op 11 November 1839 gestel: "Gedwing om hul geliefde land ... agter te laat."[44] Die Volksraad van Origstad, in die latere Suid Afrikaanse Republiek (ZAR), het in 'n Memorandum op 7 Oktober 1845 geskryf: "Ons het onsself losgeskeur van die Britse Regering en het uit ons moederland vertrek."[45] In 1836, nadat Hendrik Potgieter, een van die eerste Voortrekkerpioniers, reeds die Vaalrivier oorgesteek het, het Piet Retief in 'n private brief aan sy familie geskryf:"Ek sal die onderneming (migrasie) vir 'n ruk uitstel... (Ek) leef nog steeds in hoop op verbetering (van die situasie in die Kaap)."[46] Die Boere se liefde vir hul moederland het die besluit om te migreer persoonlik gemaak, en elke Boer moes vir homself besluit wat hy bereid was om vir vryheid op te offer.

Die feit dat baie met die besluit om te migreer geworstel het, het die struktuur van die Groot Trek self bepaal. Die Groot Trek was nie 'n enkele massiewe migrasie wat die hele Boerbevolking ingesluit het nie. Die geskiedenis van die Trek kan in twee primêre fases verdeel word. Die aanvanklike fase is gekenmerk deur die gekoördineerde en

---

[43] Du Toit, A., & Giliomee, H. (1983). *Afrikaner Political Thought. Volume 1: 1780-1850*. University of California Press., p.200
[44] Du Toit, A., & Giliomee, H. (1983). *Afrikaner Political Thought. Volume 1: 1780-1850*. University of California Press., p.200
[45] Du Toit, A., & Giliomee, H. (1983). *Afrikaner Political Thought. Volume 1: 1780-1850*. University of California Press., p.200
[46] Muller, C. F. J. (1987). *Die oorsprong van die Groot Trek* (2nd ed.). Tafelberg Uitgewers., p.261

DIE BOERE TREK

gestruktureerde beweging van verskeie beduidende groepe Boere.[47] Die groter trekpartye het gedurende die eerste fase van die Groot Trek, veral in 1837, getrek. Die Boere het in familie-eenhede of groepe van familie-eenhede gemigreer, wat families, vroue, kinders, en bejaardes ingesluit het. Hul groot kuddes beeste en skape het vereis dat hulle wydverspreid en teen 'n stadige pas beweeg het, wat hulle kwesbaar vir potensiële aanvalle gemaak het en hul vermoeë om enige offensiewe militêre veldtogte te voer, belemmer het. Dit is waarom hulle gedurende die eerste fase in groter groepe beweeg het. Daar was nietemin slegs ongeveer 100 mans in hierdie groter trekgroepe. Die trekleier, Jacob de Klerk, wat teen die einde Julie 1837, met 11 gesinne en 27 waens uit die Kaap getrek het, se dogtertjie is vroeër dieselfde maand op 7 Julie gebore. Sy 80-jarige vader, Jacob de Klerk sr., het ook die Trek meegemaak.[48] Na 1839 was die veiligheid en sekuriteit van Boernedersettings in Natal en die hoëveld grootliks verseker, wat hulle in staat gestel het om noodsaaklike sosiale en politieke strukture te vestig.[49] In die vroeë 1840's het baie meer mense, weliswaar in kleiner groepe, meestal as enkel-families, gemigreer.[50]

Die vasberade strewe van die Boere - om onafhanklikheid van Britse heerskappy te verkry - het die

---

[47] Du Toit, A., & Giliomee, H. (1983). *Afrikaner Political Thought. Volume 1: 1780-1850*. University of California Press., p.19
[48] Visagie, J. C. (1990). *Minder bekende Voortrekkerleiers. Historia*, 35(1), 39-57., p.42
[49] Du Toit, A., & Giliomee, H. (1983). *Afrikaner Political Thought. Volume 1: 1780-1850*. University of California Press., p.19
[50] Visagie, J. C. (1990). *Minder bekende Voortrekkerleiers. Historia*, 35(1), 39-57., p.57

inherente risiko's van die Trek, insluitend die aansienlike emosionele en materiële verliese wat hulle ervaar het, sowel as die gevare wat dit vir hulle ingehou het, oorskadu. Die rigting en afstand wat die Trek hulle sou neem, was minder belangrik.[51] Reeds in sy manifes, toe Piet Retief die Kaap verlaat het en by die migrasiebeweging aangesluit het, het hy verklaar: "Ons verlaat die Kolonie onder die volledige versekering dat die Engelse regering niks meer van ons te vorder het nie, en ons sonder verdere inmenging sal toelaat om ons in die toekoms self te bestuur."[52] Nadat Retief as goewerneur van die Boere verkies is, het hy op 21 Julie 1837 aan Goewerneur D'Urban geskryf: "Dat hierdie verlating van ons geboorteland aan ons enorme en onberekenbare verliese veroorsaak het, maar dat ons, ten spyte hiervan, van ons kant geen vyandigheid teenoor die Britse nasie sal toon nie." "Dat gevolglik alle handel en kommersie tussen ons en die Britse handelaars, aan ons kant vry en ononderbroke sal wees, soos met alle ander nasies, met die verstandhouding dat ons as 'n vrye en onafhanklike volk beskou wil word."[53]

Van al die leiers het Hendrik Potgieter waarskynlik die Boere se vryheidsideaal die meeste ondubbelsinnig, in sy brief vanaf Potchefstroom aan Kommandant-generaal Andries Pretorius op 28 Augustus 1841, verwoord: "Ek wil myself aan geen Brit onderwerp nie, en ook nie aan enige ander mag in die wêreld nie; en ek is geen Brit nie, en, ek

---

[51] Muller, C. F. J. (1987). *Die oorsprong van die Groot Trek* (2nd ed.). Tafelberg Uitgewers., p.316
[52] Gie, S. F. (1932). *Geskiedenis vir Suid-Afrika, II* (2nd ed.). Pro Ecclesia-Drukkery, p.296
[53] Du Toit, A., & Giliomee, H. (1983). *Afrikaner Political Thought. Volume 1: 1780-1850*. University of California Press., p.214-215

hoop en vertrou, dat ek nooit een sal word nie, en ek bid hiervoor tot die Almagtige, nie net vir myself nie, maar vir ons hele verenigde gemeenskap van burgers (verenigde Boere van Natalia en die hoëveldgebied), en ek verkies eerder om tien stappe vorentoe te gaan as een agteruit."[54] Op 24 Februarie 1839 het Andries Pretorius die Boere se vasbeslotenheid om hulself in vryheid te regeer, in sy brief vanaf die Sandrivier aan Goewerneur D'Urban soos volg oorgedra: "Ons merk ook dat die (Britse) regering ons baie dreig, maar in die eerste plek weet ons dat almal verkondig dat elke mens vry behoort te wees... en ons weet baie goed dat ons 'n vrygebore volk is..." "Dit is tevergeefs om die hoop te koester dat ons weer sal terugkeer, almal sal eerder sterf as dit. . ."[55] Die idee om die Kaap te verlaat met die doel om 'n land vir die Boere te vestig waar hulle hulself kan regeer, as reaksie op die oorlewingkrisis in die oostelike Kaap, het 'n vonk in die Boere se identiteit ontsteek. Dit het "huiwerige konserwatiewes gemotiveer en die idealiste bekoor", en dit het die Trek van 'n opstand teen Britse oorheersing na 'n doelgerigte Afrika-missie verander.[56]

Die Boere het die Kaap juis verlaat om 'n vreedsame en rustige lewe te kan lei. Hul leiers het herhaaldelik hul voornemens uitgespreek om in vrede en vriendskap met al die nasies van Afrika te leef. Piet Retief het hierdie voornemens in sy Manifes verwoord: "Ons verklaar plegtig

---

[54] Du Toit, A., & Giliomee, H. (1983). *Afrikaner Political Thought. Volume 1: 1780-1850*. University of California Press., p.217
[55] Du Toit, A., & Giliomee, H. (1983). *Afrikaner Political Thought. Volume 1: 1780-1850*. University of California Press., p.216-217
[56] Muller, C.F. J., Edited by Muller, C. F. J. (1984). 500 Years, A History of South Africa (4th ed.). Academica., p. 158

dat ons hierdie Kolonie verlaat met die begeerte om 'n rustiger lewe te lei as ons tot hiertoe gehad het. Ons sal geen volk molesteer nie, en aan niemand die geringste eiendom ontneem nie; maar word ons aangeval, dan sal ons ons ten volle geregverdig beskou om ons persoon en eiendom te verdedig tot die uiterste toe, teen enige vyand. Ons maak bekend, dat wanneer ons vir ons toekomstige leiding behoorlike wette neergelê het, afskrifte daarvan na die Kolonie gestuur sal word vir algemene informasie." "Ons stel ons voor om, in die loop van ons trek, en wanneer ons aangekom het in die land waar ons gaan woon, ons bedoelings aan die inboorlingstamme bekend te maak, asook ons begeerte om in vrede en vriendskap met hulle te leef."[57] Toe die Groot Trek in 'n krisis was na die aanvalle op die Potgieter-trek deur Mzilikazi, het Goewerneur Retief vermoed dat daar Britse betrokkenheid, moontlik deur sendelinge soos Kaptein Gardener was, wat wantroue onder sekere Afrika-leiers oor die bedoelings van die Boere gesaai het. Hy het op 21 Julie 1837 die volgende in 'n brief aan Goewerneur D'Urban geskryf: "Dat ons met hartseer verneem het dat byna al die inheemse stamme deur wie ons nou omring word, aangehits is om ons aan te val; maar alhoewel ons volkome in staat voel om al ons vyande te weerstaan, wil ons tog u Edele versoek om, sover as moontlik, sulke vyandighede te voorkom, sodat ons nie genoodsaak sal wees om menslike bloed te vergiet nie, iets wat reeds gebeur het met Matsilikatzi." "Dat ons deur ons optrede aan die wêreld sal bewys dat dit nooit ons voorneme was om enige nasie of volk onregmatig te pla nie; maar dat ons inteendeel geen

---

[57] Gie, S. F. (1932). *Geskiedenis vir Suid-Afrika, II* (2nd ed.). Pro Ecclesia-Drukkery, p.296

DIE BOERE TREK

groter bevrediging het as die algemene vrede en vriendskap van die hele mensdom nie."[58]

Die Boere se oogmerk was om onbewoonde grond te bekom en daar in vrede met ander nasies saam te leef. Hendrik Potgieter het dit in 'n brief op 3 Desember 1838 aan Goewerneur D'Urban bewoord: "-... het ons dit goedgevind om tot die behoud van ons gesinne die Kolonie te verlaat" "- ons beskou ons as vry burgers wat kan gaan waar ons verkies sonder om iemand te benadeel." "- ons oogmerk was na 'n land waar geen (ander) nasies was nie." "- ons wil niemand van die nasies wat hier is, benadeel nie".[59] Andries Pretorius het in sy brief vanaf die Sandrivier op 24 Februarie 1839 aan Goewerneur D'Urban geskryf: "...ons het nie uitgegaan ... met aggressiewe bedoelings nie."[60] Toe hulle die Kaap verlaat het, het die Boere vrede- en vriendskapsooreenkomste met leiers soos, onder andere, Hoofman Moroka van die Barolong, Sekonyella, hoofman van die Batlokwa, Koranahoofman David Danser, Pieter Davids, hoofman van die Griekwas, en Moshweshwe, die stigter en eerste opperhoof van die Basoetoe nasie, gesluit. Van meet af aan het die Boere beoog om grond te bekom deur formele oorgawe of aankope van Afrika-stamme. Goewerneur Retief het hulle voornemens die duidelikste gestel met sy opmerking aan die sendeling Francis Owen. Toe hulle Natal

---

[58] Du Toit, A., & Giliomee, H. (1983). *Afrikaner Political Thought. Volume 1: 1780-1850.* University of California Press., p.214-215
[59] Oberholzer, J.. (1989). *Die Voortrekkerideaal - Natal of Transvaal?.* HTS Teologiese Studies / Theological Studies. 45. 10.4102/hts.v45i3.2316., p.672
[60] Du Toit, A., & Giliomee, H. (1983). *Afrikaner Political Thought. Volume 1: 1780-1850.* University of California Press., p.216-217

as hul bestemming gekies het, het hulle besluit om met die Zoeloekoning Dingaan te onderhandel. Tydens Retief se eerste besoek aan Dingaan se kraal is hy deur Owen gevra of hy geweld sou gebruik om grond te verkry. Retief het geantwoord dat, as daar geen ooreenkoms bereik word nie, die Boere verder noordwaarts sou beweeg.[61]

Sommige Boerleiers het die Groot Trek nie net as 'n polities-konstitusionele proses gesien nie, maar ook as 'n manier om handel uit te brei en die Boere se toegang tot markte te vergroot buite dit wat hulle in die Oos-Kaap gehad het. Reeds in 1825 het Petrus Johannes Moolman en 161 ander Boere 'n petisie aan die Britse koloniale regering gerig om Port Elizabeth tot 'n vryhandelsone te ontwikkel.[62] Hierdie inisiatief het ten doel gehad om internasionale handel te fasiliteer, gegewe die uitdagings wat die lang afstande na die Kaapstadse hawe gestel het. Vroeë Boerpioniers soos Louis Trichardt en Hendrik Potgieter het aanvanklik die moontlikheid om naby die Portugese hawe in Delagoabaai (Maputo) te vestig ondersoek om die ekonomiese voordele van internasionale handel te kan benut. Goewerneur Piet Retief het vrye handel met beide Britse en ander internasionale handelaars vir die toekomstige Boerrepubliek in die vooruitsig gestel. Hy het hierdie visie in sy brief aan Goewerneur D'Urban op 21 Julie 1837 uitgespreek: "Gevolglik sal alle handel en kommersie tussen ons en Britse handelaars aan ons kant vry en ononderbroke wees, soos met

---

[61] Hugo, M. (1988). *Piet Retief in die Suid-Afrikaanse geskiedskrywing*. South African Journal of Cultural History, 2(2), 108-126., p.113
[62] Markram, W. J. (2001). *Die lewe en werk van Petrus Lafras Uys, 1797-1838* [Doctoral dissertation, University of Stellenbosch]., p.70

alle ander nasies..."[63] Boerleiers soos Piet Uys en Gert Rudolph, wat ook boere en entrepreneurs was, het reeds vir 'n geruime tyd al belangstelling in die Ooskus van Afrika getoon omdat hulle daar groter ekonomiese geleenthede gesien het as in die Kaapkolonie. Hulle het die Ooskus as 'n toegangspoort tot wêreldmarkte beskou. Dit was die primêre rede waarom Piet Uys sy verkenningskommissie in 1834 na Port Natal (Durban) gelei het.[64] Uys se primêre doelwit in die 14 resolusies wat hy op 14 Augustus 1837 aan die Caledonrivier vir 'n toekomstige Boerrepubliek uitgereik het, was om Port Natal as 'n hawe te gebruik.[65] In hierdie 14 resolusies het Uys ook verklaar dat hulle beoog om hulle Republiek op dieselfde beginsels van vryheid as dié wat deur die VSA aangeneem is, te vestig.[66]

Die media het 'n uitgebreide propagandaveldtog geloods om die legitimiteit van die Groot Trek te ondermyn. Hierdie propaganda deur Kaapse koerante, het die Boere as naïef en dwaas afgemaak om hul tydelik onstabiele Oosgrens vir Mfecanegeteisterde streke te verruil, waar hulle van die Kaap se politieke en godsdienstige ondersteuningstelsels afgesny sou wees.[67] De Zuid-Afrikaan, die spreekbuis van

---

[63] Du Toit, A., & Giliomee, H. (1983). *Afrikaner Political Thought. Volume 1: 1780-1850*. University of California Press., p.214-215
[64] Markram, W. J. (2001). *Die lewe en werk van Petrus Lafras Uys, 1797-1838* [Doctoral dissertation, University of Stellenbosch]., p.70
[65] Markram, W. J. (2001). *Die lewe en werk van Petrus Lafras Uys, 1797-1838* [Doctoral dissertation, University of Stellenbosch]., p.69
[66] Oberholzer, J.. (1989). *Die Voortrekkerideaal - Natal of Transvaal?*. HTS Teologiese Studies / Theological Studies. 45. 10.4102/hts.v45i3.2316., p.672
[67] Muller, C. F. J. (1987). *Die oorsprong van die Groot Trek* (2nd ed.). Tafelberg Uitgewers., p.376

die Kaapse Afrikaners en enigste Nederlandstalige koerant in die Kaap teen die tyd van die Groot Trek, het die Boere veroordeel omdat hulle aan Britse gesag onttrek het.[68] In 1837 het John Fairbairn, die redakteur van die Commercial Advertiser en skoonseun van die evangelis, Dr Phillip van die Londonse Sendingsgenootskap, geskryf dat die Boere wat uit die Kaap getrek het, voor die voet doodgeskiet moes word as hulle nie onmiddellik terugkeer nie.[69] Goewerneur D'Urban was van mening dat die Trek potensieel die Kaapkolonie kon destabiliseer, en hy het pogings aangewend om die Boere te oortuig om te bly. In sy korrespondensie aan die Britse staatsekretaris vir kolonies, Lord Glenelg, het hy die Boere wat die land verlaat beskryf as "dapper, geduldige, ywerige, ordelike en godsdienstige mense, die verbouers, die verdedigers en die belastingbetalers van die land". Daarteenoor het Glenelg in sy reaksie op D'Urban, die Groot Trek soos volg beskryf: "Die motiewe vir hierdie emigrasie was dieselfde as wat deur die eeue heen die sterkes aangespoor het om op die swakkes in te dring, en die magtiges en gewetenloses om deur krag of bedrog van die relatief swak en weerloses, rykdom, eiendom, of heerskappy te ontneem."[70] Eerwaarde J. Ayliff, 'n Wesleyaanse Metodistiese sendeling, het die oorsprong van die Boere se migrasiebeweging aan 'n bose invloed toegeskryf. Hy het oor die Trek geskryf: "Hierdie manie (die Boere se migrasiebeweging) kon nooit so wyd versprei het soos dit

---

[68] Giliomee, Hermann. *Die Afrikaners* (Afrikaans Edition). Tafelberg. Kindle Edition., p.154
[69] Giliomee, Hermann. *Die Afrikaners* (Afrikaans Edition). Tafelberg. Kindle Edition., p.199
[70] Gie, S. F. (1932). *Geskiedenis vir Suid-Afrika, II* (2nd ed.). Pro Ecclesia-Drukkery, p.295

DIE BOERE TREK

gedoen het nie, inaggenome dat dit sulke vreeslike opoffering van eiendom en gemak van lewe vereis het, tensy dit deur 'n geheime bose invloed gevoed was - dit was Satan."[71]

Alhoewel die Kaapse Afrikaners 66% van die Kaapse bevolking uitgemaak het, het slegs 'n klein fraksie van hulle aan die Groot Trek deelgeneem. Dr. Jan C. Visagie het in sy boek "Voortrekkerstamouers 1835—1845" (2de uitgawe), onthul dat slegs 70 families, van Clanwilliam (32), Worcester (24), Kaapstad (8), Stellenbosch (4), en Franschhoek (2), die Groot Trek saam met die Boere onderneem het. Dit verteenwoordig ongeveer 2.6% van die Voortrekkers, wat omtrent 450 individue uit 'n totaal van 17,000 was. Daar is verskeie redes waarom die Kaapse Afrikaners nie die Groot Trek meegemaak het nie. 'n Belangrike rede was waarskynlik omdat hulle nie die voortdurende Xhosa-oorloë, die onsekerheid van lewe, en die materiële verliese wat deur die Boere aan die Oosgrens ervaar is, beleef het nie.[72] 'n Ander belangrike rede was dat die Kaapse Afrikaners nie mobiliteit in hul kultuur ontwikkel het, soos wat die Boere in die voorafgaande honderd jaar gedoen het nie. Die Kaapse Afrikaners sou ekonomies en maatskaplik in 'n meer diverse en volwasse Britse koloniale samelewing ontwikkel, in teenstelling met die uitdagings wat die Boere, wat nuwe onafhanklike nedersettings gestig het, in die gesig gestaar het.[73] Die luitenant-goewerneur van die oostelike distrikte,

---

[71] Muller, C. F. J. (1987). *Die oorsprong van die Groot Trek* (2nd ed.). Tafelberg Uitgewers., p.256
[72] Van Jaarsveld, F. A. (1963). *Anthropo-geographical aspects of the Great Trek: 1836-1863. Historia*, 8(2), 93-99. P.93
[73] Du Toit, A., & Giliomee, H. (1983). *Afrikaner Political Thought. Volume 1: 1780-1850*. University of California Press., p.20

DIE SKEPPING VAN DIE BOERIDENTITEIT

Sir Andries Stockenström, het aanvanklik gedink dat die Voortrekkers maar net nog trekboere was wat met hul vee oorkant die Oranjerivier wou gaan wei en het daarom niks gedoen om die Trek te verhoed nie. In sy laaste kommunikasie aan Piet Retief, het Stockenström Retief daarvan beskuldig dat hy die beskerming van die Britse regering vir die Boere prysgegee het.[74] Toe Stockenström later die erns van die situasie besef, het hy by D'Urban se opvolger, Sir George Napier, aangedring dat die Boere wat aan die Groot Trek deelneem, vervolg moet word.[75] Die Kaapse Afrikaners het die Groot Trek gekritiseer, maar het soms ook simpatie en solidariteit getoon.[76]

In die vroeë 1820's het boere langs die noordelike grens van die Kaap met droogtes en sprinkaanplae te kampe gehad, wat die voedingskwaliteit van hul grond geskaad het. Om hul diere te behou en te voed, het hulle beter weivelde in Transoranje, die area noord van die Oranjerivier, wat later die Vrystaat sou heet, gaan soek. In 1825 het die koloniale regering hierdie migrasie as 'n tydelike permit goedgekeur, maar die boere moes binne 'n bepaalde tydperk terugkeer.[77] Toe die regering later toestemming geweier het, het hierdie trekboere eenvoudig voortgegaan om, sonder formele toestemming, hul vee oor die grens te neem om te wei. Teen

---

[74] Giliomee, Hermann. *Die Afrikaners* (Afrikaans Edition). Tafelberg. Kindle Edition., p.148
[75] Strauss, P. (2015). *Die Kaapse NG Kerk en die Groot Trek: 'n evaluering. Stellenbosch Theological Journal*, *1*(1), 273-289. P.276
[76] Giliomee, Hermann. *Die Afrikaners* (Afrikaans Edition). Tafelberg. Kindle Edition., p.199
[77] Muller, C. F. J. (1987). *Die oorsprong van die Groot Trek* (2nd ed.). Tafelberg Uitgewers., p.229

DIE BOERE TREK

1828 was die toestand van die grond in die Kaap so swak dat 'n aansienlike aantal trekboere aan die ander kant van die rivier gebly het.[78] Die Kaapse regering kon hierdie bewegings van die trekboere nie langer beheer nie, en gedurende die droogte van 1833 in die Kaap het sommige trekboere selfs so ver as die Vaalrivier vir weidingsgrond gegaan.[79] Hierdie trekboere was egter nie Voortrekkers nie. Die beweegredes van die trekboere van die 1830's om die Kaap se grens oor te steek, was uitsluitlik materieel. Hul leier, M. A. Oberholzer, het in 1834 aan die koloniale regering geskryf en bevestig dat hulle nie weens kwade bedoelings teenoor die regering die grens oorgesteek het nie. Dit is duidelik dat die idee van emigrasie teen hierdie tyd nog nie onder die trekboere in Transoranje wortel geskiet het nie. Op 5 Desember 1834 het 221 trekboere 'n versoek aan Goewerneur D'Urban gestuur vir toestemming om grond in die Transoranjegebied in besit te neem.[80] D'Urban het hierdie versoek van die hand gewys. Onder die ondertekenaars van hierdie versoek was Sarel Cilliers, wat later 'n belangrike Voortrekkerleier sou word, asook Johannes Jacobus (Lang Hans) Janse van Rensburg, wat later een van die eerste klein trekgeselskappe na die noorde sou lei. Minstens 40% van die trekboere in Transoranje sou binnekort die idee van emigrasie aanvaar en by die Boere se migrasiebeweging

---

[78] Muller, C. F. J. (1987). *Die oorsprong van die Groot Trek* (2nd ed.). Tafelberg Uitgewers., p.229
[79] Muller, C. F. J. (1987). *Die oorsprong van die Groot Trek* (2nd ed.). Tafelberg Uitgewers., p.232
[80] Visagie, J. C. (1996). Die fyn onderskeid tussen die Voortrekkers en die trekboere. *Historia, 41*(2)., p.2

aansluit.[81] Baie van hulle, soos Cilliers en Casper Kruger, met sy tienjarige seun, Paul, sou later by die trekgeselskap van Andries Hendrik (Hendrik) Potgieter aansluit. Die belangrike onderskeid tussen die trekboere van die 19de eeu en die Boere, was dat die trekboere nie verder in die Boer kulturele identiteit ontwikkel het nie. Hulle was lojale Britse onderdane wat nie die Groot Trek meegemaak het nie en hulle sou later vir die Britse anneksasie van die Transoranjegebied gepleit het.

Die Groot Trek het met die einde van die Mfecane saamgeval. Die Mfecane was 'n tydperk van wydverpreide oorlogvoering en migrasies onder die Nguni- en Sotho-Tswana-samelewings in suidelike Afrika gedurende die 1820's en vroeë 1830's.[82] Sosio-ekonomiese faktore, soos vinnige bevolkingsgroei in sekere gebiede wat tot grondskaarstes gelei het, was die onderliggende oorsake van die Mfecane. Die opkoms van die Zoeloekoninkryk en die gedugte militêre veldtogte onder leiding van koning Tsjaka het 'n kernrol in die ontstaan en uitbreiding van die Mfecane gespeel.[83] Vanuit noord van die Tugelarivier het Tsjaka kleiner volke in die noorde en suide van hom aangeval. Sommige van hierdie volke het dan gevlug en op hulle beurt weer met ander volke in ander streke gebots. Verskeie krygshere het na vore gekom, wat gelei het tot intense oorlogvoering en konflik, wat 'n verwoestende impak op die

---

[81] Visagie, J. C. (1996). Die fyn onderskeid tussen die Voortrekkers en die trekboere. *Historia*, *41*(2)., p.3
[82] Du Toit, A., & Giliomee, H. (1983). *Afrikaner Political Thought. Volume 1: 1780-1850*. University of California Press., p.19
[83] Van Aswegen, H. J. (1994). *Die Mfecane. Werklikheid of mite? Historia*, *39*(1), 19-32., p.31

volke in die binneland van suider Afrika gehad het. Wydverspreide gedwonge migrasies het voorgekom, waar stamme van hul oorspronklike gebiede ontwortel is. Dit het tot die ineenstorting van gemeenskappe en die vernietiging van hul sosiale strukture en tradisionele lewensstyle gelei. Talle gemeenskappe en nedersettings is vernietig, en vroue en kinders is in groter volke opgeneem wanneer sterker leiers swakker groepe geabsorbeer het. Verliese van vee en die vernietiging van gewasse het landbouaktiwiteite ontwrig en die ekonomieë van die volke verwoes, wat wydverspreide hongersnood veroorsaak het. Uitgestrekte gebiede, veral rondom die gemilitariseerde nasies soos die Zoeloes onder Dingaan en die Ndebele onder Mzilikazi, was onbevolk gelaat.

Boerleiers het al jare voor die Groot Trek verkenningsreise na sentraal-suidelike Afrika en Natal onderneem. Hulle het geweet van die Mfecane en dat geleenthede bestaan om in uitgestrekte ontvolkte gebiede te vestig.[84] Hulle het geweet dat kleinere volke, wat onder groter oorlogvoerende volke gely het, hulle as bondgenote sou verwelkom, en hulle het ook vrede- en vriendskapsooreenkomste met verskeie volke gesluit.[85] Hulle het geweet wie die belangrike rolspelers was en met wie hulle vir grond moes onderhandel. In baie gevalle het hulle reeds voor die Trek met hierdie leiers, insluitend Dingaan en Mzilikazi, kontak gemaak. Die Boere het egter nie 'n

---

[84] Muller, C. F. J. (1981). *500 Years - A History of South Africa* (3rd ed.). Academica., p.157
[85] Muller, C. F. J. (1981). *500 Years - A History of South Africa* (3rd ed.). Academica., p.157

omvattende begrip van die situasie gehad nie. Hulle het nie die massiewe skaal en impak van die Mfecane, insluitend die wydverspreide verliese en ontberings wat dit veroorsaak het, begryp nie. Die mees betekenisvolle gevolg van die Mfecane, wat die Boere nie begryp het nie, was die nadelige sosiale gevolge wat dit op die volke gehad het. Die feit dat die sosiale stelsels, stamstrukture, en tradisies van baie volke vernietig is en deur 'n kultuur van geweld en militêre beheer by sommige vervang is, sou 'n langdurige impak op die nasies in suidelike Afrika hê. Dit sou ook beduidende gevolge vir die Boere inhou.

Die Boerleiers het gedurende 1834 drie verkenningsekspedisies, bekend as kommissietrekke, uitgestuur om verskillende streke te gaan verken.[86] Een kommissietrek is deur Johannes Andries Pretorius en sy seun Willem Jurgen onderneem. Die pa en seun het teen die einde 1834 die Damaraland, die suide van die huidige Namibië, gaan ondersoek en weer vroeg 1835 teruggekeer.[87] 'n Ander kommissietrek was die Overvaalse verkenningskommissie, wat onder leiding van 'n Boer genaamd Scholtz die hoëveld tot by die Soutpansberg gaan verken het. Die derde en finale verkenningskommissie het Natal gaan verken en was deur die wyd-gerespekteerde Boer, Piet Uys, met die hulp van die baasverkenner, Hans de Lange, gelei.[88] Uys se verkenningskommissie het die Kaap op 8 September 1834

---

[86] Giliomee, Hermann. *Die Afrikaners* (Afrikaans Edition). Tafelberg. Kindle Edition., p.147
[87] Markram, W. J. (2001). *Die lewe en werk van Petrus Lafras Uys, 1797-1838* [Doctoral dissertation, University of Stellenbosch]., p.187
[88] Muller, C. F. J. (1987). *Die oorsprong van die Groot Trek* (2nd ed.). Tafelberg Uitgewers., p.272

verlaat en het in April 1835, te midde van die Sesde Grensoorlog, teruggekeer. Die verslae oor die drie kommissies is ongelukkig nie bewaar nie. Ons kan egter nietemin aanneem dat die Overvaalse kommissie sodanig positief teruggevoer het dat dit Louis Trichardt, Johannes (Lang Hans) van Rensburg en Hendrik Potgieter beïnvloed het om daar te gaan vestig.[89] Piet Uys se gunstige verslag oor sy verkenningskommissie na Natal het baie Boere gemotiveer om by die trekbeweging aan te sluit en ook om op die suidelike deel van Natal, wat grotendeels ontvolk was, as hul toekomstige tuiste te besluit.[90] Buiten hierdie drie verkenningskommissies is daar talle ander veldtogte onderneem om die binneland en Natal te verken.

Tussen vroeg Maart en die einde September 1830 het 'n groep van twaalf Boere 'n jag-ekspedisie na wat nou Botswana en die Noordwes Provinsie van Suid-Afrika is, aangepak. Alhoewel hulle wel gaan jag het, was die doel van die Meyer-De Lange ekspedisie om die gebied te verken en die gevreesde Ndebelekoning, Mzilikazi, te ontmoet.[91] Die lede van die ekspedisie was Cornelis Meyer, saam met sy broer Willem Petrus (Piet) Meyer, sy skoonseun Abraham Carel Greyling, en laasgenoemde se broer, Pieter (Piet) Jacobus Greyling (die Greyling-broers was stiefseuns van Piet Retief). Ander lede was Hans de Lange en sy twee

---

[89] Oberholzer, J.. (1989). *Die Voortrekkerideaal - Natal of Transvaal?* HTS Teologiese Studies / Theological Studies. 45. 10.4102/hts.v45i3.2316. , p.674
[90] Muller, C. F. J. (1987). *Die oorsprong van die Groot Trek* (2nd ed.). Tafelberg Uitgewers., p.282
[91] Visagie, J. C. (1992). 'n Besoek aan Mzilikazi in 1830. *Historia*, *37*(1), 9-23., p.9

swaers, die broers Paul Dirk Bester en Willem Abraham Bester, Philip Rudolph Botha, J.C. Steyn, en die 13-jarige Hans Steyn.[92] Hierdie besoek aan Mzilikazi het in 'n vriendelike trant verloop, en na die besoek het Mzilikazi 'n blyk van welwillendheid getoon deur ivoor en "paar osse en koeie vir die pad" aan die Boere te skenk.[93] Die gesprek tussen die Boere en Mzilikazi is later in 'n brief wat in 1836 deur Piet Retief geskryf is, onthul.[94] Retief het geskryf dat die gebied waarheen Hendrik Potgieter se trek heen op pad was, "bekend aan sy stiefseuns" was en dat dit "gesond, vrugbaar, en geseënd met water, vrugte, en wild was." Retief het ook onthul dat "die enigste mense waarvoor die Boere moes vrees (die Ndebele) op die vriendelikste wyse aan hulle grond vir besetting aangebied het." Toe die ekspedisielede teruggekeer het, het hulle positiewe indrukke van die streek se "oop ruimtes vir boerderygeleenthede" gerapporteer. Dit het, veral in die Uitenhagedistrik, groot opgewondenheid onder die Boere veroorsaak.[95] Die entoesiasme was so hoog dat 'n handtekeningslys vir diegene wat belangstel om in die noorde te gaan vestig, in die gebied versprei is. Volgens die siviele kommissaris van Albany en Somerset, Kaptein Campbell, was die opwinding so groot dat die lys "vinnig meer as 'n honderd handtekeninge ingesamel het".[96]

---

[92] Visagie, J. C. (1992). 'n Besoek aan Mzilikazi in 1830. *Historia*, *37*(1), 9-23., p.14-15
[93] Visagie, J. C. (1992). 'n Besoek aan Mzilikazi in 1830. *Historia*, *37*(1), 9-23., p.22
[94] Visagie, J. C. (1992). 'n Besoek aan Mzilikazi in 1830. *Historia*, *37*(1), 9-23., p.22
[95] Visagie, J. C. (1992). 'n Besoek aan Mzilikazi in 1830. *Historia*, *37*(1), 9-23., p.9
[96] Visagie, J. C. (1992). 'n Besoek aan Mzilikazi in 1830. *Historia*, *37*(1), 9-23., p.23

Campbell het later opgemerk dat die 1830 Meyer-De Lange ekspedisie 'n beduidende rol in die skepping van die idee van migrasie onder die Boere, gespeel het.

Gedurende die 1830's moes mense wat die grense van die kolonie wou oorsteek, vooraf toestemming van die regering verkry. Die mees algemene redes wat in aansoeke om die grens oor te steek genoem is, was beplande jagtogte in die binneland en die voorneme om met Afrikastamme handel te dryf. Op 30 Januarie 1829 het Piet Uys, saam met Gert Rudolph en Cobus Moolman, toestemming gekry om olifante in die binneland te jag.[97] Daar is 'n vermoede dat hierdie jagtog deur Uys en sy vriende meer as net jag was en dat hulle waarskynlik die binneland verken het met die voorneme van potensiële vestiging. 'n Jaar later het die Meyer-De Lange ekspedisie na Mzilikazi plaasgevind. Hierdie groep ontdekkingsreisigers en jagters het egter al voorheen ekspedisies in die binneland onderneem. Die Meyer-broers, Piet en Cornelis, saam met die Greyling-broers, Abraham en Piet, het reeds in 1828 die binneland met 'n handelslisensie verken. Tydens hierdie tog het hulle Hans de Lange en sy geselskap - Philip Botha, Paul Bester, en Willem Abraham Bester, op ongeveer 'n twee weke se ossewa-rit van die grens af, aangetref.[98] Die feit dat daar bande tussen die 1829 Uys-ekspedisie en die Meyer-De Lange ekspedisie na Mzilikazi se gebied was, dui daarop dat

---

[97] Markram, W. J. (2001). *Die lewe en werk van Petrus Lafras Uys, 1797-1838* [Doctoral dissertation, University of Stellenbosch]., p.178
[98] Muller, C. F. J. (1987). *Die oorsprong van die Groot Trek* (2nd ed.). Tafelberg Uitgewers., p.249

die Boere reeds in daardie tydperk oor die konsep van migrasie nagedink het.

Die verkenningswerk wat die Groot Trek voorafgegaan het, blyk aansienlik meer georganiseerd en metodies te gewees het as wat voorheen vermoed was. Die entoesiasme wat die inwoners van Uitenhage vir die Meyer-De Lange ekspedisie na die noordweste getoon het, ten spyte daarvan dat hierdie verkenners nie self uit daardie area was nie, het aansienlike betekenis.[99] Piet Uys, saam met Gert Rudolph en Cobus Moolman, het almal wel van Uitenhage gekom, wat daarop dui dat daar kommunikasie tussen Boere van verskeie streke rakende verkenningstogte en die wyer konsep van migrasie bestaan het. In November 1832 het Hans de Lange en W. P. Meyer Natal sonder regeringstoestemming gaan verken.[100] Hierdie verkenningstog deur De Lange het hom toepaslik voorberei om Piet Uys in sy verkenningskommissie na Natal in 1834 by te staan. Vir Piet Uys was sy verkenningskommissie persoonlik baie belangrik, want hy het geen toekoms in die Kaap gesien nie. As hy nie na Natal getrek het nie, sou hy Amerika toe gegaan het. Hy het aan Jacobus, sy seun, gesê: "Ek weet nie wat van die land (die Kaapkolonie) se sake gaan word nie; Ek sal ry om te kyk of ek geen land kan kry wat goed sal wees vir my en my nageslag en landgenote nie, en as ek dit nie kry nie, gaan ek na Amerika, want die

---

[99] Markram, W. J. (2001). *Die lewe en werk van Petrus Lafras Uys, 1797-1838* [Doctoral dissertation, University of Stellenbosch]., p.178-p.179
[100] Muller, C. F. J. (1987). *Die oorsprong van die Groot Trek* (2nd ed.). Tafelberg Uitgewers., p.249

verdrukking word te swaar".[101] Uys se verkenningskommissie het die verkenningstadium van die Boere se migrasiebeweging afgesluit.[102]

Aanvanklik moes die Boere hul verkenning en grondwerk vir die Groot Trek, uit vrese vir vervolging deur die Britse koloniale regering, in die geheim doen.[103] Die Boere het Slagtersnek onthou, en het geweet hoe die Britse regering "rebelle" hanteer het. Indien prominente Boerleiers vervolg sou word, sou dit die begin van die Trek vertraag het. Om nie vrylik in die openbaar oor hul idees en planne te kon debatteer nie, het sake egter aansienlik gekompliseer. Hulle moes die bevordering van die immigrasie-idee, wat noodsaaklik vir die sukses van die emigrasiebeweging was, in die geheim doen. Hulle kon ook nie leiers openlik aanstel om die emigrasiebeweging aktief te bestuur nie, wat die organisasie van die Trek belemmer het.[104] Die gevolg was dat baie Boere oningelig oor die verkenningsekspedisies en die beplanning van die emigrasie was, wat daartoe gelei het dat hulle nie begin het met hul voorbereidings vir die Trek nie. Toe gebeur dit dat Goewerneur D'Urban die advokaat-generaal van die Kaap, A. Oliphant, raadpleeg om duidelikheid oor die regstatus van mense wat die kolonie se

---

[101] Muller, C. F. J. (1987). *Die oorsprong van die Groot Trek* (2nd ed.). Tafelberg Uitgewers., p.276
[102] Markram, W. J. (2001). *Die lewe en werk van Petrus Lafras Uys, 1797-1838* [Doctoral dissertation, University of Stellenbosch]., p.187
[103] Muller, C. F. J. (1987). *Die oorsprong van die Groot Trek* (2nd ed.). Tafelberg Uitgewers., p.259
[104] Muller, C. F. J. (1987). *Die oorsprong van die Groot Trek* (2nd ed.). Tafelberg Uitgewers., p.259

DIE SKEPPING VAN DIE BOERIDENTITEIT

grense oorgesteek het, te verkry.[105] Volgens Oliphant, in sy verklaring op 13 Augustus 1836, was bestaande wette slegs op diegene van toepassing wat tydelik die grense oorgesteek het en hulself gedurende hul afwesigheid as Britse onderdane beskou het. Individue wat in vreemde lande gaan vestig het en hulself nie as Britse onderdane beskou het nie, sou nie onder koloniale wette val nie.[106] D'Urban en Advokaat-generaal Oliphant het toe tot die gevolgtrekking gekom dat wetgewing nie emigrasie kon verhoed nie, en die enigste manier om die massa-emigrasie te voorkom, was om die Boere te oorreed om te bly.[107] Luitenant-goewerneur Stockenström het toe op 27 Augustus 1836 in die openbaar sy mening uitgespreek dat hy nie bewus was van enige wet wat Britse onderdane verhoed om die kolonie te verlaat en in 'n ander land te vestig nie, en dat dit onmenslik en onderdrukkend sou wees indien so 'n wet wel bestaan het.[108] Terwyl die Britse koloniale regering die Boere se emigrasieplanne teenstaan het, het die verklarings van D'Urban, Oliphant en Stockenström die deur vir migrasie

---

[105] Markram, W. J. (1992). *Stephanus Petrus Erasmus: Grensboerpionier en Voortrekker, 1788-1847* [Master's thesis, University of Stellenbosch]., p.40
[106] Markram, W. J. (1992). *Stephanus Petrus Erasmus: Grensboerpionier en Voortrekker, 1788-1847* [Master's thesis, University of Stellenbosch]., p.40
[107] Markram, W. J. (1992). *Stephanus Petrus Erasmus: Grensboerpionier en Voortrekker, 1788-1847* [Master's thesis, University of Stellenbosch]., p.40
[108] Markram, W. J. (1992). *Stephanus Petrus Erasmus: Grensboerpionier en Voortrekker, 1788-1847* [Master's thesis, University of Stellenbosch]., p.41

oopgemaak.[109] Boere kon nou openlik organiseer, voorberei, en die Kaap verlaat, en op 2 Februarie 1837 het Piet Retief selfs sy manifest in die Grahamstown Journal gepubliseer.

Die grensoorlog van 1834-1835 het 'n wesenlike impak op die Groot Trek gehad, deur die migrasie beide te bemoeilik en te versnel. Gedurende die oorlog was krygswet van krag, en baie Boere was op kommando of verplig om hul plase en dié van hul bure te verdedig, wat ernstige voorbereidings vir die Trek tot 1836 uitgestel het.[110] Die oorlog het tot die grootste kapitaalverliese onder die Boere tot op daardie datum gelei,[111] wat 'n algemene tekort aan kapitaal om die Trek te finansier, tot gevolg gehad het. Xhosaaanvalle, met die gepaardgaande veediefstalle, vernietiging van plase en plundering, het aansienlike verliese vir die Boere meegebring. As gevolg van die kapitaaltekort moes baie Boere vir vergoeding wag wat deur die koloniale regering vir opgekommandeerde voorrade, perde, en waens, wat tydens die konflik gebruik is, belowe is.[112] Op 6 Julie 1835 het die Boere 'n petisie aan die Britse owerhede gerig vir vergoeding vir oorlogverwante verliese, maar min tot geen vergoeding is uitbetaal nie. Plase moes verkoop word, en as gevolg van die toevloed van eiendomme op die mark kon Engelse spekulante dit teen belaglik lae pryse bekom.

---

[109] Markram, W. J. (1992). *Stephanus Petrus Erasmus: Grensboerpionier en Voortrekker, 1788-1847* [Master's thesis, University of Stellenbosch]., p.41
[110] Muller, C. F. J. (1987). *Die oorsprong van die Groot Trek* (2nd ed.). Tafelberg Uitgewers. ,p.304
[111] Giliomee, Hermann. *Die Afrikaners* (Afrikaans Edition). Tafelberg. Kindle Edition, p.88
[112] Muller, C. F. J. (1987). *Die oorsprong van die Groot Trek* (2nd ed.). Tafelberg Uitgewers,. p.372

Boere het vee onder waarde vir noodsaaklike benodigdhede soos waens, klere materiale, en tente geruil. Hulle moes ook alle uitstaande belastings aan die regering vereffen.[113] Die vervoer van wapens en ammunisie vanaf Kaapstad moes in die geheim gedoen word omdat Boere tot die besit van 4.5-kilogram buskruit en ammunisie beperk was.[114] Hulle het buskruit in vals bodems van waens versteek het en dit oor die grens vervoer en aan die ander kant begrawe. Die vernietiging van plase het ook tot die gereedheid van die Boere om die emigrasie-idee te aanvaar bygedra omdat afgebrande plaashuise hulle reeds mobiel gemaak het.[115] Toe die Britse staatsekretaris, Glenelg, die skuld vir die Sesde Grensoorlog vir die Boere gegee het en die filantropiese Andries Stockenström as luitenant-goewerneur oor die oostelike distrikte aangestel het, het dit die Boere aangespoor om hul Trek te begin.[116]

Nadat Piet Uys van sy verkenningskommissie in Natal teruggekeer het, kon die Boere, ten spyte van uitdagings soos die Sesde Grensoorlog, nou ernstig begin om hul voorbereidings vir die emigrasie te tref. Dit was nou noodsaaklik dat iemand die emigrasie aan die gang sit. As almal vir mekaar gewag het, sou die Trek nie begin het nie. Die Britte sou nie toestemming aan die Boere verleen het om te emigreer nie. Die Trek het nou 'n rebel nodig gehad - iemand wat bereid sou wees om teen die regering se wil op te

---

[113] Botha, J. P. (2008). *Ons Geskiedenis* (1st ed.). J.P. Botha., p.98
[114] Botha, J. P. (2008). *Ons Geskiedenis* (1st ed.). J.P. Botha., p.99
[115] Muller, C. F. J. (1987). *Die oorsprong van die Groot Trek* (2nd ed.). Tafelberg Uitgewers,. p.303
[116] Muller, C. F. J. (1981). *500 Years - A History of South Africa* (3rd ed.). Academica., p.160

tree en die eerste pionier te word. Een van die eerste Boere wat terugvoer oor die verkenningskommissie van Piet Uys ontvang het, was Louis Tregardt. Tregardt het op daardie stadium in Xhosaland (Gcalekaland – die land van die Xhosastam onder leiding van Hoofman Hintsa), waardeur Uys en sy geselskap op sy pad terug na die kolonie gereis het, gewoon. Tregardt en sy oudste seun, Carolus, het 12,000 morg grond naby die Wit Keirivier en Tsomoberg, onder 'n 99-jarige huurkontrak van Hintsa gehuur.[117] Hans de Lange, wat Uys op die verkenningstaak na Natal vergesel het, het ook in daardie tyd naby Tregardt in Xhosaland gewoon.[118] Voordat Uys na die kolonie teruggekeer het, het hy 'n paar dae by Hoofman Hintsa, wat hom oor die situasie van die oorlog ingelig het, oorgebly.[119] Trichardt het Uys en De Lange terugverwag, en hy het waarskynlik teen die einde Maart 1835 'n verslag oor die Natal verkenningskommissie van Uys ontvang.[120]

Louis Trichardt het in 'n rewolusionêre gesin grootgeword. Sy vader, Carolus, het 'n leidende rol in die opstand teen die VOC-regering in 1795 gespeel toe die Boere 'n Republiek in Graaff-Reinet uitgeroep het. Binne die Britse regering in die Kaap was Tregardt bekend as 'n uitgesproke teenstander van die Britse Imperiale regering. Op 30

---

[117] Duvenhage, G. D. J. (1963). *Wanneer het die Trichardt-trek begin? Historia, 8*(2), 100-103., p.100
[118] Muller, C. F. J. (1987). *Die oorsprong van die Groot Trek* (2nd ed.). Tafelberg Uitgewers., p.279
[119] Markram, W. J. (2001). *Die lewe en werk van Petrus Lafras Uys, 1797-1838* [Doctoral dissertation, University of Stellenbosch]., p.203
[120] Markram, W. J. (2001). *Die lewe en werk van Petrus Lafras Uys, 1797-1838* [Doctoral dissertation, University of Stellenbosch]., p.204

Augustus 1835 het kolonel Harry Smith vanaf King William's Town aan D'Urban geskryf: "...Daardie skurk van 'n Boer, sowel as sy familie, verstaan ek, is berug vir hulle oorerflike vyandigheid teenoor die Britte." Hulle het vermoed dat Tregardt die Xhosa in die oorlog sou help, en kolonel Harry Smith het 'n beloning van 500 beeste vir sy gevangeneming aangebied.[121] Teen die middel van 1835 is Louis Tregardt dus, in die hoogste Kaapse regeringskringe, as die leier van 'n potensieel gevaarlike beweging gesien.[122] Toe Hintsa in Maart 1835 by die oorlog betrokke geraak het na aanleiding van D'Urban se inval in Xhosaland, het Trichardt besluit om te trek. Nadat Tregardt teen die einde Maart 1835 Gcalekaland verlaat het, het hy, onbewus van enige beplande Britse optrede teen hom, vir ses maande aan die oostelike grens van Tarka en die Bamboesberg in die Brakrivierdistrik gewoon,[123] waar hy al die nodige voorbereidings vir sy Trek getref het. Dit is moontlik dat Tregardt en sy seun Carolus daar, vir die res van die oorlog, by die Tarkakommando aangesluit het.[124] Op 18 September 1835 het Veldkornet J.C. Greyling van die Brakrivier gerapporteer dat Louis Tregardt die kolonie se grens

---

[121] Duvenhage, G. D. J. (1963). *Wanneer het die Trichardt-trek begin? Historia, 8*(2), 100-103., p.101
[122] Muller, C. F. J. (1987). *Die oorsprong van die Groot Trek* (2nd ed.). Tafelberg Uitgewers., p.363
[123] Visagie, J. C. (1988). Jan en Breggie Pretorius van die Tregardt-trek. *Journal of Cape History, 13*(1), 14-22., p.19
[124] Visagie, J. C. (1988). Jan en Breggie Pretorius van die Tregardt-trek. *Journal of Cape History, 13*(1), 14-22., p.20

oorgesteek het.[125] Met Louis Tregardt het die hele Groot Trek-verskynsel begin.[126]

Gedurende die ses maande wat Tregardt aan die oosgrens van die Tarkagebied gewoon het, het hy heel waarskynlik met Hendrik Potgieter en moontlik ook met Potgieter se neef Lang Hans van Rensburg, gesprekke oor die emigrasie gevoer en planne met mekaar gedeel.[127] Hulle bewegings gedurende die trek dui daarop dat hulle reeds vooraf besluit het op die gebied waar hulle van voorneme was om te vestig.[128] As hoofsaaklik skaapboere het hulle die grasryke streke van die hoëveld in die binneland bo die bergagtige streke van Natal verkies, en beoog om Delagoabaai as 'n hawe te gebruik.[129] Verder het Potgieter nie die Engelse vertrou om Natal nie te annekseer nie, ten spyte van die Britse Imperiale regering wat amptelik verklaar het dat hulle Natal nie sou annekseer nie.[130] Op 12 Maart 1835 het die Kaapse regering handelaars en ander inwoners, wat versoek het dat die Britse regering Natal moet annekseer, ingelig dat die Britse regering in Londen besluit het om Natal

---

[125] Visagie, J. C. (1988). Jan en Breggie Pretorius van die Tregardt-trek. *Journal of Cape History*, *13*(1), 14-22., p.20
[126] Muller, C. F. J. (1987). *Die oorsprong van die Groot Trek* (2nd ed.). Tafelberg Uitgewers., p.365
[127] Visagie, J. C. (1988). Jan en Breggie Pretorius van die Tregardt-trek. *Journal of Cape History*, *13*(1), 14-22., p.21
[128] Oberholzer, J.. (1989). Die Voortrekkerideaal - Natal of Transvaal?. HTS Teologiese Studies / Theological Studies. 45. 10.4102/hts.v45i3.2316., p.673
[129] Van Jaarsveld, F. A. (1963). Anthropo-geographical aspects of the Great Trek: 1836-1863. *Historia*, *8*(2), 93-99., p.94

[130] Muller, C. F. J. (1981). *500 Years - A History of South Africa* (3rd ed.). Academica., p.162

nie as 'n Britse kolonie te annekseer nie. Die Graham's Town Journal het die brief wat hierdie besluit deur die Britse regering bevestig, op 27 Maart 1935 gepubliseer.[131] Staatsekretaris Glenelg, het weer op 28 Maart 1836 die Britse regering se besluit om Port Natal nie te annekseer nie bevestig, ten spyte van Kaptein Gardiner se versoek en Goewerneur D'Urban se aanbeveling daarvan op 5 Desember 1835.[132] Teen September 1835 het die eerste twee klein trekgroepe, die Tregardt-trek en die Janse van Rensburg-trek, noordwaarts beweeg.[133] Die Tregardt-trek het uit sewe Boere met hul vrouens (insluitend Tregardt en sy vrou Martha Elisabeth Susanna gebore Bouwer) en vier-en-dertig kinders bestaan, saam met ongeveer 8,000 skape, 1,300 beeste, en 80 perde.[134] Van Rensburg het reeds sedert 1830 noord van die Oranjerivier naby die Beersheba sendingstasie gewoon, waar hy gereeld vir ivoor, horings, en velle gejag het.[135] Dit het dit vir hom betreklik maklik gemaak om die reis te onderneem. Lang Hans van Rensburg se trekgroep het uit nege-en-veertig individue, tien mans, nege vrouens, en dertig kinders bestaan, met 450 beeste, ongeveer 3,000 skape en bokke, en dertig perde.

---

[131] Muller, C. F. J. (1987). *Die oorsprong van die Groot Trek* (2nd ed.). Tafelberg Uitgewers., p.388
[132] Muller, C. F. J. (1987). *Die oorsprong van die Groot Trek* (2nd ed.). Tafelberg Uitgewers., p.390
[133] Giliomee, Hermann. *Die Afrikaners* (Afrikaans Edition). Tafelberg. Kindle Edition, p.155
[134] Muller, C. F. J. (1987). *Die oorsprong van die Groot Trek* (2nd ed.). Tafelberg Uitgewers., p.324
[135] Muller, C. F. J. (1987). *Die oorsprong van die Groot Trek* (2nd ed.). Tafelberg Uitgewers., p.317

DIE BOERE TREK

Gedurende die vroeë dae van die emigrasiebeweging in die Kaap het Hendrik Potgieter, saam met Gerrit Maritz, 'n beduidende rol in die bevordering daarvan gespeel.[136] Nadat krygswet in die Kaap opgehef is, het Potgieter sy voorbereidings vir die reis afgehandel en in Februarie 1836 die Oranjerivier oorgesteek.[137] Aanvanklik het Potgieter se geselskap uit net drie-en-dertig weerbare mans, vergesel deur hul vrouens en kinders, hoofsaaklik uitgebreide familielidmate, bestaan, maar hulle getalle het tot ongeveer 200 toegeneem toe Sarel Cilliers en Casper Kruger by hulle aangesluit het nadat hulle die Oranjerivier oorgesteek het.[138] Na 'n verkiesing het die groter groep weer Potgieter as hul leier en kommandant aangewys. Potgieter het later die grondgebied tussen die Vet- en Vaalriviere, die latere Winburg streek, bekom deur dit van Hoofman Makwana van die Batuang vir beeste, en die onderneming om Hoofman Makwana en sy mense teen Mzilikazi te beskerm, te ruil.[139] Die Winburgstreek was die eerste stuk grond wat die Boere van Afrika-nasies verkry het. Hendrik Potgieter het later met Tregardt kontak gemaak en 'n verkenningsekspedisie na die noorde, tot oorkant die Limpoporivier, onderneem.[140]

Intussen het Tregardt en Van Rensburg se paaie by Strydpoort geskei, blykbaar omdat Tregardt vir Van

---

[136] Muller, C. F. J. (1987). *Die oorsprong van die Groot Trek* (2nd ed.). Tafelberg Uitgewers., p.372
[137] Van Zyl, M. C. (1986). Die Slag van Vegkop. *Historia, 31*(2)., p.63
[138] Giliomee, Hermann. *Die Afrikaners* (Afrikaans Edition). Tafelberg. Kindle Edition, p.156
[139] Botha, J. P. (2008). *Ons Geskiedenis* (1st ed.). J.P. Botha., p.102
[140] Muller, C. F. J. (1981). *500 Years - A History of South Africa* (3rd ed.). Academica., p.161

Rensburg teen oormatige ammunisiegebruik tydens sy jagtogte gewaarsku het en ook omdat Van Rensburg Delagoabaai wou bereik om sy ivoor te verkoop. Van Rensburg het langs die regteroewer van die Limpopo tot by die samevloeiing met die Olifantsrivier beweeg waar hulle op omstreeks 4 Augustus 1836, vermoedelik vir hul vee, aangeval is. Na 'n desperate geveg wat regdeur die nag gewoed het, is almal behalwe twee kinders vermoor. Die oorledenes, agt mans, sewe vroue en vyftien kinders, was Lang Hans Janse van Rensburg met sy vrou en vier kinders, Sybrand Bronkhorst met sy vrou en ses kinders, Gysbert Bronkhorst met sy vrou en een kind, Gysbert Bronkhorst jr. en eggenote, Jacobus de Wet en eggenote, Frederik van Wyk met sy vrou en twee kinders, Petrus Viljoen met sy vrou en ses kinders, Hendrik Croucamp met sy vrou en drie kinders, Nicolaas Prinsloo met sy vrou en agt kinders en Marthinus Prinsloo, 'n vrygesel.[141] 'n Onbekende vyfjarige seuntjie en 'n vierjarige dogtertjie is blykbaar deur die ingryping van 'n Zoeloekryger gespaar, maar hulle het kort daarna aan malaria beswyk.[142] Daar word vermoed dat Van Rensburg, moontlik as gevolg van die aanvallers se aanvanklike vriendelikheid, nie die gedink het dat dit nodig was om 'n laer te vorm nie of dat daar nie genoeg tyd daarvoor was nie. Volgens Shangana vertellings, is beeste tussen die waens ingedryf om deur die verdediging te breek voordat die verdedigers se ammunisie klaar was. Tregardt het later besittings van die Van

---

[141] WikiTree. (2023, March 18). Project: Voortrekkers. Retrieved September 13, 2023, from
https://www.wikitree.com/wiki/Project:Voortrekkers
[142] Steyn, J. C. 2016. *Afrikanerjoernaal – 'n Vervolgverhaal in 365 episodes.* Pretoria: FAK, p.101

Rensburg-trek by die nedersetting van Soshangane, die stigter van die amaShangana-stam in die huidige Mosambiek, ontdek.[143] Die Tregardtgeselskap het tevergeefs, vanaf September 1836 tot Mei 1837, vir die Potgieter-trek in die omgewing van die latere Schoemansdal en Louis Trichardt gewag, voordat hulle na Delagoabaai voortgegaan het.[144]

Die Potgieter-trek het Thaba Nchu (Blesberg) bereik, waar hulle vir 'n paar maande gestaan het. Daarna het hulle noordwaarts gereis totdat hulle die Sandrivier bereik het. Vandaar, in Mei 1836, het Potgieter, saam met Sarel Cilliers en tien ander Boere, hul laer (trekgeselskap) verlaat en op 'n ontdekkingsreis vertrek om die gebiede noord van die Vaalrivier te verken en om kontak met Louis Tregardt te maak.[145] Die oorblywende treklede het versprei om voldoende weiding vir hul groot beeskuddes te bekom. Sommiges het na die Vaalrivier beweeg, en 'n paar het dit selfs oorgesteek, deur kampe in verskeie plekke op te slaan. Die Liebenberggroep het aan die ander kant van die huidige Parysgebied gekamp, terwyl Johannes Botha, Hermanus Steyn, en ander in die draai van die Vaalrivier suidwes van Parys gekamp het.[146] Die Potgieter-trek het geen probleme met die Griekwas ondervind toe hulle deur Philippolis verbygetrek het nie, en tydens hul noordwaartse tog het hulle

---

[143] South African Military History Society (2013, April). *Great Trek Anniversary: Military encounters of the Voortrekkers 1*. The South African Military History Society. Retrieved August 7, 2022, from http://samilitaryhistory.org/13/p13aprne.html

[144] Steyn, J. C. 2016. *Afrikanerjoernaal – 'n Vervolgverhaal in 365 episodes*. Pretoria: FAK, p.101

[145] Van Zyl, M. C. (1986). Die Slag van Vegkop. *Historia, 31*(2)., p.64

[146] Van Zyl, M. C. (1986). Die Slag van Vegkop. *Historia, 31*(2)., p.64

DIE SKEPPING VAN DIE BOERIDENTITEIT

vriendskaplike betrekkinge met stamhoofde, soos Moroka II van die Barolong, Sikonyela, en Makwana, gevestig. Hierdie leiers het vantevore erg onder Mzilikazi gely en het die Boere as bondgenote beskou.[147]

Die brutale verdelgingsveldtogte van Mzilikazi in die hoëveld van suider Afrika gedurende die Mfecane, het elke volk, vanaf die Bapedi in die noordooste tot die Bathlaping in die Noord-Kaap, geraak. Volke soos die Bapedi, Bakgatla en Bahurutse is aan geweld onderwerp wat hulle in desperate armoede en sonder hul grond gelaat het. Baie het hul kulturele identiteit verloor en is in die Ndebelenasie opgeneem. Ander is uitgemoor en verjaag. Hulle kon nie hul land bewerk om hulself in stand te hou nie, en sommiges is selfs tot kannibalisme gedwing om te oorleef. Baie moes herbevolk om te oorleef. Die Barolong, byvoorbeeld, het hulself in dié tyd vanaf die westelike hooglande na Thaba Nchu verplaas. Die sentrale binneland was ontvolk, en slegs klein groepe kon skuiling vind. Groter volke, soos die Venda en Bapedi, het dit reggekry om hulself in areas aan die grense van die latere ZAR in stand te hou. Al die gevestigde stamme in die hele streek wat later as die Vrystaat bekend geword het, behalwe langs die oewers van die Caledon en by Thaba Nchu, is verdryf.[148]

---

[147] Retief, J. (2015)., *The Voortrekker and the Ndebele, Part One: Attacks at the Vaal River and Liebenbergskoppie, 21 and 23 August 1836*, Military History Journal, 16(6).,
https://www.samilitaryhistory.org/vol166jr.html
[148] Grönum, W. (1987). *Die Difaqane: Oorsprong, Ontplooiing an Invloed op die Tswana* [Master's thesis, North-West University]., p.120

DIE BOERE TREK

Terwyl Potgieter steeds op sy verkenningsreis in die noorde was, het Mzilikazi se Ndebele 'n aanval op die Vaalrivier geloods. Hulle het egter nie die Voortrekkers aangeval nie, maar die jaggeselskap van Veldkornet Stephanus Erasmus wat toevallig in die gebied gejag het.[149] Erasmus was (nog) nie 'n Voortrekker op daardie stadium nie. Hy het op 28 Junie 1836 die Kaap met sy klein jaggeselskap verlaat nadat hy die Kaapse owerhede ingelig het.[150] Stephanus Erasmus se jaggeselskap het uit agt Boere, 'n aantal bediendes, met osse, perde en vyf waens bestaan. Die lede van die geselskap was Erasmus self, saam met sy drie seuns - Pieter Ernst, Daniel Elardus, en Stephanus Petrus - asook Pieter Bekker en sy seun, Carel Kruger, en Johannes Claassen. Verskeie bediendes het ook deel van die ekspedisie uitgemaak.[151] Erasmus en sy geselskap het so ver noord as die Magaliesberge gereik. Tog was hul jagpogings nie baie suksesvol nie, en hulle het geleidelik huiswaarts teruggekeer.[152] Die jagekspedisie wat deur Erasmus onderneem is, het egter ander motiewe buiten jag gehad. Daar is 'n moontlikheid dat Erasmus die toestande in die binneland wou ondersoek om sy kommer oor die

---

[149] Markram, W. J. (1992). *Stephanus Petrus Erasmus: Grensboerpionier en Voortrekker, 1788-1847* [Master's thesis, University of Stellenbosch]., p.198
[150] Markram, W. J. (1992). *Stephanus Petrus Erasmus: Grensboerpionier en Voortrekker, 1788-1847* [Master's thesis, University of Stellenbosch]., p.198
[151] Markram, W. J. (1992). *Stephanus Petrus Erasmus: Grensboerpionier en Voortrekker, 1788-1847* [Master's thesis, University of Stellenbosch]., p.201
[152] Markram, W. J. (1992). *Stephanus Petrus Erasmus: Grensboerpionier en Voortrekker, 1788-1847* [Master's thesis, University of Stellenbosch]., p.202

DIE SKEPPING VAN DIE BOERIDENTITEIT

geweldadige misdaad wat hulle in sy Kaapse distrik ervaar het, aan te spreek. Veldkornet J.C. Greyling van Grootrivier en Veldkornet G.H.J. Kruger van Suurberg het Erasmus se reis as 'n verkenningskommissie beskou.[153] Voor die vertrek van sy jagekspedisie, het Erasmus bewus geword van 'n verdrag wat vroeër die jaar, op 3 Maart 1836, tussen Goewerneur D'Urban en Mzilikazi gesluit is. Hy was ook bewus van 'n wa en twee bokse geskenke wat D'Urban vanaf Kaapstad, deur die Ndebeledelegasie onder leiding van Mncumbathe, aan Mzilikazi gestuur het.[154] Erasmus het daarom geen rede gehad om 'n aanval van die Ndebele tydens sy ekspedisie te verwag nie.

Die aanvanklike aanval van die Ndebele op die Boere blyk die gevolg van 'n misverstand te wees, waartydens die Ndebele die Boere verkeerdelik vir Griekwas aangesien het.[155] In Augustus 1836 het die Ndebele, onder die leiding van Marap, 'n strafekspedisie teen die Bataung onderneem omdat hulle na bewering, saam met 'n groep Griekwas, beeste van die Ndebele gesteel het. Dit was tydens hierdie ekspedisie dat die Ndebele die waens van die Boerjagters teëgekom het.[156] Erasmus se kamp was tydens die aanval op die noordelike oewer van die Vaalrivier, ongeveer vyftig

---

[153] Markram, W. J. (1992). *Stephanus Petrus Erasmus: Grensboerpionier en Voortrekker, 1788-1847* [Master's thesis, University of Stellenbosch]., p.198

[154] Markram, W. J. (1992). *Stephanus Petrus Erasmus: Grensboerpionier en Voortrekker, 1788-1847* [Master's thesis, University of Stellenbosch]., p.200-201

[155] Grönum, W. (1987). *Die Difaqane: Oorsprong, Ontplooiing an Invloed op die Tswana* [Master's thesis, North-West University]., p.115

[156] Grönum, W. (1987). *Die Difaqane: Oorsprong, Ontplooiing an Invloed op die Tswana* [Master's thesis, North-West University]., p.115

kilometer suid van Potchefstroom, geposisioneer.[157] Op die oggend van Sondag, 21 Augustus 1836, het Erasmus en sy seun Pieter hul kamp verlaat om te gaan jag. Intussen het Erasmus se ander twee seuns en Johannes Claassen uitgegaan om bokke in te samel wat die vorige dag gejag is. Carel Kruger het by die kamp agtergebly, terwyl die bewegings van Pieter Bekker en sy seun onbekend is.[158] Terwyl Erasmus en sy seun aan die jag was, het Khaliphi, Mzilikazi se opperbevelvoerder, die kamp met 500 tot 600 krygers aangeval.[159] Toe Erasmus en sy seun teen die aand na hul kamp terugkeer, het hulle gevind dat hul waens deur die Ndebele-mag omsingel is. Erasmus het twee keer onsuksesvol probeer om die waens te bereik.[160] Die Ndebele het gepoog om Erasmus en sy seun te vang, maar hulle het die hinderlaag suksesvol ontduik. In 'n toestand van skok en rou na die verlies van hul familie en vriende, het hulle 'n reis van vyftig kilometer, om die Voortrekkerfamilies van die Potgieter-trek te bereik, onderneem.[161]

---

[157] Markram, W. J. (1992). *Stephanus Petrus Erasmus: Grensboerpionier en Voortrekker, 1788-1847* [Master's thesis, University of Stellenbosch]., p.201

[158] Retief, J. (2015)., *The Voortrekker and the Ndebele, Part One: Attacks at the Vaal River and Liebenbergskoppie, 21 and 23 August 1836*, Military History Journal, 16(6).,
https://www.samilitaryhistory.org/vol166jr.html

[159] Retief, J. (2015)., *The Voortrekker and the Ndebele, Part One: Attacks at the Vaal River and Liebenbergskoppie, 21 and 23 August 1836*, Military History Journal, 16(6).,
https://www.samilitaryhistory.org/vol166jr.html

[160] Markram, W. J. (1992). *Stephanus Petrus Erasmus: Grensboerpionier en Voortrekker, 1788-1847* [Master's thesis, University of Stellenbosch]., p.202

[161] Retief, J. (2015)., *The Voortrekker and the Ndebele, Part One: Attacks at the Vaal River and Liebenbergskoppie, 21 and 23 August 1836*,

DIE SKEPPING VAN DIE BOERIDENTITEIT

Bekker en sy seun, het, soos Erasmus en sy seun, ook daarin geslaag om die Ndebele te ontduik en het op pad na die Voortrekkers langs die Vaalrivier by die Erasmusse aangesluit. Nadat die jagters die Sondag deur die nag gery het, het hulle vroeg in die oggend van Maandag, 22 Augustus 1836, die Voortrekkerkamp bereik. Erasmus het die Voortrekkers oor die aanval op hul kamp ingelig en hulle gemaan om vir 'n moontlike aanval voor te berei.[162] Die Potgieter-trek het in twee groepe gekamp. Die hooflaer, waarby Erasmus en sy groep aangesluit het, was 'n paar kilometer suidwes van Parys, terwyl die Liebenberg-kamp 'n paar kilometer na die noorde was.[163] Voor Erasmus se aankoms het die Potgieter-trekkers nie 'n aanval van die Ndebele verwag nie omdat hulle nie bewus was dat Mzilikazi se grondgebiedsaansprake so ver suid gestrek het nie. Hulle was onvoorbereid en het nie 'n laer gevorm nie. Die nuus van die aanval op Erasmus se kamp het as 'n skok vir hulle gekom. Hulle het onmiddellik met hul waens 'n laer gevorm en die openinge tussen die wiele met doringboomtakke toegemaak. Rudolph Bronkhorst se ma het hom gestuur om die Liebenbergs te gaan waarsku.[164] Die sendeling Eerwaarde

---

Military History Journal, 16(6).,
https://www.samilitaryhistory.org/vol166jr.html

[162] Markram, W. J. (1992). *Stephanus Petrus Erasmus: Grensboerpionier en Voortrekker, 1788-1847* [Master's thesis, University of Stellenbosch]., p.203

[163] Retief, J. (2015)., *The Voortrekker and the Ndebele, Part One: Attacks at the Vaal River and Liebenbergskoppie, 21 and 23 August 1836*,
Military History Journal, 16(6).,
https://www.samilitaryhistory.org/vol166jr.html

[164] Retief, J. (2015)., *The Voortrekker and the Ndebele, Part One: Attacks at the Vaal River and Liebenbergskoppie, 21 and 23 August 1836*,
Military History Journal, 16(6).,
https://www.samilitaryhistory.org/vol166jr.html

Venable het later gesê dat Erasmus se seuns, Stephanus Junior, en Daniel, saam met Carel Kruger aanvanklik deur die Ndebele gespaar was. Hulle was aan die lewe gehou om die proses van inspanning van die osse aan die koning te gaan demonstreer. Zetini, Khaliphi se tweede-in-bevel, het hulle laat tereggestel toe hulle tydens hul reis na Mosega probeer ontsnap het. Erasmus het sy twee seuns of Carel Kruger nooit weer gesien nie. Johannes Claassen is vermoedelik dood omdat daar geen berig van hom was nie.[165] Erasmus kon eers ses dae later na sy kamp terugkeer. By die kamp het hy die lyke van vyf bediendes aangetref. Sy vyf waens is later deur die Amerikaanse sendelinge by Mosega gesien.[166]

Nadat die impi (weermag/regiment) hul aanval op Erasmus se kamp geloods het, het hulle in twee groepe verdeel. Die grootste groep het na die Potgieter-laer gemarsjeer, terwyl 'n kleiner groep na 'n heuwel, wat later as Liebenbergskoppie bekend sou staan, beweeg het.[167] Die Boere was onbewus van die Ndebele se aantog. Erasmus, desperaat om sy vermiste seuns op te spoor en sy waens te

---

[165] Retief, J. (2015)., *The Voortrekker and the Ndebele, Part One: Attacks at the Vaal River and Liebenbergskoppie, 21 and 23 August 1836*, Military History Journal, 16(6).,
https://www.samilitaryhistory.org/vol166jr.html
[166] Retief, J. (2015)., *The Voortrekker and the Ndebele, Part One: Attacks at the Vaal River and Liebenbergskoppie, 21 and 23 August 1836*, Military History Journal, 16(6).,
https://www.samilitaryhistory.org/vol166jr.html
[167] Retief, J. (2015)., *The Voortrekker and the Ndebele, Part One: Attacks at the Vaal River and Liebenbergskoppie, 21 and 23 August 1836*, Military History Journal, 16(6).,
https://www.samilitaryhistory.org/vol166jr.html

herwin, het 'n groep van elf vrywilligers versamel om hom in die soektog te help. Toe hulle die volgende oggend na sy kamp ry, het hulle 'n mag van ongeveer 500 Ndebele-krygers aangetref. Die Ndebele het hulle aangeval en het hulle gedwing om al skietende terug te val.[168] Teen omtrent 10:00 is die jong Diederik Frans Kruger, wat besig was om vee in die veld op te pas, deur sy vader, wat een van die terugvallende ruiters was, op die rug van sy perd getrek en saam na die Boerlaer geneem. Kort na hul aankoms is die eerste skoot daar afgevuur, wat die lewe van 'n Ndebelekryger binne 100-meter van die kamp geëis het.[169]

Binne die laer, waarin die elfjarige Paul Kruger ook skuiling geneem het, moes 'n skrale vyf-en-dertig weerbare mans die kamp verdedig. In die afwesigheid van Potgieter het Johannes Lodewikus Petrus Botha bevel oorgeneem. Hy was gesteun deur leiers soos Stephanus Erasmus, Daniel Kruger, Stephanus Fourie, Lucas Badenhorst, en Christiaan Harmse.[170] Die Ndebele was onbekend met die laer wat deur die Boere as verdedigingstaktiek gebruik is, en het herhaaldelik aangeval, maar die fortifikasie van die laer, tesame met die vuurkrag van die Boere, het elke aanval

---

[168] Retief, J. (2015)., *The Voortrekker and the Ndebele, Part One: Attacks at the Vaal River and Liebenbergskoppie, 21 and 23 August 1836*, Military History Journal, 16(6).,
https://www.samilitaryhistory.org/vol166jr.html
[169] Markram, W. J. (1992). *Stephanus Petrus Erasmus: Grensboerpionier en Voortrekker, 1788-1847* [Master's thesis, University of Stellenbosch]., p.205
[170] Retief, J. (2015)., *The Voortrekker and the Ndebele, Part One: Attacks at the Vaal River and Liebenbergskoppie, 21 and 23 August 1836*, Military History Journal, 16(6).,
https://www.samilitaryhistory.org/vol166jr.html

suksesvol afgeweer.[171] Teen 15:00 het die Ndebele hul aanval gestaak. Die Boere het Adolf Bronkhorst tydens die geveg verloor en Christiaan Harmse se seun, Christiaan Junior, is vroeer buite die laer vermoor terwyl hy hulle vee in die veld versorg het. Die Amerikaanse sendingwerkers by Mosega het die Ndebele se verliese op ongeveer vyftig geraam.[172] Die slag van Vaalrivier was die eerste skermutseling tussen die Boere en die Ndebele en dit was ook die eerste geveg van die Boere in die streek wat later 'n Boerrepubliek, bekend as die Zuid-Afrikaanse Republiek, sou word.[173]

Die patriarg, van die Liebenberg-familie, Barend Liebenberg, het die familie gelei, wat uit sy vrou, vier getroude seuns, 'n getroude dogter, en hul kinders bestaan het. 'n Ongetroude skoolmeester, MacDonald, was ook deel van die kamp.[174] Op Dinsdag, 23 Augustus 1836, voor dagbreek, is die Liebenberg-kamp, terwyl hulle besig was om voor te berei om na die Potgieter-laer te vlug, deur Ndebele-

---

[171] Retief, J. (2015)., *The Voortrekker and the Ndebele, Part One: Attacks at the Vaal River and Liebenbergskoppie, 21 and 23 August 1836*, Military History Journal, 16(6).,
https://www.samilitaryhistory.org/vol166jr.html
[172] Retief, J. (2015)., *The Voortrekker and the Ndebele, Part One: Attacks at the Vaal River and Liebenbergskoppie, 21 and 23 August 1836*, Military History Journal, 16(6).,
https://www.samilitaryhistory.org/vol166jr.html
[173] Markram, W. J. (1992). *Stephanus Petrus Erasmus: Grensboerpionier en Voortrekker, 1788-1847* [Master's thesis, University of Stellenbosch]., p.208
[174] Retief, J. (2015)., *The Voortrekker and the Ndebele, Part One: Attacks at the Vaal River and Liebenbergskoppie, 21 and 23 August 1836*, Military History Journal, 16(6).,
https://www.samilitaryhistory.org/vol166jr.html

DIE SKEPPING VAN DIE BOERIDENTITEIT

krygers geplunder en vernietig.[175] Toe hulle deur die Ndebele aangeval is, was Christiaan Liebenberg, een van Barend se seuns, weg saam met die Potgieter-verkenningseenheid. Al ses mans van die Liebenberg-familie is doodgemaak, insluitend Barend Liebenberg Senior, sy seuns Hendrik, Stephanus, en Barend Junior, sy skoonseun Johannes du Toit, en die skoolmeester MacDonald. Hendrik Liebenberg se vrou en Johannes du Toit se vrou is ook vermoor. Laasgenoemde het die volgende dag aan haar beserings beswyk. Die Ndebele het ook ses kinders en twaalf bediendes vermoor, wat die totale dodetal van die Liebernberg-kamp tot 26 gebring het. Sommige van die vroue en kinders het egter daarin geslaag om te ontsnap.[176] Stephanus Liebenberg se vrou, Hester Pienaar, en haar vier kinders was besig om hul ossewa gereed te kry om te vlug toe die aanvallers hulle onderskep het. Hulle het ontsnap toe Hermanus Jacobus Potgieter en vyf manne op daardie tydstip opgedaag en die Ndebele-krygers aangeval het. Barend Johannes Liebenberg, Hester se oudste seun, was besig om skape op te pas toe die aanval plaasgevind het, maar hy is nooit gevind nie.[177]

---

[175] Retief, J. (2015)., *The Voortrekker and the Ndebele, Part One: Attacks at the Vaal River and Liebenbergskoppie, 21 and 23 August 1836*, Military History Journal, 16(6).,
https://www.samilitaryhistory.org/vol166jr.html
[176] Retief, J. (2015)., *The Voortrekker and the Ndebele, Part One: Attacks at the Vaal River and Liebenbergskoppie, 21 and 23 August 1836*, Military History Journal, 16(6).,
https://www.samilitaryhistory.org/vol166jr.html
[177] Retief, J. (2015)., *The Voortrekker and the Ndebele, Part One: Attacks at the Vaal River and Liebenbergskoppie, 21 and 23 August 1836*, Military History Journal, 16(6).,
https://www.samilitaryhistory.org/vol166jr.html

DIE BOERE TREK

Onder die oorlewendes het Christiaan Liebenberg se oudste dogter van een-en-twintig steekwonde herstel. Die vroue van Barend Liebenberg Senior en Christiaan Liebenberg is ernstig beseer, maar het uiteindelik oorleef. Christiaan Liebenberg se drie kinders en al vier van Hendrik Liebenberg se kinders het ook daarin geslaag om met hul lewens te ontsnap. Vier van Johannes du Toit se kinders is later veilig in 'n wa gevind waar hulle weggekruip het.[178] Die aanvallers het die Liebenberg-familie se nege waens op die kamp gelaat, maar hulle het met die meeste van hul beeste gevat.[179] Rudolph Bronkhorst, wie deur sy ma gestuur was om die Liebenberg-familie van die potensiële gevaar te gaan waarsku, het nooit teruggekeer nie, maar sy perd het later, sonder ruiter, gewond deur 'n assegaai, na die kamp teruggekeer.[180]

Hierdie ongeprovokeerde aanvalle deur Mzilikazi het die Boere in rou gedompel en hulle aan verdere aanvalle blootgestel. Hulle het ook 'n aansienlike hoeveelheid vee verloor. Teen hierdie tyd was Stephanus Erasmus baie bekommerd oor die lot van sy twee vermiste seuns. Hy en nog een persoon, het ses dae na die aanval na sy jagkamp

---

[178] Retief, J. (2015)., *The Voortrekker and the Ndebele, Part One: Attacks at the Vaal River and Liebenbergskoppie, 21 and 23 August 1836*, Military History Journal, 16(6).,
https://www.samilitaryhistory.org/vol166jr.html

[179] Markram, W. J. (1992). *Stephanus Petrus Erasmus: Grensboerpionier en Voortrekker, 1788-1847* [Master's thesis, University of Stellenbosch]., p.212

[180] Retief, J. (2015)., *The Voortrekker and the Ndebele, Part One: Attacks at the Vaal River and Liebenbergskoppie, 21 and 23 August 1836*, Military History Journal, 16(6).,
https://www.samilitaryhistory.org/vol166jr.html

teruggekeer waar hulle op die liggame van vyf bediendes afgekom het. Daar was geen tekens van sy seuns nie.[181] Die Boere van die Potgieter-laer het vir ongeveer 'n week in die beskerming van hul laer by Kopjeskraal gebly om seker te maak dat die Ndebele die gebied verlaat het. Gedurende hierdie tyd het hulle die slagoffers van beide aanvalle by Kopjeskraal begrawe.[182] Op 31 Augustus 1836 het die Potgieter-trek in twee groepe verdeel. Een groep het suidwaarts na die Valsrivier beweeg en uiteindelik na Blesberg (Thaba Nchu) toe, terwyl die ander groep in 'n oostelik rigting na die oorsprong van die Rhenosterrivier beweeg het en by 'n heuwel, Doornkop, gekamp het. Hierdie heuwel het later bekend gestaan as Vegkop.[183] Potgieter en sy verkenningskommissie, oor wie sy mense al ernstig bekommer geraak het, het op 2 September 1836 teruggekeer.[184] In hulle reis van langer as drie maande het hulle ongeveer 1 500 myl aflê. Hulle het blykbaar by die Liebenberg-slagtingterrein aangekom en die waenspore van daar af gevolg. Die Potgieter-trek het weer, vir weiding en water vir hul kuddes skape en beeste, oor die gebied versprei. Op 17 Oktober 1836 is hul vrede versteur toe twee Mantatee

---

[181] Markram, W. J. (1992). *Stephanus Petrus Erasmus: Grensboerpionier en Voortrekker, 1788-1847* [Master's thesis, University of Stellenbosch]., p.213
[182] Retief, J. (2016). The Voortrekker and the Ndebele, Part Two: The Battle of Vegkop, 20 October 1836. *Military History Journal*, *17*(1).,
https://www.samilitaryhistory.org/vol171jr.html
[183] Retief, J. (2016). The Voortrekker and the Ndebele, Part Two: The Battle of Vegkop, 20 October 1836. *Military History Journal*, *17*(1).,
https://www.samilitaryhistory.org/vol171jr.html
[184] Retief, J. (2016). The Voortrekker and the Ndebele, Part Two: The Battle of Vegkop, 20 October 1836. *Military History Journal*, *17*(1).,
https://www.samilitaryhistory.org/vol171jr.html

(baThlokoa) na hulle gekom het om hulle te waarsku van 'n groot Ndebele-impi wat op pad was.[185]

Die Boere het besef dat vlug nie 'n opsie was nie, omdat hulle kwesbaar sou wees in hul verspreide individuele waens en hul kuddes beeste en skape hulle sou vertraag. Die situasie het hulle met slegs twee alternatiewe gelaat: oorwinning of uitwissing. Hulle 'n verdedigende laer met hul waens geskep en voorberei om die komende aanval af te weer. Die laer is suid van Doornkop gevestig. Potgieter het 'n drie-man verkenningpatrollie, bestaande uit Nicolaas Potgieter, Jan Celliers en Joachim Botha, uitgestuur. Die patrollie het berig dat 3,000 tot 5,000 Ndebele-krygers, die grootste deel van Koning Mzilikazi se leër, 'n paar uur se perdry weg was. Daardie nag kon min van hulle slaap. Hulle het waaksaam gebly, geluister vir enige verdagte geluide en gebid. Die herinneringe aan die vorige aanvalle by Liebenbergskoppie en Kopjeskraal was nog vars in hul gedagtes. Hulle het geen illusies gehad oor die uitdagings wat die volgende dag sou bring nie.[186]

Teen sonopkoms die volgende oggend, het die ses-en-dertig weerbare mans van die laer, insluitend Hendrik Potgieter, Sarel Celliers, J.L. Botha, Jacobus Potgieter, Hermanus Potgieter, Joachim Botha, en Piet Botha, 'n kommando gevorm en te perd vertrek om die Ndebele op te

---

[185] Retief, J. (2016). The Voortrekker and the Ndebele, Part Two: The Battle of Vegkop, 20 October 1836. *Military History Journal*, *17*(1)., https://www.samilitaryhistory.org/vol171jr.html

[186] Retief, J. (2016). The Voortrekker and the Ndebele, Part Two: The Battle of Vegkop, 20 October 1836. *Military History Journal*, *17*(1)., https://www.samilitaryhistory.org/vol171jr.html

spoor. Hulle missie was tweeledig: om met die Ndebele te probeer onderhandel om bloedvergieting te vermy, en om die laer te beskerm deur die vyand op 'n afstand te hou.[187] Na sowat 'n uur se ry, ongeveer tien kilometer van die laer af, het hulle die Ndebele aangetref wat besig was om te eet. Met behulp van 'n Khoi-Khoi vertaler het die Boere die Ndebele gevra waarom hule die Boere skade wou aandoen. In antwoord het die Ndebele-krygers opgestaan en geskreeu: "Mzilikazi!" en 'n aanval geloods.[188] Die beweeglikheid van die Boere, wat bedrewe perdryers en skuts was, het hulle 'n beduidende voordeel gegee. Die Ndebele het onverpoosd bly aanval, maar die Boere het daarin geslaag om buite die bereik van die Ndebele te bly. Die taktiek van die Boere tydens hierdie fase van die geveg was om terug te val tot buite die bereik van die Ndebele, te herlaai, 'n sarsie te skiet en dan weer terug te val om hul muskette te herlaai. Sarel Celliers het opgemerk dat hy sowat 46 skote tydens die Ndebele-aanval afgevuur het, en as dit die gemiddelde was, sou daar dus sowat 1,600 skote op die Ndebele afgevuur wees, wat aansienlike verliese onder die Ndebele-krygers veroorsaak het. Hierdie fase van die geveg, waartydens geen Boer beseer is nie, het sowat drie uur geduur.[189] Volgens 'n verslaggewer van die Graham's Town Journal wat kort na die gebeurtenis die Boerlaers daar besoek het, is daar geglo dat sowat 200

---

[187] Retief, J. (2016). The Voortrekker and the Ndebele, Part Two: The Battle of Vegkop, 20 October 1836. *Military History Journal, 17*(1)., https://www.samilitaryhistory.org/vol171jr.html

[188] Retief, J. (2016). The Voortrekker and the Ndebele, Part Two: The Battle of Vegkop, 20 October 1836. *Military History Journal, 17*(1)., https://www.samilitaryhistory.org/vol171jr.html

[189] Retief, J. (2016). The Voortrekker and the Ndebele, Part Two: The Battle of Vegkop, 20 October 1836. *Military History Journal, 17*(1)., https://www.samilitaryhistory.org/vol171jr.html

Ndebele-krygers tydens hierdie fase van die geveg gedood is. Die verlies van verskeie Ndebele leiers tydens hierdie vroeë konfrontasie sou later 'n impak hê op hul daaropvolgende aanval op die Boerlaer.[190]

Die Boere het, net toe hul ammunisie begin min raak, met spoed by die laer aangekom, vinnig die hek gesluit en gereed gemaak vir die dreigende aanval. 'n Paar lede van die kommando, insluitend Louw du Plessis, Floris Visser en Marthinus van der Merwe, het egter reg by die laer verbygery. Hulle het 'n paar dae later teruggekeer en is van toe af as lafaards uitgekryt.[191] Binne die laer was daar minder as veertig weerbare mans wat moontlik deur seuns, insluitende die elf-jarige Paul Kruger, en bediendes, wat in staat was om vuurwapens te kon hanteer, bygestaan is. Daarbenewens was die vroue, wat aan die oosgrens grootgeword het, vaardig met muskette en het hulle mans bygestaan deur óf te skiet óf gewere vir hul mans te laai.[192] Die Ndebele impi het die laer omsingel en in drie groepe verdeel. Hulle het op 'n afstand van ongeveer 500 meter, buite die bereik van die Boere se gewere, stelling ingeneem. 'n Ander groep krygers het begin om die vee bymekaar te maak. Na die hardloopgeveg was die Ndebele-krygers honger, en het omtrent tagtig beeste geslag en geëet. Binne

---

[190] Retief, J. (2016). The Voortrekker and the Ndebele, Part Two: The Battle of Vegkop, 20 October 1836. *Military History Journal, 17*(1).,
https://www.samilitaryhistory.org/vol171jr.html
[191] Retief, J. (2016). The Voortrekker and the Ndebele, Part Two: The Battle of Vegkop, 20 October 1836. *Military History Journal, 17*(1).,
https://www.samilitaryhistory.org/vol171jr.html
[192] Retief, J. (2016). The Voortrekker and the Ndebele, Part Two: The Battle of Vegkop, 20 October 1836. *Military History Journal, 17*(1).,
https://www.samilitaryhistory.org/vol171jr.html

die laer was die spanning voelbaar en sommige individue het probeer om die Ndebele uit te daag om die geveg te begin deur óf 'n wit óf 'n rooi vlag te waai. Potgieter het sy manne beveel om nie te begin skiet voordat die vyand ongeveer twintig tot dertig meter van die laer af was nie.[193]

Sonder waarskuwing het die Ndebele-impi, vanuit alle rigtings, 'n heftige aanval op die laer geloods. Hul gesinkroniseerde slaan op hul skilde met hul assegaaie, tesame met hul angswekkende gevegskrete, was senutergend vir die Boerverdedigers.[194] Namate die impi gevorder het, het hulle saamgekom en skouer aan skouer gehardloop, wat dit vir die verdedigers onmoontlik gemaak het om nie meer as een kryger met elke bokhaelrondte te tref nie. Die Ndebele-krygers sou egter aanhou om in groot getalle, selfs bo-oor die lyke van hul gevalle kamerade, aan te val.[195] Toe hulle die buitenste omtrek van die laer bereik het, het die krygers probeer om deur die verdediging te breek. Hulle het probeer om die doringbome te verwyder en die waens weg te trek of om te keer, maar sonder sukses. Hulle het toe gepoog om die laer binne te gaan deur hul skilde op die doringtakke te plaas en dan daaroor en op die waens te klim. Ander het gepoog om onder die takke deur te kruip en van onderaf die laer binne te dring. Nie 'n enkele kryger het daarin geslaag om die

---

[193] Retief, J. (2016). The Voortrekker and the Ndebele, Part Two: The Battle of Vegkop, 20 October 1836. *Military History Journal*, *17*(1)., https://www.samilitaryhistory.org/vol171jr.html
[194] Retief, J. (2016). The Voortrekker and the Ndebele, Part Two: The Battle of Vegkop, 20 October 1836. *Military History Journal*, *17*(1)., https://www.samilitaryhistory.org/vol171jr.html
[195] Retief, J. (2016). The Voortrekker and the Ndebele, Part Two: The Battle of Vegkop, 20 October 1836. *Military History Journal*, *17*(1)., https://www.samilitaryhistory.org/vol171jr.html

laer te infiltreer nie.[196] Te midde van die chaos van die geveg het die perde binne die laer opgewonde geraak en onbeheersd stofwolke opgeskop, terwyl die rook van die geweervuur die sigbaarheid verder verswak het. Toe die Ndebele-krygers besef dat hul pogings om tot die laer deur te breek vrugteloos was en dat hulle swaar verliese ly, het hulle moed verloor en taktiek verander. Hul steekassegaaie was ondoeltreffend, en hulle het begin om hul werpassegaaie oor die waens en in die laer te gooi, in 'n poging om hul teëstanders vanaf 'n afstand te tref. Hierdie taktiek het verliese onder die Boere veroorsaak. Na die geveg is meer as 1 100 assegaaie binne die laer gevind.[197] Die aanval op die laer, wat ongeveer 12-uur die middag begin het, was kort maar intens, en het nie langer as 'n halfuur aangehou nie.

Twee Boere het tydens die Slag van Vegkop hul lewens verloor, terwyl veertien ander gewond was. Nicolaas Potgieter en Piet Botha, die broer en skoonseun van Hendrik Potgieter, is dieselfde aand op die slagveld begrawe. Daar word geskat dat ongeveer 400 Ndebele-krygers in die geveg gedood is, met 184 lyke wat rondom die laer gevind is.[198] Ndebele het sowat 6,000 beeste en 41,000 skape en bokke van die Boere geplunder. Die Boere was nou sonder trekosse en weens die verlies van hul melkkoeie en skape het hulle

---

[196] Retief, J. (2016). The Voortrekker and the Ndebele, Part Two: The Battle of Vegkop, 20 October 1836. *Military History Journal*, *17*(1)., https://www.samilitaryhistory.org/vol171jr.html
[197] Retief, J. (2016). The Voortrekker and the Ndebele, Part Two: The Battle of Vegkop, 20 October 1836. *Military History Journal*, *17*(1)., https://www.samilitaryhistory.org/vol171jr.html
[198] Retief, J. (2016). The Voortrekker and the Ndebele, Part Two: The Battle of Vegkop, 20 October 1836. *Military History Journal*, *17*(1)., https://www.samilitaryhistory.org/vol171jr.html

hongersnood in die gesig gestaar. Sarel Celliers het vertel hoe sy kinders vir kos gehuil het, en hy niks gehad om hulle te gee nie.[199] In 'n poging om sommige van die gesteelde diere terug te kry, is 'n kommando drie dae na die geveg uitgestuur, maar dit was onsuksesvol. Tydens die intense geveg het geen assegaai die tente in die binnekring van die laer bereik nie, maar baie waens op die omtrek het ernstige skade opgedoen, met sommige waentente wat tot honderd assegaaigate gehad het. Met die lyke van die dooie Ndebele-krygers om die laer, was die Boere verplig om hul waens na die Rhenosterspruit, ongeveer vier honderd meter verder, met perde en mannekrag te verskuif omdat hulle geen trekdiere gehad het nie.[200] Lede van die Potgieter-trek het hulp gaan soek, en na twee weke het Hoofman Moroka van die Barolong-mense hulle met tweehonderd trekosse kom help. Die verarmde groep Boere het Doornkop, wat na die geveg na Vegkop hernoem is, verlaat en teen middel-November 1836 Thaba Nchu, ook bekend as Blesberg, bereik.[201] Met hul aankoms by Thaba Nchu is hulle hartlik deur Eerwaarde Achbell en Hoofman Moroka ontvang, wat hulle van noodsaaklike voorrade

---

[199] Retief, J. (2016). The Voortrekker and the Ndebele, Part Two: The Battle of Vegkop, 20 October 1836. *Military History Journal*, *17*(1)., https://www.samilitaryhistory.org/vol171jr.html
[200] Retief, J. (2016). The Voortrekker and the Ndebele, Part Two: The Battle of Vegkop, 20 October 1836. *Military History Journal*, *17*(1)., https://www.samilitaryhistory.org/vol171jr.html
[201] Retief, J. (2016). The Voortrekker and the Ndebele, Part Two: The Battle of Vegkop, 20 October 1836. *Military History Journal*, *17*(1)., https://www.samilitaryhistory.org/vol171jr.html

voorsien het. Die Boere was vir geslagte lank diep dankbaar teenoor die Barolong-mense.[202]

Gedurende die tydperk tussen Potgieter se vertrek en Gerrit Maritz se trek van die Kaap in September 1836 het die emigrasiebeweging 'n kritieke draaipunt bereik. Min Boere was gereed om Potgieter te volg, en 'n gebrek aan optrede kon die hele emigrasiebeweging verlam het.[203] Gedurende 1836 het Gerrit Maritz, aanvanklik in die geheim, die immigrasiegedagte wyd deur die Boerdistrikte bespreek en bevorder. In hierdie tyd, selfs nog voor Piet Retief en ander leiers besluit het om te trek, het Maritz effektief honderde gesinne oorreed om by die voorhoede-trekkers aan te sluit, wat Potgieter se pogings aansienlik gehelp het.[204] Na Mzilikazi se aanvalle op die Potgieter-trek het Maritz die Boere gemobiliseer en hulle aangespoor om Potgieter te ondersteun. Ten spyte van teenpropaganda deur die media en die Nederduitse Gereformeerde Kerk, wat hierdie aanvalle as bewys van 'n dwase emigrasie-idee voorgehou het, het gesinne vanuit reg oor die oosgrensgebiede en van die noordgrens en Swellendam hul trekke begin.[205] Gerrit Maritz, 'n wamaker en entrepreneur,[206] wat meer vir sy intellektuele vermoëns as militêre vernuf bekend was, het die Kaap in

---

[202] Retief, J. (2016). The Voortrekker and the Ndebele, Part Two: The Battle of Vegkop, 20 October 1836. *Military History Journal*, *17*(1)., https://www.samilitaryhistory.org/vol171jr.html
[203] Muller, C. F. J. (1987). *Die oorsprong van die Groot Trek* (2nd ed.). Tafelberg Uitgewers., p.375
[204] Muller, C. F. J. (1987). *Die oorsprong van die Groot Trek* (2nd ed.). Tafelberg Uitgewers., p.376
[205] Muller, C. F. J. (1987). *Die oorsprong van die Groot Trek* (2nd ed.). Tafelberg Uitgewers., p.377
[206] Botha, J. P. (2008). *Ons Geskiedenis* (1st ed.). J.P. Botha., p.103

DIE SKEPPING VAN DIE BOERIDENTITEIT

September 1836 met meer as sewe honderd mense verlaat, wat sowat een honderd mans ingesluit het. Die Maritztrek het aanvanklik in kleiner groepe beweeg om voldoende weiding vir hul vee te verseker en om potensiële optrede deur die koloniale administrasie teen te staan. Hulle het by Thaba Nchu by die Potgieter-trek aangesluit.

Die laaste lede van die Potgieter-trek vanaf Vegkop het net 'n paar dae voor die aankoms van die Maritztrek vanuit die Kaapkolonie by Thaba Nchu aangekom.[207] Toe die twee Boertrekke bymekaarkom, het hulle op 2 Desember 1836 'n algemene vergadering in die Potgieter-laer gehou om 'n Burgerraad te verkies. Die Burgerraad, wat uit sewe lede bestaan het, is demokraties deur middel van 'n geheime stemming verkies. Maritz is as die "President" verkies, terwyl Potgieter tot "Laagerkommandant" (militêre bevelvoerder) verkies is. Hierdie verkiesing van die Burgerraad was 'n belangrike mylpaal in die geskiedenis van suider Afrika, omdat dit die eerste demokratiese verkiesing op suider-Afrikaanse grond was.[208] Buiten administratiewe sake moes die Burgerraad ook koning Mzilikazi se aanval op die Boere aanspreek. Die aanval by Vegkop het die Potgieter-trek in 'n staat van armoede gelaat. Vir hierdie bestaansboere was vee, veral beeste, van uiterste belang, en hulle was gretig om die diere wat deur Mzilikazi weggevoer is, terug te kry. Die

---

[207] Retief, J. (2016). The Voortrekker and the Ndebele, Part Two: The Battle of Vegkop, 20 October 1836. *Military History Journal, 17*(1)., https://www.samilitaryhistory.org/vol171jr.html
[208] Retief, J. (2016). The Voortrekker and the Ndebele, Part Two: The Battle of Vegkop, 20 October 1836. *Military History Journal, 17*(1)., https://www.samilitaryhistory.org/vol171jr.html

DIE BOERE TREK

Burgerraad het besluit om die gesteelde beeste te gaan terugkry om die bedreiging van Mzilikazi te elimineer.[209]

Die Burgerraad het 'n kommando teen Mzilikazi beplan, wat op 20 Desember 1836 sou vertrek, maar dit is weens slegte weer uitgestel. Maritz was ook bekomerd dat die kommando nie sterk genoeg was nie. Om hul getalle te versterk, het hy vrywilligers uit trekke wat nog vanuit die suide op pad na Thaba Nchu was, gewerf. Maritz het op 29 Desember 1836 teruggekeer om die voorbereidings af te handel.[210] Tot dusver was Stephanus Erasmus steeds onseker oor die lot van sy seuns. Daar was gerugte dat die Ndebele hulle ontvoer het en Erasmus het by die die kommando aangesluit met die hoop om hulle lewend in Mosega te kan vind.[211] Die kommando het uit 107 Boere bestaan, bygestaan deur veertigberede Griekwas onder leiding van Hoofman Pieter Dawids en sestig vegters van die Barolong-stam onder die leiding van Hoofman Matlaba (Matshabe).[212] Die ondersteunende magte was belas om die herowerde beeste tydens veldtog te beheer.

---

[209] Retief, J. (2016). The Voortrekker and the Ndebele, Part Two: The Battle of Vegkop, 20 October 1836. *Military History Journal*, *17*(1)., https://www.samilitaryhistory.org/vol171jr.html

[210] Retief, J. (2016). The Voortrekker and the Ndebele, Part Two: The Battle of Vegkop, 20 October 1836. *Military History Journal*, *17*(1)., https://www.samilitaryhistory.org/vol171jr.html

[211] Markram, W. J. (1992). *Stephanus Petrus Erasmus: Grensboerpionier en Voortrekker, 1788-1847* [Master's thesis, University of Stellenbosch]., p.213

[212] Retief, J. (2016). The Voortrekker and the Ndebele, Part Two: The Battle of Vegkop, 20 October 1836. *Military History Journal*, *17*(1)., https://www.samilitaryhistory.org/vol171jr.html

DIE SKEPPING VAN DIE BOERIDENTITEIT

Die kommando teen Mzilikazi is in twee verdeel toe dit vanaf Thaba Nchu na Mosega vertrek het. Die Boere onder Potgieter het op 2 Januarie 1837 vertrek, gevolg deur Maritz se afdeling die volgende dag.[213] Hul teiken was Motsenyateng, die militêre hoofstad van Mzilikazi. Motsenyateng was geleë in die Mosegabekken, ongeveer tien kilometer suid van die huidige dorp Zeerust. Hierdie nedersetting het ongeveer 2,000 Ndebele-krygers gehuisves, wat die grootste deel van die Ndebele-leër gevorm het. Dit was ook die woonplek van die opperbevelvoerder van Mzilikazi se impies, Khalipi.[214] Volgens Jan Viljoen, Okkert Oosthuizen en Koert Grobler, getuies wat aan die slag deelgeneem het, het die kommando vroeg in die oggend van 17 Januarie 1837 uitgetrek.[215] Die Boerleiers het die element van verrassing as noodsaaklik vir die sukses van die kommando beskou omdat hulle die oormag van die vyand besef het. Hulle het totale verrassing bereik, danksy Hoofman Motlabe en sy manne wat die Ndebele se Batswana-veewagters stilgemaak het en verhoed het dat hulle die Ndebele-magte kon waarsku.[216]

Toe die Ndebele van die geluid van geweerskote wakker skrik, was hulle in skok en het deur die nou openinge

---

[213] Retief, J. (2016). The Voortrekker and the Ndebele, Part Two: The Battle of Vegkop, 20 October 1836. *Military History Journal*, *17*(1)., https://www.samilitaryhistory.org/vol171jr.html
[214] Retief, J. (2016). The Voortrekker and the Ndebele, Part Two: The Battle of Vegkop, 20 October 1836. *Military History Journal*, *17*(1)., https://www.samilitaryhistory.org/vol171jr.html
[215] Grönum, W. (1987). *Die Difaqane: Oorsprong, Ontplooiing an Invloed op die Tswana* [Master's thesis, North-West University]., p.116
[216] Grönum, W. (1987). *Die Difaqane: Oorsprong, Ontplooiing an Invloed op die Tswana* [Master's thesis, North-West University]., p.117

van hul hutte probeer ontsnap. In 'n toestand van totale verwarring het hulle gevlug, maar hulle is deur Potgieter se afdeling agterna gesit. 'n Ander groep Ndebele het terselfdertyd voor 'n aanval deur Maritz en sy manne probeer vlug.[217] Potgieter se afdeling het die naaste kraal aangeval, wat toevallig net 'n paar honderd meter van die sendelinge se huise af was. Sommige Ndebeles het toevlug by die huis en in die moerasgebied agter dit gesoek, wat geweervuur van die aanvallers getrek het. Dit het die sendingstasie in die middel van 'n hewige vuurgeveg geplaas. 'n Verdwaalde koeël het deur 'n venster gevlieg waar Dr. Venable en sy vrou in die bed gelê het.[218] Na die eerste kraal aan die brand gesteek is, het Maritz na die sendingstasie beweeg en Dr. Wilson, die sendingwerker, gerus gestel. Hy het die sendelinge die opsie aangebied om saam met die kommando te vertrek, omdat dit nie veilig sou wees nie om by die Ndebele agter te bly nie. Aanvanklik het die aanval vinnig gevorder, maar toe meer Ndebeles deur die geraas wakker word, het hulle begin weerstand bied en die aanvallers vertraag.[219]

Terwyl die son opkom, het party Boere en hulptroepe begin om van een kraal na die ander die beeste bymekaar te

---

[217] Retief, J. (2016). The Voortrekker and the Ndebele, Part Two: The Battle of Vegkop, 20 October 1836. *Military History Journal, 17*(1)., https://www.samilitaryhistory.org/vol171jr.html
[218] Retief, J. (2016). The Voortrekker and the Ndebele, Part Two: The Battle of Vegkop, 20 October 1836. *Military History Journal, 17*(1)., https://www.samilitaryhistory.org/vol171jr.html
[219] Retief, J. (2016). The Voortrekker and the Ndebele, Part Two: The Battle of Vegkop, 20 October 1836. *Military History Journal, 17*(1)., https://www.samilitaryhistory.org/vol171jr.html

maak.[220] Intussen het drie groepe Ndebeles naby die moderne spoorlynplaas, wat net 'n kort afstand van die sendingwerker se woonplek af was, bymekaar gekom. In die afwesigheid van Mzilikazi en Khalipi het sommige indunas probeer om 'n teenaanval te loods deur die "horings van die bul"-formasie te gebruik. Die Boere was egter goed bewus van hierdie taktiek en het vinnig reageer deur hul vuur op die ontluikende horings te fokus, wat die vyand genoodsaak het om die teenaanval te laat vaar en noordwaarts, na die huidige dorp Zeerust, te vlug.[221] Die kommando het ook noordwaarts gevorder en sistematies verskeie krale aangeval en aan die brand gesteek, terwyl die helpers die beeste bymekaar gemaak het. Ongeveer veertien of vyftien kraale is in die proses vernietig. Diegene wat kon ontsnap het dit haastig gedoen, maar sommige Ndebele-vroue het ook slagoffers van die konflik geword en is deur skote getref of deur die helpers se assegaaie doodgemaak. Die geveg het tussen 11:30 en 12:00 geëindig.[222] Na die slag het veldkornet Stephanus Erasmus van die sendeling Eerwaarde Venable oor die lot van sy twee seuns verneem en huis toe vertrek. Hy het in September 1836 op sy plaas in die Kaapkolonie aangekom waar hy onmiddellik begin het om vir sy trek na die noorde voor te berei.

---

[220] Retief, J. (2016). The Voortrekker and the Ndebele, Part Two: The Battle of Vegkop, 20 October 1836. *Military History Journal*, *17*(1)., https://www.samilitaryhistory.org/vol171jr.html
[221] Retief, J. (2016). The Voortrekker and the Ndebele, Part Two: The Battle of Vegkop, 20 October 1836. *Military History Journal*, *17*(1)., https://www.samilitaryhistory.org/vol171jr.html
[222] Retief, J. (2016). The Voortrekker and the Ndebele, Part Two: The Battle of Vegkop, 20 October 1836. *Military History Journal*, *17*(1)., https://www.samilitaryhistory.org/vol171jr.html

DIE BOERE TREK

Die uiteenlopende groep aanvallers, Boere, Griekwas en Barolong-soldate met skilde en assegaai, saam met die vyf sendingwerkers en hulle twee kinders en 6500 beeste het uitgetrek terug Thaba Nchu toe, met dieselfde pad waarlangs hulle gekom het.[223] Die kommando het die eerste aand dwarsdeur die nag getrek om afstand tussen hulle en die Ndebeles te plaas om sodoende die risiko van 'n teenaanval te verminder. Hulle het die volgende oggend, teen omtrent 11:00, vir 'n uur gerus en toe hul reis tot laat die volgende nag voortgesit. Toe hulle Kommando-Drif bereik, het die kommando 'n paar dae stilgehou om die beeste voorlopig te verdeel om die Griekwas en Barolong vir hul bydraes tot die kommando te vergoed.[224] Daarna het die groep verdeel en sommige het na Thaba Nchu vertrek, terwyl ander met waens en diere agterna gevolg het. Maritz en die sendingwerkers het teen 'n stadiger tempo getrek, en uiteindelik op 31 Januarie 1837 by Thaba Nchu aangekom waar hulle hartlik deur Eerwaarde Archbell ontvang is.[225] Gedurende die aanval op die Ndebele is na raming tussen 200 en 400 gedood, terwyl geen Boere gedood of gewond is nie, maar twee helpers het hul lewens verloor. By Thaba Nchu het 'n tweede verdeling van die beeste plaasgevind om die lede van die Potgieter-trek vir hul verliese tydens die gevegte by die Vaalrivier en

---

[223] Retief, J. (2016). The Voortrekker and the Ndebele, Part Two: The Battle of Vegkop, 20 October 1836. *Military History Journal*, *17*(1)., https://www.samilitaryhistory.org/vol171jr.html

[224] Retief, J. (2016). The Voortrekker and the Ndebele, Part Two: The Battle of Vegkop, 20 October 1836. *Military History Journal*, *17*(1)., https://www.samilitaryhistory.org/vol171jr.html

[225] Retief, J. (2016). The Voortrekker and the Ndebele, Part Two: The Battle of Vegkop, 20 October 1836. *Military History Journal*, *17*(1)., https://www.samilitaryhistory.org/vol171jr.html

Vegkop te vergoed. Die oorblywende beeste is onder die lede van die kommando verdeel.[226]

Die Boere het onafgehandelde sake met Mzilikazi gehad, aangesien baie van Potgieter se mense, na die Ndebele aanvalle, nog steeds in armoede verkeer het. Verder het Mzilikazi se bedreiging 'n gevaar vir die migrasiebeweging ingehou, aangesien baie Boere wat nog in die Kaap was, moontlik kon kies om te bly uit vrees vir hul veiligheid in die gebied tussen die Vet- en Vaalriviere — 'n gebied wat reeds deur die Boere van die Bataung verkry is — sowel as die onbevolkte gebiede wat onder Mzilikazi se beheer is. Ongeveer twee duisend Boere van al die trekgroepe wat reeds die Kaap verlaat het, het nou by Thaba Nchu vergader en het nou tussen Thaba Nchu en die Vet Rivier gekamp.[227] Aangeleenthede van belang vir die migrasiebeweging moes bespreek en besluit word. Hierdie sake het die verkiesing van leierskap, konstitusionele kwessies, verhoudings met die omliggende volke, hul toekomstige verhouding met die Britse regering, die organisasie van hul Kerk na hul ekskommunikasie deur die Nederduitse Gereformeerde Kerk, en die bepaling van hul uiteindelike vestigingsbestemming ingesluit.[228] Die Boere het Piet Retief se aankoms uit die Winterbergstreek van die Kaapkolonie met groot verwagting

---

[226] Retief, J. (2016). The Voortrekker and the Ndebele, Part Two: The Battle of Vegkop, 20 October 1836. *Military History Journal, 17*(1)., https://www.samilitaryhistory.org/vol171jr.html
[227] Muller, C. F. J. (1981). *500 Years - A History of South Africa* (3rd ed.). Academica., p.161
[228] Retief, J. (2016). The Voortrekker and the Ndebele, Part Two: The Battle of Vegkop, 20 October 1836. *Military History Journal, 17*(1)., https://www.samilitaryhistory.org/vol171jr.html

afgewag. Dit is duidelik dat die Boere Retief vooraf versoek het om hulle leier te wees. Volgens sy afskeidsbrief aan Stockenström, gedateer 1 Februarie 1837, het hy beplan om by die Boere wat reeds in die Transoranje was aan te sluit, nie as 'n gewone Boer nie, maar as hul leier.[229]

Piet Retief wou aanvanklik nie emigreer nie. Hy het eers probeer met die koloniale owerhede saam te werk om die toestande aan die Oosgrens te verbeter.[230] Na talle gesprekke en briefwisseling met Stockenström, die luitenant-goewerneur van die oostelike distrikte, het dit teen einde Oktober 1836 vir Retief duidelik geword dat die situasie in die Kaap nie sou verbeter nie. Hy besef dat die Boere slegs deur emigrasie 'n vreedsame en veilige lewensbestaan kon vestig. Toe die hoogs gerespekteerde Retief die besluit neem om te trek, het dit 'n groot impak op die emigrasiebeweging gehad. Hy het mede-Boere aktief aangemoedig om die onstuimige Brits-Xhosa grens vir 'n vreedsame bestaan binne 'n Boerrepubliek te verruil. Op 2 Februarie 1837 het hy sy manifes in die Grahamstown Journal gepubliseer: "Ons verlaat hierdie kolonie met die volle versekering dat die Engelse regering niks meer van ons vereis nie, en ons in die toekoms sonder inmenging van hulle self kan regeer." Saam met sy manifes het die koerant 'n lys van 366 nuwe Voortrekkers gepubliseer.[231] Daarna het Piet Retief in Februarie 1837 'n groep van honderd Boere, insluitend mans,

---

[229] Hugo, M. (1988). Piet Retief in die Suid-Afrikaanse geskiedskrywing. *South African Journal of Cultural History*, 2(2), 108-126., p.113
[230] Hugo, M. (1988). Piet Retief in die Suid-Afrikaanse geskiedskrywing. *South African Journal of Cultural History*, 2(2), 108-126., p.113
[231] Muller, C. F. J. (1981). *500 Years - A History of South Africa* (3rd ed.). Academica., p.161

vroue, en kinders, uit die Kaapkolonie gelei.[232] Onder hulle was sy eie gesin, James Edwards en sy gesin, drie Greyling-gesinne, sewe Rensburg-gesinne, twee Malan-gesinne, drie Viljoen-gesinne, een Meyer-gesin, een Van Dijk-gesin, twee Joubert-gesinne, een Dreyer-gesin, drie Van Staden-gesinne, en 'n skoolmeester genaamd Alfred Smith.[233]

Tydens volksvergaderings in April 1837 en op 6 Junie 1837 op Winburg, het die Boere Retief beide as hul goewerneur en hoofkommandant verkies. Maritz is tot President van die Raad van Beleid, die hoogste wetgewende en administratiewe gesag wat later in die Volksraad van die Republiek van Natalia omskep is, en landdros (magistraat), verkies. Die lede wat tot die Volksraad verkies is, was J.G.L. Bronkhorst, L.S. van Vuuren, E.F. Liebenberg, P.J. Greyling, en M. Oosthuizen. 'n Voorlopige Grondwet, bekend as die Eerste Grondwet, wat uit nege artikels bestaan het, is opgestel en aanvaar. Die nege artikels van hierdie grondwet was: Alle politieke ampte moes deur die mense verkies word; Elke Boer is as 'n burger van die nuwe staat erken; Alle burgers het gelyke regte gehad en was geregtig op enige amp; Die Nederduitse Gereformeerde Kerk is as die Staatskerk gevestig; Slawerny was uitdruklik verbied; Nie-Boere kon by die Boere aansluit, op voorwaarde dat hulle onder eed verklaar dat hulle geen affiliasie met die London Missionary Society het nie; Die Staat moes streef om vriendelike betrekkinge met ander nasies te handhaaf; Grond en eiendom

---

[232] Giliomee, Hermann. *Die Afrikaners* (Afrikaans Edition). Tafelberg. Kindle Edition, p.155
[233] G. M. Theal (1888). *History of the Emigrant Boers in South Africa.* (2nd ed.). Swan Sonnenschein, Lowrey & Co., p.82

vir die nuwe Staat moes deur wettige verdrag, sessie of aankoop verkry word; In geval van regsonsekerhede moes daar na die ou wette van die Batawiese Republiek verwys word. Hierdie eenvoudige grondwet was ook bekend as Retief se Grondwet.[234]

Die feit dat Hendrik Potgieter nie tot enige posisie verkies is nie, was waarskynlik daaraan te danke dat hy hom nie as 'n kandidaat verkiesbaar gestel het nie. In teenstelling met ander Boerleiers wat Natal verkies het, het Potgieter vroeg in die migrasieproses sy voorkeur vir die hoëveld as sy uiteindelike bestemming uitgespreek.[235] Tot in September 1837 het die Boere verskeie vergaderings en byeenkomste gehou om belangrike sake te bespreek en te beplan. Een van Retief se eerste optredes as die Boere se goewerneur was om die leiers van die omliggende volke, insluitende Hoofmanne Moroka, Towane, Sekonyela, en Moshweshwe, te besoek om vredes- en vriendskapsooreenkomste te sluit.[236] Retief sou gou daaraan herinner word dat, as gevolg van hul sterk individualisme, die afwesigheid van klasonderskeidings in hul kultuur en hul inherente neiging tot lokalisme, die Boere nie maklik beheer kon word nie en interne verskille nie maklik opgelos kon word nie.[237] Met sy eerste besluit, die aanstelling van Eerwaarde Erasmus Smit as die amptelike

---

[234] Voigt, J. C. (1899). *Fifty Years of the History of the Republic in South Africa 1795-1845 I*. E.P. Dutton & Co., p. 335
[235] Hugo, M. (1988). Piet Retief in die Suid-Afrikaanse geskiedskrywing. *South African Journal of Cultural History*, 2(2), 108-126., p.113
[236] Hugo, M. (1988). Piet Retief in die Suid-Afrikaanse geskiedskrywing. *South African Journal of Cultural History*, 2(2), 108-126., p.113
[237] Muller, C. F. J. (1981). *500 Years - A History of South Africa* (3rd ed.). Academica., p.163

DIE SKEPPING VAN DIE BOERIDENTITEIT

Boerprediker, het baie Boere nie saamgestem nie. Baie het die Wesleyaanse sendeling, Eerwaarde James Archbell, verkies.

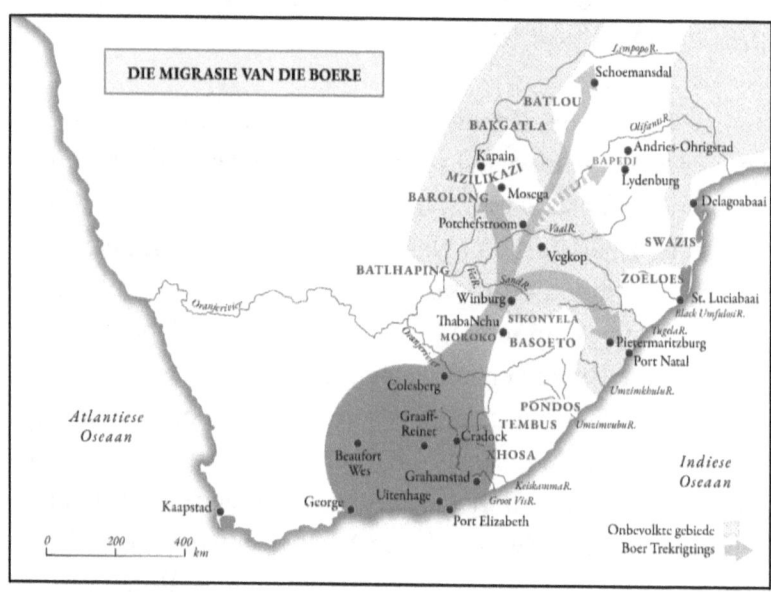

Kaart 3: Die migrasie van die Boere

Nogtans was Retief se verhewe status en aanstelling as hul leier geregverdig. Retief het nie net respek in die Boeregemeenskap afgedwing nie, maar ook onder die Engelse setlaars, Britse gesaghebbers, en selfs Goewerneur D'urban. In die Kaap het Retief nie versuim om die Engelse koloniale owerhede verantwoordbaar te hou om die lewensomstandighede van sy mense te verbeter nie, selfs deur direk met die goewerneur te skakel wanneer nodig.[238] Die geskiedskrywer G.E. Cory het Retief se uitsonderlike

---

[238] Hugo, M. (1988). Piet Retief in die Suid-Afrikaanse geskiedskrywing. *South African Journal of Cultural History*, 2(2), 108-126., p.113

DIE BOERE TREK

militêre vermoëns gedurende die Sesde Grensoorlog soos volg verwoord: " In geen geval het die militêre mag onder Kolonel Somerset enige stand teen die vyand gemaak soos dié wat deur die Winterberg Boere onder Piet Retief gemaak is nie."[239] D'Urban was so beïndruk deur Retief se militêre vermoëns dat hy hom in die vroeë 1836 vereer het deur 'n militêre pos in die Winterberg na hom te vernoem.[240]

'n Ander gewilde Boerleier, Piet Uys, kon nie die Volksvergadering bywoon nie omdat hy nog oppad na Thaba Nchu was. Uys, met sy trekgroep van meer as 100 mense, het die koloniale grens in April 1837 oorgesteek.[241] Gevolglik was Uys se groep nie tydens die keuse van die Boere se leierskap teenwoordig nie, en het hulle ook nie aan die formulering van die nege resolusies op 6 Junie 1837 deelgeneem nie. Die Uys-trek, soos baie ander trekpartye, het uit familiegroepe en vriende bestaan wie 'n hegte band gevorm het, wat dit moeilik gemaak het om 'n leier van 'n ander trekgroep te aanvaar.[242] Op 14 Augustus 1837 het Piet Uys 'n verklaring, wat deur 170 individue onderteken is, uitgereik. Hierin het hy bevestig dat hulle nie aan die onlangs geformuleerde resolusies sou onderwerp nie.[243] Uys het geglo dat verkiesings en 'n konstitusie uitgestel moet word totdat die formele verkryging van hul toekomstige gebied

---

[239] Cory, G. E. (1919). *The Rise of South Africa, Vol. III*. Longman's, Green & Co., London., p.89
[240] Hugo, M. (1988). Piet Retief in die Suid-Afrikaanse geskiedskrywing. *South African Journal of Cultural History*, 2(2), 108-126., p.112
[241] Markram, W. J. (2001). *Die lewe en werk van Petrus Lafras Uys, 1797-1838* [Doctoral dissertation, University of Stellenbosch]., p.225
[242] Markram, W. J. (2001). *Die lewe en werk van Petrus Lafras Uys, 1797-1838* [Doctoral dissertation, University of Stellenbosch]., p.227
[243] Botha, J. P. (2008). *Ons Geskiedenis* (1st ed.). J.P. Botha., p.106

afgehandel is en totdat die volledige geheel van die Boere hul migrasie voltooi het. Dit sou universele deelname aan die verkiesingsproses moontlik maak, en nie net deur die voorhoede-pioniers nie. Volgens Uys moet hulle, totdat 'n amptelike konstitusie van hul nuwe land in werking tree, volgens die tradisionele Boerstrukture van veldkornette en kommandante regeer word. Uys se verslag aan sy medeburgers het geëindig met 'n merkwaardige resolusie: "Ons het ten doel om ons republiek op dieselfde beginsels van vryheid as dié van die Verenigde State van Amerika te vestig...".[244]

Dit is onduidelik of Piet Uys Dingaan gedurende sy verkenningskommissie na Natal in 1834 ontmoet het om oor grond te onderhandel. Uys het egter volle vertroue in hul vestigingsplanne, in die grotendeels ontvolkte suidelike gebied van Natal tussen die Tugela- en Umzimvuburiviere, getoon. Eerwaarde George Champion, 'n Amerikaanse sendeling, het wel op 28 Junie 1835 in sy joernaal aangeteken dat inligting van 'n medesendeling Dr. Newton Adams aangedui het dat 'n groep Boere met Dingaan gesels het en goedkeuring verkry het om hulself in Natal te vestig. Champion het die berig in 'n skrywe van 15 Julie 1835 aan Anderson in Boston herhaal.[245] Beide Uys en Retief was gretig om die hawe van Port Natal te bekom wat die invoer

---

[244] Theal, G. M. (1913). *Willem Adriaan van der Stel and other Historical Sketches*. Thomas Maskew Miller, Publisher., p.286
[245] Markram, W. J. (2001). *Die lewe en werk van Petrus Lafras Uys, 1797-1838* [Doctoral dissertation, University of Stellenbosch]., p.199

en uitvoer van goedere sou fasiliteer. Hulle wou na die kusvlakte van Natal trek.[246]

Die Boere was bewus van die Britse regering se amptelike weiering om Natal te annekseer,[247] en om hierdie rede het hulle voortgegaan om die moontlikheid van vestiging in Natal te verken. Engelse setlaars en handelaars van die Kaap het 'n petisie aan Koning William IV gerig om Port Natal in besit te neem. Goewerneur D'Urban het hierdie petisie op 17 Junie 1834 aan die Britse koloniale sekretaris verwys. Minister T Spring Rice het D'Urban op 10 November 1834 in kennis gestel dat die regering nie aan die versoek om Natal te annekseer kan voldoen nie, en in Maart van die volgende jaar is die versoek formeel weens finansiële oorwegings verwerp.[248] Op 12 Maart 1835 het die sekretaris van die Kaapse regering handelaars en ander inwoners van die Kaapse kolonie ingelig dat die Imperiale regering teen die anneksasie van Natal as 'n Britse kolonie besluit het. Die brief van die koloniale sekretaris wat die Britse gesaghebbers se besluit téén die anneksasie van Natal bevestig het, is op 27 Maart 1835 in The Graham's Town Journal gepubliseer. 'n Jaar later, op 29 Maart 1836 het Staatsekretaris Glenelg aan D'Urban geskryf, 'n brief wat op 11 Julie 1836 in Kaapstad ontvang is, dat die Britse regering nogmaals besluit het om, ondanks hernude vertoës, Natal nié te annekseer nie.

---

[246] Giliomee, Hermann. *Die Afrikaners* (Afrikaans Edition). Tafelberg. Kindle Edition, p.157
[247] Muller, C. F. J. (1981). *500 Years - A History of South Africa* (3rd ed.). Academica., p.163
[248] Markram, W. J. (2001). *Die lewe en werk van Petrus Lafras Uys, 1797-1838* [Doctoral dissertation, University of Stellenbosch]., p.185

DIE SKEPPING VAN DIE BOERIDENTITEIT

Na die Britse regering se amptelike weiering om Natal te annekseer, het 'n klein groepie Britse setlaars, jagters, en handelaars by Port Natal, insluitend Alexander Biggar, die Boere se migrasie na suidelike Natal sterk ondersteun.[249] In teenstelling hiermee het die evangelis, Kaptein A.F. Gardiner, 'n ander perspektief gehad. Gardiner was op 29 Januarie 1835 by Port Natal as 'n sendeling gestasioneer om die Zoeloes tot die Christendom te bekeer. Hy het op 3 Maart 1835 'n onderhoud met Staatsekretaris Glenelg versoek en het kort daarna Glenelg besoek.[250] Daarna, op 6 Mei 1835, het Kaptein Gardiner 'n verdrag met Dingaan aangegaan wat die gebied rondom die hawe, Port Natal aan die Britse kroon afstaan, op die voorwaarde dat die Britte alle Zoeloe vlugtelinge uitlewer wat van Dingaan se bewind ontsnap het. Gardiner se optrede het verdenkings gewek, en Retief het moontlik na hom verwys toe hy, na sy verkiesing as goewerneur van die Boere, op 21 July 1837 die volgende brief aand die Kaapse koloniale Goewerneur D'Urban skryf: "...Dat ons met hartseer verneem het dat amper al die inheemse stamme deur wie ons nou omring is, opgestook is om ons aan te val; maar al voel ons ons ten volle in staat om al ons vyande te kan weerstaan, sou ons u, Uwe Hoogheid, nogtans vriendelik versoek om, sover dit in u vermoë lê, sulke vyandighede te voorkom, sodat ons nie gedwing sal word om menslike bloed te verspil nie, wat reeds die geval was met Matsilikatzi..."[251]

---

[249] Muller, C. F. J. (1981). *500 Years - A History of South Africa* (3rd ed.). Academica., p.163
[250] Muller, C. F. J. (1987). *Die oorsprong van die Groot Trek* (2nd ed.). Tafelberg Uitgewers., p.390
[251] Du Toit, A., & Giliomee, H. (1983). *Afrikaner Political Thought. Volume 1: 1780-1850*. University of California Press., p.215

DIE BOERE TREK

Intussen het die Boerleiers, gedurende die tyd wat hulle saam deurgebring het, blykbaar onsuksesvol probeer om Potgieter oor te haal om ook na Natal te trek. Potgieter wou homself so ver as moontlik van die Britse regering distansieer deur 'n nedersetting oorkant die Vaalrivier te vestig.[252] Onder die leiers van kleiner trekgeselskappe is onafhanklike keuses uitgeoefen, ongeag vorige verbintenisse. Christiaan Liebenberg en Sarel Cilliers, beide langtermynlede van die Potgieter-trek, het Natal gekies, terwyl JGS Bronkhorst en Gert Kruger onder Potgieter se leierskap gebly het. Ander Boere soos Pieter Daniel Jacobs het in die Winburg-gebied gebly.[253] Nie een van hierdie twee streke was egter definitief vir nedersetting verseker nie. Goewerneur Retief het namens die Boere 'n boodskap aan Mzilikazi, die Ndebelekoning, gestuur waarin hy vrede aangebied het in ruil vir die vee van die Boere wat hy in beslag geneem het, maar Mzilikazi het nie op sy aanbod gereageer nie.[254] Daar is besluit dat, terwyl Goewerneur Retief die kritieke missie aanpak om met Dingaan oor die gebied in suidelike Natal te onderhandel, ander Boerleiers soos Potgieter, Uys, en Gert Rudolph op 'n sending gaan om die Ndebelebedreiging in die westelike sentrale binneland te neutraliseer.[255] Die verwydering van die Mzilikazibedreiging uit die hoëveld was van deurslaggewende belang vir vrede en

---

[252] Giliomee, Hermann. *Die Afrikaners* (Afrikaans Edition). Tafelberg. Kindle Edition, p.157
[253] Oberholzer, J. (1989). *Die Voortrekkerideaal - Natal of Transvaal?*. HTS Teologiese Studies / Theological Studies. 45. 10.4102/hts.v45i3.2316., p.677
[254] Voigt, J. C. (1899). *Fifty Years of the History of the Republic in South Africa 1795-1845 II*. E.P. Dutton & Co., p2
[255] Muller, C. F. J. (1981). *500 Years - A History of South Africa* (3rd ed.). Academica., p.163

DIE SKEPPING VAN DIE BOERIDENTITEIT

veiligheid in die streek. Boerleiers het die dreigende veldtog teen Mzilikazi van sodanige belang vir die emigrasiebeweging beskou dat selfs Andries Pretorius, wat nog nie sy trek begin het nie, by hulle vir hul naderende stryd met Mzilikazi aangesluit het.

Die "Nege-Dae Veldslag," wat vanaf 4 tot 12 November 1837 plaasgevind het, het die Ndebele-dominansie in die streek beslis gebreek. Onder leiding van Hendrik Potgieter en Piet Uys het 'n kommando van 360 Boere 'n uitgebreide aanval op die Ndebele geloods, met die doel om al hul konsentrasiepunte te vernietig. Hulle is bygestaan deur die Tswanaleier, Moiloa II van die Bahurutshe, en die Barolong onder leiding van Hoofman Motlabe.[256] Die aanvallers het 'n sistematiese soek- en vernietigingsoperasie uitgevoer, en geen Ndebele kraal is onaangeraak gelaat nie. Op 4 November 1837 is die Ndebele-kraal van Karnpu aangeval, waartydens die Ndebele beperkte weerstand gebied het, waarna die kraal deur die Barolong vegters aan die brand gesteek is. In die daaropvolgende dae het die Boere die Ndebele, wat skuiling in die Enzelsberggebied gesoek het, verdryf. Die "Slag van Koppieskraal" op 6 November het 'n aanval op verspreide hutte van die Kobalonta ingesluit, wat daartoe gelei het dat die Ndebele noordwaarts teruggetrek het.[257] In 'n teenaanval het Marap, met versterkings van Silkaatskop, heftig teruggeslaan, maar hy het aansienlike

---

[256] Grönum, W. (1987). *Die Difaqane: Oorsprong, Ontplooiing an Invloed op die Tswana* [Master's thesis, North-West University]., p.118-119

[257] Grönum, W. (1987). *Die Difaqane: Oorsprong, Ontplooiing an Invloed op die Tswana* [Master's thesis, North-West University]., p.118-119

verliese gely en uiteindelik teruggetrek. Intussen het Mzilikaze begin om al sy nedersettings te ontruim, en vroue en kinders is deur Gundwane met die Mnyama Makanda-regiment uit die gebied vergesel. Kalipi, Sebeku, en twee beesvegterregimente (wat agter beeste wat hulle op hul vyand loslaat aanval) het die hoofnedersetting van Kopanyeng verdedig. Die Boere het Silkaatskop aangeval, en die Ndebele is gedwing om in die suid-suidwestelike rigting terug te trek.[258]

Op 8 November het Mzilikazi gepoog om persoonlik die uitkoms van die gevegte te beïnvloed deur 'n voorste posisie op Maaierskop in te neem.[259] Intussen het Kalipi en Sebuku 'n hinderlaag parallel aan die naderende vlugtende Ndebeles van Silkaatskop opgestel. Die hinderlaag het misluk en tot verliese onder hul eie magte gelei. In hul verdedigingspogings op 9 November, het die Ndebele probeer om Kopanyeng te beskerm deur die vegtende bulregimente in die middel te ontplooi, met Kampu en Marap aan die regterflank en Kalipi en Sebeku aan die linkerflank. Die vrylating van die beeste het tot chaos onder die Ndebele gelei as gevolg van hul paniek onder die Boere se geweervuur. Kopanyeng is afgebrand. Mzilikazi se magte het probeer om die onverbiddelike agtervolging van die Boere te ontduik deur op 10 November agter die "Dwarsberg" skuiling te soek. Die Boere het egter voortgegaan met die

---

[258] Grönum, W. (1987). *Die Difaqane: Oorsprong, Ontplooiing an Invloed op die Tswana* [Master's thesis, North-West University]., p.118-119
[259] Grönum, W. (1987). *Die Difaqane: Oorsprong, Ontplooiing an Invloed op die Tswana* [Master's thesis, North-West University]., p.118-119

DIE SKEPPING VAN DIE BOERIDENTITEIT

agtervolging en die Ndebele se agterhoede aangeval. Die Ndebele se pogings om op 11 November hinderlae te stel, het misluk, en daarna het Ndebele-groepe aan die Boere begin oorgee. Nadat hulle deur die Boere uitmekaar gejaag is, het Mzilikazi en sy oorblywende volgelinge van die Marico na die oostelike dele van die moderne Botswana gevlug. In die jaar 1840 het hulle in 'n gebied gesetel wat later bekend geword het as Matabeleland, geleë in die huidige Zimbabwe.[260] Daar was nou geen beduidende mag wat 'n bedreiging vir die Boere op die hoëveld ingehou het nie.[261]

Na die oorwinning oor Mzilikazi en die Ndebele se verskuiwing oor die Limpoporivier, het Potgieter Boereienaarskap van die land noord van die Vaalrivier, wat voorheen deur Mzilikazi beheer is, deur die beginsel van verowering opgeëis. Op 3 Desember 1838, toe die Boere hul kamp by die Sandrivier bereik het, het Potgieter, met die "Cape of Good Hope Punishment Act" in gedagte, die volgende brief aan Goewerneur D'Urban geskryf om hom oor die gebeure rakende Mzilikazi in te lig:

"...En so het ons emigrante dit goedgevind, vir die veiligheid van ons gesinne, om die Kolonie te verlaat, en nie net weens die wette van sy Edele nie, maar hoofsaaklik omdat ons nie in staat was om ons vrouens en kinders te onderhou nie... Aangesien ons die Kolonie in vrede verlaat het en geen slegte bedoelings gehad het om iets onwettigs te doen nie, beskou

---

[260] Retief, J. (2016). The Voortrekker and the Ndebele, Part Two: The Battle of Vegkop, 20 October 1836. *Military History Journal, 17*(1)., https://www.samilitaryhistory.org/vol171jr.html
[261] Giliomee, Hermann. Die Afrikaners (Afrikaans Edition). Tafelberg. Kindle Edition, p.157

ons onsself as vry burgers wat mag gaan waar ons wil sonder om enige ander tot nadeel te wees, aangesien alle nasies vry is om te gaan waar hulle wil.

En ons kan nie verstaan waarom ons van so 'n onverskoonbare misdaad beskuldig moet word waarvan, volgens artikel 5 van u proklamasie, dat selfs tyd ons nie kan vryspreek nie. *(Spesifiek met betrekking tot die "Cape of Good Hope Punishment Act.)*

Dit is ons begeerte om in vrede met Sy Edele en met alle nasies te leef, soos dit duidelik sal word. [Ons het vredesverdrae met die verskillende leiers wat ons mee in aanraking gekom het gesluit, naamlik Danser, Maroka, Pieter Davids, Sikonjala en Makwana.]

Ons doel was om 'n land te bereik waar daar geen ander volke was nie, en terwyl ons op ons reis in die boonste strome van die Vaalrivier in Makwana se land was, het die bloeddorstige tiran, Musilicaats ons aangeval en sommige van ons gesinne op 'n bloeddorstige wyse vermoor en baie beeste weggeneem.

Hierop het ons na Doorenkop by die Renosterrivier teruggetrek, waar hy ons 'n tweede keer met 'n ontelbare horde aangeval het, en weer twee mense gedood en ons laaste beeste weggeneem het, sodat ons sou verhonger.

Maroka, Pieter Davids en Mnr. Archbell het ons gehelp om na Maroka te kom, waarop ons op patrollie gegaan het, met 'n bietjie hulp van Maroka, Pieter Davids en Sikonjala, met die doel om ons beeste terug te kry. Op hierdie manier het ons 'n paar van ons beeste teruggekry, en later op 'n tweede patrollie het ons weer 'n paar herwin.

Baie van ons is steeds behoeftig as gevolg van hierdie bloeddorstige tiran, Musilicaats.

DIE SKEPPING VAN DIE BOERIDENTITEIT

Van Makwana, wat ook deur Musilicaats geruïneer is, het ons 'n deel van die land gekoop, aangesien ons niks wil doen om die nasies wat hier is, te benadeel nie.

Maar ons beset beslis [Musilicaats se] land totdat hy ons beeste aan ons teruggee, alhoewel hy so ver weg gevlug het dat ons nie weet waar hy is nie. Ons glo nie dat hierdie 'n onregverdige saak is wat ons nou aan u voorhou nie. En so vra ons Sy Edele op watter gronde ons as bloeddorstige vyande (van die Britse regering) beskou moet word, tot so 'n mate dat selfs tyd ons nie teen straf sal beskerm nie...

Ons het nie gevra vir die hulp wat aan ons deur Maroka en Sikonjala gegee is nie.

Hulle het dit uit eie vrye wil gedoen omdat hulle ook wreedaardig en bloeddorstig deur dieselfde Musilicaats verwoes is. Baie van hulle wat oorleef het, sou verhonger het, en nie net dit nie, maar groot dele van die land is deur dieselfde tiran Musilicaats ontvolk en verwoes en lê steeds leeg. Danksy ons kan die nasies wat steeds hier is, in vrede leef..."[262]

    Piet Retief het in Oktober 1837, vergesel deur vyftien man met vier waens, vanaf sy laer by Kerkenberg op die Drakensberg vertrek op sy uiters belangrike missie om vir grond met Dingaan te onderhandel. Op daardie stadium het die Zoeloekoning en sy krygers aan die noordelike kant van die Tugelarivier gewoon, maar sy invloed het oor hele Natalstreek gestrek, wat die land vanaf die Drakensbergberge in die weste tot by die see, en so ver suid as die

---

[262] Du Toit, A., & Giliomee, H. (1983). *Afrikaner Political Thought. Volume 1: 1780-1850*. University of California Press., p.215-216

DIE BOERE TREK

Umzimvuburivier ingesluit het.[263] Die hele streek suid van die Tugela was deur sy voorganger, Tsjaka, ontvolk en so deur Dingaan in stand gehou.[264] Dit was vir hierdie grond wat Retief namens sy mense wou onderhandel. Goewerneur Retief het eers Port Natal besoek, waar ongeveer dertig Engelse handelaars permanent of tussen jagtogte gewoon het. Vandaar kon hy 'n boodskap aan Dingaan stuur om 'n ontmoeting met hom te reël. Sommige van hierdie Engelse handelaars het 'n mate van beheer, soortgelyk aan dié van Zoeloestamhoofde, oor 'n paar duisend plaaslike vlugtelinge, wat skuiling by die hawe gesoek het, uitgeoefen. Die meeste van hierdie Engelse handelaars, veral Alexander Biggar wat reeds in die Kaap 'n vriendskaplike verhouding met verskeie Boere gehad het, het Retief hartlik verwelkom. Die goewerneur het vermoed dat Dingaan teen die Boere opgestook was, waarskynlik aangehits deur filantropiese elemente onder die Engelse setlaars in Port Natal, soos dit blyk uit sy brief van 9 September 1837 aan Stockenström.[265] Retief het ook geweet dat Dingaan voorheen 'n aanval op Mzilikazi op die hoëveld geloods het, en om die kanse van sukses in die naderende onderhandelinge te verhoog, wou hy seker maak dat Dingaan weet dat hulle 'n gemeenskaplike vyand in Mzilikazi gehad het. Daarom het hy in sy brief aan Dingaan vanaf Port Natal op 21 Oktober 1837 om 'n

---

[263] Theal, G. M. (1886). *Boers and Bantu: A History of the Wanderings and Wars of the Emigrant Farmers from their leaving the Cape Colony to the overthrow of Dingan.* Saul Solomon and Co., p.98
[264] Walker, E. A. (1965). *The Great Trek* (5th ed.). Adam & Charles Black, London., p.149
[265] Hugo, M. (1988). Piet Retief in die Suid-Afrikaanse geskiedskrywing. *South African Journal of Cultural History*, 2(2), 108-126., p.116

DIE SKEPPING VAN DIE BOERIDENTITEIT

ontmoeting met hom te reël, die optrede van die Boere teen Mzilikazi verduidelik en geregverdig.[266]

Op 31 Oktober 1837, terwyl Retief reeds onderweg na Dingaan was, het hy 'n brief van Dingaan ontvang waarin hy hulle afspraak goedkeur. Dingaan het ook 'n klein troppie skape en skaapvelle aan Retief gestuur, wat sy krygers van Mzilikazi afgeneem het en wat hy vermoed het moontlik aan Retief se mense behoort het.[267] Retief het op 5 November 1837 by Dingaan se hoofstad, uMgungundlovu (Zoeloe vir die geheime plek van die olifant), of Dingaanstad soos die Boere dit genoem het, aangekom. Die goewerneur moes egter vir twee dae wag voordat koning Dingaan ka Senzangakona hom sou sien, omdat die Zoeloekoning vir Kaptein Allen Gardiner gewag het om hom oor sy besprekings met Retief te adviseer.[268] Gardener het egter nie opgedaag nie. Terwyl Retief besig was om 'n grondtransaksie met Dingaan in Dingaanstad te onderhandel, was sy volksgenote in 'n negedae stryd teen Mzilikazi gewikkel om die westelike hoëveld te beveilig. Tydens hierdie onderhandelinge het die Zoeloekoning sy bereidwilligheid uitgespreek om die land tussen die Tugelarivier en Umzimvuburivier aan die Boere af te staan. Dingaan het egter die voorwaarde gestel dat Retief eers spesifieke beeste van sy mense in Zoeloeland, wat onlangs deur Sikonyela se Batlokua gesteel is, moes

---

[266] Hugo, M. (1988). Piet Retief in die Suid-Afrikaanse geskiedskrywing. *South African Journal of Cultural History*, *2*(2), 108-126., p.113
[267] Hugo, M. (1988). Piet Retief in die Suid-Afrikaanse geskiedskrywing. *South African Journal of Cultural History*, *2*(2), 108-126., p.116
[268] Hugo, M. (1988). Piet Retief in die Suid-Afrikaanse geskiedskrywing. *South African Journal of Cultural History*-, *2*(2), 108-126., p.116

herwin.[269] Retief was tevrede met die uitkoms van die onderhandelinge omdat hy seker was dat hy die voorwaarde van die grondtransaksie, naamlik om die gesteelde beeste vir die Zoeloes te herwin, sou kon nakom. Nietemin moes hy dronkgeslaan gewees het oor Sikonyela se optrede. Ten spyte van die bestaande vriendskapsooreenkoms met die Boere het Sikonyela probeer om hulle vir sy veediefstal te impliseer. Hy het die veediefstal met perde uitgevoer, het klere gedra wat soos die Boere se klere gelyk het, en het hy het doelbewus die spoor van die gesteelde vee reg deur die Boere se laers gelaat.[270]

Wat Retief tydens sy besoek aan Dingaanstad nie geweet het nie, was dat die onderhandelinge met Dingaan ver van suksesvol was. Dingaan het in werklikheid heimlik besluit om die amaBhunu (die Boere) - mans, vroue en kinders - uit te wis en het hy bloot gewag vir die regte tyd. Toe Retief hom in sy brief oor die stryd van die Boere met Mzilikazi inlig, was dit nie vir Dingaan nuus nie, aangesien sy eie bronne hom reeds van Potgieter en Maritz se eerste strafekspedisie teen Mzilikazi in kennis gestel het. Wat Dingaan egter verbaas het, was dat die Boere aansienlike skade aan Mzilikazi kon aanrig sonder om enige verliese in die veldslag te ly. Daarbenewens kon hulle duisende van die Ndebelekoning se beeste buitmaak. Dingaan het self, na die Boere se eerste strafekspedisie teen Mzilikazi, in die winter

---

[269] Muller, C.F.J. (1973). The Period of the Great Trek, 1834-1854. C.F.J. Muller (Ed.), Five Hundred Years. A History of South Africa (pp.146-182). (3rd ed.). Academia. ,p.163

[270] Theal, G. M. (1888). *History of the Emigrant Boers in South Africa* (2nd ed.). Swan, Sonnenschein, Lowrey and Co., p.103

van 1837, 'n groot Zoeloemag gestuur om Mzilikazi aan te val, maar die Zoeloes kon nie die oorhand oor die Ndebele kry nie en moes hulle magte onttrek.[271] Dingaan het gevrees dat hy, met 'n sterk buurman soos die Boere, nie lank op die Zoeloetroon sou bly nie. Hy kon ook nie indink dat Retief Natal vreedsaam sou verlaat as hy nie grond aan die Boere sou afstaan nie. Voor Retief se vertrek uit Dingaanstad het Dingaan reeds een van sy Indunas (kapteins) beveel om die Retiefgeselskap tydens hul reis terug na Port Natal te vermoor. Die Induna het egter geweier om hierdie dodelike bevele uit te voer en het, in plaas daarvan, met ses honderd van sy mense na Port Natal gevlug. Dit het Dingaan woedend gemaak, en hy het al die Induna se mense om die lewe gebring, behalwe die Induna self en 'n klein groepie van sy mense wat daarin kon slaag om Port Natal veilig te bereik.[272]

Dingaan het die Zoeloetroon deur geweld bekom, en hy was vasbeslote om sy heerskappy met geweld te handhaaf. Op 28 September 1828 het Dingaan met Mhlangana (sy halfbroer), Mbopha KaSithayi (Tsjaka se hoofraadsman), en Mkabayi KaJama (Tsjaka se tante) saamgesweer om Tsjaka te vermoor. Na die moord op Tsjaka het die Zoeloemense vir 'n tydperk van vrede gehoop, maar Dingaan het vinnig beweeg om sy mag binne die Zoeloeryk te konsolideer. Verskeie belangrike koninklike Abantwana (prinse) en hoofskappe kon egter nie sonder meer hul lojaliteit van

---

[271] Grobler, J. E. H. (2010). Afrikaner- en Zoeloeperspektiewe op die Slag van Bloedrivier, 16 Desember 1838. *Tydskrif vir Geesteswetenskappe, 50*(3). pp.363-382, p.366

[272] Walker, E. A. (1965). *The Great Trek* (5th ed.). Adam & Charles Black, London., p.162

DIE BOERE TREK

Tsjaka na Dingaan oordra nie.[273] Om potensiële opponente uit te skakel, het Dingaan 'n veldtog geloods om daardie amakhosi (koninklikes) uit te skakel wat hy van dislojaliteit verdink het. Hy het sy halfbroers, Gqugqu en Mpande KaSenzangakhona, gespaar omdat hy hulle as te swak beskou het om 'n bedreiging vir hom in te hou, maar hy het nie geaarsel om die prinse Ngwadi, Mhlangana en Ngqojana uit te skakel nie.[274] Die eerste teenstand teen Dingaan se heerskappy het van Nqetho, die inkosi (hoofman) van die Qwabe-stam, gekom, wat genoodsaak was om, met al sy mense, suidwaarts oor die Tugelarivier te vlug.[275] Dingaan se wreedheid het in die jare wat gevolg het voortgeduur. Hy het byna die hele Cele-stam in 1831 uitgemoor en hy het in 1837 'n aanval teen die Qadi-stam geloods.[276] Hierdie wreedheid het tot wydverspreide afvalligheid in sy geledere gelei. In reaksie op hierdie drostery en om sy posisie binne die Zoeloeryk te versterk, het Dingaan oorloë teen eksterne magte wat hy as bedreigings beskou het gevoer, insluitende

---

[273] Shamase, M. Z. (1999). *The reign of King Mpande and his relations with the Republic of Natalia and its successor, the British colony of Natal* [Doctoral dissertation, University of Zoeloeland]., p.60-61
[274] Shamase, M. Z. (1999). *The reign of King Mpande and his relations with the Republic of Natalia and its successor, the British colony of Natal* [Doctoral dissertation, University of Zoeloeland]., p.61
[275] Shamase, M. Z. (1999). *The reign of King Mpande and his relations with the Republic of Natalia and its successor, the British colony of Natal* [Doctoral dissertation, University of Zoeloeland]., p.62
[276] Shamase, M. Z. (1999). *The reign of King Mpande and his relations with the Republic of Natalia and its successor, the British colony of Natal* [Doctoral dissertation, University of Zoeloeland]., p.62

die Swazi, die Bheje van die Khumalo, die San, Mzilikazi, en die Boere.[277]

Tydens Retief se afwesigheid het hy sy stiefseun, Abraham Greyling, aan die hoof van sy trekgeselskap gelaat. Retief het aan Greyling instruksies gegee dat niemand die berg moet afgaan voordat hy terugkeer het nie.[278] Tydens sy terugreis vanaf Dingaanstad het Retief twee mans na die laers gestuur met 'n boodskap dat sy onderhandelinge vir grond met Dingaan suksesvol was. Die twee mans het die laers op die Drakensberg op 11 November 1837 bereik, en binne 'n paar dae het mense begin om met hul waens van die berg af, in Natal in, te trek. Toe Retief op 27 November 1837 weer by sy trek aangesluit het, was daar nagenoeg 1,000 waens in die omgewing van Doornkop, suid van die Tugelarivier, versprei.[279] In hierdie tyd, voordat Retief weer teen die einde van Desember 1837 vertrek het om Dingaan se gesteelde beeste van Sikonyela te gaan terughaal, het Andries Pretorius op die 15de, na sy deelname aan die ekspedisie teen Mzilikazi, 'n besoek by die laers in Natal afgelê. Die volgende dag het Gerrit Maritz en Gert Rudolph ook vanaf die veldtog teen Mzilikazi daar aangekom.[280] 'n Groot byeenkoms is op Maandag, 18 Desember 1837 in Retief se laer gehou, waartydens Retief en Piet Uys hul geskille besleg

---

[277] Shamase, M. Z. (1999). *The reign of King Mpande and his relations with the Republic of Natalia and its successor, the British colony of Natal* [Doctoral dissertation, University of Zoeloeland]., p.62
[278] Hugo, M. (1988). Piet Retief in die Suid-Afrikaanse geskiedskrywing. *South African Journal of Cultural History*, 2(2), 108-126., p.117
[279] Hugo, M. (1988). Piet Retief in die Suid-Afrikaanse geskiedskrywing. *South African Journal of Cultural History*, 2(2), 108-126., p.117
[280] Jansen, E. G. (1938). *Die Voortrekkers in Natal.*,
https://archive.org/details/VoortrekkersInNatal

het. B. Liebenberg het namens die Boere daar vir Piet Uys versoek om, soos almal gedoen het, 'n eed van getrouheid aan die goewerneur af te lê wat Uys onderneem het om te doen sodra sy laers van die Drakensberg afgetrek het.[281]

Retief het op 26 Desember 1837, met 'n klein kommando van vyftig man, saam met 'n groep verteenwoordigers van Dingaan na Sikonyela, wat naby die huidige Ficksburg gewoon het, uitgetrek. Op 11 Januarie 1838 het hy met sewe honderd beeste, drie-en-sestig perde, en 11 gewere wat hy van Sikonyela afgeneem het, na sy laer teruggekeer.[282] Retief het daarna begin met voorbereidings vir sy tweede besoek aan Dingaanstad, met die doel om Dingaan se beeste terug te gee en om die verdrag vir hulle grondtransaksie te formaliseer. Op 16 Januarie 1838 het die Boere weer 'n volksvergadering gehou om oor verdere onderhandelinge met Dingaan te beraadslaag. Tydens hierdie vergadering het verskeie Boere besorgdheid oor Retief se opkomende besoek aan Dingaanstad uitgespreek. Veral Gerrit Maritz het Dingaan nie vertrou het nie. Maritz het aangebied om in Retief se plek te gaan om die kontrak met Dingaan te finaliseer, maar Retief was huiwerig om enige stappe te neem wat Dingaan se vertroue in die Boere sou ondermyn, wat die kritieke grondtransaksie in gevaar sou bring.

---

[281] Jansen, E. G. (1938). *Die Voortrekkers in Natal.*, https://archive.org/details/VoortrekkersInNatal
[282] Jansen, E. G. (1938). *Die Voortrekkers in Natal.*, https://archive.org/details/VoortrekkersInNatal

DIE SKEPPING VAN DIE BOERIDENTITEIT

Op 25 Januarie 1838 het Goewerneur Retief, saam met 'n geselskap van een honderd mense, insluitende vier seuns (waaronder sy eie 12-jarige seun, Pieter Retief junior), die Engelse tolk Thomas Halstead en dertig agterryers, na Dingaanstad vertrek.[283] Teen hierdie tyd het Dingaan bewus geword dat die Boere suksesvol Mzilikazi se mag by Kapain gebreek het en dat Retief die beeste en gewere van Sikonyela kon afneem sonder om 'n enkele skoot af te vuur. Toe hy hoor dat Retief oppad was om die grondtransaksie af te handel, het hy 'n plan beraam om Retief en sy geselskap te vermoor. In die hinderlaag wat hy vir Retief voorberei het, het hy 3,000 krygers binne die hutte om sy woonplek weggesteek.[284] Retief en sy groep het op 3 Februarie 1838 in Dingaanstad aangekom. Dingaan het sy tevredenheid met Retief se prestasie om aan hul ooreenkoms na te kom, deur die beeste terug te gee, uitgespreek. Oor die volgende twee dae het Dingaan die Boere met boeiende dansvertonings, gesimuleerde gevegte, en 'n regiment van krygers wat ritmies op hul skilde begin slaan het, vermaak. Toe Dingaan, op die oggend van 6 Februarie 1838, die grondtransaksie met sy merk op die verdrag verseël het, was Retief gerus gestel en oortuig van Dingaan se goeie trou.[285] Skielik, op Dingaan se bevel: " "Vir my, my krygers, gryp hulle, vat hulle vas, en maaak hulle dood, maak dood die towenaars!"[286] is die Boere

---

[283] Muller, C.F.J. (1969). The Period of the Great Trek, 1834-1854. C.F.J. Muller (Ed.), Five Hundred Years. A History of South Africa (pp.122-156). Academia. ,p.139

[284] Walker, E. A. (1965). *The Great Trek* (5th ed.). Adam & Charles Black, London., p.163

[285] Hugo, M. (1988). Piet Retief in die Suid-Afrikaanse geskiedskrywing. *South African Journal of Cultural History*, 2(2), 108-126., p.118

[286] Grobler, J. (2011). The Retief Massacre of 6 February 1838 revisited. *Historia*, 56(2), pp.113-132., p.119

deur sy amabutho (Zoeloe militêre eenhede), wat die dansende krygers sowel as die manskappe wat in die hutte weggesteek was ingesluit het, aangeval en oorweldig. Die Boere het hulself met sakmesse probeer verdedig en twintig Zoeloe-krygers gedood en 'n groot aantal gewond.[287] Die Boere, wie se name hieronder gelys word,[288] is na 'n

---

[287] Grobler, J. (2011). The Retief Massacre of 6 February 1838 revisited. *Historia*, 56(2), pp.113-132., p.119

[288] Pieter Mauritz Retief, Pieter Retief junior (Piet Retief se seun -12 jaar oud), Abraham Greyling (Retief se stiefseun), Lucas Petrus Johannes Meyer (Retief se skoonseun); Johannes Diederik Aucamp; Willem Johannes Basson; Johannes Breed, Petrus Gerhardus Breed (broer van Johannes); Joachim Botha; Gerhardus Cornelis Bothma; Pieter Josuas Hendrik Cilliers; Matthys de Beer, Stephanus Johannes de Beer (Matthys de Beer se seun); Izak Jacobus Johannes de Clercq, Matthys Pieter Taute (Stiefbroer van Izak de Clerq?); Jacobus (Jan) de Wet, Hendrik de Wet; Marthinus Esterhuysen, Samuel Esterhuysen; Reinier Nicolaas Johannes Grobler; Johannes Petrus Paulus Hugo; Johannes Hendrik Claassen; Piet Klopper, Balthasar Marthinus Klopper, Coenraad Christoffel Klopper, Lucas Cornelis Klopper (Coenraad Klopper se seun), JC Beukes (Coenraad Klopper se skoonseun?); Jan Hendrik Labuschagne, Frans Labuschagne (Hendrik Labuschagne se seun); Barend Johannes Liebenberg; Hercules Phillippus Malan; Jacobus Johannes Opperman, Jacobus (Kootjie) Opperman (11 jaar oud); Marthinus Jacobus Oosthuizen, Johannes Hendrik Lodewyk Oosthuysen, Jacobus Nicolaas Oosthuisen (12 jaar oud); Frederik Pretorius, Mathys Van As Pretorius; Isaak Jacobus Robertse; Stephanus Johannes Scheepers; Barend Petrus van den Berg; Andries van Dyk (Sy gesin sou later tydens die Blaauwkrans-moorde op 17 Februarie 1838 vermoor word); Johannes Frederick van der Merwe (pa van Johanna van der Merwe); Johannes Christiaan van Schalkwyk; Gerrit Willem Visagie; Johannes Beukes; Johannes Scheepers, Gerrit Scheepers, Marthinus Scheepers; Jan Robberts; Barend Oosthuysen; Pieter Johannes Petrus Jordaan; Johannes de Klerk; Abraham de Klerk; Stephanus Smit; Stephanus Petrus Janse van Vuuren; Matthys Pretorius, Jan Pretorius, Marthinus Gerhardus Petrus Pretorius; Barend Jacobus Petrus van den Berg, Piet van den Berg; Jacobus Joosten; Charl Maré; Pieter Breed, Daniel Liebenberg (12 jaar oud), Jacobus Hattingh; Christiaan de Beer, Jan de Beer; Gerrit Bothma; Hermanus Fourie; Christiaan Breytenbach; Thomas Caldecott Halstead, Retief se tolk); Ongeveer 30 agterryers. [Bron:

nabygeleë heuwel, KwaMatiwane, geneem waar almal met knopkieries doodgeslaan is. Die moord op Retief was die openingsoptrede in Dingaan se oorlog om die totale Boergemeenskap in Natal uit te wis.

    Die volgende dag het Dingaan twee van sy Indunas na die sendeling, Francis Owen, wie ooggetuie van die slagting op Retief en sy mense was, gestuur om hom gerus te stel dat die sendelinge en al die Britse mense in Natal veilig is omdat hulle (koning) George se mense is en dus ook sy mense is. Owen het die woorde van die Induna soos volg in sy dagboek aangeteken: "7 Februarie - In die oggend het twee Indoonas met 'n assistent genaamd... Hulle is deur die koning gestuur om my in te lig dat dit nie sy bedoeling is om óf my óf die ander sendelinge te dood nie, ... hy kon in vrede met ons leef, want ons was sy mense. Al die mense van George, wat die Britse mense beteken, was ook syne, dit wil sê, hy het van hulle gehou, maar die Boere was nie sy mense nie, en hulle was ook nie George se mense nie..."[289] Dingaan het vroeër sy lewensbeskouing soos volg aan aan die sendeling Owens verduidelik: "Ek en my mense glo ook dat daar slegs een God is - Ek is daardie God. Ons glo dat daar slegs een plek is waarheen alle goeie mense gaan - dit is Zoeloeland. Ons glo dat daar een plek is waar alle slegte mense heengaan:

WikiTree. (2023, March 18). Project: Voortrekkers. Retrieved September 13, 2023, van: https://www.wikitree.com/wiki/Project:Voortrekkers]
[289] Historical Publications Southern Africa (n.d.). *The Diary of the Rev. F. Owen, Missionary with Dingaan, together with the accounts of Zoeloe affairs by the interpreters, Messrs. Hully and Kirkman*. Retrieved October 4, 2023, from https://hipsa.org.za/publication/the-diary-of-the-rev-f-owen-missionary-with-dingaan-together-with-the-accounts-of-Zoeloe-affairs-by-the-interpreters-messrs-hully-and-kirkman/

DIE BOERE TREK

Daar, – terwyl hy na 'n heuwel (KwaMatiwane) in die verte wys - daar is die hel, waar al my bose mense heengaan. Die Hoof wat daar woon, is Umatiwane, die hoof van die Amangwane. Ek het hom doodgemaak en hom die Duiwel-Hoof van al die slegte mense wat sterf gemaak. Sien jy dan: daar is slegs twee Hoofe in hierdie land, Umatiwane en ekself. Ek is die groot Hoof - die God van die lewendes. Umatiwane is die groot Hoof van die slegtes."[290] In sy doktorale proefskrif wys M.Z. Shamase dat daar na die moorde van Retief en sy geselskap in Dingaan se "izibongo" (lofgedigte) verwys word:

"Owad!' uPiti kumaBhunu,
[Wie het Piet onder die Boere verslind]
Wamud!a wamtshobotshe!a;
[Hy het hom heeltemal van die aardbol uitgewis]
Od!' uMzibhelibheli kumaBhunu,
[Wie het Mzibhelibheli onder die Boere verslind]
Wad!' uPhuzukuh!okoza kumaBhunu,
[Jy het Phuzukuhlokoza onder die Boere verslind]
Wad!' uHwahwini kumaBhunu,
[Jy het Hwahwini onder die Boere verslind]
Wad!' uJanomude kumaBhunu,
[Jy het Janomude onder die Boere verslind]
Wad!' uJanejembu!uki kumaBhunu,
[Jy het Janejembuluki onder die Boere verslind]
Wad!' uMazinyansakansaka kumaBhunu,
[Jy het Mazinyansakansaka onder die Boere verslind]
Wad!' oSisini kumaBhunu ..."

---

[290] Emanuelson, O. E. (1927). *A History of Native Education in Natal between 1835-1927.*, Master's Thesis, University of KwaZoeloe-Natal., p.11

DIE SKEPPING VAN DIE BOERIDENTITEIT

[Jy het Sisini onder die Boere verslind..."][291]
Die heerskappy van Dingaan sou binnekort ook geweldadig tot 'n einde kom.

Op dieselfde dag wat Retief en sy geselskap vermoor is, het Dingaan ses tot seweduisend krygers uitgestuur om die totale Boergemeenskap in Natal, langs die Bloukrans- en Boesmansriviere, en elders langs die oewers van die Tugelarivier, uit te moor.[292] Teen omstreeks 01:00 op die oggend van 17 Februarie 1838 het die Zoeloemag 'n verrassingsaanval op die niksvermoedende Boere geloods. Die Boere was, vir weiding vir hulle groot troppe vee, oor 'n uitgestrekte gebied van vyf-en-sestig kilometer by veertig kilometer versprei, wat hulle uiters kwesbaar gelaat het. Hulle is oor 'n front van twee-en-dertig kilometer aangeval.[293] Daar was slegs agthonderd weerbare Boermans om hulle laers teen hierdie oorweldigende Zoeloemag te verdedig.[294] Die Liebenbergs, Besters, De Beers, Prinsloos, en die meeste lede van die Bezuidenhout-familie is uitgewis. Daniël Bezuidenhout, wie ernstig gewond was, kon die aanval op sy waens ontsnap en ander families gaan waarsku, maar nie voordat sy hele familie, insluitende sy vrou, Elizabeth Cecilia Bezuidenhout (gebore Smit), en hul elf

---

[291] Shamase, M. Z. (1999). *The reign of King Mpande and his relations with the Republic of Natalia and its successor, the British colony of Natal* [Doctoral dissertation, University of Zoeloeland]., p.62-63
[292] Giliomee, Hermann. *Die Afrikaners* (Afrikaans Edition). Tafelberg. Kindle Edition., p.158
[293] Walker, E. A. (1965). *The Great Trek* (5th ed.). Adam & Charles Black, London., p.166
[294] Giliomee, Hermann. *Die Afrikaners* (Afrikaans Edition). Tafelberg. Kindle Edition., p.158

maande oue baba vermoor is nie.[295] Die verdediging van die Bothma-familie is oorweldig, en die hele familie is vermoor.[296] Die Bothas, Breytenbachs en Smit-families het ook swaar verliese gely, en verder suid was die Rossouws ook aangeval. In 'n poging om die Zoeloe-aanval te ontsnap, het die Engelbrecht- en Greyling-families na die Robbertse-familie, wat tussen die Groot- en Kleinmoordspruit gestaan het, gevlug, maar hulle is ook oorweldig en deur die Zoeloes uitgemoor. Retief se laer by Doornkop is nie aangeval nie omdat die Zoeloe-aanvallers gestuit is voordat hulle so ver kon kom.

Die Boere het verskeie groepe gevorm om teenaanvalle te loods. Sarel Cilliers, met vyf manne onder wie die 18-jarige Marthinus Oosthuizen, was een van die eerstes om berede teenaanvalle teen die Zoeloes te loods. Hulle het op 'n koppie, wat later Rensburgkoppie sou heet, afgekom waar Hans van Rensburg en sy mense vasgekeer was nadat hulle deur die Zoeloes uit hul waens gedryf was. Toe Van Rensburg aan hulle 'n teken gee dat hulle buskruit opgeraak het, het Oosthuizen homself en sy perd met soveel buskruit gelaai as wat hulle kon dra en regdeur die Zoeloekrygers gejaag om dit by die Van Rensburgs uit te kry.[297] Hulle kon toe daarin slaag om die Zoeloes van daar weg te verdryf. Ongeveer 196 mans, vroue en kinders, wat

---

[295] WikiTree. (2023, March 18). Project: Voortrekkers. Retrieved September 13, 2023, from https://www.wikitree.com/wiki/Project:Voortrekkers
[296] Walker, E. A. (1965). *The Great Trek* (5th ed.). Adam & Charles Black, London., p.166-167
[297] Walker, E. A. (1965). *The Great Trek* (5th ed.). Adam & Charles Black, London., p.167

tydig gewaarsku is, het by Retief se laer by Doornkop gaan skuil.[298] Van hier het Piet Greyling, stiefseun van Piet Retief en broer van Abraham Greyling wat saam met Retief by Dingaanstad vermoor is, 'n groep Boere gelei om die mense in die Bloukransriviervallei te help. Hans de Lange het sy vrou en sy drie-maande oue baba by sy laer aan die Kleinboesmansrivier agtergelaat en 'n aanval op die terugvallende Zoeloes geloods. Nadat Gerrit Maritz die Zoeloe-aanval op sy kamp, Saailaer, in die middag suksesvol afgeslaan het, het hy ook gegaan om die mense in die Grootmoordspruitvallei te help.[299] Die Boere het gedurende die Bloukransmoorde, soos die gebeurtenis vandag bekend staan, swaar verliese gely, maar hulle het daarin geslaag om die aanval van die Zoeloe-regimente af te weer.[300]

Die Boere het tydens hierdie gebeure verwoestende verliese gely. Een-en-veertig mans, ses-en-vyftig vroue, en 185 Boerkinders het hul lewens verloor,[301] saam met 252

---

[298] The South African Military History Society (n.d.). *South African Military History Society Eastern Cape Branch Newsletter / Nuusbrief August/ Augustus 2013: Great Trek Anniversary: Military encounters of the Voortrekkers 4*. http://samilitaryhistory.org/13/p13augne.html
[299] WikiTree. (2023, March 18). Project: Voortrekkers. Retrieved September 13, 2023, from
https://www.wikitree.com/wiki/Project:Voortrekkers
[300] Grobler, J. E. H. (2010). Afrikaner- en Zoeloeperspektiewe op die Slag van Bloedrivier, 16 Desember 1838. *Tydskrif vir Geesteswetenskappe, 50*(3). pp.363-382, p.367
[301] Die volgende Boere het tydens die Bloukransmoorde gesterf: Andries Bester en sy vrou Appolona (Vosloo) Bester.; Wynand Bezuidenhout en sy vrou Elizabeth (Liebenberg) Bezuidenhout. Ses van hul dertien kinders het gesterf, insluitend hul dogter, Susanna Botha. Daniel Bezuidenhout het die aanval oorleef. Sy vrou Elizabeth Cecilia (Smit) Bezuidenhout het gesterf. Hul 11-maande oue baba is in Daniels arms doodgemaak.; George Biggar. Die 18-jarige seun van die Engelse handelaar Alexander Biggar is deur sy

vader gestuur om die Boere te waarsku. Die ontstelde Alexander Bigger het toe later by die Boere aangesluit in hul geveg teen die Zoeloes by Bloedrivier.; Johannes Botha die ouer, Johannes Botha die jonger, Roelof Botha en sy vrou Susanna (Bezuidenhout) Botha; Abraham Bothma en sy vrou Getruida Bothma, Catharina Aletta Elizabeth Bothma (12), Johannes Arnoldus Bothma (11), Anna Maria Bothma (9), Lodewyk Christoffel Bothma (8), Louw Bothma die ouer, Louw Bothma die jonger.; Jacobus Coetzee, Snr; Christian de Beer en sy vrou Marth Cornelia (Bezuidenhout) de Beer en vier kinders, Arnoldus Stephanus de Beer, Stephanns de Beer, Zacharias de Beer.; Thomas Frederik Dreyer.; Piet de Wet en sy vrou Marie (Botha) de Wet en hulle sewe kinders; Louisa Johanna Margaretha (Jacobs} du Preez, vrou van Pieter Daniel du Preez en sewe kinders; Gerhardus Engelbrecht en sy vrou Anna Magrieta (van der Merwe) Engelbrecht en een van hulle kinders.; Laurens Erasmus en sy vrou Geertruyda Christina (Joubert) Erasmus.; Willem Jacobs en drie van sy kinders; Jacobus Petrus (Jubert) Joubert en sy vrou Rachel Cornelia (van Jaarsveld) Joubert. Anna Francina (Roets) Joubert, vrou van Abraham Benjamin Joubert wie nie daar was nie en een kind. Adriaan Josua Jacobus Joubert, sy vrou Susanna Catharina (Roos) Joubert, hulle 10-jaar oue seun Josua Adriaan Joubert en hulle dogter Catherina Roos. Maria Magdalena (Badenhorst) Joubert, vrou van Jan Christoffel Joubert en hulle seun Jan Hendrik Joubert. Die boedel dui aan dat Maria en Jan saam met al hul kinders gesterf het, wat nie genoem word nie.; Hester Magdelene (van den Berg) Liebenberg, weduwee van Barend Johannes Liebenberg wie saam met Retief gesterf het en drie van haar kinders, waarskynlik Phillipus, Paul en Jan. Christina Susanna (van der Merwe) Liebenberg, vrou van Johannes Petrus Liebenberg. Hulle was 'n maand getroud. Hy het oorleef. Christian Lochenberg, Hendrik Lochenberg die jonger, Hendrik Lochenberg die ouer en sy vrou Maria Martha (Krugel) Loggenberg. Drie van Hendrik senior se kinders (waarskynlik volwassenes) het ook gesterf.; Nicolaas Casparus le Roux, sy dogter Anna Elisabeth Le Roux. Sy seun Jan Christiaan le Roux en sy ander dogter Clasina Le Roux Nicolaas het oorleef.; Joachimus Prinsloo en sewe van sy kinders het gesterf. Sy dogter Catherine Prinsloo, wie ernstig gewond was, het oorleef.; Charl Petrus Roos en sy vrou Christina Hendrina (Joubert) en hulle drie kinders is vermoor. Johannes Gysbertus Roos (Charl se broer) en sy vrou Aletta Helena (Vorster) Roos en hulle seun Johannes Gysbertus Roos en sy vrou Elizabeth Johanna (van der Berg) Roos en twee kinders is vermoor. Drie kinders van Charl Petrus Roos, twee kinders van Johannes Gysbertus Roos Snr., twee kinders van Johannes Gysbertus Roos Jnr.; Jan Josua van den Berg en sy vrou Petronella Christina Elizabeth (Smit) van den Berg en vier van hulle sewe kinders het gesterf.; Helena Catharina Van der Merwe, vrou van Johannes

Khoi-Khoi en Basoetos wat die Boere vergesel het, wat ook vermoor is. Hele families is uitgewis. In sommige gevalle is die liggame van die slagoffers gruwelik vermink.[302] Tien duisende van hul skape, beeste, en perde is gesteel, en ten spyte van hul teenaanvalle, kon hulle nie baie daarvan terugkry nie.[303] Na hierdie teenaanvalle het die mans die somber taak gehad om na sowel oorlewendes as die oorledenes te soek. Retief se laer by Doornkop het 'n toevlugsoord geword vir baie wat skuiling gesoek en gewondes wat behandeling nodig gehad het.[304] Baie het gekies om daar te bly totdat die vrees vir 'n nuwe Zoeloe-

---

Frederick van der Merwe wie saam met Retief vermoor is. Haar kinders het ook gesterf. Hulle dogter Johanna van der Merwe, wie ernstig gewond was, het oorleef.; Zacharia (Kruger) van Dyk, moeder van Andries van Dyk en Frans van Dyk. Frans Johannes van Dyk, Francina Petronella (de Lange) van Dyk, vrou van Andries Jacobus van Dyk wie saam met Retief gesterf het. Die nege van hul kinders wie daar gesterf het was: Anna Johanna Maria van Dyk (vrou van H. Fourie), Johannes Hendrik van Dyk, Andries Frans Jacobus Johannes van Dyk, Zacharia Susara van Dyk, Dorothea Hermina van Dyk, Sybrand van Dyk, Hesje Martha Aletta van Dyk, Willem van Dyk en Baba van Dyk. Susara Sophia Elizabeth (Potgieter) van Dyk, vrou van Joshep van Dyk en haar skoondogter Francina (de Lange) van Dyk, vrou van Joseph van Dyk (Jnr.).; David Schalk Viljoen en sy vrou Catherina Aletta (Bothma) Viljoen, Pieter Nicolaas Viljoen (waarskynlik 'n neef van David). Die name van die Boere wat tydens die Bloukransmoorde gesterf het, is van die WikiTree Voortrekker Projek verkry: WikiTree. (2023, Maart 18). Projek: Voortrekkers. Besoek op 13 September 2023, van https://www.wikitree.com/wiki/Project:Voortrekkers . Dit is 'n lopende projek en die identiteite van sommige mense word steeds nagevors.

[302] Theal, G. M. (1886). *Boers and Bantu: A History of the Wanderings and Wars of the Emigrant Farmers from their leaving the Cape Colony to the overthrow of Dingan.* Saul Solomon and Co., p.106

[303] Muller, C.F.J. (1969). The Period of the Great Trek, 1834-1854. C.F.J. Muller (Ed.), *Five Hundred Years. A History of South Africa* (pp.122-156). Academia. ,p.139-140

[304] Jansen, E. G. (1938). *Die Voortrekkers in Natal.*, https://archive.org/details/VoortrekkersInNatal

aanval bedaar het. Onder die gewondes was Johanna van der Merwe, 'n 12-jarige meisie, wie se pa saam met Piet Retief vermoor was. Johanna het oorleef ten spyte van vyf-en-twintig assegaaiwonde, en Catharina Prinsloo het ook met drie-en-twintig assegaaiwonde oorleef.

Dingaan se poging om die Boergemeenskap in Natal uit te wis, was onsuksesvol as gevolg van die doeltreffende, vinnig-georganiseerde teenaanvalle deur klein groepe Boere. Nogtans het die Groot Moord die Boere in 'n krisis gelaat en die hele migrasiebeweging van die Boere in Natal in gevaar gebring. Hulle het nou besef dat hul goewerneur en sy metgeselle waarskynlik vermoor is. Die besluit om in Natal te bly of om oor die berge terug te keer, was effektief vir hulle geneem deur Dingaan toe hy hul beeste en noodsaaklike hulpbronne geplunder het. Baie trekpartye het nou hul osse, wat noodsaaklik was om hul waens te trek, verloor en dit het hulle onbeweeglik gelaat. In Boerkultuur was hulle vroue altyd hul bron van moed, wat in uitdagende tye standvastig gebly het selfs wanneer die mans gewankel het. Dingaan het onskuldige bloed vergiet, en dit kon nie daar gelaat word nie. Susanna Smit het hul standpunt duidelik saamgevat: "God sal hom nie onvergoed laat nie, en ons mans sal hom nie vryspreek nie".[305]

Na die Bloukransmoorde was die Boere in wanorde en het gevrees vir verdere aanvalle deur Dingaan. Hulle het in drie groot kampe naby Maritz se laer saamgetrek, wat oor die Boesmansrivier uitgekyk het. Patrollies, onder leiding

---

[305] Walker, E. A. (1965). *The Great Trek* (5th ed.). Adam & Charles Black, London., p.168

DIE SKEPPING VAN DIE BOERIDENTITEIT

van Hans de Lange, het voortdurend die gebied vir moontlike Zoeloe-aanvalle verken.[306] Gelukkig het die vol Tugelarivier as 'n natuurlike versperring gedien, wat hulle teen sulke aanvalle beskerm het.[307] Die waarnemende leier, Gerrit Maritz, het boodskappers na die Boere in die Winburg-gebied en noord van die Vaalrivier gestuur om hulle van die situasie in Natal in kennis te stel en om hulp te versoek. Hendrik Potgieter en Piet Uys het vinnig op die oproep gereageer. Piet Uys het sy hele trekparty oor die Drakensberge geneem en op 1 Maart 1838 met sy mense aan die oewers van die Tugela verenig.[308] Met die verlies van Retief was daar nou 'n dringende behoefte aan leierskap onder die Boere.

---

[306] Walker, E. A. (1965). *The Great Trek* (5th ed.). Adam & Charles Black, London., p.169
[307] Walker, E. A. (1965). *The Great Trek* (5th ed.). Adam & Charles Black, London., p.169
[308] Markram, W. J. (2001). *Die lewe en werk van Petrus Lafras Uys, 1797-1838* [Doctoral dissertation, University of Stellenbosch]., p.255

Hoofstuk 5:
Die Boerrepublieke

Op 28 Maart 1838 het die Boere hul Volksraad verkies. Die Volksraad, wat amptelik as die "Raad van Representanten van het Volk" bekend gestaan het, het uit vier-en-twintig lede bestaan. Hulle het ook 'n grondwet opgestel wat in kort die "Regulatien en Instructien" genoem is.[1] Hulle het egter nie 'n goewerneur aangewys om Retief te vervang nie.[2] Maritz het sy vorige posisie behou en 'n bykomende pos van Weesmeester aanvaar om al die boedels van diegene wat in die Groot Moord omgekom het, te hanteer.[3] Die Boere het hulle totale gebied, insluitende Natalia, hul Winburg-grondgebied en die gebied van Mzilikazi (die Potchefstroomgebied), wat hulle wettiglik deur verowering bekom het, as 'n eenheid beskou. Dit was die rede waarom die Boere van Natal, insluitende Uys, Maritz en andere, en selfs Andries Pretorius, wie nog nie sy Trek begin het nie, die

---

[1] Storm, J.M.G. (1989). Die konvensie van Sandrivier as die afsluiting van die Groot Trek. *HTS Teologiese Studies / Theological Studies, 45*(3), 680-695., p.685
[2] Markram, W. J. (2001). *Die lewe en werk van Petrus Lafras Uys, 1797-1838* [Doctoral dissertation, University of Stellenbosch]., p.255
[3] Walker, E. A. (1965). *The Great Trek* (5th ed.). Adam & Charles Black, London., p.170

veldtog teen Mizilikazi meegemaak het. Die Volksraad van Natalia het egter nie in die gebied anderkant die Drakensberge en noord van die Vaal ingemeng nie en Potgieter en sy Raad is in vrede gelaat om die gebied daar te bestuur.[4] Gedrewe deur 'n begeerte vir vergelding en die noodsaaklikheid om hul lewensbelangrike vee terug te kry, het die Boere besluit om 'n veldtog teen Dingaan te loods. Uys is as algemene veldkommandant aangestel om die komende veldtog teen Dingaan te lei.[5] Potgieter sou sy eie manne tydens die veldtog aanvoer.

Intussen het die Boere boodskappers na Port Natal gestuur om meer inligting oor die lot van Goewerneur Retief en sy manne te bekom. In Port Natal het hulle ontdek dat die groep Engelse setlaars reeds van die moorde op Retief en sy metgeselle bewus was, en dat die hulle gepoog het om die Boere oor die onlangse aanvalle te waarsku, maar dat hul boodskappers ongelukkig te laat by die Boere aangekom het. Die 18-jarige George Bigger het sy lewe verloor terwyl hy op 'n missie was om die Boere te gaan waarsku, wat sy pa, Alexander Bigger, in diepe rou gedompel het. Die Engelse setlaars in Port Natal het besef dat hulle nie ongedeerd van die gevolge van die Zoeloe-oorlog teen die Boere sou bly nie. Terwyl Dingaan met die Boere behep was, het die Engelse setlaars en hul Zoeloe-vlugtelingvolgelinge begin om 'n

---

[4] Storm, J.M.G. (1989). Die konvensie van Sandrivier as die afsluiting van die Groot Trek. *HTS Teologiese Studies / Theological Studies*, *45*(3), 680-695., p.685
[5] Uys, I.S. (1979). The Battle of Italeni. *The South African Military History Society, Military History Journal*, *4*(5)., The Battle of Italeni - Military History Society - Journal (samilitaryhistory.org)

veldtog van "roof en wraak" teen die Zoeloes te beplan.[6] Op 13 Maart 1838 het die predikant Owen aangeteken dat die Engelse setlaars formeel oorlog teen Dingaan verklaar het.[7] Kaptein Allen Gardiner en sy groep het op 25 Maart 1838 Port Natal verlaat, omdat hy vermoed het dat die Boere hom nie sou toelaat om sy sendingwerk in Hambanathi voort te sit nie - 'n vermoede wat moontlik korrek kon wees. Twee sendelinge, die Amerikaner Daniel Lindley en "Owen van Dingaanstad",[8] het hul dienste aan die Boere aangebied. Die Boere het Owen se aanbod verwerp.

Op 13 Maart 1838 het die Engelse, met hul leër van Zoeloevlugtelinge, hul ekspedisie teen Dingaan begin. Robert Biggar, 'n ander seun van Alexander Biggar, het die ekpedisie gelei. Alhoewel Robert bevel gevoer het, het die Engelse "stamhoofde" effektief hul eie mense bestuur.[9] 'n Geskil het kort na hul vertrek ontstaan toe die Zoeloevolgelinge van John Cane en Henry Ogle begin twis het oor wie die aanval sou lei. In hierdie twis het vyftig Zoeloevolgelinge ernstige beserings opgedoen. Ogle se

---

[6] Cubbin, A. E. (1988). The English alliance with the Voortrekkers against the Zoeloes during March and April 1838. *Historia, 33*(2), 63-73., p.64
[7] Cubbin, A. E. (1988). The English alliance with the Voortrekkers against the Zoeloes during March and April 1838. *Historia, 33*(2), 63-73., p.64
[8] Walker, E. A. (1965). *The Great Trek* (5th ed.). Adam & Charles Black, London., p.170
[9] Theal, G. M. (1886). *Boers and Bantu: A History of the Wanderings and Wars of the Emigrant Farmers from their leaving the Cape Colony to the overthrow of Dingan*. Saul Solomon and Co., p.108

DIE SKEPPING VAN DIE BOERIDENTITEIT

faksie het wraak gesweer.[10] Vier dae na hul vertrek het hulle 'n onbeskermde Zoeloekraal by Untunjambili aangetref, waar die mans weg was met Dingaan se veldtog teen die Boere. Die Engelse leër het 4,000 beeste buitgemaak en 500 vroue en kinders gevang. Beide die sendinggenootskappe en die Britse regering het hierdie daad van gedwonge slawerny geïgnoreer. Gedurende die veldtog het die leër van die Port Natalse Engelse twee slagoffers gehad: een is dood van 'n slangbyt en die ander is deur Cane tereggestel omdat hy probeer het om beeste te steel voordat die buit verdeel is. By hul terugkeer na Port Natal het volgens ds. Daniel Lindley "bees-koors in die land geheers."[11]

Op 5 en 6 April 1838 het die eerste kommando wat die Boere teen Dingaan uitgestuur het, uit die laers na Dingaanstad vertrek.[12] Die kommando het uit 347-man bestaan, wat die vyftienjarige seun van Piet Uys, Dirkie Uys, ingesluit het. Op 10 April 1838 het hulle hulself in 'n diep kloof bevind. Aan die ander kant van die kloof was 'n nou deurgang, met heuwels aan beide kante, wat na Dingaanstad gelei het. 'n Zoeloeregiment was op elkeen van hierdie heuwels geplaas, en aan die einde van die kloof was 'n derde impi in die vallei verskuil, waarvan die Boere nie bewus was nie. Dit was die hinderlaag wat deur die Zoeloe-

---

[10] Cubbin, A. E. (1988). The English alliance with the Voortrekkers against the Zoeloes during March and April 1838. *Historia, 33*(2), 63-73., p.66
[11] Cubbin, A. E. (1988). The English alliance with the Voortrekkers against the Zoeloes during March and April 1838. *Historia, 33*(2), 63-73., p.66
[12] Uys, I.S. (1979). The Battle of Italeni. *The South African Military History Society, Military History Journal, 4*(5)., The Battle of Italeni - Military History Society - Journal (samilitaryhistory.org)

DIE BOERREPUBLIEKE

bevelvoerders Ndlela kaSompisi en Nzobo kaSobadli vir die Boere opgestel is, en dit het baie doeltreffend gewerk. Die geraamde gesamentlike sterkte van die drie regimente was tussen 6000 en 7000 krygers.[13] Nadat hulle deur 'n paar dongas beweeg het, het die Boere gestop om hul verdere optrede te oorweeg. Ten spyte van die oorweldigende oormag en die moeilike terrein het hulle besluit om aan te val. Daar is besluit dat Uys die meer ervare Witskildregiment, wat op daardie stadium op die heuwel voor hulle was, sou aanval, terwyl Potgieter die regiment op die linkerheuwel sou aanval.

Die kommando van Uys het tot baie naby aan die Zoeloeregiment beweeg - so naby dat Gert Viljoen spottend aan Uys se tweede-in-bevel, Veldkornet Koos (Grootvoet) Potgieter, gevra het of hulle nou in hand-tot-hand-gevegte teen die Zoeloes gaan veg.[14] Uys en sy kommando het tot ongeveer twintig meter van die Zoeloes beweeg, van hul perde afgespring, en gelyktydig in sarsies begin skiet. Hierdie intense aanval het slegs 'n paar minute geduur, maar dit het aansienlike verliese aan die Zoeloemag meegebring. Toe Pieter Nel, 'n linkshandige Boerskerpskutter, die leier van die Zoeloekrygers in daardie afdeling geskiet het, het die Zoeloemag in alle rigtings van die heuwel gevlug.[15] Piet Uys het opgemerk dat twee Malan-broers, wat die vlugtende

---

[13] Markram, W. J. (2001). *Die lewe en werk van Petrus Lafras Uys, 1797-1838* [Doctoral dissertation, University of Stellenbosch]., p.261
[14] Uys, I.S. (1979). The Battle of Italeni. *The South African Military History Society, Military History Journal*, 4(5)., The Battle of Italeni - Military History Society - Journal (samilitaryhistory.org)
[15] Markram, W. J. (2001). *Die lewe en werk van Petrus Lafras Uys, 1797-1838* [Doctoral dissertation, University of Stellenbosch]., p.262

Zoeloes agterna gesit het, reg in die hinderlaag ry. Hy het toe, saam met 'n groep van ongeveer vyftien manne, wat Dawid Malan, Gert, Louis, Pieter en Willem Nel, Jan en Jacobus Moolman, Jan Landman, Jan de Jager, Jan Meyer, Jan Steenkamp en 'n Boer genaamd Snyman ingesluit het, gehaas om die twee Malan-broers te gaan red.[16] Na hulle die broers te bereik en met hulle na die kommando teruggekeer het, is hulle deur Zoeloekrygers afgesny en gedeeltelik omsingel.

Die Zoeloes hulle met werpassegaaie aangeval en Uys is in die laerug met 'n assegaai getref. Hy het die assegaai uitgetrek en probeer wegjaag, maar het weens bloedverlies sy bewussyn verloor en van sy perd afgeval. Sy vriende, onder andere sy seun Dirkie, Jacobus Moolman, Jan Moolman en Jan Meyer het hom gaan help. Hy het toe versoek om op die grond neergelê te word en het hulle meegedeel dat hy gaan sterf, maar dat hulle hul eie lewens moet probeer red. Dirk Uys kon egter nie sy vader alleen los nie, en hy is langs sy vader doodgesteek.[17] Die meeste van die ander lede van die kommando kon daarin slaag om vir hulle 'n pad oop te skiet en te ontsnap. Landman en 'n paar ander Boere het probeer om hul pakperde en bagasie terug te kry wat intussen deur die Zoeloes afgevat is, maar kon dit nie regkry nie. Die kommando het toe probeer om so gou as moontlik by die laers te kom. Hulle is deur 'n aantal Zoeloes

---

[16] Uys, I.S. (1979). The Battle of Italeni. *The South African Military History Society, Military History Journal*, 4(5)., The Battle of Italeni - Military History Society - Journal (samilitaryhistory.org)

[17] Markram, W. J. (2001). *Die lewe en werk van Petrus Lafras Uys, 1797-1838* [Doctoral dissertation, University of Stellenbosch]., p.264

agtervolg, maar kon die agtervolgers 'n paar ure later verdryf. Hulle kon teen middernag vir die eerste keer afsaal.[18]

Intussen het Potgieter nie gelyktydig met Uys aangeval nie. Hy was meer versigtig en het eers die omgewing verken.[19] Potgieter het sy aanvanklike aanval persoonlik gelei en met vyf-en-twintig man teen die koppie uitgejaag en tot sowat vyftig meter van die Zoeloe gekom, waar hulle gestop en begin skiet het. Die Zoeloes het onmiddellik 'n groot teenaanval geloods, wat Potgieter gedwing het om te vlug. Frans Labuschagne is gedood nadat sy perd in die heup gewond is en hy nie verder kon beweeg nie.[20] Kort daarna is Joseph Kruger gedood toe hy van sy perd afgeklim en op die aanvallende Zoeloes geskiet het.[21] Die vlugtende kommando van Potgieter het gesukkel om deur die slote te beweeg, maar hulle kon daarin slaag om hulle eie pakperde met hulle voorrade en ammunisie saam te neem. Die vlugtende kommando is deur die Zoeloekrygers agternagesit. Potgieter en sy manne het herhaaldelik gestop en op die Zoeloes geskiet, wat 'n beduidende aantal Zoeloe-ongevalle tot gevolg gehad het.[22]

---

[18] Markram, W. J. (2001). *Die lewe en werk van Petrus Lafras Uys, 1797-1838* [Doctoral dissertation, University of Stellenbosch]., p.266
[19] Markram, W. J. (2001). *Die lewe en werk van Petrus Lafras Uys, 1797-1838* [Doctoral dissertation, University of Stellenbosch]., p.266
[20] Uys, I.S. (1979). The Battle of Italeni. *The South African Military History Society, Military History Journal*, 4(5)., The Battle of Italeni - Military History Society - Journal (samilitaryhistory.org)
[21] Markram, W. J. (2001). *Die lewe en werk van Petrus Lafras Uys, 1797-1838* [Doctoral dissertation, University of Stellenbosch]., p.267
[22] Markram, W. J. (2001). *Die lewe en werk van Petrus Lafras Uys, 1797-1838* [Doctoral dissertation, University of Stellenbosch]., p.269

DIE SKEPPING VAN DIE BOERIDENTITEIT

Tien Boere het hul lewens in die Slag van Italeni verloor.[23] Die nuus van die nederlaag van die kommando, nou hernoem na die Vlugkommando, het paniek in die laers veroorsaak. Wat die nederlaag by Italeni besonder kommerwekkend gemaak het, was dat dit, in teenstelling met die moorde op Retief en die aanvalle op niksvermoedende kampe van mans, vroue en kinders in die middel van die nag tydens die Groot Moord, dit in helder daglig plaasgevind het in 'n regverdige stryd tussen die twee magte. Een van die talentvolste militêre leiers van die Boere, wat aansienlike suksesse teen die Xhosa in die Kaap en Mzilikazi se Ndebele op die hoëveld behaal het, is op die slagveld gedood. Te midde van die emosies het sommiges Potgieter as 'n lafaard bestempel, waarna hy en sy mense terug oor die Drakensberg vertrek het. Vandaar het hy na Mooirivier gegaan, waar hy, in November 1838, die eerste Boernedersetting van die toekomstige Suid-Afrikaanse Republiek (ZAR), Potchefstroom, gestig het.[24] Die Boere in Natal, wie se benoudheid en bekommernis nou toegeneem het, moes weereens onder mekaar bespreek of hulle in Natal moes bly of saam met Potgieter oor die Drakensberg moes trek. Vanuit hulle oogpunt het hulle die land suid van die Tugela regmatig deur hulle verdrag met Dingaan verkry, en hulle het alreeds baie opgeoffer. Vir diegene wat reeds die hoogste prys betaal

---

[23] Die Boere wie hul lewens met die slag van Italeni verloor het was Pieter (Piet) Lafras Uys, Dirk Cornelis Uys (Piet Uys se vyftien-jarige seun), Joseph Kruger, Francois Labuachagne, Dawid Malan, Jacobus Malan (seun van Dawid Malan), Johannes Malan (seun van Dawid Malan), Pieter Nel, Louis Nel (Pieter Nel se broer) en Theunis Nel.
[24] Theal, G. M. (1886). *Boers and Bantu: A History of the Wanderings and Wars of the Emigrant Farmers from their leaving the Cape Colony to the overthrow of Dingan*. Saul Solomon and Co., p.111

het, kon hulle nie hul rug op Natal keer nie. Hulle moes egter nog steeds hulle beeste van Dingaan terugkry, maar hulle het besluit om die volgende kommando teen Dingaan tot na die winter uit te stel, omdat hulle perde in swak toestand was.[25]

Op Vrydag, 13 April 1838, het die Engelse van Port Natal, aangevoer deur John Cane, uitgetrek om die Zoeloes aan te val. Hierdie mag het bestaan uit agtien Engelse setlaars, dertig Khoi-Khoi, en drie duisend Zoeloevolgelinge, insluitend vier honderd wat met gewere gewapen was. Voor dagbreek op 17 April 1838 het hulle die militêre umuzi (kraal) van Ndondakusuka omsingel en aangeval. Hulle het met geweervuur op die hutte geskiet met verwoestende gevolge, en die kraal aan die brand gesteek.[26] Verskeie groot Zoeloe-impies, onder bevel van Prins Mpande bygestaan deur Nkosi Ndlela, Zoeloe, en Nongalaza, het aanvalle vanaf die noordelike rante geloods. Die Port Natal-leër het hul aanvalle herhaaldelik afgeweer, maar uiteindelik het Mpande se Zoeloes deurgedring en hand-aan-hand-gevegte het gevolg. Toe John Cane en Robert Biggar gedood is, het die Port Natal-regimente hul wapens neergegooi en desperaat probeer om te vlug.[27] Slegs vier Engelse setlaars, waarvan Richard (Dick) King een was, het die geveg oorleef,[28] en

---

[25] Jansen, E. G. (1938). *Die Voortrekkers in Natal.*, https://archive.org/details/VoortrekkersInNatal
[26] Cubbin, A. E. (1988). The English alliance with the Voortrekkers against the Zoeloes during March and April 1838. *Historia*, *33*(2), 63-73., p.68
[27] Cubbin, A. E. (1988). The English alliance with the Voortrekkers against the Zoeloes during March and April 1838. *Historia*, *33*(2), 63-73., p.68
[28] Die Engelse setlaars wie in die veldslag met Mpande se impis omgekom het, was John Cane, Robert Biggar, John Stubbs, Carl

DIE SKEPPING VAN DIE BOERIDENTITEIT

slegs twee of drie Khoi-Khoi en 'n handjievol van die Port Natalse Zoeloes het dit terug na die hawe gemaak.[29] Die oorblywende Engelse setlaars in die hawe het skuiling gevind aan boord van die Comet, wat in die baai geanker was en later na die Kaapkolonie gevaar het. Die Zoeloes het toe Port Natal beleër en geplunder totdat hulle op 4 Mei 1838 teruggetrek het.[30] Die paar setlaars, insluitend Alexander Biggar, wat besluit het om te bly, moes op die welwillendheid en beperkte hulpbronne van die Boere vir ondersteuning staatmaak.[31]

Op daardie stadium het verskeie Boerfamilies van die Kaap in Natal aangekom. Die grootste trek, wat uit nege-en-dertig families bestaan het, was die trek van Karel Pieter Landman.[32] Kort na hulle aankoms is Landman as die hoofkommandant van die Boerlaers in Natal aangestel. In die begin van Mei 1838 het hy, saam met Gerrit Maritz, 'n kommando gelei om Port Natal te besoek met die doel om met die oorblywende Engelse inwoners te beraadslaag. Hulle het Port Natal op 12 Mei 1838 bereik. Maritz wou voorrade

---

Blanckenberg, Thomas Carden, John Russel, Richard en William Wood, Henry Batt, John of Thomas Campbell, en Richard Lovedale.
[29] Cubbin, A. E. (1988). The English alliance with the Voortrekkers against the Zoeloes during March and April 1838. *Historia*, *33*(2), 63-73., p.69
[30] Cubbin, A. E. (1988). The English alliance with the Voortrekkers against the Zoeloes during March and April 1838. *Historia*, *33*(2), 63-73., p.70
[31] Cubbin, A. E. (1988). The English alliance with the Voortrekkers against the Zoeloes during March and April 1838. *Historia*, *33*(2), 63-73., p.70
[32] Theal, G. M. (1886). *Boers and Bantu: A History of the Wanderings and Wars of the Emigrant Farmers from their leaving the Cape Colony to the overthrow of Dingan*. Saul Solomon and Co., p.112

aanvul en het goedere, vee, buskruit, en selfs 'n tienponderkanon van Engelse handelaars gekoop. Landman was daar om, namens die Boere, amptelik beheer oor Port Natal oor te neem. Die Engelse het hierdie ontwikkeling verwelkom en het op 16 Mei 1838 'n geskrewe verklaring aan Landman gegee waarin hulle bevestig het dat hulle hulself nie teen die Zoeloes kon verdedig nie.[33] Op versoek van die Engelse inwoners het Landman ingestem om sy mense na Port Natal te verplaas en hulle laer daar te vestig.[34] Verskeie laers is in die nabyheid van Port Natal opgerig, insluitend Lourens Badenhorst se laer, waarskynlik geleë by Congella, en Jacobus Uys se laer aan die mond van die Umlaasrivier.[35] Al hierdie laers was onder leiding van Karel Landman, wat homself aan die mond van die Umgenirivier gevestig het. Landman het Lourens Badenhorst as die landdros van Port Natal aangestel en William Cowie as veldkornet.[36]

Tydens die winter van 1838 was die situasie van die Boere in Natal wanhopig. Daar was dae wanneer daar skaars genoeg kos was, masels het onder die mense uitgebreek, en die weer was koud, nat, en modderig. Om hul leed te vererger, het daar in Julie 'n brand in een van die laers

---

[33] Markram, W. J. (2001). *Die lewe en werk van Petrus Lafras Uys, 1797-1838* [Doctoral dissertation, University of Stellenbosch]., p.281
[34] Theal, G. M. (1886). *Boers and Bantu: A History of the Wanderings and Wars of the Emigrant Farmers from their leaving the Cape Colony to the overthrow of Dingan.* Saul Solomon and Co., p.112
[35] Jansen, E. G. (1938). *Die Voortrekkers in Natal.*, https://archive.org/details/VoortrekkersInNatal
[36] Theal, G. M. (1886). *Boers and Bantu: A History of the Wanderings and Wars of the Emigrant Farmers from their leaving the Cape Colony to the overthrow of Dingan.* Saul Solomon and Co., p.113

ontstaan.[37] Die laers was gevul met weduwees en weeskinders, en baie mense was siek en gewond en het mediese sorg benodig. Gerrit Maritz was nou ernstig siek weens malaria. Na Piet Retief se moord in Dingaanstad, Piet Uys se dood in die Slag van Italeni, en Maritz se siekte, het die Boere nou, afgesien van Potgieter in Potchefstroom, al hulle senior leiers verloor. Dit was gedurende hierdie tyd en onder hierdie omstandighede dat die Britse regering hulle gedreig het om Natal met militêre mag te annekseer, "om die inboorlinge in Natal teen uitwissing of slawerny deur die Boere te beskerm".[38] Teen die einde van Julie het verskeie laers stroomop na die Boesmansrivier, 'n paar kilometer bokant die huidige dorp Estcourt, verskuif. Hulle het in 'n groot holte aan beide kante van die rivier gaan staan, en hierdie kampe het bekend geword as Gatslaer vanweë hul ligging in 'n holte.[39] Gatslaer, wat uit ongeveer 300 waens bestaan het, was saamgestel uit drie afsonderlike laers. Kommandant Jacobus (Grootvoet) Potgieter, Jan Du Plessis, en Joachim Prinsloo het aan die regteroewer gestaan, in 'n groter laer wat bekend was as Dubbellaer, en aan die linkeroewer was die laers van Gert Rudolf en Hans de Lange.[40]

---

[37] Steyn, J. C. (2016). *Afrikanerjoernaal: ń Vervolgverhaal in 365 episodes*. Firefly Publications (PTY) Ltd., p.113
[38] Napier aan Glenelg op 18 Mei 1838, [Muller, C. F. J. (1946), p.420]; Napier se publieke verklaring van 21 Mei 1838, [Muller, C. F. J. (1946), p.309]
[39] Jansen, E. G. (1938). *Die Voortrekkers in Natal.*, https://archive.org/details/VoortrekkersInNatal
[40] Jansen, E. G. (1938). *Die Voortrekkers in Natal.*, https://archive.org/details/VoortrekkersInNatal

DIE BOERREPUBLIEKE

Op die oggend van Maandag, 13 Augustus 1838, het twee veewagters, Botha en Bothma, die laers gewaarsku dat 'n groot Zoeloeleër op pad na die laers is. Hans de Lange het vinnig 'n kommando saamgestel en teen die Zoeloes uitgery om hulle te probeer stuit, maar moes gou na die veiligheid van die laers terugval. Al die Boere het die laers veilig bereik, behalwe Hans Froneman, 'n veewagter, wat deur die naderende Zoeloes op die veld doodgemaak is. Ongeveer 10,000 Zoeloes, onder die ervare bevelvoerder Ndhlela nTuli, het 'n aanval op die laers geloods, maar hierdie keer was die Boere vooraf gewaarsku en het hulle tyd gehad om hul verdediging voor te berei.[41] Anna Elizabeth Steenkamp, 'n niggie van Piet Retief, het die aanval as volg beskryf: "Die Zoeloe hordes, duisende der duisende, het gestrek so ver as die oog kon sien. Dit was verskriklik om te aanskou. Ek kan hul getalle nie beskryf nie; mens sou dink dat die hele Heidendom bymekaargekom het om ons te vernietig."[42] Met slegs sewe-en-sewentig weerbare mans om Gatslaer te verdedig, en hul kruit was klammer as wat hulle dit sou wou hê, moes almal in die laers, mans, vroue, en kinders, wapens opneem of diegene wat geveg het, ondersteun. nTuli se magte het die hele dag aangeval, maar na verskeie mislukte pogings om die laers binne te dring, het hulle vir die nag onttrek tot buite die bereik van die Boere se muskette. Daardie nag was 'n nag van hoër waaksaamheid vir die Boere. Hulle het die aantal wagte verhoog en lanterns

---

[41] The South African Military History Society (n.d.). South African Military History Siciety Eastern Cape Branch, Newsletter / Nuusbrief 108 September 2013: Great Trek Anniversary: Military encounters of the Voortrekkers 6. http://samilitaryhistory.org/13/p13augne.html

[42] Voigt, J. C. (1899). *Fifty years of the history of the Republic in South Africa - 1795-1845 - Vol.II*. E.P. Dutton & Co., p.74

DIE SKEPPING VAN DIE BOERIDENTITEIT

rondom die laers aangesteek om teen verrassingsaanvalle te waak. Intussen, net buite bereik, het die Zoeloes van die gesteelde beeste geëet, en die Boere moes luister na die geloei en geblêr van die gewonde diere terwyl die Zoeloes dit geslag het.[43]

Vroeg die volgende oggend het De Lange en sy kommando weer uitgery om die Zoeloeleër aan te val, in 'n poging om hulle na binne skietafstand te lok. Net soos die vorige dag, moes hulle weer na die laers terugval. Die 14de het baie soos die 13de verloop, met genadelose Zoeloe-aanvalle op die laers, wat ten spyte van hul vasberadenheid, nie daarin kon slaag om dit te oorweldig nie. Op die oggend van die 15de, na twee dae van onophoudelike gevegte, het nTuli sy magte onttrek. Hy het egter, voor sy vertrek, die meeste van die Boere se vee buitgemaak.[44] Versterkings het vanaf Maritz se kamp aangekom. Hulle het die jonger Boere agtergelaat om die gewonde Zoeloes te elimineer terwyl die mans die terugtrekkende Zoeloeleër agterna gesit het om hul gesteelde vee terug te kry.[45] Hulle kon 'n paar vee terugkry, maar die Zoeloemag was te groot en hulle moes uiteindelik die vervolging staak. Na die intense tweedaagse geveg, waarin die Boere slegs een man, genaamd Vlotman, verloor het, het hulle Gatslaer na Veglaer hernoem. Dit het hulle vyf

---

[43] Walker, E. A. (1965). *The Great Trek* (5th ed.). Adam & Charles Black, London., p.177
[44] The South African Military History Society (n.d.). South African Military History Siciety Eastern Cape Branch, Newsletter / Nuusbrief 108 September 2013: Great Trek Anniversary: Military encounters of the Voortrekkers 6. http://samilitaryhistory.org/13/p13augne.html
[45] Walker, E. A. (1965). *The Great Trek* (5th ed.). Adam & Charles Black, London., p.178

dae geneem om die ongeveer tweehonderd Zoeloelyke uit die omgewing van die laer te verwyder. Daarna het hulle Veglaer ontbind en na Maritz se laer aan die Klein Tugelarivier verhuis.[46]

Die verlies van hul beeste het die Boere verder in nood gestort. Hulle het reeds met siekte en 'n tekort aan kos geworstel. Gerrit Maritz se gesondheid het nou aansienlik agteruitgegaan, en op 23 September 1838 is hy in die ouderdom van twee-en-veertig oorlede. Maritz was 'n hoeksteen vir die Boere in Natal en 'n groot bron van inspirasie vir hulle. Sy dood het selfs die mees veerkragtige onder hulle met wanhoop en diep droefheid vervul.[47] Die Boere het hulself nou in 'n tydperk van intense teenspoed en lyding bevind, en hulle het positiewe nuus dringend nodig gehad. In hul donkerste uur het Boerboodskappers inderdaad die broodnodige goeie nuus gebring. Andries Pretorius was besig met sy laaste voorbereidings om by hulle te kom aansluit en hy het presiese instruksies gestuur oor die nodige voorbereidings vir 'n kommando teen Dingaan, om hul beeste te herwin en hul lewens in Natalia te verseker.

Intussen was daar egter pogings aan die gang om die Britse Regering aan te spoor om die Boere se vryheidsbeweging te stuit. Op 6 Maart 1838 het Sir W. Molesworth, 'n lid van die Britse Laerhuis, die Boerdebat in die Britse Parlement geïnisieer: "Die mees buitengewone

---

[46] Jansen, E. G. (1938). *Die Voortrekkers in Natal.*,
https://archive.org/details/VoortrekkersInNatal
[47] Voigt, J. C. (1899). *Fifty Years of the History of the Republic in South Africa (1795-1845), Volume II.* E.P.Dutton &Co., p.81

gebeurtenisse vind in die (Kaap) kolonie plaas, wat die onvermoë en swakheid van die Koloniale Regering bewys... 'n Formidabele groep "Boors" (Boere),... met hulle vroue en kinders, skape, beeste, waens, huishoudelike goedere, en boerderygereedskap, het die kolonie verlaat en ons gesag uitgedaag!" Met verwysing na besluite wat deur die Boere aan die Caledonrivier op 14 Augustus 1837 aangeneem is, het Molesworth bygevoeg: "hulle voorneme is om 'n nedersetting op dieselfde beginsels van vryheid te stig as dié wat deur die Verenigde State van Amerika aanvaar is.... Hulle is in 'n oop rebellie!"[48] Molesworth het aan die Britse parlement gesê: "Niemand kan voorspel watter rampspoedige rumoer deur hierdie Tartaarse horde rondtrekkende "Boors" (Boere) geproduseer kan word nie."[49] Nie lank na sy aanstelling nie, het die nuwe goewerneur van die Kaapkolonie, Sir George Napier, in gesprek met 'n Boertrekgeselskap by die Oranjerivier terwyl hulle die Kaap verlaat het, getree. Sy doel was om vas te stel of die Boere oorreed kon word om na die Kaap terug te keer as hy belowe het om "vir hulle alles te doen en selfs meer as wat D'Urban gepoog het om te doen".[50] Die Boere het vir hom gesê dat hulle geen vertroue in die Britse regering het nie, en het die voorstel van die hand gewys en gekies om nie terug te keer nie. Napier het besef dat hy die Boere nie kon keer om te trek nie, maar hy was ook nie bereid om opstand teen die Britse Ryk te verdra nie.

---

[48] Muller, C. F. J. (1946). *Die Britse Owerheid en die Groot Trek* [Doctoral dissertation, University of Stellenbosch]., p.321-p.322
[49] Muller, C. F. J. (1946). *Die Britse Owerheid en die Groot Trek* [Doctoral dissertation, University of Stellenbosch]., p.166
[50] Walker, E. A. (1965). *The Great Trek* (5th ed.). Adam & Charles Black, London., p.183

In 'n skrywe aan Staatsekretaris Glenelg op 18 Mei 1838 het Napier aanbeveel dat Port Natal militêr beset moet word om die inboorlinge van Natal (die Zoeloes) "teen uitwissing of slawerny deur die Boere te beskerm".[51] Op 21 Mei 1838 het hy 'n openbare proklamasie aan die Boere uitgereik: "Sy Edele waarsku almal wat reeds geëmigreer het of steeds geneig mag wees om te emigreer,... as onderdane van Haar Majesteit, dat hulle emigrasie na die binneland hulle nie kan vryspreek van hul getrouheid as Britse onderdane nie...".[52] Hy het ook die emigrasie van Boere uit die Kaap om hul mede-Boere in hul stryd teen die Zoeloes te ondersteun, verbied.[53] In Oktober 1838 verwys Napier in 'n brief aan Glenelg na 'n brief van E. Parker waarin hy na die Boere se verwagte kommando teen Dingaan sê: "Ek vrees dat die vernietiging en slagting van menselewens sonder weerga sal wees."[54] In nog 'n brief aan Glenelg op 16 Oktober 1838 vra Napier weer dat die Britse regering Port Natal moet annekseer om alle ammunisie wat vir die Boere bestem is, af te sny: "…op hierdie manier alleen kan ek aanvalle teen die inheemse stamme deur hierdie Emigrante Boere voorkom en sodoende verdere bloedvergieting stop."[55] In hierdie brief sê Napier aan Glenelg dat, deur Port Natal te annekseer, "die Britse nasie en die Britse regering duidelik aan die Boere sal

---

[51] Muller, C. F. J. (1946). *Die Britse Owerheid en die Groot Trek* [Doctoral dissertation, University of Stellenbosch]., p.420
[52] Muller, C. F. J. (1946). *Die Britse Owerheid en die Groot Trek* [Doctoral dissertation, University of Stellenbosch]., p.309
[53] Walker, E. A. (1965). *The Great Trek* (5th ed.). Adam & Charles Black, London., p.183-p.184
[54] Muller, C. F. J. (1946). *Die Britse Owerheid en die Groot Trek* [Doctoral dissertation, University of Stellenbosch]., p.421
[55] Muller, C. F. J. (1946). *Die Britse Owerheid en die Groot Trek* [Doctoral dissertation, University of Stellenbosch]., p.421

DIE SKEPPING VAN DIE BOERIDENTITEIT

bewys dat hulle nie aggressie van enige aard teen die inboorlinge sal duld nie".[56] Teen middel November 1838 het Napier vir Majoor Samuel Charters gestuur om die Boerhawe van Port Natal te beset.[57] In sy instruksies is Charters beveel om versigtig te wees in sy omgang met die Boere en om enige optrede of uitlating te vermy wat as erkenning van hulle as 'n onafhanklike volk beskou kon word.[58] Op 20 November 1838 het Napier sy motivering vir die besetting van Port Natal aan Glenelg verduidelik: "hulle (die Boere) sou binnekort 'n afsonderlike kolonie of Republiek vorm en sodoende die Britse Nasie uitdaag!"[59] .

Andries Wilhelmus Jacobus Pretorius was die laaste van die prominente Boerleiers wat die Kaap verlaat het. Pretorius was 'n gesiene en baie welgestelde Boer van Graaff-Reinet. Hy was 'n groot man van meer as twee meter lank.[60] Hy het homself ook onderskei as 'n briljante militêre en politieke strateeg en organiseerder.[61] Nadat hy die Boere in die binneland en in Natal gedurende Oktober 1837 tot Januarie 1838 besoek het, het hy reeds in Januarie 1838 verskeie plase en eiendom in Graaff-Reinet-dorp

---

[56] Muller, C. F. J. (1946). *Die Britse Owerheid en die Groot Trek* [Doctoral dissertation, University of Stellenbosch]., p.421
[57] Walker, E. A. (1965). *The Great Trek* (5th ed.). Adam & Charles Black, London., p.184
[58] Muller, C. F. J. (1946). *Die Britse Owerheid en die Groot Trek* [Doctoral dissertation, University of Stellenbosch]., p.309-p.310
[59] Muller, C. F. J. (1946). *Die Britse Owerheid en die Groot Trek* [Doctoral dissertation, University of Stellenbosch]., p.312-p.313
[60] Steyn, J. C. (2016). *Afrikanerjoernaal: ń Vervolgverhaal in 365 episodes*. Firefly Publications (PTY) Ltd., p.115
[61] Giliomee, Hermann. *Die Afrikaners* (Afrikaans Edition). Tafelberg. Kindle Edition, p.158

DIE BOERREPUBLIEKE

geadverteer.[62] Gedurende 1838, terwyl hy sy eiendomme in kontant omskep en hom vir sy trek voorberei het, het hy baie gedoen om die trekgedagte onder die Boere wat nog nie by die trekbeweging aangesluit het nie, te bevorder. Hy het ook tevergeefs probeer om 'n "goeie leraar" vir die Boere te kry. Tydens Pretorius se vroeëre besoek aan die Boere het hy 'n deeglike begrip van die geleenthede en gevare van die Boere se omstandighede in die hoëveld en Natal opgedoen.[63] Hy het saam met Potgieter en Uys aan die Boere se veldtog teen Mzilikazi deelgeneem, en hy het tyd saam met Piet Retief en sy mense deurgebring voordat Retief vir sy fatale tweede besoek aan Dingaan vertrek het. Hy het ook Port Natal besoek, waar hy 'n mooi plaas teen 'n billike prys gekoop het. Toe hy die nuus oor die verpletterende gebeure in Natal ontvang het, kon hy die fisiese en emosionele nood van die mense uitstekend peil. Pretorius het ook 'n deeglike begrip van die militêre behoeftes en veiligheidskwessies van die Boere in Natal gehad. Na sy gronverkope kon hy, toe hy die Kaap in September 1838 verlaat, hom by die voorradedepot in Graaff-Reinet deeglik vir die uitdagings wat hom en sy mense in Natal voorlê, toerus.[64]

---

[62]Muller, C. F. J. (1971). Andries Pretorius se grondverkopings in Graaffreinet, 1837 tot 1838: 'n hersiening van dr. G.S. Preller se gevolgtrekkings. *Historia*, *16*(1), 2-8., p.2
[63] Muller, C. F. J. (1971). Andries Pretorius se grondverkopings in Graaffreinet, 1837 tot 1838: 'n hersiening van dr. G.S. Preller se gevolgtrekkings. *Historia*, *16*(1), 2-8., p.7
[64] Muller, C. F. J. (1971). Andries Pretorius se grondverkopings in Graaffreinet, 1837 tot 1838: 'n hersiening van dr. G.S. Preller se gevolgtrekkings. *Historia*, *16*(1), 2-8., p.8

DIE SKEPPING VAN DIE BOERIDENTITEIT

Andries Pretorius het sy trek by die Sandrivier gelos en met sestig weerbare mans verder na Natal gegaan. Die Boere was verheug toe hy op 22 November 1838 aan die bolope van die Tugelarivier by hulle opdaag. Op 28 November 1838 is hy tydens 'n vergadering van die Volksraad onbestrede as kommandant-generaal vir die opkomende kommando teen Dingaan verkies.[65] Wraak was beslis 'n prioriteit vir die meeste Boere met hierdie kommando omdat hulle familie, insluitende kinders, tydens die gru-aanvalle van Dingaan se impis verloor het. Die leierskap se doelwit met die kommando teen Dingaan was om die beeste en besittings wat Dingaan tydens sy aanvalle op die Boere geplunder het, en waarsonder hulle nie sou kon oorleef nie, terug te kry. Pretorius sou later 'n boodskap aan Dingaan stuur dat daar vrede kon wees indien hy die besittings van die Boere sou teruggee, maar Dingaan het sy boodskap geïgnoreer. Die Boere het die afgelope paar maande al vir hierdie kommando voorberei en oor die volgende paar dae sou Pretorius seker maak dat elke voorbereiding vir die kommando sorgvuldig getref is. Hy het die kommando saamgestel en die strategie vir die kommando uiteensit. Die kommando het uit 464 berede Boere, insluitende die kommandante, bestaan, waarvan 230 vanaf die hoëveld anderkant die Drakensberg gekom het om hulle broers te help.[66] Drie Engelse van Port Natal, wat by die Boere aangesluit het nadat die Zoeloes Port Natal verwoes het, het met sestig van hul Zoeloe-vugtelingvolgelinge die

---

[65] Voigt, J. C. (1899). *Fifty Years of the History of the Republic in South Africa 1795-1845 II*. E.P. Dutton & Co., p.85
[66] Jansen, E. G. (1938). *Die Voortrekkers in Natal.*,
https://archive.org/details/VoortrekkersInNatal

kommando meegemaak.[67] Die leiers van die kommando was Andries Pretorius, Carel Pieter Landman (tweede-in-bevel), Hans de Lange, Pieter Daniel Jacobs, Gerrit Jacobus Potgieter, Stephanus Erasmus, Piet Moolman, Louis Nel, Bart Pretorius en Alexander Biggar, wie in beheer van sy Zoeloevolgelinge was.[68] Stephanus Maritz, broer van die oorlede Gerrit Maritz, sou in bevel van die Boerlaers agterbly.[69]

Pretorius was onder geen illusie van die gevaar wat die opkomende kommando teen die oorweldigende numeriese oormag van die Zoeloes vir die Boere ingehou het nie. Hy het geweet dat dit in werklikheid 'n massiewe waagstuk was. Hy het, in die ontwikkeling van sy strategie vir die opkomende kommando, geput uit die lesse wat hulle uit die ervarings wat hulle teen Mzilikazi met Veglaer op 16 October 1836 en teen Dingaan met die nederlaag by Italeni in April 1838 geleer het. Die heuwelagtige terrein van Zoeloeland was nie geskik vir die Boere se spesialis-metode van oorlogvoering, naamlik 'n mobiele beredekommando, nie. Die strategie vir die opkomende geveg sou 'n kombinasie van 'n berede kommando en 'n walaerkommando wees. Die plan was dat hulle met genoeg waens teen Dingaan se leer sou uittrek en, wanneer hulle die punt van die veldslag bereik, hulle dan vanuit die laer sou veg. Berede kommando's sou verkenningstogte onderneem en ook

---

[67] De Jong, R. C. (1979). Die Slag van Bloedrivier - 16 Desember 1838., *Scientia Militaria, South African Journal of Military Studies*, 9(4)., p.34
[68] Voigt, J. C. (1899). *Fifty Years of the History of the Republic in South Africa 1795-1845 II*. E.P. Dutton & Co., p.87-p.88
[69] Walker, E. A. (1965). *The Great Trek* (5th ed.). Adam & Charles Black, London., p.184

DIE SKEPPING VAN DIE BOERIDENTITEIT

opvolgoperasies teen die vyand loods. Die kommando het vier-en-sestig waens wat met voorrade vir die ekspedisie gelaai, waarvan verskeie met ammunisie gelaai was, saamgeneem. Die Boere was met enkel- of dubbelloop voorlaaier-gewere met kruitpan en vuursteenslot, waarvan die kalibers gewissel het van vier-, ses-, agt- en tienponders, bewapen en hulle het ook drie klein kanonnetjies saamgeneem.[70][71] Ander voorrade was hoofsaaklik boerbeskuit, biltong, koffie en tabak.[72] Twee dae nadat hy as kommandant-generaal van die Boere aangestel is, het Pretorius die kommando met die ossewaens in Zoeloeland in gelei.

In die dae terwyl die kommando dieper in Zoeloeland ingetrek het, het Pretorius vir Hans de Lange getaak om voortdurend verkenning te doen om presies te weet waar die Zoeloemagte hulle bevind. Die kommando het ook elke aand laer getrek waar hulle veilig kon oornag en Pretorius het ook elke aand brandwagte uitgesit om enige verrassingsaanvalle te voorkom.[73] Terselfdertyd het Zoeloespioene voortdurend die Boere se vordering aan Dingaan gerapporteer. Pretorius het besef dat Dingaan geweet het dat hulle op pad was omdat Dingaan verskeie vure op die Boere se roete aangesteek het.

---

[70] Grobler, J. E. H. (2010). Afrikaner- en Zoeloeperspektiewe op die Slag van Bloedrivier, 16 Desember 1838. *Tydskrif vir Geesteswetenskappe*, *50*(3). pp.363-382, p.371
[71] De Jong, R. C. (1979). Die Slag van Bloedrivier - 16 Desember 1838., *Scientia Militaria, South African Journal of Military Studies*, 9(4)., p.34
[72] Voigt, J. C. (1899). *Fifty Years of the History of the Republic in South Africa 1795-1845 II*. E.P. Dutton & Co., p.87
[73]Grobler, J. E. H. (2010). Afrikaner- en Zoeloeperspektiewe op die Slag van Bloedrivier, 16 Desember 1838. *Tydskrif vir Geesteswetenskappe*, *50*(3). pp.363-382, p.368

Na 'n paar dae het Pretorius die idee van 'n Verbond, as 'n gebed vir God se hulp vir 'n oorwinning oor die Zoeloemagte, met Sarel Cilliers bespreek. Op 7 Desember 1838, aan die oewer van die Wasbankrivier, het Sarel Cilliers die Verbond aan God in 'n gebed aangebied: "Hier staan ons voor die Heilige God van Hemel en aarde om 'n gelofte aan Hom te doen, dat, as Hy ons sal beskerm en ons vyand in ons hand sal gee, ons die dag en datum elke jaar as 'n dankdag soos 'n Sabbat sal deurbring; en dat ons 'n huis tot Sy eer sal oprig waar dit Hom behaag, en dat ons ook aan ons kinders sal sê dat hulle met ons daarin moet deel tot nagedagtenis ook vir die opkomende geslagte. Want die eer van Sy naam sal verheerlik word deur die roem en die eer van oorwinning aan Hom te gee." Hierdie gebed is elke aand tot op die aand voor die slag herhaal. Die Gelofte het waarskynlik die beslissende invloed op die veldtog gehad, omdat dit die Boere se selfvertroue en geestelike weerbaarheid versterk het.[74]

Die Zoeloemagte het hulself ook geestelik vir die opkomende veldslag teen die Boere voorberei. Spesiale oorlogsdokters, die izinyanga zempi, het oorlogsmedisyne (izintelezi) voorberei wat oor die krygers gesprinkel is om hulle "onoorwinlik" te maak.[75] In hul belangrikste ritueel, het die krygers by die grafte van afgestorwe konings prysliedere gesing en die konings gesmeek om hulle in hulle opkomende

---

[74] Grobler, J. E. H. (2010). Afrikaner- en Zoeloeperspektiewe op die Slag van Bloedrivier, 16 Desember 1838. *Tydskrif vir Geesteswetenskappe*, 50(3). pp.363-382, p.368
[75] Grobler, J. E. H. (2010). Afrikaner- en Zoeloeperspektiewe op die Slag van Bloedrivier, 16 Desember 1838. *Tydskrif vir Geesteswetenskappe*, 50(3). pp.363-382, p.369

veldslag te help. Om hul dapperheid te versterk, het Dingaan opdrag gegee dat die amabutho (die krygers) die dreunsang van sy vader, Senzangakhona, aanhaal en 'n oorlogsdans by sy graf uitvoer.[76] Die Zoeloekrygers moes ook hulle assegaaie op die ou slypklip van Senzangakona skerp maak. Die getroude Zoeloevroue het besems heen en weer gewaai en dit in die aande op hulle mans se slaapmatte geplaas om so te verseker dat hulle veilig sou terugkeer. Hulle het ook hulle leerrokke onderstebo aangetrek totdat die veldtog verby was.[77] Nou het Dingaan sy bevelvoerders opdrag gegee om die Boere se optog na Dingaanstad te stuit.

Die Zoeloe-leër van ongeveer 10,000 tot 12,000 krygers was op grond van ouderdom in spesifieke regimente (amabutho), elk onder leiding van 'n hiërargie van bevelvoerders (indunas), georganiseer. Dingaan se opperbevelvoerder was Umdunankulu Ndlela Ntuli, en hy was deur die bevelvoerders Nzobo kaSobadli (Dambuza) en Nzobo kaSobadli Ntombela bygestaan.[78] Die Zoeloes se strategie het behels dat die amabutho in 'n formasie geposisioneer word wat die kop en horings van 'n bul nageboots het. Die regimente wat die twee horings gevorm het, was gewoonlik die jonger amabutho. Hulle taak was om die vyand te omsingel en so te verhoed dat hulle ontvlug. In

---

[76] Grobler, J. E. H. (2010). Afrikaner- en Zoeloeperspektiewe op die Slag van Bloedrivier, 16 Desember 1838. *Tydskrif vir Geesteswetenskappe*, *50*(3). pp.363-382, p.369

[77] Grobler, J. E. H. (2010). Afrikaner- en Zoeloeperspektiewe op die Slag van Bloedrivier, 16 Desember 1838. *Tydskrif vir Geesteswetenskappe*, *50*(3). pp.363-382, p.369

[78] Grobler, J. E. H. (2010). Afrikaner- en Zoeloeperspektiewe op die Slag van Bloedrivier, 16 Desember 1838. *Tydskrif vir Geesteswetenskappe*, *50*(3). pp.363-382, p.368

die middel, aan die kop van die bul, was die ouer, meer ervare amabutho wie se taak dit was om die vyand se hoofmag aan te val.[79] Elke regiment het unieke kleurpatrone op die skilde gehad om hulle van mekaar te onderskei. Die Zoeloekrygers was met werp- en steekassegaaie bewapen.[80] Die jonger amabutho was met knopkieries bewapen en hulle rol was om, nadat die oorwinning reeds beklink is, alle weerstand van die vyand finaal te beeindig. Daar was ook die izindibi of matdraers, wat nog te jonk was om te veg, wat die hoofmag op 'n afstand van ongeveer 'n kilometer gevolg het, wie se taak dit was om die kos- en ander voorrade te dra. 'n Nuwe Zoeloeregiment, die Izitunyisa-regiment, wat op perde gery en met gewere bewapen was, sou egter die opkomende slag teen Pretorius se kommando lei.[81]

Op 15 Desember 1838, toe die Boere by 'n sytak van die Buffelsrivier gestaan het, wat die Zoeloes die Ncomespruit genoem het, het twee van Hans de Lange se verkenners gerapporteer dat die Zoeloehoofmag net ongeveer twintig kilometer van die laer af was. Die verkenners kon duidelik verskeie regimente Zoeloekrygers onderskei.[82] Pretorius het toe met 300-man uitgery na die plek waar die

---

[79] Grobler, J. E. H. (2010). Afrikaner- en Zoeloeperspektiewe op die Slag van Bloedrivier, 16 Desember 1838. *Tydskrif vir Geesteswetenskappe*, *50*(3). pp.363-382, p.368

[80] De Jong, R. C. (1979). Die Slag van Bloedrivier - 16 Desember 1838., *Scientia Militaria, South African Journal of Military Studies*, *9*(4)., p.34

[81] Grobler, J. E. H. (2010). Afrikaner- en Zoeloeperspektiewe op die Slag van Bloedrivier, 16 Desember 1838. *Tydskrif vir Geesteswetenskappe*, *50*(3). pp.363-382, p.369

[82] Grobler, J. E. H. (2010). Afrikaner- en Zoeloeperspektiewe op die Slag van Bloedrivier, 16 Desember 1838. *Tydskrif vir Geesteswetenskappe*, *50*(3). pp.363-382, p.369-p.370

DIE SKEPPING VAN DIE BOERIDENTITEIT

Zoeloes opgemerk is. Dit het gelyk of die Zoeloes besig was om nader te kom. Sarel Cilliers wou op daardie stadium die Zoeloes aanval, maar in 'n besluit wat waarskynlik die kommando gered het, het Pretorius hierdie versoek afgekeur.[83] Intussen, in opdrag van Pretorius, het "Rooi" Piet Moolman met die sowat 150 man wat agtergebly het, 'n verdedigende laer opgestel. Die plek waar die walaer opgestel is, was uitstekend gelee.[84] Aan die suide het 'n droeë donga van sowat veertien voet (4.2m.) diep die laer beskerm. Dit het met 'n hoek by die Ncome-rivier aangesluit wat langs die laer 'n seekoeigat van 1400 tree lank gevorm het, wat die laer aan die oostekant beskerm het.[85] Aan die suidweste het die bree Gelatokop, wat later na "Vechtkop" herdoop is, 'n aanval vanuit die weste belemmer. Die laer kon dus net onbelemmerd vanuit die noorde, en in 'n mindere mate vanuit die weste aangeval word, wat die Boere toegelaat het om hulle verdediging daarop te kon konsentreer.[86] Teen laatmiddag op 15 Desember 1838 is die Boerpatrollies wat nog in die veld was met 'n harde kanonskoot na die laer teruggeroep.

Nog voor dagbreek die oggend van 16 Desember 1838, het die Boere gehoor hoe die Zoeloemag aankom om

---

[83] Voigt, J. C. (1899). *Fifty Years of the History of the Republic in South Africa (1795-1845), Volume II*. E.P.Dutton &Co., p.95
[84] Grobler, J. E. H. (2010). Afrikaner- en Zoeloeperspektiewe op die Slag van Bloedrivier, 16 Desember 1838. *Tydskrif vir Geesteswetenskappe*, *50*(3). pp.363-382, p.370
[85] De Jong, R. C. (1979). Die Slag van Bloedrivier - 16 Desember 1838., *Scientia Militaria, South African Journal of Military Studies*, 9(4)., p.30
[86] Grobler, J. E. H. (2010). Afrikaner- en Zoeloeperspektiewe op die Slag van Bloedrivier, 16 Desember 1838. *Tydskrif vir Geesteswetenskappe*, *50*(3). pp.363-382, p.370

hulle aan te val.[87] Die Zoeloes het vanuit die ooste oor die vlakte anderkant die Ncomerivier aangekom. Die Witskildregimente, aangevoer deur Nzobo kaSobadli Ntombela, het aan die ander kant van die rivier stelling ingeneem, terwyl die Swart- en Rooiskilde die Ncome by die driwwe oorgesteek en die laer omring het. Met daglig kon die Boere sien dat die laer deur duisende Zoeloekrygers omsingel is, 'n gesig wat deur sommige Boere as intimiderend, indrukwekkend en selfs mooi beskryf is.[88] Die Rooi- en Swartskilde, onder Nzobo kaSobadli (Dambuza) het met dagbreek, regimentsgewys, met hul eerste massastormlope die laer vanuit die noordweste en die noorde aangeval.[89] Die Boere het hulle vuur teruggehou totdat die Zoeloes naby die wa-muur gekom het, en dan losgebrand en so verwoesting onder die Zoeloekrygers gesaai. Sommige Zoeloe-aanvallers het tot so naby as tien meter van die laer gekom, maar kon ten spyte van hul onverskrokke aanvalle nie deur die Boere se verdediging breek nie.[90] Die Zoeloes se taktiek was om deur volgehoue stormlope die verdedigers uit te put totdat die Witskilde onder Ndhlela in aksie sou kom om die laer se weerstand finaal te breek.[91] Dit het begin lyk asof hierdie strategie besig was om te slaag, maar dit was 'n taktiese fout

---

[87] De Jong, R. C. (1979). Die Slag van Bloedrivier - 16 Desember 1838. *Scientia Militaria, South African Journal of Military Studies*, *9*(4)., p.34
[88] Cory, G. E. (1926). *The Rise of South Africa, Vol.IV*. Longman's, Green & Co., p.76
[89] De Jong, R. C. (1979). Die Slag van Bloedrivier - 16 Desember 1838. *Scientia Militaria, South African Journal of Military Studies*, *9*(4)., p.34
[90] Grobler, J. E. H. (2010). Afrikaner- en Zoeloeperspektiewe op die Slag van Bloedrivier, 16 Desember 1838. *Tydskrif vir Geesteswetenskappe*, *50*(3). pp.363-382, p.373
[91] De Jong, R. C. (1979). Die Slag van Bloedrivier - 16 Desember 1838. *Scientia Militaria, South African Journal of Military Studies*, *9*(4)., p.34

om die laer in regimente aan te val eerder as om dit in een gesametlike massastormloop te oorweldig. Die Boere se kanonvuur het die voordeel van die Zoeloes se oorweldigende getalle geneutraliseer.[92] Die Zoeloes het aangehou met hulle taktiek en het drie groot aanvalle op die laers geloods.

Toe die Boere na twee ure daarin kon slaag om die derde aanval af te weer, het Pretorius besef dat hy die verloop van die geveg sal moet verander, want as die geveg op hierdie wyse voorgegaan het, kon die Boere se ammunusie uitgeput raak. Hy het toe die hoofpoort van die laer laat oopmaak, en persoonlik 'n berede kommando uit die laer gelei om die Zoeloes direk aan te val.[93] Daarmee het hulle geslaag om die Witskilde by die geveg te betrek wat toe die rivier by die noordelike drif oorgesteek het om die laer aan te val. Toe die veteraanregimente van die Witskilde te vroeg by die geveg betrokke geraak het, het die Zoeloegeneraals se krygsplan in duie gestort.[94] 'n Boerkommando vanaf die westelike rivieroewer het die Witskilde gestuit. Die dodelike vuur van die Boere het verwarring onder die digte massas van Zoeloesoldate meegebring en hulle het begin vlug. 'n Deel van hulle wat deur die rivier wou vlug is by die tientalle afgemaai. Talle Zoeloes wat die donga ingevlug het, het daar so dig saamgedrom dat hulle omtrent nie kon beweeg of uitklim nie en daar het die kortafstand-geweervuur van die

---

[92] Cory, G. E. (1926). *The Rise of South Africa, Vol.IV*. Longman's, Green & Co., p.76

[93] Cory, G. E. (1926). *The Rise of South Africa, Vol.IV*. Longman's, Green & Co., p.76

[94] De Jong, R. C. (1979). Die Slag van Bloedrivier - 16 Desember 1838. *Scientia Militaria, South African Journal of Military Studies*, 9(4)., p.35

DIE BOERREPUBLIEKE

Boere swaar verliese veroorsaak. Die Boere het toe die vlugtende Zoeloes in berede groepe agternagesit wat die slag finaal in die Boere se guns beklink het.[95] Sowat 3 000 Zoeloes het dood random die laer, in die donga en langs die rivier gelê. Drie Boere, was in die slag gewond, onder wie Pretorius self wat in die linkerhand gewond was. Gerrit Raath het 'n ernstiger wond in sy sy opgedoen maar het daarvan herstel en Philip Fourie is in die been gewond.[96]

Intussen, op 4 Desember 1838, kort ná Pretorius en sy kommando vertrek het vir hul veldtog teen Dingaan, het drie Britse skepe soldate in Port Natal aan wal gesit.[97] Britse soldate, onder bevel van Majoor Samuel Charters, wat ook Theophilus Shepstone as 'n tolk met die Zoeloes ingesluit het, het besit van Port Natal geneem. Die doelstellings van Goewerneur Napier met hierdie militêre besetting, soos hy in sy brief aan Staatsekretaris Glenelg op 16 Oktober 1838 uiteengesit het, was om die aflewering van ammunisie en ander noodsaaklike voorrade aan die Boere te blokkeer om "aggressie teen die inheemse stamme (die Zoeloes) deur die Emigrante" te voorkom, en om te verhoed dat die Boere 'n

---

[95] Grobler, J. E. H. (2010). Afrikaner- en Zoeloeperspektiewe op die Slag van Bloedrivier, 16 Desember 1838. *Tydskrif vir Geesteswetenskappe*, *50*(3). pp.363-382, p.374
[96] Grobler, J. E. H. (2010). Afrikaner- en Zoeloeperspektiewe op die Slag van Bloedrivier, 16 Desember 1838. *Tydskrif vir Geesteswetenskappe*, *50*(3). pp.363-382, p.376
[97] Walker, E. A. (1965). *The Great Trek* (5th ed.). Adam & Charles Black, London., p.185

DIE SKEPPING VAN DIE BOERIDENTITEIT

onafhanklike regering sou stig.[98] Die besetting van die hawe deur Goewerneur Napier het die Boere hewig ontstel, maar hulle het alleen gestaan. Volgens G.M. Theal het selfs diegende wat simpatie met die Boere gehad het (die Kaapse Afrikaners), die goewerneur se optrede gesteun, met die hoop dat Brittanje nie net die gebied sou beset nie, maar dit permanent sou annekseer om "te sorg vir die veiligheid en welvaart van die Emigrante".[99] Majoor Charters het ammunisie wat aan die Boere behoort het, wat in store van die Engelse handelaars by die hawe gehou is, in beslag geneem. Hierdie ammunisie sou slegs teruggegee word as die Boere die gesag van Haar Majesteit se Regering aanvaar en ingestem het om dit slegs vir selfverdediging te gebruik wanneer hulle aangeval word.[100] Die Boere het hierdie voorwaardes geweier. Op 12 Desember 1838 het Stephanus Maritz 'n brief van Majoor Charters ontvang wat Pretorius inlig om nie teen Dingaan op te tree nie. Maritz het egter besluit om hierdie inligting van Pretorius te weerhou tot ná die ekspedisie teen Dingaan. In plaas daarvan het Maritz aan Charters voorgestel dat 'n onafhanlike kommissie die redes vir die Britse militêre teenwoordigheid in Natal moet ondersoek.[101] Op 16 Desember 1838, terwyl die Boere vir hul

---

[98] Theal, G. M. (1886). *Boers and Bantu: A History of the Wanderings and Wars of the Emigrant Farmers from their leaving the Cape Colony to the overthrow of Dingan.* Saul Solomon and Co., p.119
[99] Theal, G. M. (1886). *Boers and Bantu: A History of the Wanderings and Wars of the Emigrant Farmers from their leaving the Cape Colony to the overthrow of Dingan.* Saul Solomon and Co., p.119
[100] Cory, G. E. (1926). *The Rise of South Africa, Vol. IV.* Longman's, Green & Co., p.80
[101] Walker, E. A. (1965). *The Great Trek* (5th ed.). Adam & Charles Black, London., p.185

DIE BOERREPUBLIEKE

lewens by Bloedrivier geveg het, het die Britte hul vlag by Port Natal gehys.[102]

Op Kersdag van 1838 het die nuus van die kommando se oorwinning oor Dingaan die laers bereik. Mense was aanvanklik huiwerig om die nuus te glo, maar op 3 Januarie 1839, toe hulle 'n geskrewe verslag van Andries Pretorius oor die gebeure by Bloedrivier ontvang het, was hulle verheug, en Pretorius se kommando het die naam "Wenkommando" gekry.[103] Ten spyte van hierdie oorwinning was die taak van die Wenkommando nog nie klaar nie. Hulle het nog nie die beeste van die Boere herwin nie, en Dingaan was nog steeds in besit van die vuurwapens van Retief en sy manne, sowel as dié wat tydens die Bloukransmoorde geplunder is. Toe die kommando Dingaanstad bereik was dit verlate en afgebrand. Op 21 Desember 1838 het die Wenkommando naby die Moordkoppie, KwaMatiwane, waar Retief en sy geselskap vermoor is, laer getrek. Die plegtige taak, om die bene van hul mense wat daar vermoor is te versamel en te begrawe, het nou begin.[104] Hulle het die individue aan hulle klere uitgeken. In die leersak wat Retief gedra het, het Evert Potgieter die titelakte vir die eerste Boerrepubliek, die kontrak met die merk van Dingaan, wat

---

[102] Cory, G. E. (1926). *The Rise of South Africa, Vol. IV*. Longman's, Green & Co., p.79

[103] Grobler, J. E. H. (2010). Afrikaner- en Zoeloeperspektiewe op die Slag van Bloedrivier, 16 Desember 1838. *Tydskrif vir Geesteswetenskappe, 50*(3). pp.363-382, p.376

[104] Cory, G. E. (1926). *The Rise of South Africa, Vol. IV*. Longman's, Green & Co., p.78

die hele suide van Natal die Boere en hul nageslagte toestaan, gevind.[105]

Die oggend van 30 Desember 1838 het 'n berede kommando van 250 man, onder leiding van Carel Landman met Hans de Lange as tweede-in-bevel, in die rigting van die Wit Umfolozirivier uitgetrek. Die krygsraad van die Wenkommando het besluit dat Pretorius, weens die las van die assegaaisteekwond in sy hand, nie die kommando kon lei nie. Die doel van die patrollie was om uit te vind waar Dingaan en sy manskappe hulle bevind en ook om van die Boere se gesteelde beeste te herwin.[106] Nadat hulle oor 'n bergpas is en die rivier oorgesteek het, het daar skielik, soos by Italeni, tussen 7000 en 10000 van Dingaan se soldate op die heuwels aan beide kante van die kloof te voorskyn gekom. Zoeloeverkenners het die kommando gevolg en die leier van hul leër het vernuftig 'n hinderlaag vir die Boere opgestel. Na die suide van die kommando het Zoeloeregimente 'n halfsirkel om die Boere gevorm om te voorkom dat hulle kon ontsnap, en na die noorde toe het groot massas Zoeloes voor hulle bymekaargekom. 'n Skermutseling het uitgebreek en na omtrent 'n halfuur het Landman aan Hans de Lange gesê het dat hulle teen die heuwel moet opbeweeg om die Zoeloes van agter die groot klippe te beveg. De Lange was hewig omgekrap oor hierdie plan omdat dit sekere dood sou beteken. Hulle sou nie lank teen die oorweldigende getalle van die Zoeloes staande kon

---

[105] Cory, G. E. (1926). *The Rise of South Africa, Vol. IV*. Longman's, Green & Co., p.78
[106] Voigt, J. C. (1899). *Fifty Years of the History of the Republic in South Africa (1795-1845), Volume II*. E.P. Dutton &Co., p.106-p.107

bly nie. Hy het toe beheer geneem en geskreeu: "Vorentoe, manne, vorentoe! Hy wie my liefhet, volg my!"[107] [108]

Met sy manne kort op sy hakke, het De Lange 'n dun deel van die Zoeloe-lyn aangeval. Die Boere het vanuit die saal geskiet en swaar verliese onder die Zoeloes veroorsaak, totdat hulle deurgebreek en die oop vlakte bereik het. Tydens die geveg, het kleiner groepe Boere herhaaldelik afgebreek om die agtervolgende Zoeloes aan te val. Hierdie taktiese maneuvers het ure aangehou. Die hoofdeel van die Zoeloe-regimente het toe oor die vlakte beweeg om die Boere af te sny wat nou westelik gedraai het om in 'n kring om die Zoeloes weer by die rivier uit te kom. Die situasie het nou 'n wedloop geword om die rivier oor te steek. Toe die Boere die rivier oorgesteek het, het 'n paar perde by die driwwe in dryfsand vasgeval, waar 'n groot aantal Zoeloekrygers met hulle opgevang het. Handgevegte het op sekere punte uitgebreek terwyl die Boere deur die rivier beweeg het. Bart Pretorius se perd is onder hom gedood, wat hom gedwing het om te voet te veg totdat hy uiteindelik 'n perd wat sonder 'n ruiter deur die stroom beweeg het, kon bereik waarmee hy kon wegkom. Toe hulle die ander kant van die rivier bereik het, het die kommando na die laer gejaag, terwyl 'n agterhoede van sowat twintig tot vyftig Boere die Zoeloes so veel as moontlik probeer terughou het. Na 'n uitmergelende sewe-uurlange stryd van byna onophoudelike gevegte, het die

---

[107] Hierdie beskrywing van die Slag van die Wit Umfolozi is 'n verkorte weergawe van dié deur Voigt wat 'n presiese weergawe is van die herhinneringe van kommandant J.H. Visser, wie aan hierdie veldslag deelgeneem het, en dit op 25 Mei 1881 aan hom gedikteer het.
[108] Voigt, J. C. (1899). *Fifty Years of the History of the Republic in South Africa (1795-1845), Volume II*. E.P. Dutton &Co., p.109

Zoeloes uiteindelik hul aanval gestaak. Volgens J.H. Visser het Hans de Lange daardie dag die kommando gered: "As dit nie vir Hans Dons (die bynaam vir Kommandant Johan De Lange) was nie, sou ons almal daardie dag dood gewees het."[109] Tydens die Slag van die Wit Umfolozi het vyf Boere hul lewens verloor: Gerrit van Staden, Barend Bester, Nicholas le Roux, Marthinus Goosen, en Johannes Oosthuizen. Alexander Bigger, 'n Engelsman wat reeds sy twee seuns in Natal verloor het, en vyf van sy Zoeloe-volgelinge, het ook aan die kant van die Boere geval.[110]

Die Wenkommando het nog twee dae in hul laer aangebly om hulle perde tyd te gee om te herstel, waarna hulle na die laers by die Tugela teruggekeer het. Hulle het die Boerlaers op 9 Januarie 1839 bereik.[111] Die Slag van Bloedrivier het nie die mag van die Zoeloes gebreek nie; dit sou deur die Britte gedoen word toe hulle met die Slag van Ulundi op 4 Julie 1879 'n einde aan 'n onafhanklike Zoeloekoninkryk gemaak het. Bloedrivier het selfs nie Dingaan se mag gebreek nie; dit sou deur Mpande met die Slag van Maqongqo op 29 Januarie 1840 gedoen word. Wat Bloedrivier wel bereik het, was om 'n duidelike boodskap aan Dingaan te stuur dat dit nie 'n goeie idee is om die Boerlaers aan te val nie. Na al die beproewinge wat hulle in 1838 beleef het, het die oorwinning by Bloedrivier vir die Boere in Natal selfvertroue en hoop vir die toekoms gegee, wat hulle

---

[109] Voigt, J. C. (1899). *Fifty Years of the History of the Republic in South Africa (1795-1845), Volume II*. E.P. Dutton &Co., p.110

[110] WikiTree. Project: Voortrekkers. Retrieved September 13, 2023, from https://www.wikitree.com/wiki/Project:Voortrekkers

[111] Cory, G. E. (1926). *The Rise of South Africa, Vol. IV*. Longman's, Green & Co., p.79

DIE BOERREPUBLIEKE

in staat gestel het om hul bekrampte, ongesonde laers af te breek en 'n bietjie uit te sprei.[112] Hulle kon egter nie vry wees om hul nuwe land te ontwikkel solank as wat Dingaan nog hulle beeste en ander eiendom besit het en 'n bedreiging van noord van die Tugela was nie. Hulle kon ook nie vry wees om hulle nuwe staat te ontwikkel terwyl Britse troepe in Port Natal was nie.

Die Volksraad het Carel Landman gestuur om met Majoor Samuel Charters gesprekke te voer. Op 14 Januarie 1839 het Landman met Charters ontmoet en aan hom verduidelik dat die Boere nie Britse gesag erken nie, maar vriendskaplike betrekkinge met die Britse regering begeer. Hy het aan Charters uitgewys dat, weens hul ooreenkoms met Dingaan, onderhandel deur Piet Retief, die Boere nou wettiglik Natal, insluitend Port Natal, besit.[113] Die gesprekke was egter vrugteloos, en Charters het geweier om die Boere se ammunisie terug te gee. Nadat die Britse troepe 'n kamp gebou het, wat hulle Fort Victoria genoem het, het Majoor Charters na Kaapstad teruggekeer en Kaptein Jervis in bevel gelaat.[114] Tydens sy oorlandse reis terug na die Kaapkolonie het Charters deur gebiede met heelwat Boerlaers gereis. Hy het later die volgende waarnemings oor die Boere in Natal gedokumenteer: "daar was elke aanduiding van armoede en ellende;... gesinne wat kort tevore gemaklik in die Kolonie gebly het, is nou in armoede en ellende gedompel." "Hulle

---

[112] Walker, E. A. (1965). *The Great Trek* (5th ed.). Adam & Charles Black, London., p.189
[113] Cory, G. E. (1926). *The Rise of South Africa, Vol. IV*. Longman's, Green & Co., p.79
[114] Cory, G. E. (1926). *The Rise of South Africa, Vol. IV*. Longman's, Green & Co., p.90

het egter met wonderlike vasberadenheid teen hierdie rampspoed staande gebly,... maar het geen geneigdheid getoon om terug (na die Kaap) te keer nie..." "Al wat hulle nou van die Britse regering verlang het, was om hulle aan hul eie hulpbronne alleen te laat en hulle nie weer te pla nie." "Die afkeer van die Engelse heerskappy was opmerklik sterk onder die vroue... wat... die idee van terugkeer na die Kolonie met veragting verwerp het."[115]

Intussen het Pretorius sy trekgeselskap gaan haal wat hy in November 1838 by die Sandrivier in Winburg agtergelaat het voor die veldtog teen Dingaan. Hy het egter eers vir Henrik Potgieter in Potchefstroom gaan besoek. Gedurende sy besoek aan Potgieter het hy die spanning wat na die Italeni-debakel ontstaan het, uit die weg geruim. Hy het ook 'n belofte van Potgieter verkry om met die Natalia Volksraad saam te werk. Ondanks Potgieter se toewyding om met die Natalia Volksraad saam te werk, het hul verhouding oor die volgende paar maande nie aansienlik verbeter nie. Potgieter was bekommerd oor die teenwoordigheid van Britse troepe in Port Natal, en hy het gevrees dat 'n konstitusionele unie van die streke die hele Verenigde Boerrepubliek in gevaar sou bring as Brittanje Natal sou annekseer.[116] Terwyl hy by die Sandrivier was, het Pretorius op 24 Februarie 1839 'n gewaarmerkte afskrif van Piet Retief se kontrak met Dingaan in 'n brief aan Sir Benjamin D'Urban

---

[115] Voigt, J. C. (1899). *Fifty Years of the History of the Republic in South Africa (1795-1845), Volume II*. E.P. Dutton &Co., p.130
[116] Storm, J.M.G. (1989). Die konvensie van Sandrivier as die afsluiting van die Groot Trek. *HTS Teologiese Studies / Theological Studies*, *45*(3), 680-695., p.685

gestuur om die Boere se vreedsame bedoelings in Natal te demonstreer. In sy brief het Pretorius geskryf: "Ons merk ook dat die (Britse) regering ons baie bedreig, tog weet ons in die eerste plek dat almal verkondig dat elke mens vry moet wees ... en ons weet baie goed dat ons 'n vrygebore volk is, en dat ons 'n reg op Natal het, wat nie net deur middel van vrye aankoop verkry is nie, maar waarvoor ons die prys van onbeskryflike wreedheid moes betaal...".[117] Daarna het Pretorius, met sy trek van 138 mense, wat sy vrou, sewe van sy agt kinders, en 23 ander gesinne ingesluit het, saam met hul besittings in 68 waens, in hul nuwe land gaan vestig.[118]

Piet Greyling, stiefseun van Piet Retief, wie intussen bevel oor die laer oorgeneem het, het die laer in Julie 1838 na die Pietermaritzburg-gebied verskuif. Die Boere het die area aanvanklik "Boschejemans Randt" genoem, omdat Sanmense die omliggende kranse bewoon het. Greyling het in Oktober 1838 die dorp gestig en dit PieterMaritzburg genoem, vernoem na Piet Retief en Gerrit Maritz.[119] Greyling en sy mense het daar erwe uitgesit, en tuine en ook saailande aangelê.[120] Hulle het ook 'n groot voor van die dorpspruit aangelê wat water na die bewerkte erwe gelei het. Later, in Februarie 1839 het die Volksraad, wat ook as munisipale raad vir Pietermaritzburg gedien het, ses regulasies aan die

---

[117] Du Toit, A., & Giliomee, H. (1983). Afrikaner Political Thought. Volume 1: 1780-1850. University of California Press, p.216-p.217
[118] Botha, J. P. (2008). Ons Geskiedenis (1st ed.). J.P. Botha., p. 112
[119] Haswell, R. F., & Brann, R. W. (1984). Voortrekker Pieter Mauritz Burg. Contree: Journal for South African Urban and Regional History, 16, 16-19, p.16
[120] Jansen, E. G. (1938). *Die Voortrekkers in Natal.*, https://archive.org/details/VoortrekkersInNatal

DIE SKEPPING VAN DIE BOERIDENTITEIT

eienaars van die erwe uitgereik. Artikel vier het bepaal dat die erwe binne twee maande nadat dit aangekoop is, geplant moet word en Artikel vyf het bepaal dat die huise voor in die erf in lyn met die ander gebou moet word.[121] Greyling het bepaal dat die erwe vyftig treë by 150 treë moes wees. Hierdie mates het die standaard in latere Boerdorpe soos, Weenen, Utrecht en ook Lydenburg geword. Greyling was dalk haastig toe hy die erwe in Pietermaritzburg uitgetree het, want die erwe het in lengte verskil en was tussen 460 en 479 voet lank.[122] Andries Pretorius het in Maart 1839 waarskynlik oordryf om meer Boere uit die oostelike Kaapkolonie na Natalia te lok toe hy na Pieter Mauritz Burgh verwys het as "'n groot, aangename, waterryke dorpie,... met 300 pragtige erwe wat reeds gemeet en geplant is,... 50 myl van die Baai af... en mooier as enige dorp in die kolonie waarvan ek weet."[123]

Na die Slag van Bloedriver het Dingaan gewerk om sy magte vir sy voortgesette oorlog teen die Boere te herbou. Om hulpbronne te bekom, het hy probeer om die suidelike Swazimense van KwaNgwane te verower, maar sy Dlambedlu- en Zinyosiregimente is verslaan.[124] Op 1

---

[121] Haswell, R. F., & Brann, R. W. (1984). Voortrekker Pieter Mauritz Burg. Contree: Journal for South African Urban and Regional History, 16, 16-19, p.16
[122] Haswell, R. F., & Brann, R. W. (1984). Voortrekker Pieter Mauritz Burg. Contree: Journal for South African Urban and Regional History, 16, 16-19, p.17
[123] Haswell, R. F., & Brann, R. W. (1984). Voortrekker Pieter Mauritz Burg. Contree: Journal for South African Urban and Regional History, 16, 16-19, p.17
[124] Shamase, M. Z. (1999). *The reign of King Mpande and his relations with the Republic of Natalia and its successor, the British colony of Natal* [Doctoral dissertation, University of Zululand]., p.76

Januarie 1839 het Dingaan 'n beroep op sy broer, Prins Mpande, gedoen om sy sterkste regiment, die Hlomendlini (tuiswag), te voorsien en te lei in die komende ekspedisies.[125] Mpande was egter moeg van Dingaan se teregstellings en moorde en het geweier.[126] Dingaan was frustreerd deur sy leër se nederlaag by Bloedriver en sy mislukte Swaziveldtogte, en het nou oorweeg om nouer bande met die Britte by Port Natal aan te knoop. Op 23 Februarie 1839 het Dingaan se verteenwoordigers met Kaptein Jervis ontmoet. Toe Jervis op vredesonderhandelinge met die Boere aandring, het hulle vir hom gesê dat Dingaan bereid is om enige voorwaardes vir vrede met die Boere te aanvaar wat die Engelse mag dikteer, maar hy hoop dat die Engelse hom sal bystaan om die Boere uit die land te verdryf.[127] Die Volksraad het ingestem om te onderhandel, maar het Britse bemiddeling verwerp.

Op 26 Maart 1839 het Pretorius met Zoeloe-afgevaardigdes naby die huidige Durban ontmoet, waar hulle vredesamesprekings gevoer het. Op 13 Mei 1839 is 'n vredesooreenkoms bereik, wat bepaal het dat: die Zulus die perde, skape, gewere en 19,000 beeste wat hulle van die Boere gebuit het sal teruggee; die Zulus naburige stamme onder hul beheer sou vrylaat; geen Zoeloe of Boer die Tugela sonder toestemming mag oorsteek nie; en dat die Boere die

---

[125] Shamase, M. Z. (1999). *The reign of King Mpande and his relations with the Republic of Natalia and its successor, the British colony of Natal* [Doctoral dissertation, University of Zululand]., p.76
[126] Maphalala, S. J. (1980). Zulu relations with the whites during the nineteenth century: A broad perspective. *Historia*, *25*(1), 19-27., p.21
[127] Cory, G. E. (1926). *The Rise of South Africa, Vol. IV*. Longman's, Green & Co., p.87

DIE SKEPPING VAN DIE BOERIDENTITEIT

Zulus in verdedigende oorloë sou bystaan.[128] Die Volksraad het die ooreenkoms op 24 Mei 1839 bekragtig. Op grond van 'n vroeëre boodskap van Dingaan, het die Boere op daardie selfde dag vertrek om hul eiendom te gaan haal.[129] Die Boere het 'n berede kommando van 334 mans onder Pretorius saamgestel, en 'n klein afvaardiging, waaronder William Cowie, J.A. van Niekerk, en J.P. Roscher, het vooruit na Dingaan se nuwe plek gegaan om hul eiendom in ontvangs te neem.[130] Uiteindelik het die Boerafvaardiging slegs 1,300 beeste, 400 skape, twee-en-vyftig gewere en drie-en-veertig sale ontvang, wat baie minder was as die 19,300 beeste waarop hulle ooreengekom het.[131] Cowie was onseker of Dingaan ten volle verstaan het hoeveel beeste van hom verwag word.[132]

Dingaan was woedend toe Mpande militêre diens weier en het besluit om hom te vermoor.[133] Ndlela ka Sompisi Ntuli, Dingaan se sleutelgeneraal en Eerste Minister, wat ook die inkosi van die Ntuli-stam was, het Prins Mpande ingelig oor Dingaan se planne om hom te vermoor. Ndlela het Mpanda ook ingelig oor Dingaan se inisiatief om sterker

---

[128] Walker, E. A. (1965). *The Great Trek* (5th ed.). Adam & Charles Black, London., p.195
[129] Geyser, O. (1967). Die lastige bure op die Noordgrens. *Historia, 12*(4), 225-233., p.231
[130] Voigt, J. C. (1899). *Fifty Years of the History of the Republic in South Africa (1795-1845), Volume II.* E.P. Dutton &Co., p.131
[131] Cory, G. E. (1926). *The Rise of South Africa, Vol. IV.* Longman's, Green & Co., p.89
[132] Walker, E. A. (1965). *The Great Trek* (5th ed.). Adam & Charles Black, London., p.197
[133] Shamase, M. Z. (1999). *The reign of King Mpande and his relations with the Republic of Natalia and its successor, the British colony of Natal* [Doctoral dissertation, University of Zululand]., p.76

bande met die Britte te smee vir ondersteuning teen die Boere en hy het Mpande aangeraai om na die Boere te gaan vir militêre bystand om Dingaan omver te werp.[134] In September 1839 het Mpanda, met 17 000 van sy mense en 25 000 beeste, oor die Tugela getrek en sy Mahambehlulakraal op die oewers van die Thongathirivier, sowat dertig myl noord van Port Natal, gevestig.[135] Die eerste Boer wat hy ontmoet het toe hy Natalia binnegegaan het, was Hans de Lange, wat besig was om seekoeie op die oewers van die Tugelarivier te jag. De Lange het die Volksraad van Mpande se teenwoordigheid in hul gebied en van sy lojaliteit aan die Boere ingelig.[136] Die Boere het die strategiese voordeel van vriendskap en 'n alliansie met Mpande teen potensiële Zoeloe-invalle van oorkant die Tugelarivier, besef.[137] Die Volksraad het op 15 Oktober 1839 met Mpanda vergader en die alliansie tussen hom en die Boere is amptelik gevorm. Daarna, op 21 Oktober 1839, het 'n Boerdelegasie onder die landdros (magistraat) van Congella, Frans Roos, Mpande se tydelike kraal besoek waar Roos, in 'n seremonie om die alliansie te verseël, die driekleur van die jong Republiek van

---

[134] Shamase, M. Z. (1999). *The reign of King Mpande and his relations with the Republic of Natalia and its successor, the British colony of Natal* [Doctoral dissertation, University of Zululand]., p.76
[135] Cory, G. E. (1926). *The Rise of South Africa, Vol. IV*. Longman's, Green & Co., p.98
[136] Shamase, M. Z. (1999). *The reign of King Mpande and his relations with the Republic of Natalia and its successor, the British colony of Natal* [Doctoral dissertation, University of Zululand]., p.100
[137] Shamase, M. Z. (1999). *The reign of King Mpande and his relations with the Republic of Natalia and its successor, the British colony of Natal* [Doctoral dissertation, University of Zululand]., p.100

DIE SKEPPING VAN DIE BOERIDENTITEIT

Natalia geplant het en Mpanda as die "Regerende Prins van die emigrante Zoeloes" verklaar het.[138]

Die Britse regering het geweet dat die alliansie tussen die Boere en Mpande tot oorlog in Zululand sou lei. Nietemin het hulle, blykbaar as 'n afstanddoening van hul aanspraak op die Boere se lojaliteit aan die Britse Kroon, in Desember 1839 hul troepe uit Port Natal onttrek.[139] Die Union Jack is op Kersdag afgehaal en die Britte het Port Natal verlaat, waarmee hulle hul blokkade van essensiële voorrade beëindig het.[140] Die Boere was uiteindelik vry om hul eie Boerrepubliek, gebaseer op hul waardes van vryheid, gelykheid, en broederskap, te vestig.[141] Dingaan het egter steeds die Boere se voortbestaan bedreig, en sy spioene wat in die omgewing van die Boere se vestigings gesien is, het die dringendheid van die Boere se voorbereidings en die ondersteuning wat van hul broers aan die anderkant van die Drakensberge gekom het, verhoog.[142] Mpande, wie se ondersteuningsbasis aanhou groei het, het ook sy leer vir die komende veldtog teen Dingaan voorberei. Op 4 Januarie 1840 het die Volksraad aan Pretorius opdrag gegee om die beeste waaroor hulle in hul vredesooreenkoms met Dingaan ooreengekom het, van hom te eis. Die getal beeste wat

---

[138] Geyser, O. (1967). Die lastige bure op die Noordgrens. *Historia*, *12*(4), 225-233., p.231
[139] Cory, G. E. (1926). *The Rise of South Africa, Vol. IV*. Longman's, Green & Co., p.103
[140] Voigt, J. C. (1899). *Fifty Years of the History of the Republic in South Africa (1795-1845), Volume II*. E.P. Dutton &Co., p.137
[141] Cory, G. E. (1926). *The Rise of South Africa, Vol. IV*. Longman's, Green & Co., p.103
[142] Voigt, J. C. (1899). *Fifty Years of the History of the Republic in South Africa (1795-1845), Volume II*. E.P. Dutton &Co., p.138

Pretorius van Dingaan moes eis het nou, op een of ander manier, van 20,000 tot 40,000 beeste verdubbel. Hierdie instruksies is aan Pretorius gegee in 'n dokument wat twee-en-twintig artikels wat reëls vir 'n gedragskode voorgeskryf het, en ook, volgens Boertradisie, 'n krygsraad binne die kommando geskep het waaraan selfs Pretorius onderworpe sou wees.[143] Die Boerkommando, wat uit vier honderd man en sestig waens bestaan het, het op 14 Januarie 1840 Pietermaritzburg verlaat en na Dingaan se nuwe plek aan die Ivunarivier getrek. Mpande het Pretorius in sy kommando vergesel, wat Dingaan vanuit die noordweste sou benader, terwyl sy eie mag, 'n leër van 10 000 manskappe aangevoer deur Nongalaza ka Nondela Mnyandu, Dingaan vanuit 'n suidoostelike rigting sou benader.[144] Op 21 Januarie 1840 het die kommando die Tugelarivier oorgesteek.

Toe Dingaan van die alliansie tussen Mpande en die Boere hoor, het hy twee ongewapende afgevaardigdes, Dambuza (bekend as Nzobo) Ntombela en Sikhombazana, na Pretorius gestuur om 'n nuwe vredesverdrag met die Boere te onderhandel.[145] Mpande het Dambuza as die booswig agter Dingaan se moorde en slagtings, insluitend die slagting van Boervroue en kinders by Bloukrans en Moordspruit en die moorde op Piet Retief en sy manne, geïdentifiseer, en hy het

---

[143] Jansen, E. G. (1938). *Die Voortrekkers in Natal.*, https://archive.org/details/VoortrekkersInNatal
[144] Jansen, E. G. (1938). *Die Voortrekkers in Natal.*, https://archive.org/details/VoortrekkersInNatal
[145] Shamase, M. Z. (1999). *The reign of King Mpande and his relations with the Republic of Natalia and its successor, the British colony of Natal* [Doctoral dissertation, University of Zululand]., p.101

daarop aangedring dat hulle vervolg word.[146] Pretorius het die twee mans laat arresteer en boei. Die Boere het gereeld verkenners uitgestuur en elke aand 'n verdedigende laer opgeslaan sodat hulle veilig kon oornag, net soos tydens die Wenkommando. Op 29 Januarie 1840 het hulle die Buffelsrivier oorgesteek en op die oewers van die Bloedrivier, waar hulle Dingaan voorheen verslaan het, laer getrek. Op dieselfde dag het Mpande se boodskappers, wat die laer onder 'n wit vlag met die letters VR vir Volksraad om hulself te identifiseer, genader het, die nuus gebring dat Mpande se leër verskeie skermutselings met die vyand gehad het en nou teenoor Dingaan se magte te staan gekom het. Pretorius het Mpande versoek om sy magte terug te hou totdat die kommando by hulle kon aansluit. Die Boere sou egter geen deel aan die geveg tussen Mpande se magte en dié van Dingaan, aangevoer deur Ndlela ka Sompisi Ntuli, hê nie, omdat die Slag van Maqongqo reeds begin het.[147] In 'n hewige en bloedige geveg is twee van Dingaan se drie regimente uitgewis,[148] en die meeste van 'n ander regiment het, weens bitterheid onder Zoeloegeledere, na Nongalazana oorgeloop.[149] Op 31 Januarie 1840 het Dambuza en Sikhombazana naby die Swart Mfolozirivier voor 'n krygsraad verskyn met Pretorius as regter en Mpande as

---

[146] Shamase, M. Z. (1999). *The reign of King Mpande and his relations with the Republic of Natalia and its successor, the British colony of Natal* [Doctoral dissertation, University of Zululand]., p.101

[147] Shamase, M. Z. (1999). *The reign of King Mpande and his relations with the Republic of Natalia and its successor, the British colony of Natal* [Doctoral dissertation, University of Zululand]., p.101

[148] Cory, G. E. (1926). *The Rise of South Africa, Vol. IV*. Longman's, Green & Co., p.107

[149] Maphalala, S. J. (1980). Zulu relations with the whites during the nineteenth century : A broad perspective. *Historia*, *25*(1), 19-27., p.21

aanklaer.[150] Mpande het die volgende getuienis in die krygshof gelewer: "Dit was dieselfde Dambuza wat die koning aangespoor het om julle Goewerneur Retief en sy manne, asook die vroue en kinders van julle nasie, te vermoor."[151] Nadat Dumbuza skuld erken het, is hulle skuldig bevind en ter dood veroordeel. Alhoewel die twee beskuldigdes deur 'n hof en vuurpeleton van die Boere verhoor en tereggestel is, is dit duidelik dat Mpande self, soos bevestig deur sy lofsange, die besluite in hierdie geval geneem het:

"Usongo lwensimbi yakoNdikidi,
['n Ysterspoel van Ndikidi]
Elidli uDambuza beno Sikhombazana.
[Wat Dambuza en Sikhombazana geëet het]
lnzingelezi kaNdaba,
[Die verstrengeling van Ndaba]
Emabal' azizinge,
[Met veelsydige aantrekkingskrag]"[152]

Pretorius het inligting ontvang dat Dingaan na Swaziland gevlug het. Op 5 Februarie 1840 het 'n kommando van 250 man, onder bevel van Kommandant Lombaard, die Wit Umfolozi oorgesteek om Dingaan te vervolg.[153] Die kommando het op 8 Februarie 1840 die Pongolarivier bereik,

---

[150] Cory, G. E. (1926). *The Rise of South Africa, Vol. IV*. Longman's, Green & Co., p.108
[151] Voigt, J. C. (1899). *Fifty Years of the History of the Republic in South Africa (1795-1845), Volume II*. E.P. Dutton &Co., p.150
[152] Shamase, M. Z. (1999). *The reign of King Mpande and his relations with the Republic of Natalia and its successor, the British colony of Natal* [Doctoral dissertation, University of Zululand]., p.102-p.103
[153] Cory, G. E. (1926). *The Rise of South Africa, Vol. IV*. Longman's, Green & Co., p.109

maar het uitgevind dat Dingaan alreeds vyf dae vantevore met 'n klein gevolg oor die Pongolo na die Lebomboberge in Swaziland gevlug het.[154] Dingaan is later deur die Swazis vermoor. Teen daardie tyd het die kommando verskeie perde weens perdesiekte in die gebied verloor en Lombard het besluit om na die laer terug te keer.[155] Intussen, op 5 Februarie 1840, het die Zoeloes vir Mpande volgens Zoeloetradisie as die nuwe Zoeloekoning ingehuldig. In hierdie Zoeloeseremonie is Mpande in die teenwoordigheid van Klwana Buthelezi en Maphitha ka Sojiyisa, die magtigste hoofleiers in Zululand (KwaZulu), wat getrouheid aan Mpande gesweer het, as die koning van die Zoeloes ingehuldig.[156] Op 10 Februarie 1840 het Mpande, in 'n Boerseremonie op die oewers van die Swart Umfolozi, 'n eed voor die Boere afgelê dat hy sy koninkryk in vrede en in 'n hartlike verhouding met die Boere as sy suidelike bure, sal regeer. Pretorius het sy tevredenheid teenoor Mpande oor die gedrag en dapperheid van sy impi (leër) en sy mense uitgespreek.[157] Daarna het Pretorius Mpande na 'n een-en-twintig-kanonsaluut as koning van die Zoeloes verklaar.

Op 14 Februarie 1840 het die Boere die nasionale vlag van die Republiek van Natalia in teenwoordigheid van Koning Mpande en sy hoofmanne gehys. Mpande het die

---

[154] Jansen, E. G. (1938). *Die Voortrekkers in Natal.*, https://archive.org/details/VoortrekkersInNatal
[155] Cory, G. E. (1926). *The Rise of South Africa, Vol. IV*. Longman's, Green & Co., p.110
[156] Shamase, M. Z. (1999). *The reign of King Mpande and his relations with the Republic of Natalia and its successor, the British colony of Natal* [Doctoral dissertation, University of Zululand]., p.103
[157] Jansen, E. G. (1938). *Die Voortrekkers in Natal.*, https://archive.org/details/VoortrekkersInNatal

grense van die Boerrepubliek van Natalia, vanaf die Tugelarivier tot by die Umzimvuburivier, soos tussen Piet Retief en Dingaan ooreengekom, erken en hy het die vassalstatus van die gebied noord van die Tugelarivier tot by die Swart Mfolosirivier aanvaar.[158] Andries Pretorius het 'n proklamasie uitgereik waarin hy die grense van die vassalgebied van Natalia uiteengesit het. Volgens hierdie proklamasie was die grense: "Al die grond van die Tugelarivier tot die Swart Mfolozirivier; dat ons grensskeiding vanaf die see voortaan langs die Swart Mfolozirivier sal wees, waar dit deur die Dubbele Berge loop, naby sy oorsprong en dan langs die Randberge, in 'n soortgelyke rigting as die Drakenberg, insluitend St. Luciasbaai, benewens alle seekuse en hawens, wat reeds uitgevind is en hierna uitgevind sal word, tussen die Umzimvuburivier en die mond van die Swart Mfolozirivier."[159] Na aanleiding van sy aanvaarding van die terme van vriendskap en verdediging tussen die Zoeloes en die Boere het Mpande aan die Boere gesê: "As iemand iets doen wat u benadeel, kan u my net laat weet en verseker wees dat ek met my hele leër u te hulp sal snel en my laaste man vir u sal opoffer."[160] Daarna het die Boere op die oewers van die Kliprivier ongeveer 36 000 beeste as vergoeding vir die verliese wat hulle deur Dingaan gely het, ontvang. Met hul terugkoms by Pietermaritzburg, is 14 000 beeste aan die

---

[158] Gie, S. F. (1932). *Geskiedenis vir Suid-Afrika*, II (2nd ed.). Pro Ecclesia-Drukkery, p.334
[159] Jansen, E. G. (1938). *Die Voortrekkers in Natal.*, https://archive.org/details/VoortrekkersInNatal
[160] Shamase, M. Z. (1999). *The reign of King Mpande and his relations with the Republic of Natalia and its successor, the British colony of Natal* [Doctoral dissertation, University of Zululand]., p.104

DIE SKEPPING VAN DIE BOERIDENTITEIT

Boere van die hoëveld, wes van die Drakensberge gegee,[161] terwyl die oorblywende beeste onder die Boere van Natalia verdeel is. Hierdie, die derde Boerkommando teen Dingaan, is nou die Beeskommando genoem.

Na die Britse militêre mag Port Natal verlaat het en vrede met die nuwe Zoeloeheerser in die noorde gevestig is, het die Boere hul doel bereik om 'n stuk grond te bekom waar hulle hulself kon regeer. Hulle het begin om hul staat en samelewing te ontwikkel deur hul eerste grondwet, Retief se Grondwet, te verbeter en daarop uit te brei. Die Volksraad was die hoogste gesag, maar as gevolg van die Boere se weerstand teen sentralisering van mag, was daar geen uitvoerende gesag nie, wat die werking van die staat belemmer het. Die titel van goewerneur het verdwyn.[162] Hulle het 'n radikale vorm van selfregering ingestel. Verkiesings, waaraan alle Boer-mans bo een-en-twintig kon deelneem, was jaarliks gehou en kiesers was ook vry om memoranda of appèlle aan die Volksraad voor te lê.[163] Dit is beduidend as in ag geneem word dat in Engeland, selfs na die Groot Hervormingswet van 1832, slegs ongeveer 650 000 of sowat 18% van die totale volwasse manlike bevolking in Engeland en Wallis, kon stem. Die raamwerk van die Boere se vorm van selfbestuur het al die beginsels van republikanisme, soos 'n vrye, onafhanklike klas burgers met

---

[161] Cory, G. E. (1926). *The Rise of South Africa, Vol. IV*. Longman's, Green & Co., p.112
[162] Muller, C.F.J. (1973). The Period of the Great Trek, 1834-1854. C.F.J. Muller (Ed.), Five Hundred Years. A History of South Africa (pp.146-182). (3rd ed.). Academia. ,p.168
[163] Giliomee, Hermann. Die Afrikaners (Afrikaans Edition). Tafelberg. Kindle Edition., p.163

DIE BOERREPUBLIEKE

eiendomsreg sowel as regte en verpligtinge, vervat. Volgens Giliomee was hierdie beginsels reeds lank voor die aanvang van die Groot Trek onder die Boere in die oostelike distrikte van die Kaap teenwoordig. Die Boere se migrasie na die binneland het hierdie beginsels van vryheid en onafhanklikheid in hul kultuur verder versterk. Dit het die onderskeid tussen die Boere en die Kaapse Afrikaners, wie lojaal aan die Britse monargie was en onder die Britte as die "loyal Cape Dutch" bekend gestaan het, opmerklik uitgewys.[164]

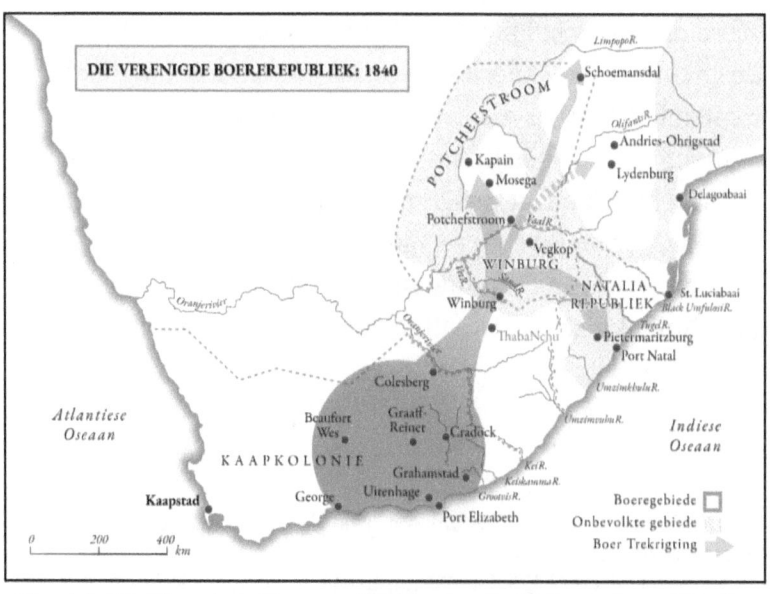

Kaart 4: Die Verenigde Boererepubliek onder die Volksraad van Natalia

Die Republiek is in drie landdrosdistrikte, naamlik Pietermaritzburg, Weenen, en Port Natal verdeel, met

---

[164] Giliomee, Hermann. Die Afrikaners (Afrikaans Edition). Tafelberg. Kindle Edition., p.163

DIE SKEPPING VAN DIE BOERIDENTITEIT

Pietermaritzburg as die hoofstad.[165] Die ou en beproefde instellings van Landdroste en Heemrade, wat in die Kaapse grensdistrikte bestaan het, is vir plaaslike regering ingevoer.[166] Hulle het ook die Britse juriestelsel geïmplementeer. Plase is afgemeet en vir die burgers geregistreer. Die Boere het hul tradisionele kommando militêre stelsel behou. Die hoof van die kommando's was 'n kommandant-generaal wat deur die Volksraad aangestel is.[167] In 1840 het hierdie Volksraad die posisie van kommandant-generaal in vredestyd afgeskaf.[168] Volwasse Boermans, kon deur hul plaaslike veldkornet vir militêre diens opgeroep word om onder hul plaaslike kommandant te dien. Na gesprekke tussen Andries Pretorius en Hendrik Potgieter in September 1840, is die hele Boergebied, wat Natalia, Winburg en Potchefstroom ingesluit het, as 'n Verenigde Boerrepubliek onder die gesag van die Volksraad van Natalia gebring.[169] Die Boere wes van die Drakensberg het verteenwoordigende sitting in die Volksraad gehad. In 1841 is 'n Adjunkraad van twaalf lede by Potchefstroom gestig.

---

[165] Gie, S. F. (1932). Geskiedenis vir Suid-Afrika, II (2nd ed.). Pro Ecclesia-Drukkery, p.334
[166] Muller, C.F.J. (1973). The Period of the Great Trek, 1834-1854. C.F.J. Muller (Ed.), Five Hundred Years. A History of South Africa (pp.146-182). (3rd ed.). Academia. ,p.168
[167] Giliomee, Hermann, (2013) Die Afrikaners (Afrikaans Edition). Tafelberg. Kindle Edition., p.162
[168] Giliomee, Hermann, (2013) Die Afrikaners (Afrikaans Edition). Tafelberg. Kindle Edition., p.162-p.163
[169] Muller, C.F.J. (1973). The Period of the Great Trek, 1834-1854. C.F.J. Muller (Ed.), Five Hundred Years. A History of South Africa (pp.146-182). (3rd ed.). Academia., p.168

Pretorius was die hoofkommandant vir Natalia, en Potgieter is aangestel as hoofkommandant wes van die Drakensberg.[170]

Die Boere wat oorleef het, kon nou die vrugte van hul opofferinge geniet. Hulle het 'n gevoel van veiligheid begin ervaar en kon hul gefortifiseerde laers, wat reeds wyd versprei was, verlaat om op hul nuut-geregistreerde plase te fokus.[171] Hulle kon ook meer permanente strukture oprig. Die dorp Weenen, vernoem ter herinnering aan die Bloukransmoorde in Februarie 1838, is in 1840 beplan en het uit 136 erwe, elk met 'n afmeting van 450 voet by 150 voet, bestaan.[172] Die Boere het ook 'n kerk in Pietermaritzburg gebou, soos belowe in hul verbond met God voor die Slag van Bloedrivier. Op 16 Januarie 1841, nadat 'n kommissie, bestaande uit J.N. Boshoff, J.P. Zietsman, en Louwrens Badenhorst, sy geloofsbriewe geverifieer en vasgestel het dat sy Presbyteriaanse lering niks van dit wat die Boere geglo het verskil nie, is Eerwaarde Daniel Lindley, 'n Amerikaanse Presbyteriaan as die eerste predikant van die kerk in Pietermaritzburg aangestel.[173] Hy was die Boere se prediker sedert Januarie 1840. In sy eerste Sondagsdiens in die Geloftekerk het Lindley ouderlinge en diakens bevestig,

---

[170] Muller, C.F.J. (1973). The Period of the Great Trek, 1834-1854. C.F.J. Muller (Ed.), Five Hundred Years. A History of South Africa (pp.146-182). (3rd ed.). Academia., p.168
[171] Muller, C.F.J. (1973). The Period of the Great Trek, 1834-1854. C.F.J. Muller (Ed.), Five Hundred Years. A History of South Africa (pp.146-182). (3rd ed.). Academia, p.168
[172] Voigt, J. C. (1899). *Fifty Years of the History of the Republic in South Africa (1795-1845), Volume II*. E.P. Dutton &Co., p.114
[173] Henning, E. E. (2014). *The cultural significance of the church of the vow in Pietermaritzburg* [Master's thesis, University of Pretoria]., p.70

sewe-en-twintig kinders gedoop en twee paartjies getrou.[174] Lindley, wie baie geliefd onder die Boere was, sou ook die Boere in Winburg en Potchefstroom dien.

Nadat Eerwaarde W. Archbell, die Wesleyaanse predikant wat by Hoofman Moroko by Thaba N'Chu gevestig was, die Boere in Natalia besoek het, het hy in September 1841 'n stuk vir die Grahamstown Journal oor hul nedersetting geskryf: "Die burgerlike toestand van die emigrante is veel beter as wat uit hul omstandighede sou kon verwag word. Hulle vestig hul op hul plase sonder om ag te slaan op, of vrees vir, die veranderinge wat almal van hoor wat binnekort sal plaasvind. Hul tuine, alhoewel goed toegerus met groente van elke soort en vrugtebome van die tweede jaar, is nog nie omhein nie. Die boere en hul gesinne is netjies geklee, alhoewel klere buitengewoon duur is in Natal. Hulle het 'n groot tydelike kerk by die Umlazi gebou, en 'n meer permanente een by Boesmansrand (Pietermaritzburg), waar die Eerwaarde Mnr. Lindley tans diens doen." Met betrekking tot die swart mense wat in Natalia geleef en gewerk het, skryf Eerwaarde Archbell die volgende in sy artikel: Die Natal inboorlinge "wat baie talryk in dorpe onder die Boere versprei is, is 'n heeltemal vrye volk... Die beginsels van vryheid is deurgaans regdeur die hele emigrasie verkondig...".[175] Baie "agtertrekkers" (Boere wat na 1839 getrek het), het van die Kaapkolonie af by hulle aangesluit, en handel tussen Natal en die Kaap het begin

---

[174] Henning, E. E. (2014). *The cultural significance of the church of the vow in Pietermaritzburg* [Master's thesis, University of Pretoria]., p.70
[175] Muller, C. F. J. (1946). *Die Britse Owerheid en die Groot Trek* [Doctoral dissertation, University of Stellenbosch]., p.429

floreer.[176] In Januarie 1840 het die Volksraad haweregulasies geformuleer en 'n hawemeester vir Port Natal aangestel.[177] Namate die gemeenskap in Natalia ontwikkel het, moes die Boere administrateurs van die Kaap invoer wat nie ten volle met die Boer kulturele identiteit geïdentifiseer het nie, wat tot interne botsings en 'n verswakking van die Republiek gelei het.

Om te verseker dat hul nuwe republiek vry en suksesvol kan voortbestaan, moes die Boere die Britse regering oortuig om sy beleid van vervolging teenoor hulle te laat vaar en hulle as 'n onafhanklike, vrye volk te erken. Op 4 September 1840 het die Volksraad van Natalia, in 'n brief aan Sir George Napier, die goewerneur van die Kaapkolonie, die Britse regering versoek om hulle as 'n vry en onafhanklike volk te erken. Die versoek het soos volg begin: "Om aan U Hoogheid, as die geëerde verteenwoordiger van Haar Majesteit, die Koningin van Engeland, voor te lê dat dit Haar Majesteit genadiglik mag behaag om ons as 'n vrye en onafhanklike volk, ('n reg wat deur ons bloed duur betaal is), te erken en te verklaar...".[178] Na 'n brief van Napier op 2 November 1840 waarin hy meer duidelikheid oor hul voorstel aangevra het, het die Volksraad op 14 Januarie 1841 beginsels uiteengesit vir die erkenning van hul onafhanklikheid. Sommige van hierdie beginsels het die

---

[176] Muller, C.F.J. (1973). *The Period of the Great Trek, 1834-1854.* C.F.J. Muller (Ed.), Five Hundred Years. A History of South Africa (pp.146-182). (3rd ed.). Academia. ,p.168
[177] Voigt, J. C. (1899). *Fifty Years of the History of the Republic in South Africa (1795-1845), Volume II.* E.P. Dutton &Co., p.113
[178] Cory, G. E. (1926). *The Rise of South Africa, Vol. IV.* Longman's, Green & Co., p.116

volgende ingesluit: "Dat ons onself verbind om nie ons grense verder uit te brei, waar dit nadelig vir enige van die omliggende stamme sal wees nie, en om geen vyandige stappe teen hulle te neem nie, tensy uit selfverdediging; "Dat die Republiek belowe om die verspreiding van dic evangelie sover moontlik aan te moedig; "Dat die Republiek, in die geval van oorlog tussen die Britse Regering en enige ander mag, as neutraal beskou word; "Dat die handel in Britse handelsware nie onderworpe sal wees aan hoër invoerregte as dié van ander lande nie; "Dat die Republiek hom verbind om nie die vyande van Groot Brittanje te help nie, en om nie toe te laat dat enige van hul skepe die hawe binnekom nie; en oor die algemeen, om op vriendelike voet met die Britse Regering te leef en vrede met omliggende nasies te handhaaf."[179]

Napier het uitgebreide korrespondensie met die Volksraad gevoer, maar nie hy of die Britse Imperiale regering het enige voorneme gehad om die Boere as 'n vrye en onafhanklike volk te erken nie. Op 10 Junie 1841 het Napier aan die Volksraad geskryf dat hy "geen onderhandeling of verdere onderhandeling met hulle kan aangaan nie, tensy hulle duidelik erkenning gee van hul volle en volledige getrouheid as Britse onderdane aan hul soewerein, Haar Majesteit die Koningin van Engeland, en verder verklaar dat hulle bereid is om die wettige gesag van die Britse Regering te gehoorsaam."[180] Staatsekretaris Russel

---

[179] Cory, G. E. (1926). *The Rise of South Africa, Vol. IV*. Longman's, Green & Co., p.118-p.119
[180] Muller, C. F. J. (1946). *Die Britse Owerheid en die Groot Trek* [Doctoral dissertation, University of Stellenbosch]., p.310

DIE BOERREPUBLIEKE

het Napier se standpunt bevestig. Op 26 Junie 1841 het Russel aan Napier geantwoord: "In die huidige omstandighede moet die emigrante boere ingelig word dat die Koningin nie 'n gedeelte van haar eie onderdane as 'n onafhanklike Republiek kan erken nie..."[181] In 'n memorandum in 1842 het die opvolgende Britse Staatsekretaris, Edward Stanley, weer op die Boere se lojaliteit aan die Britse Kroon aangedring: "Dit is duidelik onmoontlik om die eis van enige gedeelte van Haar Majesteit se onderdane om hul getrouheid af te skud en hulself op grondgebied van die Kroon te vestig, te erken en 'n eis te maak om as 'n onafhanklike staat behandel te word."[182] In antwoord op die vraag van Kolonel Fox in die Britse Laerhuis op 26 April 1842, "of daar beoog word om die onafhanklikheid van die Boere te erken," het Stanley geantwoord: "Dit is heeltemal onmoontlik om daartoe toe te stem..."[183]

Die Britte was nie net onwillig om die Boere as 'n vrye volk te erken nie, hulle het ook, vanuit verskeie bronne, insluitend Goewerneur Napier, Britse parlementslede, en Engelse besigheidsbelange, druk op die Britse Regering uitgeoefen om Natal te annekseer. Goewerneur Napier was waarskynlik die mees aktiewe voorstander van die anneksasie van Natal. Op 22 Junie 1840 het hy aan die Britse Staatsekretaris Russel geskryf: "Uit die verskeie verslae van

---

[181] Muller, C. F. J. (1946). *Die Britse Owerheid en die Groot Trek* [Doctoral dissertation, University of Stellenbosch]., p.310
[182] Muller, C. F. J. (1946). *Die Britse Owerheid en die Groot Trek* [Doctoral dissertation, University of Stellenbosch]., p.311
[183] Muller, C. F. J. (1946). *Die Britse Owerheid en die Groot Trek* [Doctoral dissertation, University of Stellenbosch]., p.311

die land wat voorgestel word om aan die Britse gebiede geannekseer te word, is daar geen twyfel dat dit (Natal) die mees vrugbare deel van suidelike Afrika is, en dit is in staat om nie net vir weiding nie, maar ook vir landbou, te benut te word."[184] In dieselfde brief aan Russel het hy 'n scenario geskets wat dit vir die Britse regering noodsaaklik mag maak om Natal te annekseer: as die Boere gebiede van stamme suid van Port Natal beset, "wat tot bloedige oorloë moet lei, en fataal vir die vrede van hierdie (Kaap) kolonie mag wees."[185] Op 6 Desember 1841 het hy in 'n ander brief aan Russel gesuggereer dat die Britte Natal veel beter sou ontwikkel as wat die Boere dit kon doen: "Die Boere wat reeds in daardie land is, besit nie genoegsame ondernemingsgees of kapitaal om die hulpbronne van die land te ontwikkel nie,... Hulle landboubedrywighede is tot dusver op 'n baie beperkte skaal uitgevoer." In dieselfde brief het hy weer voorgestel dat die Britse regering Natal moet annekseer: "om die inheemse stamme van Afrika die beskerming van Britse wapens teen die aanvalle van Her Majesteit se onderdane (die Boere) te bied."[186] Op 13 Desember 1842 het Napier in 'n brief aan Stanley voorgestel dat die Transoranje ook geannekseer moet word. Hy het geskryf: "Om die onstuimige Britse onderdane (die Boere) wat oor Afrika rondswerwe, te beheer, is tans 'n

---

[184] Muller, C. F. J. (1946). *Die Britse Owerheid en die Groot Trek* [Doctoral dissertation, University of Stellenbosch]., p.266
[185] Muller, C. F. J. (1946). *Die Britse Owerheid en die Groot Trek* [Doctoral dissertation, University of Stellenbosch]., p.173
[186] Muller, C. F. J. (1946). *Die Britse Owerheid en die Groot Trek* [Doctoral dissertation, University of Stellenbosch]., p.431

guns, maar om die nominale soewereiniteit van die Kroon uit te brei, is 'n verpligting."[187]

Engelse besigheidskringe en die media het 'n aansienlike invloed op die bevordering van die anneksasie van Natal uitgeoefen. Op 27 Maart 1839 het William Ward, 'n lid van die Britse Parlement, 'n petisie van Engelse handelaars vir die anneksasie van Natal in die Britse Parlement voorgelê.[188] Die "Natal Association" is deur Engelse besigheidsmanne gestig, en op 6 Junie 1839 het hul lede 'n vergadering met die nuwe Staatsekretaris, Lord Normanby, oor die voorgestelde kolonie in Natal gehad.[189] Op 10 Junie 1839 het die Graaf van Ripon 'n petisie in die Britse Laerhuis voorgelê waarin Liverpoolse handelaars versoek het dat 'n kolonie in Natal gestig word.[190] Op 11 Junie 1839 het die Britse imperiale regering toestemming aan lede van die "Natal Association" gegee om 'n komitee van die Laerhuis "om die gepastheid van die stigting van so 'n kolonie te ondersoek" te skep.[191] In 'n toespraak wat op 25 Junie 1839 in die Britse Parlement gelewer is, het Lid van die Parlement Ward die volgende verklaring oor Natal gemaak: "Daar is 'n absolute noodsaaklikheid dat die Regering maatreëls moet aanneem." "Daar was 'n her-emigrasie van

---

[187] Muller, C. F. J. (1946). *Die Britse Owerheid en die Groot Trek* [Doctoral dissertation, University of Stellenbosch]., p.216-p.217
[188] Muller, C. F. J. (1946). *Die Britse Owerheid en die Groot Trek* [Doctoral dissertation, University of Stellenbosch]., p.259
[189] Muller, C. F. J. (1946). *Die Britse Owerheid en die Groot Trek* [Doctoral dissertation, University of Stellenbosch]., p.259
[190] Muller, C. F. J. (1946). *Die Britse Owerheid en die Groot Trek* [Doctoral dissertation, University of Stellenbosch]., p.260
[191] Muller, C. F. J. (1946). *Die Britse Owerheid en die Groot Trek* [Doctoral dissertation, University of Stellenbosch]., p.259-p.260

die Kaap van 5000 gewapende Boere van die ou Hollandse ras, wat hulself onafhanklik van Groot Brittanje verklaar het."[192] In dieselfde toespraak het Ward weer op die anneksasie van Natal aangedring: "Ons het petisies van Glasgow, van Liverpool, van die handelaars wat met die Afrika-handel in Londen verbind is, wat ons versoek om die vraagstuk van Natal aan te spreek."[193]

Die Engelse media in Kaapstad het voortdurend die vervolging van die Boere gepropageer. Op 19 Junie 1839 het The South African Commercial Advertiser geskryf: "Opstand is Rebellie; en Rebellie is Oorlog." "Ons kan dus nie glo dat die Regering in besit is van 'n formele Verwerping van Getrouheid aan die kant van die Emigrante nie."[194] Die koerant het gepoog om die Britse regering te beïnvloed om teen die Boere op te tree. Op 11 Desember 1839 het dit geskryf: "En kan daar vir 'n oomblik veronderstel word dat sy (die Britse Ryk) ... 'n handjievol Boere sal toelaat om haar mag te trotseer...?" "Kan Groot Brittanje enige deel van haar onderdane toelaat om, op eie gesag, enige deel van 'n land, waarvoor sy plegtig verbind het om teen wettelose geweld aan die kant van die onderdane te beskerm, te verwoes?"[195] Op 16 November 1842 het The South African Commercial Advertiser van die Britse regering geëis: "om die mag van

---

[192] Muller, C. F. J. (1946). *Die Britse Owerheid en die Groot Trek* [Doctoral dissertation, University of Stellenbosch]., p.324
[193] Muller, C. F. J. (1946). *Die Britse Owerheid en die Groot Trek* [Doctoral dissertation, University of Stellenbosch]., p.260
[194] Muller, C. F. J. (1946). *Die Britse Owerheid en die Groot Trek* [Doctoral dissertation, University of Stellenbosch]., p.325
[195] Muller, C. F. J. (1946). *Die Britse Owerheid en die Groot Trek* [Doctoral dissertation, University of Stellenbosch]., p.326

die Britse ryk onder 'n talryke en sterk rebelle in hul eie bastion (Natalia) te demonstreer." " (dat) Britse oppermag herstel moet word; hierdie opstand onderdruk moet word; en Port Natal moet in besit geneem moet word."[196]

Die benarde finansiële situasie van Brittanje het die Britse regering tydelik verhoed om Natal te annekseer. In 'n brief aan Napier op 5 September 1840 het Staatsekretaris Russel aangedui dat hy onwillig is om groot uitgawes aan te gaan: "Ek sou baie bekommerd wees dat 'n gewelddadige besetting deur 'n mag van 1,200 of 1,500-man waarskynlik tot nuwe gevegte en nuwe moeilikhede sou lei..." "Ek is nie bereid om groot fondse te spandeer om die grondgebied van die Emigrant boere te verower nie."[197] Toe Napier op 5 November 1840 finansiële steun van die Imperiale regering aangevra het om die oosgrens van die Kaapkolonie te beskerm, het Russell geweier om imperiale fondse beskikbaar te stel en Napier opdrag gegee om koloniale fondse daarvoor te gebruik.[198] Op 16 Junie 1841 het Goewerneur Napier die swak finansiële situasie van die Kaapkolonie aan Staatsekretaris Russel beskryf: "Die Burgerlike Bestuur van hierdie (Kaap) Kolonie is tot die laagste vlak moontlik verminder..."[199] Op 14 Augustus 1841

---

[196] Muller, C. F. J. (1946). *Die Britse Owerheid en die Groot Trek* [Doctoral dissertation, University of Stellenbosch]., p.314
[197] Muller, C. F. J. (1946). *Die Britse Owerheid en die Groot Trek* [Doctoral dissertation, University of Stellenbosch]., p.177
[198] Muller, C. F. J. (1946). *Die Britse Owerheid en die Groot Trek* [Doctoral dissertation, University of Stellenbosch]., p.151
[199] Muller, C. F. J. (1946). *Die Britse Owerheid en die Groot Trek* [Doctoral dissertation, University of Stellenbosch]., p.150

het Napier aan Russell geskryf dat die Kaapse regering nie eers voldoende fondse het om lopende uitgawes te dek nie.[200]

Toe die Britse Tesourie sy besteding beperk het, het die Britse regering Afrika, in vergelyking met ander streke, as onbelangrik en finansieël nie die moeite werd nie, beskou. In 1840 het die Britse Permanente Ondersekretaris van die Kolonies, Sir James Stephen, geskryf dat "selfs as ons materiële hulpbronne baie meer was as wat dit tans is, sou dit baie slegte beleid wees om daardie deel in Afrika wat vir kolonisasie beskikbaar is, te gebruik." "In Noord-Amerika en in Australië het ons onbesette vastelande om in besit te neem, en elke sjieling wat daar goed bestee word, kan 'n groot en veilige opbrengs hê."[201] Op 31 Januarie 1842, in reaksie op Napier se pleidooie vir die anneksasie van Natal, het Stephen in 'n memorandum geskryf: "Gebied in suider Afrika is nie die moeite werd om as 'n deel van die buitelandse gebiede van die Kroon te besit nie; en... ons ware beleid, as dit nie onuitvoerbaar geword het nie, sou wees om die hele kolonie te verlaat, behalwe die hawens, en die onmiddellike omgewing waarvan hulle afhanklik is vir kos. ... en om 'n nuwe nedersetting by Port Natal te maak, terwyl daar nie eens 'n toeganklike hawe of 'n veilige ankerplek is nie, sou bloot wees om baie geld weg te gooi, en om ons verhoudings en verantwoordelikhede teenoor barbaarse stamme, waaruit niks ooit kan voortkom nie, te vermenigvuldig..."[202]

---

[200] Muller, C. F. J. (1946). *Die Britse Owerheid en die Groot Trek* [Doctoral dissertation, University of Stellenbosch]., p.150
[201] Muller, C. F. J. (1946). *Die Britse Owerheid en die Groot Trek* [Doctoral dissertation, University of Stellenbosch]., p.178
[202] Muller, C. F. J. (1946). *Die Britse Owerheid en die Groot Trek* [Doctoral dissertation, University of Stellenbosch]., p.178

DIE BOERREPUBLIEKE

Al was die amptelike beleid om Natal nie te annekseer nie, het die Britse regering nie die Boerrepubliek erken nie en daarop bly aandring dat die Boere Britse onderdane is en nie die reg gehad het om 'n onafhanlike staat te skep nie. In 'n brief aan Russel op 22 Junie 1841 het Napier geskryf dat, alhoewel hy in beginsel saamgestem het dat die Britse Ryk nie sy buitelandse besittings verder behoort uit te brei nie, die byvoeging van Natal "onvermydelik en deur omstandighede gedwing" was. Napier het vir Russel gesê dat die Boere beslis nie ontmoedig was nie en, hoe langer hulle in besit van Natal gelos word, hoe moeiliker die anneksasie van Natal later gaan wees.[203] Napier en die Britse Imperiale regering het voortdurend, met die dreigement van anneksasie, druk op die Boere in Natal geplaas. Die Boere in Natal was verdeeld oor hoe om op die voortdurende militêre bedreiging van die Britse regering te reageer. Aan die een kant was daar dié wat, as gevolg van Brittanje se wêreldwye aansien en reputasie, geglo het hulle niks moes doen om Brittanje teen te staan of te provokeer nie en aan die ander kant was daar dié wat geglo het dat die Volksraad in die belang van die Republiek moes optree, ongeag oor wat die reaksie van die Britse regering sou wees. Die Britse regering sou verskeie voorvalle as voorwendsel gebruik om Natal te annekseer.

Alhoewel die Boere geen meer vyande gehad het wat hulle met invalle bedreig het nie, het hulle aan die suidelike grens van die Republiek las van aanhoudende veediefstalle deur San-mense en ook die Baka-stam, onder hul hoofman

---

[203] Cory, G. E. (1926). *The Rise of South Africa, Vol. IV*. Longman's, Green & Co., p.117

Nkapaai, wat aan die Umzimvuburivier teen die Drakensberg gewoon het, gehad. Die Bakas was nie net 'n bedreiging vir die Boere in die omgewing nie, maar hulle het ook gereeld verwoesting en veediefstalle onder die Pondos, onder Hoofman Fakoe, gepleeg. Fakoe het selfs al vir die Boere "toestemming gevra" om, in alliansie met 'n ander stam in die area, die Hlangweni onder hoofman Fodo, die Bakas aan te val.[204] Die Boere het vroeg al gepoog om 'n positiewe verhouding met Fakoe te bou. Toe die Britse agent, Gideon Joubert, die Boere in Natal in 1838 in opdrag van Goewerneur Napier besoek het, het L. Badenhorst, 'n lid van die Volksraad, 'n brief aan hom gewys wat hy aan Fakoe gestuur het en twee briewe van die Wesliaanse sendeling by Fakoe, Jenkins, een aan Badenhorst self en die ander aan Veldkornet Cobi (William Cowie). Volgens Joubert kon hy uit hierdie briewe aflei dat die Boere "met daardie volk (die Pondos) in die sterkste vriendskap verkeer, sodat ek gevind het dat die Boere geen ander vyande (as Dingaan) het nie."[205] Toe Majoor Charters deur Pondoland na Natal teruggekeer het, het hy uitgevind dat een van die Boere se eerste optrede met hulle aankoms in Natal was om met Fakoe kontak te maak en hom van hulle welwillendheid en vreedsame bedoelings te verseker.[206] Charters het Fakoe egter geadviseer om niks met die Boere te doen te hê nie, omdat

---

[204] Voigt, J. C. (1899). *Fifty Years of the History of the Republic in South Africa (1795-1845), Volume II*. E.P.Dutton &Co., p.180
[205] Jansen, E. G. (1938). *Die Voortrekkers in Natal.*, https://archive.org/details/VoortrekkersInNatal
[206] Cory, G. E. (1926). *The Rise of South Africa, Vol. IV*. Longman's, Green & Co., p.90

"hulle in hulle huidige posisie teen die gesag van Haar Majesteit se regering was."[207]

Kommandant-generaal Pretorius het op 19 December 1840, in opdrag van die Volksraad, 'n kommando van twee-honderd-en-sestig man onder kommandant Lombaard uitgestuur om die Boere se gesteelde beeste by Nkapaai the gaan haal. In hierdie operasie is dertig Bakas gedood en die Boere het 3000 beeste buitgemaak. Op 23 Desember 1840 het die sendeling Garner vir die superintendant van die Wesliaanse Genootskap in kennis gestel dat 'n Boerkommando die Baka aangeval het. Hy het in die brief gesê: "Indien die (Britse) Regering nie op een of ander manier ingryp nie, Nkapaai en Fakoe binnekort vernietig sal word."[208] Na aanleding hiervan het die sendelinge op 5 Januarie 1841 'n brief, onderteken met Fakoe se merk, aan die Britse koloniale regering gestuur waarin Fakoe smeek vir beskerming teen "die vuur wat hy vrees van Natal af sou kom, aangesien hy 'n vriend van die Engelse is."[209] In dieselfde brief het die sendelinge aan Napier gesê dat al die grond tussen die Umzimvubu- en Umzimkuluriviere, die hele suidelike deel van Natalia, aan Fakoe behoort.[210] Alhoewel die Boere nooit 'n bedreiging vir Fakoe was nie, het Napier binne enkele dae Britse troepe onder Kaptein T.C. Smith

---

[207] Cory, G. E. (1926). *The Rise of South Africa, Vol. IV*. Longman's, Green & Co., p.91
[208] Muller, C. F. J. (1946). *Die Britse Owerheid en die Groot Trek* [Doctoral dissertation, University of Stellenbosch]., p.426
[209] Muller, C. F. J. (1946). *Die Britse Owerheid en die Groot Trek* [Doctoral dissertation, University of Stellenbosch]., p.426-p.427
[210] Voigt, J. C. (1899). *Fifty Years of the History of the Republic in South Africa (1795-1845), Volume II*. E.P.Dutton &Co., p.181

gestuur om in die Umgazivallei stelling in te neem om die Pondos teen die Boere te beskerm. Op 22 Januarie 1841 het Napier sy optrede aan Sekretaris Russell verduidelik: "...maar as U Hoogheid in aanmerking neem dat, tensy hierdie stelsel van aanvalle gestuit word en tensy die stamme van onskuldige inboorlinge teen sulke moorddadige aanvalle beskerm word, hulle na ons grens (die Kaapkolonie) gedryf sal word en sodoende 'n verdere en vreesaanjaende opoffering van menslike lewe vir ons beskerming sal veroorsaak, is ek oortuig dat die huidige uitgawe nie as onnodig beskou sal word nie, maar dat dit uiteindelik 'n besparing sal wees."[211] In reaksie op Napier se optrede het die Volksraad op 7 April 1841 'n brief aan Napier gestuur waarin hulle hom van hul vriendskapsverhouding met Fakoe in kennis stel en hul verwarring oor sy versoek vir beskerming teen die Boere uitspreek. In hierdie brief het die Volksraad ook aan Napier gesê: "Laastens kan ons U Hoogheid verseker dat nie Nkapaai, Fakoe of enige ander, die geringste aanval van ons hoef te vrees nie, as hulle ons net met rus laat."

Die tydperk van vrede wat Natal na die vernietiging van Dingaan ervaar het, het 'n toevloei van vlugtelinge, hoofsaaklik Zoeloes, na die nuwe republiek tot gevolg gehad. Terwyl die Boere, toe hulle nog in die Oos-Kaap was, altyd 'n tekort aan arbeiders ondervind het, was die probleem nou 'n oormaat van werkers. Die groot aantal vlugtelinge wat Natalia binnegekom het, het ook 'n bedreiging vir die Boere se veiligheid veroorsaak. Om hierdie rede het die Volksraad

---

[211] Muller, C. F. J. (1946). *Die Britse Owerheid en die Groot Trek* [Doctoral dissertation, University of Stellenbosch]., p.175

beveel dat boere nie meer as vyf vlugteling-gesinne as arbeiders op hul plase mag huisves nie.[212] Op 2 Augustus 1841 het die Volksraad bepaal dat alle nie-werkende Zoeloevlugtelinge binne die Boerrepubliek in die suide van die land, tussen die Mthamvuna- en Umzimvuburiviere, gevestig moet word. Hierdie uitgestrekte gebied het voldoende weiding vir hul beeste gebied, sowel as volop water en brandhout. Terwyl hulle daar gewoon het, is die vlugtelinge deur die Boere teen hulle vervolgers beskerm en, belangrik, kon hulle hulself regeer.[213] Napier, wat van mening was dat hierdie suidelike deel van Natalia aan die Pondohoof, Fakoe, behoort het, was ontsteld oor die Boere se besluit "om massas Natal-inboorlinge sonder Fakoe se toestemming in sy land in te dwing", wat tot "oorlogvoering en bloedvergieting" sou lei.[214] Op 2 Desember 1841 het Napier 'n proklamasie uitgereik waarin hy verklaar het dat die Boere geen reg het om as 'n onafhanklike volk of staat erken te word nie, en hy het sy voorneme om Natal met militêre mag te beset, bekendgemaak.[215] Napier het op 6 Desember 1841 in 'n brief aan Russel betoog dat die besetting van Natal noodsaaklik was "om die inheemse stamme van Afrika die beskerming van die Britse wapens teen die

---

[212] Muller, C.F.J. (1969). The Period of the Great Trek, 1834-1854. C.F.J. Muller (Ed.), Five Hundred Years. A History of South Africa (pp.122-156). Academia. ,p.171
[213] Shamase, M. Z. (1999). *The reign of King Mpande and his relations with the Republic of Natalia and its successor, the British colony of Natal* [Doctoral dissertation, University of Zululand]., p.112
[214] Walker, E. A. (1965). *The Great Trek* (5th ed.). Adam & Charles Black, London., p.260
[215] Du Toit, A., & Giliomee, H. (1983). *Afrikaner Political Thought. Volume 1: 1780-1850*. University of California Press, p220

aanvalle van Haar Majesteit se onderdane (die Boere)" te bied.[216]

Napier wou buitelandse handel by Port Natal blokkeer om te voorkom dat die Boerregering inkomste deur tariewe genereer en wapens en ammunisie invoer. Die enigste manier hoe dit volgens hom moontlik was om vreemde handelskepe, "hetsy Hollands of Amerikaans", te verhoed om met die Boere handel te dryf, volgens 'n brief van hom aan Staatsekretaris Russel op 25 Julie 1842, was om Natal te annekseer.[217] Toe die Amerikaanse handelskip, Levant, onder bevel van Kaptein Holmes, in Augustus 1841 beperkte handel by Natal gedryf het, het Engelse besigheidsbelange aan die Kaap opgemerk dat die Amerikaners in Port Natal "'n baie gerieflike hawe vir hul skepe gevind het; van alle denominasies, om handel na die Ooste te dryf."[218] Kort voor Kaptein Smith se aankoms in Port Natal het die Nederlandse handelsskip Brazilie, onder bevel van Kaptein Reus, tussen 26 Maart en 24 April 1842 Port Natal besoek, wat tot ontsteltenis in sekere Britse kringe gelei het. Sommiges het geglo dat die Nederlandse regering of selfs die Franse, met behulp van Nederlandse handelsskepe, gepoog het om Britse heerskappy in suidoos-

---

[216] Muller, C. F. J. (1946). *Die Britse Owerheid en die Groot Trek* [Doctoral dissertation, University of Stellenbosch]., p.431
[217] Muller, C.F.J. (1969). The Period of the Great Trek, 1834-1854. C.F.J. Muller (Ed.), Five Hundred Years. A History of South Africa (pp.122-156). Academia., p.278
[218] Muller, C. F. J. (1946). *Die Britse Owerheid en die Groot Trek* [Doctoral dissertation, University of Stellenbosch]., p.264

DIE BOERREPUBLIEKE

Afrika te ondermyn.[219] Tog het James Stephen, die Britse permanente onder-sekretaris van kolonies, bevraagteken hoe Amerikaanse skepe in Port Natal, meer as 1000 myl van die Kaap af, Britse besigheidsbelange kon benadeel.[220] Die Britse regering was bewus dat Nederland geen bedreiging vir hulle inhou nie. As die Boere enige ondersteuning van die Nederlandse regering verwag het, het die reaksie van die Nederlandse regering op die besoek van die Brazilie duidelik aangedui dat dit nie die geval was nie: "...ontroue kommunikasie... is met alle verontwaardiging wat van 'n mag in noue verbond en vriendskap met Haar Brittaniese Majesteit verwag kan word, verwerp; en dat die Koning van Holland en sy Ministers elke moontlike stap geneem het om hul volle afkeuring van die ongeoorloofde gebruik van hul naam te merk..."[221] Die Nederlandse regering het later, op versoek van die Britse regering, volledige vraglyste van Nederlandse skepe wat na Delagoabaai oppad was, voorsien om die voorsiening van wapens en ammunisie aan die Boere te voorkom. Die Britse regering het dus gedetailleerde inligting oor Nederlandse skepe gehad voordat hulle selfs Nederlandse hawens verlaat het.[222]

---

[219] Muller, C.F.J. (1969). The Period of the Great Trek, 1834-1854. C.F.J. Muller (Ed.), Five Hundred Years. A History of South Africa (pp.122-156). Academia. ,p.171
[220] Muller, C. F. J. (1946). *Die Britse Owerheid en die Groot Trek* [Doctoral dissertation, University of Stellenbosch]., p.270
[221] Cubbin, A. E. (1992). An exposition of the clash of Anglo-Voortrekker interests at Port Natal leading to the military conflict of 23-24 May 1842. *Historia, 37*(2), 48-69., p.49
[222] Muller, C. F. J. (1946). *Die Britse Owerheid en die Groot Trek* [Doctoral dissertation, University of Stellenbosch]., p.289

DIE SKEPPING VAN DIE BOERIDENTITEIT

In Maart 1842 het Napier Britse troepe gestuur om Port Natal te beset. Op 1 April 1842 het Kaptein T. C. Smith, met 'n klein mag van sowat 255 soldate, die Umzimvuburivier na Natalia oorgesteek. Teen 2 Mei 1842 het Smith Van Rooyen se plaas, vyftien myl van Port Natal, bereik, waar hy geweier het om 'n protes van Kommandant Jan Meyer, namens die Volksraad, te aanvaar omdat hy in "...die gebied van die Koningin" was.[223] Smith het voortgegaan en 'n kamp aan die noordwes-kant van Durbanbaai opgeslaan. Ten spyte van pogings deur die Boere om te kommunikeer, het Smith op 4 Mei 1842 geweier om 'n Boerdelegasie, bestaande uit Jan Meyer, Ferreira, en Edmund Morewood, te ontmoet.[224] Daarna het Smith deur Congella gemarsjeer waar hy 'n kennisgewing met Napier se proklamasie van 2 Desember 1841 geplaas het. Kommandant-generaal Pretorius het op bevel van die Volksraad 'n kommando opgerig, en het op 7 Mei 1842 sy laer by Congella, sowat vyf kilometer suid van die Britse kamp, opgeslaan. Pretorius, wat beveel is om nie die eerste skoot te skiet nie, het met vyf-en-twintig Boere na Congella gegaan waar hy Napier se proklamasie verwyder het en dit met 'n kennisgewing van die Volksraad vervang het.[225] Op 14 Mei 1842 het Kaptein Smith aan Napier geskryf: "Ek sal probeer om 'n botsing te vermy solank as wat ek dit

---

[223] Cubbin, A. E. (1992). An exposition of the clash of Anglo-Voortrekker interests at Port Natal leading to the military conflict of 23-24 May 1842. *Historia*, *37*(2), 48-69., p.63
[224] Cubbin, A. E. (1992). An exposition of the clash of Anglo-Voortrekker interests at Port Natal leading to the military conflict of 23-24 May 1842. *Historia*, *37*(2), 48-69., p.65
[225] Cubbin, A. E. (1992). An exposition of the clash of Anglo-Voortrekker interests at Port Natal leading to the military conflict of 23-24 May 1842. *Historia*, *37*(2), 48-69., p.65

verstandig kan doen (soos ek verstaan u Edele se wens is) en ek sal probeer om, indien moontlik, dit hulle eie daad te maak eerder as dié van ons."[226] In hierdie brief het hy na die Boere as "onkundige mense" verwys wat, omdat hulle boere was, nie in staat sou wees, of bereid sou wees, om vir 'n lang tyd van hul plase weg te bly nie. Hy het die Kommandant-generaal (Pretorius) as 'n "hoërangse lafaard" bestempel en het "geen twyfel" oor die uitkoms van sy ekspedisie gehad nie.[227]

Op 16 Mei 1842 het die Volksraad in Congella in stede van Pietermaritzburg vergader. Hier het Karel Landman die Boere wat daar saamgetrek het gevra of hulle Britse onderdane wil word. Hulle het hierdie idee met groot heftigheid verwerp en het die onttrekking van die Britse troepe uit Port Natal geëis.[228] Die Volksraad het toe aan Pretorius opdrag gegee om Smith in te lig dat hy onmiddellik hul gebied moes verlaat. Op 17 Mei 1842 het Pretorius vir Smith meegedeel dat hy tot twaalf uur die middag het om te vertrek, omdat hy die Boere se soewereiniteit, wette en vlag onteer het, amptelike kennisgewings verwyder het en in die

---

[226] Cubbin, A. E. (1992). An exposition of the clash of Anglo-Voortrekker interests at Port Natal leading to the military conflict of 23-24 May 1842. *Historia, 37*(2), 48-69., p.67
[227] Cubbin, A. E. (1992). An exposition of the clash of Anglo-Voortrekker interests at Port Natal leading to the military conflict of 23-24 May 1842. *Historia, 37*(2), 48-69., p.67
[228] Cubbin, A. E. (1992). An exposition of the clash of Anglo-Voortrekker interests at Port Natal leading to the military conflict of 23-24 May 1842. *Historia, 37*(2), 48-69., p.67

DIE SKEPPING VAN DIE BOERIDENTITEIT

Boere se magasyn ingebreek het.[229] In antwoord op hierdie ultimatum het Smith gesê dat die Boere Britse onderdane was en hy het geëis dat hulle "die vyandige houding" staak.[230] Op 22 Mei 1842 het die Mazeppa in die hawe ingevaar, en Smith het Luitenant Irwin met vyf-en-twintig man gestuur om 'n kanon en Britse voorraad af te laai. Nietemin het die Boere steeds nie teen die Britse inval opgetree nie. Die volgende dag het Stephanus Maritz van die Volksraad 'n brief van Pretorius aan Smith afgelewer waarin Pretorius geskryf het: "Ek moet uiteindelik u, namens die Regering, en op aandrang van die publiek in die algemeen, sonder uitstel opdrag gee om u kamp op te breek, om ons die onkoste wat deur u veroorsaak is, te betaal, en om ons gebied te verlaat; en u laaste waarskuwing dat op u verantwoordelikheid, en dié van u Regering, die bloedvergieting en ander ongewenste en skadelike gevolge van dade waartoe ons in verdediging van ons vryheid sal moet oorgaan, gelê sal word." Smith het geantwoord dat hy onder bevele van sy "Soewerein" was, en hy het die Boere gewaarsku oor die gevolge van enige "opstandige gedrag".[231] Dertig minute later het die Boere Smith se militêre beeste gekonfiskeer en hom sonder trekosse en vleis gelaat. Vir Smith het dit oorlog beteken.

---

[229] Cubbin, A. E. (1992). An exposition of the clash of Anglo-Voortrekker interests at Port Natal leading to the military conflict of 23-24 May 1842. *Historia, 37*(2), 48-69., p.67
[230] Cubbin, A. E. (1992). An exposition of the clash of Anglo-Voortrekker interests at Port Natal leading to the military conflict of 23-24 May 1842. *Historia, 37*(2), 48-69., p.68
[231] Cubbin, A. E. (1992). An exposition of the clash of Anglo-Voortrekker interests at Port Natal leading to the military conflict of 23-24 May 1842. *Historia, 37*(2), 48-69., p.69

DIE BOERREPUBLIEKE

Om elf-uur op die aand van 23 Mei 1842 het Smith uitgegaan om 'n aanval op die Boerlaer by Congella te loods. Om die Boere te verras, het Smith besluit om die digte bosse, wat die twee kampe geskei het (wat vandag die sentrale besigheidsdistrik van Durban is) te vermy, en 'n ompad strandlangs te neem.[232] Hy het ook 'n houwitser aan 'n sloep van die Mazeppa geheg om dit regoor Congella te posisioneer, vanwaar dit ondersteunende vuur kon lewer sodra die aanval begin het.[233] Pretorius het nie 'n aanval deur 'n strandmars verwag nie, maar het nogtans 'n groep bejaarde Boerskerpskutters, waaronder Pieter Joubert, agter sandduine op die strand geplaas.[234] Ongeveer een uur daardie nag het Smith die teken vir die sloep gegee om die Boerlaer te bombardeer. Die boot het egter, as gevolg van die laaggety, op 'n sandbank vasgeloop en was nie in posisie nie. Smith het beveel dat sy manskappe moet voortgaan, maar toe hulle binne 'n afstand van 100 meter was, het die klein groepie Boere op hulle losgebrand. Hierdie skermutseling het net 'n paar minute geduur voordat Smith, soos hy in sy verslag genoem het, dit "raadsaam geag het om te onttrek".[235] Hy het

---

[232] Saks, D. (2004). The Real "First Anglo-Boer War": The Siege of Port Natal, 1842. *The South African Military History Society, Military History Journal, 13*(1)., Retrieved June 13, 2023, from https://samilitaryhistory.org/vol131ds.html

[233] Saks, D. (2004). The Real "First Anglo-Boer War": The Siege of Port Natal, 1842. *The South African Military History Society, Military History Journal, 13*(1)., Retrieved June 13, 2023, from https://samilitaryhistory.org/vol131ds.html

[234] Saks, D. (2004). The Real "First Anglo-Boer War": The Siege of Port Natal, 1842. *The South African Military History Society, Military History Journal, 13*(1)., Retrieved June 13, 2023, from https://samilitaryhistory.org/vol131ds.html

[235] Saks, D. (2004). The Real "First Anglo-Boer War": The Siege of Port Natal, 1842. *The South African Military History Society, Military History*

DIE SKEPPING VAN DIE BOERIDENTITEIT

haastig na die kamp teruggekeer om hul verdediging te organiseer.

Smith se manskappe het, dapper, op 'n ordelike wyse begin terugtrek, maar toe die paar Boerverdedigers versterkings ontvang het, het hulle hul kanonne agtergelaat en Smith haastiglik terug na hul kamp gevolg. Sommige soldate is in die see gedryf en ten minste twee het verdrink. Teen half-vier die oggend het die Boere die Britse kamp aangeval. Die totale Britse verliese is as vier-en-dertig dood, drie-en-sestig gewond, en ses vermis, aangemeld.[236] Teen die einde van die geveg het die Boere vir Pieter Greyling, Johannes Greyling, 'n Strydom en 'n Hattingh verloor, wat gedood is, en J. Prinsloo, P. Nel, T. Schutte, Klaas Dekker, Stefanus Bothma, Jan Landman en J. Vermaak was gewond.[237] Die jong Pieter Greyling is vanuit 'n winkel naby die Punt geskiet waar Engelse "Uitlanders", insluitend die Boere se betroubare Veldkornet William Cowie, sonder dat die Boere dit geweet het, die gebou versper en in die geheim die Britse troepe ondersteun het.[238] Gedurende 24 en 25 Mei 1842 is die gewonde Britse soldate in die Boerlaer deur die Amerikaanse mediese sendeling, Eerwaarde Dr. Adams, behandel en daarna na die Britse kamp vir verdere behandeling deur hul eie dokter teruggestuur. Die Boere het

---

Journal, 13(1)., Retrieved June 13, 2023, from
https://samilitaryhistory.org/vol131ds.html
[236] Voigt, J. C. (1899). *Fifty Years of the History of the Republic in South Africa (1795-1845), Volume II*. E.P.Dutton &Co., p.230
[237] Voigt, J. C. (1899). *Fifty Years of the History of the Republic in South Africa (1795-1845), Volume II*. E.P.Dutton &Co., p.232, p.244
[238] Voigt, J. C. (1899). *Fifty Years of the History of the Republic in South Africa (1795-1845), Volume II*. E.P.Dutton &Co., p.230

ook die Britse dooies na hul kamp gebring sodat hulle 'n gepaste begrafnis kon hê.[239] Die Boere het nou, in 'n tipe oorlogvoering waarmee hulle totaal onbekend was, die Britse kamp beleër en gebombardeer, hoofsaaklik met die kanonne wat die Britte op die strand agtergelaat het.[240] In desperaatheid het Smith die Zoeloekoning vir hulp gevra, maar Mpande het hom met politieke vernuf geantwoord: "Nee, julle veg nou vir die oorhand, en wie ook al wen, moet my meester wees."[241] Op 26 Mei 1842 het Richard ('Dick') King, 'n plaaslike Engelsman saam met sy Zoeloebediende, Ndongeni, op 'n epiese tien dae-reis na Grahamstad vertrek om hulp vir die beleërde Engelse mag te kry.

Luitenant-kolonel A. J. Cloete is van Kaapstad gestuur om Smith te ontset. Napier, het sy instruksies, wat hy in sy brief van 13 Junie 1842 aan die nuwe Staatsekretaris, Lord Stanley, aangeheg het, aan Luitenant-kolonel A. J. Cloete uitgereik. Hierdie instruksies het die hoofdoel van sy ekspedisie na Natal uiteengesit: "om Britse invloed by Port Natal te herstel; om Natal in besit te neem en om enige rebellie in daardie gebied te onderdruk."[242] Die mondstuk van die evangelistiese filantrope aan die Kaap, die South African

---

[239] Voigt, J. C. (1899). *Fifty Years of the History of the Republic in South Africa (1795-1845), Volume II.* E.P.Dutton &Co., p.230
[240] Saks, D. (2004). The Real "First Anglo-Boer War": The Siege of Port Natal, 1842. *The South African Military History Society, Military History Journal, 13*(1)., Retrieved June 13, 2023, from https://samilitaryhistory.org/vol131ds.html
[241] Shamase, M. Z. (1999). *The reign of King Mpande and his relations with the Republic of Natalia and its successor, the British colony of Natal* [Doctoral dissertation, University of Zululand]., p.159
[242] Muller, C. F. J. (1946). *Die Britse Owerheid en die Groot Trek* [Doctoral dissertation, University of Stellenbosch]., p.314

Commercial Advertiser, het in 'n berig op 25 Junie 1842 die Britse militêre optrede teen die Boere in Natal ondersteun: "Die stryd waarin ons tans met die uitgewekene Boere betrokke is, is uitdruklik ter verdediging van die Inboorlinge. Ons volg hulle om geen ander rede as om bloedvergieting en uitroeiing te voorkom nie - beide wat die koers van hierdie mans gekenmerk het sedert hulle die kolonie verlaat het."[243] Teen die middag van 24 Junie 1842 het die Port Elizabeth skoener, die Conch, met 'n honderd soldate aan boord, in Port Natal geanker. Om die Boere te mislei, het soldate in die ruim weggekruip terwyl dié op dek in siviele klere geklee was, wat die Conch as 'n onskuldige handelsvaartuig voorgehou het.[244] Die volgende oggend het die fregat Southampton, wat met vyftig kanonne toegerus was, met 800 man onder bevel van Kolonel Cloete in Port Natal aangekom.[245] Onder die dekking van die Southampton se kanonne het verskeie bootvragte soldate geland en is die Boere gedwing om terug te val. Pretorius het 'n paar myl in die binneland, tot naby die huidige Pinetown, teruggeval waar hy laer opgerig het. Teen ongeveer vier-uur het Kolonel Cloete die beleg van Kaptein Smith se kamp beëindig.[246] Cloete het geweier om met Pretorius te

---

[243] Muller, C.F.J. (1969). The Period of the Great Trek, 1834-1854. C.F.J. Muller (Ed.), Five Hundred Years. A History of South Africa (pp.122-156). Academia., p.434
[244] Cory, G. E. (1926). *The Rise of South Africa, Vol. IV*. Longman's, Green & Co., p.151
[245] Saks, D. (2004). The Real "First Anglo-Boer War": The Siege of Port Natal, 1842. *The South African Military History Society, Military History Journal, 13*(1)., Retrieved June 13, 2023, from https://samilitaryhistory.org/vol131ds.html
[246] Voigt, J. C. (1899). *Fifty Years of the History of the Republic in South Africa (1795-1845), Volume II*. E.P.Dutton &Co., p.250

DIE BOERREPUBLIEKE

beraadslaag totdat die Boere oorgee, en hy het beskerming aan al die Boere wat die eed van getrouheid sou aflê, aangebied. Nie een Boer het sy aanbod aanvaar nie.[247]

Cloete het toe die omliggende Zoeloes opgeroep om, teen beloning, beeste en perde van die Boere af te vat en dit na hom te bring.[248] Dit het tot 'n reeks plaasaanvalle op die Boere gelei waarin drie Boere, Dirk van Rooyen, Theunis Oosthuizen, en Cornelis van Schalkwyk, koelbloedig vermoor is en die Boervroue kaal oor die veld gedryf is. Hulle is later deur Bart Pretorius gered.[249] Toe Pretorius beswaar maak, het Cloete hom geantwoord: "Jy en jou ongelukkige, misleide mense het dit veroorsaak deur julle daad van bepaalde vyandigheid teenoor Haar Majesteit se regering en troepe."[250] Cloete het afgevaardigdes van koning Mpande ontvang en die Zoeloekoning onder die indruk gebring dat die Britse besetting van Port Natal beteken het dat die Boere verslaan is, waarna Mpande aangebied het om die Boere aan te val.[251] Nadat hy boodskappe ontvang het dat Mpande sy impis mobiliseer om Pietermaritzburg aan te val, het Pretorius geen keuse gehad as om sy manne huis toe te

---

[247] Walker, E. A. (1965). *The Great Trek* (5th ed.). Adam & Charles Black, London., p.280
[248] Walker, E. A. (1965). *The Great Trek* (5th ed.). Adam & Charles Black, London., p.280
[249] Voigt, J. C. (1899). *Fifty Years of the History of the Republic in South Africa (1795-1845), Volume II.* E.P.Dutton &Co., p.251
[250] Shamase, M. Z. (1999). *The reign of King Mpande and his relations with the Republic of Natalia and its successor, the British colony of Natal* [Doctoral dissertation, University of Zululand]., p.117
[251] Shamase, M. Z. (1999). *The reign of King Mpande and his relations with the Republic of Natalia and its successor, the British colony of Natal* [Doctoral dissertation, University of Zululand]., p.118

DIE SKEPPING VAN DIE BOERIDENTITEIT

stuur om hul gesinne en eiendom te beskerm nie. Die totale uitwissing van die Boere in Natal was nou 'n werklike gevaar. Pretorius en die kommando se krygsraad het onmiddellik twee boodskappers, Van Aardt en S. Maritz, na Port Natal gestuur om terme vir 'n staking van vyandighede met Kolonel Cloete te bespreek.[252] Cloete het geëis dat die Boere hulle aan Haar Majesteit se regering moes onderwerp, en as hulle sou weier, hulle "al die euwels moet verwag wat hulle op hulself gebring het."[253] In ruil daarvoor het die Britse Regering belowe dat alle privaat eiendom gerespekteer sou word, Boere ongehinderd, met hul perde en gewere, na hul plekke kon terugkeer en "beskerming teen aanvalle deur die Zoeloes gebied sal word."[254]

Die Volksraad het toe vir Cloete gevra om in Pietermaritzburg met hulle te vergader. Op 15 Julie 1842 het die Volksraad, op aanbeveling van Andries Pretorius en Carel Landman, én onder hewige protes van 'n deel van die Boere, Cloete se terme aanvaar en formeel hulle onderwerping aangebied. Die oorgawe was veral vir die Boere van anderkant die Drakensberg, wat met die gevegte kom help het, onaanvaarbaar. Op 3 Julie 1842 het Cloete, in 'n brief aan Napier, sy spyt oor die strategie wat hy gebruik het uitgespreek: "As Engeland nie die Boere met haar eie legitieme middele wil onderwerp nie, sou dit beter wees om die projek heeltemal te laat vaar, en selfs aan die belediging

---

[252] Cory, G. E. (1926). *The Rise of South Africa, Vol. IV*. Longman's, Green & Co., p.161
[253] Cory, G. E. (1926). *The Rise of South Africa, Vol. IV*. Longman's, Green & Co., p.161-p.162
[254] Cory, G. E. (1926). *The Rise of South Africa, Vol. IV*. Longman's, Green & Co., p.162

wat ons ontvang het toe te gee, as om die vernederende proses om barbare in ons saak aan te wend, of om die Zoeloe-assegaai te roep om al die gruweldade van ongemotiveerde bloedvergieting en plundering te pleeg."[255] Cloete het geweet dat sy mag nie sterk genoeg was om die Boere militêr te verslaan nie. Hy het daarop staatgemaak dat die Boere, weens die eksistensiële bedreiging wat Mpande se impi vir hulle ingehou het omdat hulle wydverspreid en afgesonderd op hul plase gewoon het, nie weerstand sou bied nie. Hy het op 6 Julie 1842 in 'n private brief aan Sir Benjamin D'Urban, wat steeds in die Kaap woonagtig was, geskryf: "Sonder die samewerking van 'n groot groep Boere..., sien ek geen kans om, in hul huidige sterkte en vasberadenheid om te weerstaan; suksesvol die aanval teen hulle te lei sonder om die troepe wat aan my toevertrou is, meer as wat nodig is te waag nie... Ek moet vir jou sê dat 'n Britse soldaat só toegerus is dat dit hom heeltemal ongeskik maak om die bos binne te gaan, veral teen sulke teenstanders; en vertroulik gesproke, hou ons mense nie van die bos nie."[256] Op 21 Julie 1842 het Kolonel Cloete Natal verlaat en vir Smith, wie nou tot majoor bevorder is, met 'n mag van 361 offisiere en manne met vier groot kanonne, in beheer van Natal agtergelaat.

Die Boere van Natal het hulself nou in 'n tydperk van verwarring bevind, en baie het begin om die land te verlaat.

---

[255] Shamase, M. Z. (1999). *The reign of King Mpande and his relations with the Republic of Natalia and its successor, the British colony of Natal* [Doctoral dissertation, University of Zululand]., p.118
[256] Muller, C. F. J. (1946). *Die Britse Owerheid en die Groot Trek* [Doctoral dissertation, University of Stellenbosch]., p.227-p.228

DIE SKEPPING VAN DIE BOERIDENTITEIT

Daar was onenigheid onder die Boere; Pretorius het as kommandant-generaal bedank, en Gert Rudolph het hom vervang. Volgens die ooreenkoms wat op 15 Julie 1842 met Kolonel Cloete bereik is, het die Volksraad steeds die gebied, uitgesonderd die omgewing rondom Port Natal, bestuur. Hulle kon egter nie besluite sonder die goedkeuring van Majoor Smith neem nie. Hierdie ongemaklike situasie het 'n jaar aangehou totdat Engeland 'n gesant gestuur het om die administrasie van die gebied met die Boere te bespreek. In Desember 1842 het die Britse koloniale sekretaris, Lord Stanley, Natal vir Engeland geannekseer, en op 12 Mei 1843 het Napier die gebied tot 'n Britse kolonie verklaar.[257] Napier het Advokaat Henry Cloete, die broer van Kolonel A.J. Cloete, as kommissaris na Natal aangestel.[258] Cloete het op 5 Junie 1843 in Natal aangekom en op 9 Junie 1843 het hy mense in Pietermaritzburg toegespreek. As gevolg van teenstand onder die Boere, het die vergadering met die Volksraad oor die terme van anneksasie eers twee maande later, in Augustus 1843 plaasgevind. Dit was veral die Boervroue wat hom passievol oor Natalia se anneksasie gekonfronteer het. Hulle het hom vertel dat hulle, vir vryheid, eerder "kaalvoet oor die Drakensberge sal loop" as om onder Britse heerskappy te leef. Cloete was ontsteld deur die vroue se woede en het later geskryf: "Dit was 'n skande op hul mans om hulle sulke vryheid toe te laat."[259] Die mondstuk van die Kaapse Afrikaners, De Zuid Afrikaan, het Napier se

---

[257] Botha, J. P. (2008). Ons Geskiedenis (1st ed.). J.P. Botha., p.118
[258] Rautenbach, T. C. (2021). Sir George Napier en die Natalse Voortrekkers, 1838-1844. *Historia, 34*(2), p.22-p.31., p.30
[259] Giliomee, Hermann. Die Afrikaners (Afrikaans Edition). Tafelberg. Kindle Edition., p.166-p.167

beleid teenoor die Boere in Natal ten volle ondersteun. In 1843 het De Zuid Afrikaan Henry Cloete se missie in Natal as 'n besondere bewys van Britse "goedhartigheid en welwillendheid," beskryf, wat aansienlik sou bydra "om 'n diep en opregte gevoel van liefde en respek teenoor Haar Majesteit se Regering in die harte van elke Nederlandse Kolonis te skep."[260]

In hierdie tyd het drie groepe mense in Natalia aangekom, wat die potensiaal vir konflik verhoog het. Eerstens het die Zoeloekoning Mpande, wat sy leër versterk het, sy halfbroer Gqugqu laat vermoor omdat hy aansprake op die Zoeloe troon gehad het. Hierdie moord het onrus in Zululand veroorsaak, wat Gqugqu se ma, Mawa, saam met verskeie hoofmanne en 'n groot gevolg van sowat 50,000 Zoeloes en menigte beeste, suidwaarts oor die Tugelarivier laat trek het.[261] Die skielike toename van Zoeloes in Natalia het groot angstigheid onder die Boere veroorsaak. Aangesien hulle nie deur die Engelse owerhede toegelaat is om kommando's vir selfverdediging op te rig nie, het baie Boere hulle plase verlaat en na Pietermaritzburg getrek.[262] Tweedens het 'n groot groep gewapende Boerverteenwoordigers van Winburg en Potchefstroom, waaronder Kommandante Jan Mocke, Greyling, Jan Kock, en

---

[260] Scholtz, J. D. P. (1939). *Die Afrikaner en sy Taal*. Nasionale Pers., p.53
[261] Shamase, M. Z. (1999). *The reign of King Mpande and his relations with the Republic of Natalia and its successor, the British colony of Natal* [Doctoral dissertation, University of Zululand]., p.84
[262] Jansen, E. G. (1938). *Die Voortrekkers in Natal.*,
https://archive.org/details/VoortrekkersInNatal

J. P. Delport, in Pietermaritzburg aangekom.[263] Hierdie magsvertoon deur die Boere het te doel gehad om die Zoeloes wat die Tugela oorgesteek het, af te skrik om nie die Natal-Boere aan te val nie, die weerstandige gees van die Boere in Natal op te hef, aan Cloete te toon dat die Natal-Boere nie alleen staan nie, en om seker te maak dat die Boerrepubliek wes van die Drakensberg van Britse anneksasie uitgesluit word.[264] Die derde groep was die aankoms van Britse versterkings in Port Natal. Vroeg in Augustus 1843, op die woord van die Boere dat hy veilig sou wees, het Cloete alleen na Pietermaritzburg gereis, maar hy het lankal vir versterkings gereël. Toe HMS Thunderbolt met 'n ekstra 550 soldate in Port Natal aankom, moes Majoor Smith, in opdrag van Cloete, na Pietermaritzburg haas om daar te wees voordat die Volksraad in sessie was.[265] Toe die versterkings egter sonder berede troepe opdaag, wat noodsaaklik is om militêr teen die Boere op te tree, het Smith geweier om na Pietermaritzburg op te ruk, wat Cloete woedend gelaat het.

Die Adjunkraad van Potchefstroom was afwesig tydens die oorgawe van die Natalse Raad op 15 Julie 1842. Daarom, volgens die grondwet van Natalia, was die ooreenkoms van oorgawe met Kolonel Cloete, sonder hul toestemming, tegnies onwettig omdat hulle deel van die Volksraad was. Alhoewel hulle bewus was dat die

---

[263] Voigt, J. C. (1899). *Fifty Years of the History of the Republic in South Africa (1795-1845), Volume II*. E.P.Dutton &Co., p.265
[264] Voigt, J. C. (1899). *Fifty Years of the History of the Republic in South Africa (1795-1845), Volume II*. E.P. Dutton &Co., p.266
[265] Walker, E. A. (1965). *The Great Trek* (5th ed.). Adam & Charles Black, London., p.310

meerderheid van die Natalse Volksraadslede die voorwaardes van die Britse regering sou aanvaar, wou hulle aan die proses deelneem om die belange van die Boere van Winburg en Potchefstroom te beskerm. Vyf Potchefstromers - F.G. Wolmarans, P.F. Strydom, P. du Preez, H. van der Merwe, en H. van Staden - het hulself as lede van die Volksraad laat insweer om die proklamasie van 12 Mei 1843 met Cloete te bespreek.[266] Hulle primêre belangstelling was om die regtelike implikasies van die proklamasie vir die Winburg- en Potchefstroomgebiede van die Boerrepubliek te verstaan. Toe Cloete hulle verseker dat die Drakensberge die grens van die nuwe Britse kolonie sou vorm en dus nie die binnelandse gebiede sou affekteer nie, het hulle uit die Natalse Volksraad onttrek en het ook nie die dokument van oorgawe op 8 Augustus 1843 onderteken nie.[267] Op 9 April 1844 het die Potchefstroom Burgerraad die Verenigde Boerrepubliek hersaamgestel en 'n grondwet, bekend as die Drie-en-dertig Artikels, opgestel.[268] Die volgende dag, op 10 April 1844, het die Potchefstroom Burgerraad, in 'n brief wat deur J.D. van Coller as President en drie-en-twintig ander, insluitend Andries Potgieter, onderteken is, die Natalse Volksraad ingelig dat hulle geen ooreenkomste met Cloete erken nie. In die brief het hulle verklaar dat hulle nie "enige onderhandelinge met Haar Majesteit wil aangaan nie" en dat

---

[266] Storm, J.M.G. (1989). Die konvensie van Sandrivier as die afsluiting van die Groot Trek. *HTS Teologiese Studies / Theological Studies*, *45*(3), 680-695., p.687-p.688
[267] Storm, J.M.G. (1989). Die konvensie van Sandrivier as die afsluiting van die Groot Trek. *HTS Teologiese Studies / Theological Studies*, *45*(3), 680-695., p.687-p.688
[268] Storm, J.M.G. (1989). Die konvensie van Sandrivier as die afsluiting van die Groot Trek. *HTS Teologiese Studies / Theological Studies*, *45*(3), 680-695., p.688

DIE SKEPPING VAN DIE BOERIDENTITEIT

hulle "onself as vry en onafhanklik beskou en met ons regering sal voortgaan".[269]

Toe die Boere in Natal opstandig teen Cloete raak en geweier het om Britse gesag te aanvaar, het Goewerneur Napier so woedend geword dat hy persoonlik, in sy eie handskrif, 'n militêre plan ontwerp het om alle weerstandige Boere met geweld te onderwerp.[270] Sy strategie het 'n knypbeweging behels deur die Boere van twee kante aan te val. Eerstens sou versterkings, insluitende 150 berede soldate, na Natal gestuur word om die bestaande troepemag daar te versterk. Volgens Napier se plan sou die inheemse stamme aan die suidgrens van Natal sy troepe in hul aanval op die Boere ondersteun. Terselfdertyd het hy beplan om die Boere vanuit die weste aan te val deur Philippolis, Modderrivier, en die Drakensberge oor te steek. Vir hierdie mag wou hy die Griekwakapteins, Andries Waterboer en Adam Kok II, werf om soveel manskappe as moontlik beskikbaar te stel, wat dan deur Britse infanteriesoldate versterk sou word.[271] Napier het voorsien dat sommige Boere dalk aan die knypbeweging sou ontsnap, maar hy het bereken dat die Zoeloes hulle sou onderskep en elke man, vrou, en kind sou doodmaak.[272] Dit is ook die rede waarom hy reeds versterkings met die Thunderbolt na Natal gestuur het.

---

[269] Cory, G. E. (1926). *The Rise of South Africa, Vol. IV*. Longman's, Green & Co., p.198-p.199

[270] Rautenbach, T. C. (2021). Sir George Napier en die Natalse Voortrekkers, 1838-1844. *Historia, 34*(2), p.22-p.31., p.30

[271] Rautenbach, T. C. (2021). Sir George Napier en die Natalse Voortrekkers, 1838-1844. *Historia, 34*(2), p.22-p.31., p.30

[272] Rautenbach, T. C. (2021). Sir George Napier en die Natalse Voortrekkers, 1838-1844. *Historia, 34*(2), p.22-p.31., p.30

Napier was bereid om 'n voorbeeld van hierdie mense te maak om enige toekomstige opstand teen Britse gesag te voorkom. Gelukkig het die Boere op 8 Augustus 1843 Cloete se voorwaardes aanvaar, waarna Napier se plan onnodig geword het.[273] In 'n poging om die Boere meer ontvanklik vir Britse gesag te maak, het Napier 'n predikant van die Nederduitse Gereformeerde Kerk, Abraham Faure, vanaf die Kaap gestuur om die Boere in Natal te beïnvloed. Toe Faure egter 'n heildronk op koningin Victoria as die soewereine mag in suidelike Afrika voorgestel het, het dit die Boere ontstel.[274] Faure het nie sy toer onder die Boere in Natal voltooi nie, omdat die gemeente van Weenen verkies het om 'n Nederlandse predikant vanaf Delagoabaai te bring.[275]

In vroeg Oktober 1843 het Cloete vir Mpande in sy Nodwengu-hoofkwartier ontmoet. Die Zoeloekoning het die toename van Zoeloevlugtelinge in Natal, wat die Britte niks gedoen het om te voorkom nie, as 'n groot kommer beskou omdat dit sy gesag in Zoeloeland ondermyn het. Die drastiese afname in troppe beeste in Zoeloeland wat met hierdie onbeheerde migrasie gepaard gegaan het, het sy gesag verder verswak.[276] Cloete en Mpande het ooreengekom dat die Zoeloevlugtelinge in Natal kan bly, maar dat die beeste wat

---

[273] Rautenbach, T. C. (2021). Sir George Napier en die Natalse Voortrekkers, 1838-1844. *Historia, 34*(2), p.22-p.31., p.30
[274] Giliomee, Hermann. Die Afrikaners (Afrikaans Edition). Tafelberg. Kindle Edition., p.205
[275] Rautenbach, T. C. (2021). Sir George Napier en die Natalse Voortrekkers, 1838-1844. *Historia, 34*(2), p.22-p.31., p.31
[276] Shamase, M. Z. (1999). *The reign of King Mpande and his relations with the Republic of Natalia and its successor, the British colony of Natal* [Doctoral dissertation, University of Zululand]., p.123

DIE SKEPPING VAN DIE BOERIDENTITEIT

hulle geneem het, aan Mpande teruggegee sou word.[277] Teen 1845 was daar ongeveer 75 000 Zoeloes tussen die Tugela- en Mzimkhuluriviere, en hierdie getal het teen 1872 tot 305 000 toegeneem.[278] Tydens hierdie ontmoeting het Cloete op die verkryging van St. Luciabaai vir die Britte gefokus. Hy was bewus daarvan dat Mpande die baai voorheen aan die Boere toegeken het as beloning vir hulle hulp in die oorlog teen Dingaan. Cloete het geargumenteer: "Solank die Emigrant-boere oorkant die Drakensberg voortgaan met 'n waansinnige stryd vir onafhanklikheid, en (ek treur om te dink) aangemoedig word deur 'n paar slegte en desperate karakters wat nog toegelaat word om binne hierdie gebied te bly, en solank hulle hoop koester om van ammunisie en ander benodigdhede voorsien te word... deur 'n kommunikasie met die see oop te hou, sal dit onmoontlik wees om te verwag dat die inwoners van hierdie kolonie heeltemal vry sal wees van die besmetting en opwinding wat rondom hulle heers."[279] Cloete het Mpande versoek om St. Luciabaai aan die Britte oor te dra. Hy het geargumenteer dat Mpande daarby sou baat omdat Engeland alle ander Europese magte van hierdie baai weg sou hou. Volgens 'n latere verklaring deur 'n ooggetuie, D.C. Uys, het Mpande hierdie

---

[277] Shamase, M. Z. (1999). *The reign of King Mpande and his relations with the Republic of Natalia and its successor, the British colony of Natal* [Doctoral dissertation, University of Zululand]., p.123
[278] Shamase, M. Z. (1999). *The reign of King Mpande and his relations with the Republic of Natalia and its successor, the British colony of Natal* [Doctoral dissertation, University of Zululand]., p.85
[279] Shamase, M. Z. (1999). *The reign of King Mpande and his relations with the Republic of Natalia and its successor, the British colony of Natal* [Doctoral dissertation, University of Zululand]., p.121

versoek geweier.[280] Vier jaar later het Mpande St. Luciabaai weer aan die Boere afgestaan.

Gedurende hierdie tyd het baie Boere gemigreer, en teen die einde van 1843 het slegs sowat vyfhonderd gesinne in Natal oorgebly. Die meeste Natal-Boere het na die Winburggebied en Boergemeenskappe noord van die Vaalrivier getrek. 'n Groep Boere, bestaande uit sewentig gesinne onder leiding van Andries Spies, Hans de Lange, en Petrus Lafras Uys, het met koning Mpande oor die Klipriviergebied, tussen die Tugelarivier en die Buffelsrivier, onderhandel. Mpande het die Boere in die gebied, as 'n buffer tussen sy koninkryk en die Britte verwelkom, en hy het 'n paar van sy hoofmanne na die Boere gestuur om die grens tussen die Boere en die Zoeloes te bepaal.[281] Nadat Mpande bevestig het dat hierdie gebied nie deel was van Brittanje se anneksasie nie, het die Boere die grond in April 1847 van die Zoeloekoning vir 1000 riksdaalders gekoop.[282] Toe die Britse Luitenant-goewerneur West uitvind van die Boere se grondtransaksie met Koning Mpande, het hy afskrifte van Sir Peregrine Maitland se proklamasie van 21 Augustus 1845 aan Spies gestuur. Hierdie proklamasie het die Buffelsrivier as die noordelike grens van die Natalkolonie bevestig - 'n uitbreiding van die gewese Boerrepubliek Natalia wat die

---

[280] Shamase, M. Z. (1999). *The reign of King Mpande and his relations with the Republic of Natalia and its successor, the British colony of Natal* [Doctoral dissertation, University of Zululand]., p.121
[281] Shamase, M. Z. (1999). *The reign of King Mpande and his relations with the Republic of Natalia and its successor, the British colony of Natal* [Doctoral dissertation, University of Zululand]., p.127
[282] Markram, W. J. (2001). *Die lewe en werk van Petrus Lafras Uys, 1797-1838* [Doctoral dissertation, University of Stellenbosch]., p.311

DIE SKEPPING VAN DIE BOERIDENTITEIT

Tugelarivier as die noordelike grens gehad het. West het versoek dat Spies hierdie afskrifte onder die Kliprivier-Boere versprei, maar Spies het geweier en dit ongeopend aan West teruggestuur.[283] Hy het gesê dat hulle die grond van Mpande verkry het en dat hulle verkies om eerder onder die Zoeloekoning as onder die Britte te leef.[284]

Andries Pretorius het sy bes gedoen om die Boere te oortuig om Natal nie te verlaat nie. Daar was egter geen stabiele regering vir Natal gevestig nie. Die Volksraad het steeds gefunksioneer, maar hulle kon nie outonome besluite neem nie. Gevolglik het onsekerheid en onrus voortgeduur. In Augustus 1844 is 'n nuwe Volksraad verkies, maar sy lede het geweier om die eed van getrouheid aan die Britse kroon af te lê. Majoor Smith het toe die Volksraad ontbind en die ou een herstel.[285] Smith het egter die eerste besluite wat hulle geneem het, om 'n kommando onder leiding van D. Pretorius, 'n ystersmid, uit te stuur om inkomende vlugtelinge van hul plase te verwyder, afgekeur.[286] Die Volksraad het verskeie aanbevelings aan die goewerneur gemaak, maar dit is geïgnoreer. In Augustus 1845 is die grense van Natal deur proklamasie vasgestel. In Desember 1845 het Martin West, voormalige siviele kommissaris van Albany, as Luitenant-goewerneur in Natal met verskeie amptenare in Natal

---

[283] Markram, W. J. (2001). *Die lewe en werk van Petrus Lafras Uys, 1797-1838* [Doctoral dissertation, University of Stellenbosch]., p.311
[284] Shamase, M. Z. (1999). *The reign of King Mpande and his relations with the Republic of Natalia and its successor, the British colony of Natal* [Doctoral dissertation, University of Zululand]., p.133
[285] Jansen, E. G. (1938). *Die Voortrekkers in Natal.*,
https://archive.org/details/VoortrekkersInNatal
[286] Cory, G. E. (1926). *The Rise of South Africa, Vol. IV*. Longman's, Green & Co., p.201

aangekom om die nuwe administrasie onder Britse heerskappy te vestig.[287] Die instroming van vlugtelinge het onbeheerd voortgegaan, en veediefstal het wydverspreid plaasgevind. Misdaad het tot so 'n mate geëskaleer dat selfs Pretorius en sy gesin hul plaas moes ontvlug.[288] Sy klagtes oor veediefstal, brandstigting, en onveiligheid, soos dit uit die korrespondensie tussen Pretorius en Luitenant-goewerneur West blyk, is deur die Britse owerhede geïgnoreer.[289]

Die tweede Trek, vanaf Natal na die binneland, het plaasgevind omdat die toestande in Natal grootliks soortgelyk geword het as dié in die Oos-Kaap aan die begin van die Groot Trek. Die Britse gesag het nie toegelaat dat die Boere hulself regeer nie, of dat hulle hulself teen misdaad en aanvalle verdedig nie. Terselfdertyd was hulle nie bereid om die kostes van 'n doeltreffende administrasie en die beskerming van die inwoners te dra nie. Daar was sprake dat Mpande Natal gaan binneval, en toe die Boere van die Kliprivieromgewing met hul gesaaides nog op die lande begin trek het, het die meeste van die oorblywende Boere suid van die Tugela gevolg. Onder Britse bewind was die lewens van die Boere in Natal onveilig,[290] en hulle het tot die gevolgtrekking gekom dat daar geen ander oplossing was as

---

[287] Jansen, E. G. (1938). *Die Voortrekkers in Natal.*,
https://archive.org/details/VoortrekkersInNatal
[288] Steyn, J.C. 2016 *Afrikanerjoernaal. 'n Vervolgverhaal in 365 episodes.* Pretoria: FAK., p.119
[289] Jansen, E. G. (1938). *Die Voortrekkers in Natal.*,
https://archive.org/details/VoortrekkersInNatal
[290] Giliomee, Hermann. Die Afrikaners (Afrikaans Edition). Tafelberg. Kindle Edition., p.169

om weer te trek nie. In 'n laaste poging om toestande in Natal te verbeter, het die Boere Pretorius gestuur om die Kaapse goewerneur, Pottinger, in Grahamstad te gaan spreek. Pottinger het egter geweier om hom te ontvang. Met sy terugkeer vanaf Grahamstad, het Pretorius ongeveer 400 van die oorblywende Boere, insluitend sy eie gesin, in 'n laer by Doornkop gevind, dieselfde plek waar hulle tien jaar gelede gestaan het toe hulle Natal ingetrek het. Weens vol riviere moes hulle weke daar staan voordat hulle weer oor die Drakensberg kon trek. Toe Pretorius sy gesin gevind het, het sy vrou siek in 'n wa gelê en sy jongste dogter was die een wat die osse gelei het, al was sy ernstig deur een van die osse beseer.[291]

Die nuwe goewerneur van die Kaap, Sir Harry Smith, het na Natal gehaas om te probeer verhoed dat Pretorius en die oorblywende Boere Natal verlaat. Hy het Pretorius en sy trek in gietende reën langs die Tugela by Doornkop gevind. In sy gewone dramatiese styl het Goewerneur Smith oor hierdie uittog kommentaar gelewer: "Ek was amper verlam om te sien hoe die hele bevolking, met enkele uitsonderings, 'trek' [sic]. Reëns aan hierdie kant van die berge is tropies ... en [hierdie] gesinne is aan 'n mate van ellende blootgestel wat ek nog nooit vantevore gesien het nie."[292] Omdat die Tugela oorstroom was, het die goewerneur vir 'n paar dae by Pretorius oorgebly.[293] Weens die respek wat Goewerneur

---

[291] G. M. Theal (1888). *History of the Emigrant Boers in South Africa.* (2nd ed.). Swan Sonnenschein, Lowrey & Co., p.244
[292] Giliomee, Hermann. Die Afrikaners (Afrikaans Edition). Tafelberg. Kindle Edition., p.170
[293] G. M. Theal (1888). *History of the Emigrant Boers in South Africa.* (2nd ed.). Swan Sonnenschein, Lowrey & Co., p.244

Smith met sy daadwerklike optrede tydens die Sesde Grensoorlog vanaf 1834 tot 1836, toe hy die militêre bevelvoerder in die Kaap was, onder die Boere afgedwing het, was hy vas oortuig dat hy die Boere sou kon oortuig om lojaal aan die Britse owerheid te word. Hy het ook geglo dat die meerderheid Boere verkies het om onder Britse bestuur te wees. Op sy rit via die Transoranje en Winburg na Natal, en ook in Natal, is hy oral met groot vriendelikheid deur die Boere ontvang. Hy het ook heelwat versoeke van mense ontvang, waarvan sewe-en-twintig gesinne in Winburg, om die Transoranje onder die Britse vlag te anneksser. Hy het egter die Kaapse trekboere in die Transoranje, wat lojale Britse onderdane was, met die Boere verwar[294] en hy het ook nie in ag geneem dat die oorgrote meerderheid Boere van Winburg hom nie gesien het nie. Toe Andries Pretorius sy aanstelling op die Natalse Landraad deur Goewerneur Smith weier en die Boere van Natal weier om na hul plase terug te keer, was dit vir Smith onbegryplik. Die Natalse Trekkers het hulle in die omgewings van Winburg en Potchefstroom-Magaliesberg gaan vestig.

---

[294] Die trekboere van hierdie era was boere uit die noordelike streke van die Kaapkolonie wat, uitsluitlik vir materiële redes, soos beter weivelde en water vir hul kuddes, na die suidelike Transorangia (later die Vrystaat) gemigreer het. Hulle het, as gevolg van invloede soos propaganda van die Nederduitse Gereformeerde Kerk, die media, en regulasies van die Britse regering in die Kaap, nie aan die Groot Trek deelgeneem nie. Hierdie trekboere, soos die sogenaamde Kaapse Afrikaners van die westelike distrikte van die Kaapkolonie, was nie Boere nie, omdat hulle nie die gedeelde geskiedenis en gedeelde trauma wat die Boeridentiteit gevorm het, ervaar het nie. Hulle het nie die Boere se gees van onafhanklikheid ontwikkel nie en het lojale Britse onderdane geword.

DIE SKEPPING VAN DIE BOERIDENTITEIT

Die Boere wat oorkant die Vaalrivier gevestig het, het in 1840 die gebied wat hulle opgeëis het, beskryf. Die gebied wat hulle beskryf het, was byna identies aan die grond wat Mzilikazi verower en beset het voordat hulle hom uit die area gedryf het. Die afbakening van hulle gebied is in die Akte van Eenwording van die gebiede wes en oos van die Drakensberge, wat op 16 Oktober 1840 tydens 'n openbare byeenkoms in Potchefstroom aanvaar is, geformaliseer.[295] Vanaf 1839 is plase geregistreer, en 'n lys van plaasregistrasies is bygehou.[296] In 1843 het Potgieter 'n kommissie van tagtig Winburgers en Potchefstromers na Delagoabaai gestuur om handelsmoontlikhede met die Portugese te onderhandel. Ten spyte van die uitdagende reis, met oorstroomde riviere en die bedreiging van die tsetsevlieg, het die groep teen die einde van Augustus 1844 na die Magaliesberg teruggekeer.[297] Gebaseer op hierdie ekspedisie, het die Burgerraad aan Potgieter opdrag gegee om 'n verhuising nader aan die Portugese hawe te organiseer. Die onlangse anneksasie van Natal en die bedreiging van Brittanje se "Cape of Good Hope Punishment Act" op hulle onafhanklikheid het beslis ook 'n sleutelrol in die besluit van hierdie Boere om te trek, gespeel, want Ohrigstad lê buite die grense van hierdie wet. Teen Augustus 1845 het meer as 1,000 Boere, ongeveer drie honderd gesinne, reeds in die nuwe gebied, wat hulle Andries Ohrigstad genoem het, gesetel.[298] Paul Kruger se vader, Casper, en sy oom Gert het

---

[295] Bergh, J. S. (1992). Die vestiging van die Voortrekkers noord van die Vaalrivier tot 1840. *Historia*, *37*(2), pp.39-47., p.42
[296] Bergh, J. S. (1992). Die vestiging van die Voortrekkers noord van die Vaalrivier tot 1840. *Historia*, *37*(2), pp.39-47., p.44
[297] Botha, J. P. (2008). Ons Geskiedenis (1st ed.). J.P. Botha., p.123-p.124
[298] Botha, J. P. (2008). Ons Geskiedenis (1st ed.). J.P. Botha., p.125

ook aan die trek na Ohrigstad deelgeneem, maar hulle het vroeg reeds na die Potchefstroomdistrik teruggekeer.

Terwyl die Boere in Ohrigstad was, het die Swazikoning Mswati II 'n aanval op koning Mpande se Zoeloebuiteposte geloods en in die proses al die beeste buitgemaak.[299] Mpande, wie konflik met die Boere wou vermy, het die Boere van sy voorneme om militêr teen die Swazis op te tree, ingelig. Potgieter het aan Mpande verduidelik dat daar 'n vriendskapsverhouding tussen die Boere en Swazis bestaan, maar hy het Mpande van Boerneutraliteit in die Zoeloe-Swazi-konflik verseker. Potgieter het beklemtoon dat die Boere die moord op Swazivroue en -kinders onaanvaarbaar sou vind.[300] Die Swazikoning het egter die Boere vir ondersteuning teen die Zoeloes genader. Op 26 Julie 1846 het Mswati en die Boere 'n verdedigingsooreenkoms onderteken wat 'n alliansie teen die Zoeloes gevorm het.[301] Volgens die voorwaardes van die verdrag het die Boere onderneem om, in ruil vir 'n aansienlike stuk grond in die oostelike hoëveld (nou Mpumalanga), die Swazis in hul oorlog teen die Zoeloes te ondersteun. Hierdie gebied het van die Olifantsrivier in die noorde tot die Krokodilrivier in die suide gestrek. In Julie 1847 het Mpande sy isaNgqu, iNkonkoni, uDlokwe en

---

[299] Shamase, M. Z. (1999). *The reign of King Mpande and his relations with the Republic of Natalia and its successor, the British colony of Natal* [Doctoral dissertation, University of Zululand]., p.123

[300] Shamase, M. Z. (1999). *The reign of King Mpande and his relations with the Republic of Natalia and its successor, the British colony of Natal* [Doctoral dissertation, University of Zululand]., p.123

[301] Shamase, M. Z. (1999). *The reign of King Mpande and his relations with the Republic of Natalia and its successor, the British colony of Natal* [Doctoral dissertation, University of Zululand]., p.85

DIE SKEPPING VAN DIE BOERIDENTITEIT

uNokhenke regimente teen die Swazis uitgestuur, maar hulle moes sonder sukses onttrek. Danksy die Boere se alliansie met Mswati is die totale vernietiging van die Swazivolk voorkom.[302]

In teenstelling met die verklaarde beleid van die Boere om slegs onbewoonde grond te beset, was dele van die grond in hierdie streek reeds beset. Die Ndzundza het sedert 1839 permanent tussen die Steelpoort en Dwarsrivier gevestig, waar die Boere hulle in 'n ellendige toestand aangetref het nadat hulle byna deur verwoestende aanvalle deur Mzilikazi vernietig is.[303] Die Pedi en verskeie kleiner stamme het ook in die area gewoon.[304] Die Boere het aanvanklik Mabhogo, die Hoofman van die Ndzundza, oor die aankoop van grond genader, maar Mabhogo het hulle na die Swazis verwys wat die land reeds vroeër verower het.[305] Na die grondtransaksie met Swazikoning Mswati II op 26 Julie 1846, het die Boere nie enige grondregte van die ander stamme in die area erken nie en het eenvoudig die grond wat permanent deur hierdie stamme bewoon was, beset. Daar was geen afsonderlike grondooreenkoms met die Ndzundza nie. Tog het Andries Potgieter in 'n brief aan Sir Harry Smith op 15 Mei 1848 genoem dat die Boere 'n vredesverdrag met Mabhogo gehad het, waarvolgens die Boere hulle teen

---

[302] Shamase, M. Z. (1999). *The reign of King Mpande and his relations with the Republic of Natalia and its successor, the British colony of Natal* [Doctoral dissertation, University of Zululand]., p.85
[303] Van Jaarsveld, F. A. (1985),. Die Ndzundza-Ndebele en die Blankes in Transvaal 1845-1883 [Master's Thesis, Rhodes Universiteit]., p.26
[304] Van Jaarsveld, F. A. (1985),. Die Ndzundza-Ndebele en die Blankes in Transvaal 1845-1883 [Master's Thesis, Rhodes Universiteit]., p.27
[305] Van Jaarsveld, F. A. (1985),. Die Ndzundza-Ndebele en die Blankes in Transvaal 1845-1883 [Master's Thesis, Rhodes Universiteit]., p.29

aanvalle van vyandige stamme sou beskerm.[306] Die Swazis het ook aangebied om die Ndzundza te vernietig, maar die Boere het die aanbod van die hand gewys. In 1861 het 'n Swazikaptein aan die landdros van Lydenburg gesê dat "die naam van Mapoch (Mabhogo) waarskynlik nie weer genoem sou word nie," bedoelende dat die Ndzundza nie meer sou bestaan het as die Boere nie die Swazis verhoed het om hulle uit te roei nie.[307]

Die Ohrigstad-nedersetting het as gevolg van uitdagings in die handel deur die Portugese hawe, die moeilike roete na Delagoabaai, en die voortdurende bedreiging van malaria, gesukkel. Andries Potgieter het toe 'n ekspedisie, met 230 man, noordwaarts gelei. Tydens hierdie ekspedisie het hulle in die verre noorde weer met Mzilikazi gebots en hulle het ook 'n geskikte terrein vir 'n nuwe nedersetting by Soutpansberg geïdentifiseer. Vroeg in 1848 het Potgieter en sy volgelinge 'n nuwe nedersetting, Schoemansdal, by Soutpansberg gestig.[308] Intussen is die Boere wat in Ohrigstad onder leiding van Jacobus Burger agtergebly het, in 1848 deur 'n malaria-epidemie getref wat meer as honderd lewens geëis het. Hulle het toe suidwaarts na 'n hoërliggende gebied beweeg, waar hulle op 20 September 1849 'n nuwe nedersetting, met die naam Leidenburg, gestig het.[309] In 1856 het die Boere die Republiek van Lydenburg op die grond wat hulle van die

---

[306] Van Jaarsveld, F. A. (1985),. Die Ndzundza-Ndebele en die Blankes in Transvaal 1845-1883 [Master's Thesis, Rhodes Universiteit]., p.31
[307] Van Jaarsveld, F. A. (1985),. Die Ndzundza-Ndebele en die Blankes in Transvaal 1845-1883 [Master's Thesis, Rhodes Universiteit]., p.30
[308] Botha, J. P. (2008). Ons Geskiedenis (1st ed.). J.P. Botha., p.130-p.131
[309] Botha, J. P. (2008). Ons Geskiedenis (1st ed.). J.P. Botha., p.130-p.131

Swazikoning verkry het, uitgeroep. In Soutpansberg het Potgieter en Mzilikazi versoen. Mzilikazi het die Boere se gesag en eienaarskap van die grond wat hy tydens hul stryd van 1837 opgegee het, erken. Mzilikazi het militêre hulp van Potgieter versoek omdat hy deur Tswana-stamme, vanuit die huidige Botswana, wat deur Engelse handelaars en die sendeling David Livingstone met gewere en ammunisie voorsien is, bedreig is. Die Boere en die Ndebele het toe 'n Vredes- en Vriendskapsverdrag gesluit. Die verdrag is drie weke na Potgieter se dood, op 8 Januarie 1853 in Schoemansdal deur sy seun, Piet, wat hom as kommandant-generaal opgevolg het, en Marap, Mzilikazi se verteenwoordiger, onderteken.

Transoranje, geleë tussen die Oranje- en die Vaalriviere in wat nou die Vrystaat provinsie van Suid-Afrika is, was deur diverse bevolkingsgroepe bewoon, wat potensiaal vir konflik oor grond, gehad het. In die noordelike streek, tussen die Vet- en Vaalriviere, was Winburg, wat aan die Boere behoort het nadat Hendrik Potgieter die grond van Hoofman Makwana van die Batuanga verkry het. Die Boere in Winburg was in unie met hul volksgenote noord van die Vaalrivier. Die suidelike deel van Transoranje het verskeie Griekwa- en Bantoestate en -reservate ingesluit. Nicolaas Waterboer van Griekwaland Wes het 'n verdrag met die Kaapse regering gehad. Adam Kok, leier van die Griekwa-bevolking in Philippolis, het oor die gebied vanaf die Oranjerivier tot by die Modderrivier aanspraak gemaak en het ook 'n verdrag met die Britse regering gehad. Suid van Kok se gebied was die Batlapin-reservaat by Betlindie. Aan die westekant van die Caledonrivier was daar sendingreservate vir Bantoe- en Kleurlinggroepe by Beersheba, Thaba Nchu, Platberg, Mekuatling, Merumetsu, en Imparani.[310] Verder was die Basoetoe rondom Thaba Bosigo gesetel, met die gebied van Sikonyela verder wes. Engelse setlaars en Kaapse trekboere onder Michiel Oberholzer, het hulle ook in Transoranje gevestig. Die Kaapse trekboere het om suiwer materiële redes in die Transoranje gevestig. Hulle was steeds lojale Britse onderdane en het vir die anneksasie van Transoranje deur die Britse regering gepleit. [311]

Teen die einde van 1835 het die Britse staatsekretaris, Lord Glenelg, 'n verdragstelsel in die lewe geroep om die betrekkinge tussen Brittanje en die verskillende bevolkingsgroepe in suidelike Afrika te reël. Hy het Andries Stockenström as luitenant-goewerneur van die oostelike distrikte van die Kaapkolonie aangestel en hom die taak gegee om verdrae met verskeie stamme te sluit. Stockenström het die doelstellings van die verdragsisteem uiteengesit: "...ons doelwitte behoort hierdie te wees, ... die veiligheid van die Kolonie teen toekomstige indringers... Tweedens, die verbetering van die Kaffernasie en die handhawing daarvan as 'n onafhanklike bondgenoot."[312] Die Britse regering het die stamhoofde met 'n vaste inkomste vergoed op voorwaarde dat hulle aanvalle op die Kolonie voorkom. Die meeste verdrae het bepalings vir wedersydse

---

[310] Walker, E. A. (1922). *Historical Atlas of South Africa*. Humphrey Milford Oxford University Press., p.17
[311] Botha, J. P. (2008). Ons Geskiedenis (1st ed.). J.P. Botha., p.132
[312] Du Toit, A., & Giliomee, H. (1983). *Afrikaner Political Thought. Volume 1: 1780-1850*. University of California Press., p.174

militêre bystand in geval van 'n aanval, ingesluit. Die Britse regering het verdrae met byna alle omliggende stamme gesluit, insluitend Mzilikazi, wat voorheen grootskaalse geweldadige onrus in die sentrale hoogland van suidelike Afrika tydens die Mfecane-tydperk veroorsaak het. Deur hierdie verdrae het die Britse regering effektief die onafhanklikheid van hierdie nasies erken en hul reg op hul grond bevestig. Hierdie beleid van erkenning en samewerking met inheemse stamme het egter in skerp kontras met die Britse benadering teenoor die Boere gestaan. Die Britte het geweier om die Boere as 'n onafhanklike volk te erken en het hulle vervolg en hul grond geanneksser. Boere sou later, na die anneksasie van die tweede Boergebied, Winburg, amptelik in 'n memoradum aan Goewerneur Smith hul afkeur van hierdie ongelyke behandeling deur die Britse regering uitgespreek."[313]

In 1844 het 'n voorval tussen die Boere en die Griekwas plaasgevind waartydens Hendrik Potgieter die Boere se benadering tot interaksies met ander Afrikastamme uitgelig het. Griekwakaptein Adam Kok het 'n Boer, Hermanus van Staden, op aanklag van die moord op 'n Engelsman gearresteer. Ten spyte van die Boere se eis dat Van Staden in Winburg verhoor moet word, het Kok hom na Colesberg in die Kaapkolonie gestuur. Terwyl die spanning tussen die Boere en die Griekwas toegeneem het, het Andries Potgieter persoonlik na Phillipolis gegaan om die betrekkinge

---

[313] Memoradum deur Pretorius van 18 Julie 1848, geteken deur 900 Boerkommandante en Veldkornette; Du Toit, A., & Giliomee, H. (1983). Afrikaner Political Thought. Volume 1: 1780-1850. University of California Press., p.223-p.225

met die Griekwas te verbeter. Kok het dit egter vir Potgieter duidelik gemaak dat hy, volgens sy verdrag met die Britse regering, die Boere as Britse onderdane beskou, en dus nie die Boere as 'n onafhanklike volk met enige gesag erken nie. Van Staden is in die Colesberghof vrygespreek, wat die probleem opgelos het.[314] Daarna het Potgieter probeer om, in 'n brief aan Kok, 'n kommunikasiekanaal tussen die twee groepe te vestig om geskille tussen hulle op te los. In hierdie brief het hy die Boere se beleid ten opsigte van betrekkinge met ander gemeenskappe, wat op gelykheid en nie-inmenging gebasseer is, uiteengesit. Hy het beklemtoon dat die leierskap van beide gemeenskappe volle gesag binne hul onderskeie gebiede moet behou.[315] Potgieter het geskryf: "Ons is saam met julle emigrante en word as sulks beskou, en beskou ons onsself as emigrante wat saam met julle in dieselfde vreemde land woon, en ons wil hê ons moet as nie meer nie en nie minder nie as julle mede-emigrante beskou word, inwoners van die land, wat dieselfde voorregte as julle geniet." *(Beide die Griekwas en die Boere het die Kaapkolonie verlaat om hulself te bestuur.)* "Dit is geensins die bedoeling van die Hoofkommandant en sy raad om enige inheemse hoof onder hul wette en gesag te bring nie, maar om elkeen toe te laat om sy eie gesag uit te oefen." "Maar in die geval van enige misdaad wat deur 'n Boer teenoor 'n inboorling gepleeg is, moet die inboorling by die leier van die Boere kla, en wanneer 'n inboorling 'n misdaad teen 'n

---

[314] Gie, S. F. (1932). *Geskiedenis vir Suid-Afrika, II* (2nd ed.). Pro Ecclesia-Drukkery, p.344
[315] Du Toit, A., & Giliomee, H. (1983). *Afrikaner Political Thought. Volume 1: 1780-1850*. University of California Press., p.141

DIE SKEPPING VAN DIE BOERIDENTITEIT

Boer pleeg, moet die Boer by 'n heerser van die inheemses kla."[316]

Toe Goewerneur Smith en Pretorius mekaar by Doornkop tydens laasgenoemde se vertrek uit Natal ontmoet het, het Smith aan Pretorius onderneem dat hy die proklamasie van Transoranje as Britse Soewereiniteit sal uitstel totdat Pretorius bewyse voorsien dat die meeste Boere téén Britse heerskappy gekant is. Smith het egter sonder verdere raadpleging op 3 Februarie 1848 die proklamasie van die Oranjerivier-Soewereiniteit gepubliseer, waarby die Boergrond van Winburg, wat regmatig vanaf Hoofman Makwana van die Batuanga verkry is, ook geannekseer is. In reaksie hierop het Pretorius met 'n manifes, wat deur nege honderd Boere onderteken is, geantwoord:

"Ons almal, die ondergetekende Kommandante en Veldkornette... besef... dat u ons met 'n oorlog van militêre mag bedreig; dit kom vir ons baie onregverdig voor om ons te beperk op grond wat ons regverdig van die inboorlinge verhandel het..."

" Vir hulle (die inboorlinge) word die grond wat hulle geërf het, erken en verseker; hulle geniet die voorregte van selfbestuur en hul eie wette; maar sodra ons op dieselfde grond is, wat ons regverdig van hulle verkry het, word hierdie voorregte dadelik van ons weggeneem, sodat ons regtig kan sê dat ons nie eens gelyk met die gekleurde stamme is nie..."

"Ons herhaal weer, sowel aan U Hoogheid as aan die wêreld, dat as ons dalk gekleurd was, sou dit moontlik kon wees, maar nou vind ons dit onmoontlik, omdat ons wit Afrikaanse

---

[316] Du Toit, A., & Giliomee, H. (1983). *Afrikaner Political Thought. Volume 1: 1780-1850*. University of California Press., p.173

Boere (African Boers) is. Ons praat nie losweg nie; ons praat nie in haat nie; ; omdat ons deur die Britse gesag onderdruk is..."

"En nou kom ons by die groot Spieël van Natal aan... Hoe het ons besit van daardie land verkry — onregverdig of maklik? Nee; ons het dit regverdig van 'n Soewereine mag verkry; en dit het ons daarna die bloed van ons dierbaarste vroue en kinders gekos, en ons sal nooit ophou om dit voor die groot Skepper en die wêreld uit te roep."

"Met trane in ons oë is ons verplig om na ons kerke en duur gekoopde grond terug te kyk... Waar is dan die vorige eienaars van die land (Natalia)? Hier dwaal hulle in die wildernis van suider-Afrika." "Maar as u ons nou dieper in die wildernis dryf, sal u ons daardeur beter maak?"

"O, hierdie ontberinge sal u nooit uit die hart van 'n Afrikaanse Boer (African Boer) uitroei nie, nie met beloftes nie, en nie met dreigemente nie; u sal 'n verdere vlug en ontevredenheid veroorsaak, maar nooit 'n stille onderwerping nie. En só het ons swaar gely; ons het stil ons moederland verlaat onder al hierdie ontberinge; vir vryheid het ons alles opgeoffer!"

"Maar ons wil U Hoogheid smeek om ons onversteurd en sonder verdere inmenging te laat, op daardie grond wat ons regverdig van die wettige eienaars verkry het, en só sal ons voor die wêreld en ons Skepper uitroep (wat ons weet hou 'n oog op ons van bo af, en aan Hom alleen het ons alle dankbaarheid en eerbied verskuldig), dat ons nog nie heeltemal uitgeroei is nie."[317]

---

[317] Du Toit, A., & Giliomee, H. (1983). *Afrikaner Political Thought. Volume 1: 1780-1850*. University of California Press., p.223-p.225

DIE SKEPPING VAN DIE BOERIDENTITEIT

Die motivering vir Smith se anneksasie van Transorangia is onduidelik. Die amptelike rede, het hy beweer, was om inheemse bevolkings teen potensiële aanvalle en mishandeling deur die Boere te beskerm. In 'n brief aan die Britse Staatsekretaris Grey het Smith geskryf: "Ek is tot daardie daad (proklamasie van die Oranjerivier-Soewereiniteit) gedryf deur die begeerte om 'n vriendskaplike verhouding met die inheemse leiers te vestig, om hulle in hul erfregte te handhaaf en hulle teen aggressie (van die Boere) te beskerm...".[318] Hierdie amptelike verduideliking is egter in teenstelling met die werklikheid op die grond, wat Smith self in 'n brief aan Grey op 10 Februarie 1848, te tye van die proklamasie van die Soewereiniteit, erken het. In hierdie brief beskryf Smith die verhoudings tussen die Boere en ander stamme as positief en verklaar: "...deur my reis onder die uitgewekenes (die Boere) het ek geen voorkoms van slawerny gesien nie - veel minder enige verkeer daarin - wat foutief beweer is om te bestaan..." "Die Boere en die inheemses is oral waar ek waargeneem het, op die beste terme."[319] In Februarie 1848 het Pretorius die noodsaaklikheid van geweld in hulle weerstand teen die Britse regering besef. Hy het verklaar dat die Boergebiede in die binneland 'n onafhanklike staat sal wees en hy het sy bereidheid uitgespreek om onafhanklikheid deur enige middel - petisies, onderhandelings, of militêre mag - te verkry.[320] Pretorius het die Boere aan beide kante van die

---

[318] Muller, C. F. J. (1946). *Die Britse Owerheid en die Groot Trek* [Doctoral dissertation, University of Stellenbosch]., p.500
[319] Muller, C. F. J. (1946). *Die Britse Owerheid en die Groot Trek* [Doctoral dissertation, University of Stellenbosch]., p.496
[320] Giliomee, Hermann. Die Afrikaners (Afrikaans Edition). Tafelberg. Kindle Edition., p.170

DIE BOERREPUBLIEKE

Vaalrivier toegespreek en aan hulle gesê dat vryheid nie deur trek of vlug verkry kon word nie, maar slegs deur stryd. Hy het 'n algemene oproep vir mobilisasie vir 'n Vryheidsoorlog teen die Britse regering uitgeroep, maar hy het teenstand van veral van Boere noord van die Vaalrivier, insluitend Andries Potgieter, gekry. Hulle het enige betrokkenheid met die Britse regering, beide onderhandeling en konfrontasie, verwerp. Ontmoedig deur die reaksie van die Boere, het Pretorius op sy plaas Rust den Ouden in die Magaliesberg gaan aftree.

Toe Goewerneur Smith van Pretorius se pogings om die Boere te mobiliseer uitvind, het hy op 29 Mei 1848 'n manifes uitgereik om sy anneksasie van Transoranje te verduidelik. Smith het geglo dat die anneksasie geregverdig was omdat, volgens hom, vier uit vyf Boere dit ondersteun het. Hy het in die manifes verklaar: "sekere kwaadwillige persone, wie geneig is tot boosheid, kwaad en bose praktyke, was in die gebied oorkant die Oranjerivier, waaroor ek die soewereiniteit van Haar Majesteit afgekondig het, besig om vergaderings te hou om die ware gees en betekenis van my Proklamasie te ontwrig..." " — Ek beskou dit as my plig om 'n verduideliking van die motiewe wat my gedwing het om 'n Regering oor verdwaalde, teleurgestelde en ontevrede mense te vestig, wat hulle van die Land van hul Vaders — van die huise wat hulle grootgemaak het — en van hul familie en vriende vervreem het — te publiseer."[321] Die anneksasie het 'n werklikheid vir die Boere in die Winburgdistrik geword toe Smith op 22 Mei 1848 die Boerlanddros W. Jacobs met 'n

---

[321] Cory, G. E. (1926). *The Rise of South Africa, Vol. IV*. Longman's, Green & Co., p.139-p.139

DIE SKEPPING VAN DIE BOERIDENTITEIT

Engelse magistraat, T.J. Biddulph, vervang het.[322] Die Winburgse Boere het toe 'n beroep op Andries Pretorius gedoen om hulle in 'n stryd teen die Britse regering te lei.[323] Gedurende hierdie tyd was Pretorius se vrou, Christina (gebore De Wit), ernstig siek. Ten spyte van haar toestand het sy daarop aangedring dat hy sy mense moet dien: "Ek is baie siek, en die lewe kan jy my nie gee nie. Hulle vra jou hulp. Ry na jou mense en kyk wat jy vir hulle kan doen terwyl die saak dringend is".[324] Toe Pretorius sy vrou in Junie 1848 verlaat het om Winburg te bevry, was dit die laaste keer wat hy sy vrou gesien het.

Ongeveer 120 Boere van Winburg het onder leiding van Landdros Jacobs op die plaas van 'n Boer genaamd Vermeulen vergader om 'n plan van aksie te bespreek. Nadat hulle die saak ook met Pretorius bespreek het, het hulle besluit om Biddulph amptelik in te lig oor die Boere se standpunt oor sy aanstelling. Landdros Jacobs het toe 'n brief, onderteken deur homself en Heemrade A. Cronje, G. P. Brits, P. M. Bester en F. J. Bezuidenhout, aan Biddulph gestuur met die boodskap: "Aan die magistraat wat by Winburg aangekom het, word hiermee, in die naam van die Verenigde publiek, en volgens 'n memorie wat reeds aan die goewerneur gestuur is, bekend gemaak dat ons jou op geen enkele manier as magistraat sal erken nie, ons bly (in ons posisies) in die

---

[322] Cory, G. E. (1926). *The Rise of South Africa, Vol. IV*. Longman's, Green & Co., p.143
[323] Botha, J. P. (2008). Ons Geskiedenis (1st ed.). J.P. Botha., p.134
[324] Steyn, J.C. 2016 *Afrikanerjoernaal. 'n Vervolgverhaal in 365 episodes*. Pretoria: FAK., p.121

naam van die Publiek."[325] Op 23 Junie 1848 het Biddulph Winburg verlaat en na Bloemfontein gegaan, waar die Britse Resident, Majoor Henry Warden, gestasioneer was. Pretorius het op 12 Julie 1848 met 'n mag van vyfhonderd man by Winburg aangekom.[326] Meer Boere het by Winburg by hom aangesluit en hy is daarna met 'n mag van ongeveer 1000 man na Bloemfontein, waar hulle op 17 Julie 1848, sowat twee myl buite die dorp, laer opgeslaan het. Majoor Warden het 'n ultimatum van Pretorius, wat vereis het dat sy troepe en alle inwoners van Bloemfontein binne drie dae die dorp moes verlaat, aanvaar. Pretorius het hulle toegelaat om al hul besittings, openbaar en privaat, met hulle saam te neem en het die nodige waens vir hulle verhuising gereël. Pretorius het, deur middel van Majoor Warden, 'n ontmoeting met Goewerneur Smith versoek, maar Smith het geweier om "met 'n rebel te onderhandel" en hy het belowe om "Haar Majesteit se lojale emigrante onderdane (waarskynlik die Kaapse trekboere) teen belediging te beskerm en om die rebellie met Haar Majesteit se kanonne en soldate te onderdruk..."[327] Smith het 'n beloning van £1000, wat hy later tot £2000 verhoog het, vir die gevangeneming van Pretorius uitgeloof. Op 26 Julie 1848 het Harry Smith aan Staatsekretaris Grey geskryf: "Dit sal baie gou duidelik word wie se gesag

---

[325] Cory, G. E. (1926). *The Rise of South Africa, Vol. IV*. Longman's, Green & Co., p.145-p.146
[326] Cory, G. E. (1926). *The Rise of South Africa, Vol. IV*. Longman's, Green & Co., p.149
[327] Cory, G. E. (1926). *The Rise of South Africa, Vol. IV*. Longman's, Green & Co., p.153

hoogste is, dit van Haar Majesteit van Engeland, of van hierdie rebel."[328]

Op 2 Augustus 1848 het Majoor Warden, namens Goewerneur Smith, militêre hulp van die Basoethoekoning Moshweshwe, die Batlokwahoof Sikonyela, die Korannaleier Gert Taaibosch, en die Griquahoofde Jan Bloem, Adam Kok, en Andries Waterboer aangevra.[329] Goewerneur Smith het op 26 Augustus 1848 sy mag oor die Oranjerivier in die Oranjerivier-Soewereniteit gelei. Sy kontingent het uit sowat 1,200 manne, drie kanonne, en 177 waens met voorrade vir dertig dae bestaan. Adam Kok en Andries Waterboer het oorkant die Oranjerivier met 250 Griekwasoldate by Smith se mag aangesluit.[330] Kaapse trekboere onder Kommandante Pieter Erasmus en J. T. Snyman het ook by Smith se leër aangesluit om die voorradewaens te beskerm.[331] Pretorius het 'n strategie beplan om Smith op 'n plat terrein met twee rye lae heuwels op die plaas Boomplaats naby Jagersfontein in 'n hinderlaag te lei. Smith het Boomplaats op 29 Augustus 1848 om 11:00 bereik en na die heuwels beweeg. Toe Luitenant Salis se Kaapse Korps, vergesel deur Smith en sy personeel, die tweede heuwel aan hul regterkant bereik, het hulle die eerste groep Boere gewaar wat voortydig op hulle begin skiet het. Pretorius se plan was om te wag totdat die hele Britse

---

[328] Muller, C. F. J. (1946). *Die Britse Owerheid en die Groot Trek* [Doctoral dissertation, University of Stellenbosch]., p.319
[329] Cory, G. E. (1926). *The Rise of South Africa, Vol. IV*. Longman's, Green & Co., p.153
[330] Cory, G. E. (1926). *The Rise of South Africa, Vol. IV*. Longman's, Green & Co., p.156
[331] G. M. Theal (1888). *History of the Emigrant Boers in South Africa*. (2nd ed.). Swan Sonnenschein, Lowrey & Co., p.254

kolom binne trefafstand was.[332] Tydens hierdie aanvanklike skermutseling is Smith nouliks deur 'n koeël gemis, en drie Khoi-Khoi-soldate van die Kaapse Korps is gedood. Luitenant Salis, wat gewond op die grond gelê het, is deur twee Boere genader. Hy het gevrees dat die Boere hom sou doodmaak en het na hulle geroep dat hy 'n vrou en twee kinders by die huis het. Die Boere het hom laat gaan, waarna hy vir behandeling na 'n hospitaaltent in die agterhoede geneem is.

Smith het vir luitenant Dynely van die Koninklike Artillerie opdrag gegee om die kanonne te posisioneer en op die Boermagte te skiet. Toe die Boere op die heuwel agter klippe skuiling soek, het kaptein Murray se Geweerbrigade die heuwel bestorm. Tydens hierdie aanval is Murray ernstig gewond en het later daardie nag gesterf. Baie van Murray se manskappe is ook op die helling van die heuwel gewond of doodgeskiet, en nog voordat hulle die bopunt van die heuwel bereik het, het die Boere reeds teruggetrek en op die volgende heuwel hergroepeer.[333] 'n Klein groep Boere, onder leiding van kommandant Jan Kock, het toe oor die vlakte gejaag om die Britse waens en voorrade aan te val. Die Kaapse Korps is gestuur om Kock te stuit en na swaar gevegte het hulle Kock gedwing om na die Boerkommando terug te val. Die Britse 91ste, ondersteun deur die Geweerbrigade en die 45ste, is toe ontplooi om die Boere se verdedigingslyn te breek. Smith het persoonlik die

---

[332] G. M. Theal (1888). *History of the Emigrant Boers in South Africa.* (2nd ed.). Swan Sonnenschein, Lowrey & Co., p.257
[333] G. M. Theal (1888). *History of the Emigrant Boers in South Africa.* (2nd ed.). Swan Sonnenschein, Lowrey & Co., p.258

DIE SKEPPING VAN DIE BOERIDENTITEIT

kanonposisies gekies, en die tweede heuwel is soortgelyk aan die eerste bestorm. Die Boere het weer teruggetrek en op die hange wat op die nek van die hoë rif neerkyk, vir hul laaste stryd posisie ingeneem. Die Kaapse Korps en die Griekwas het nou 'n berede aanval op die Boere geloods, maar hulle is teruggedryf. Smith het toe, met die infanterie voor, die Boerposisies met sy hele mag bestorm. Die Boere is toe uit hul posisies gedwing en hulle het oor die vlakte gevlug.[334]

Die nederlaag by Boomplaats was 'n groot terugslag vir die Boere se strewe na onafhanklikheid. Na die slag het Smith, 'n ervare militêre offisier, die slag in 'n brief aan die Staatsekretaris beskryf as "een van die ernstigste skermutselinge wat hy ooit gesien het."[335] Die Britte het 24 man verloor en 39 is gewond, terwyl nege Boere gedood en vyf gewond is. 'n Jong Boer, Thomas Dreyer, is tydens die konflik gevange geneem. Hy is later van "gewapende weerstand teen sy wettige soewerein", die koningin van Engeland, aangekla en is op 3 September 1848 deur 'n vuurpeloton tereggestel. Pretorius het Dreyer, wie hy "'n seun" genoem het, se teregstelling 'n "skreiend skandelike daad" genoem.[336] Smith het die beloning vir die gevangeneming van Pretorius na £2,000 verhoog, en hy het belonings van £500 elk vir die gevangeneming van Andries Spies, Jan Krynauw, en Louw Pretorius uitgereik. Hy het die plase van Jan Krynauw, Louw Pretorius, Frederick Otto, Jan

---

[334] G. M. Theal (1888). *History of the Emigrant Boers in South Africa*. (2nd ed.). Swan Sonnenschein, Lowrey & Co., p.259
[335] G. M. Theal (1888). *History of the Emigrant Boers in South Africa*. (2nd ed.). Swan Sonnenschein, Lowrey & Co., p.259
[336] Steyn, J.C. 2016 *Afrikanerjoernaal. 'n Vervolgverhaal in 365 episodes*. Pretoria: FAK., p.120

DIE BOERREPUBLIEKE

Jacobs, Philip van Coller, Jan Viljoen, en Adrian Stander gekonfiskeer. Daarbenewens het hy boetes as volg opgelê: Ocker Jacobus van Schalkwyk £200, Pieter Louw en Jan Botes elk £150, Christoffel Snyman £100, en Roelof Grobbelaar £50.[337] In 'n brief gedateer 10 September 1848, het Smith aan die Britse Sekretaris Grey verklaar dat hy "hierdie ontstuimige Boere" betyds onderdruk het, en die ontstaan van "'n massa wit barbare" op die noordelike grens van die Kaapkolonie verhoed het.[338] In 'n brief aan Smith op 29 Augustus 1848 het Pretorius Smith die skuld vir die bloedvergieting gegee omdat hy nie bereid was om te praat nie. Hy het ook Smith gewaarsku: "Ek beskou dit verder as my plig om vir U Edele te sê dat ons liewer in die wildernis van suidelike Afrika sal gaan en tot die dood sal veg as om ons hier onder Haar Majesteit se gesag te bevind, en as u nie 'n billike skikking met ons wil tref nie, sal alle verdere rampspoed dan u verantwoordelikheid wees, ..."[339] Die Kaapse koerant, De Zuid Afrikaan, mondstuk vir die Kaapse Afrikaners, het Harry Smith se anneksasie van die Transoranjegebied goedgekeur. Na die Slag van Boomplaats het De Zuid Afrikaan 'n beroep op die Britse regering gedoen om deur "versoenende maatreels" die uitgeweke Boere: "…te wys wat 'n by uitstek groot voorreg dit is om die die naam van onderdane van die Britse Kroon te dra."[340]

---

[337] G. M. Theal (1888). *History of the Emigrant Boers in South Africa.* (2nd ed.). Swan Sonnenschein, Lowrey & Co., p.261-p.262
[338] Muller, C. F. J. (1946). *Die Britse Owerheid en die Groot Trek* [Doctoral dissertation, University of Stellenbosch]., p.208-p.209
[339] G. M. Theal (1888). *History of the Emigrant Boers in South Africa.* (2nd ed.). Swan Sonnenschein, Lowrey & Co., p.260
[340] Scholtz, J. D. P. (1939). *Die Afrikaner en sy Taal.* Nasionale Pers., p.53

DIE SKEPPING VAN DIE BOERIDENTITEIT

Kort nadat Smith die Oranjerivier Soewereiniteit afgekondig het, was daar 'n beduidende verandering in die Britse beleid ten opsigte van sy verhoudings met die verskeie bevolkingsgroepe in suider Afrika. Die invloed van evangelistiese Christene op die Britse regering in Londen het skerp begin afneem. Die Londense Sendinggenootskap het 'n gebrek aan fondse ondervind, en sy leier in suider Afrika, Dr Phillip, het persoonlike probleme ondervind wat sy werk belemmer het.[341] Die militêre en finansiële impak van die Agtste Xhosa-oorlog aan die oosgrens van die Kaapkolonie, konflikte met die Basoethoehoof, Moshweshwe, en die bedreiging wat die Boere noord van die Vaalrivier ingehou het, het daartoe gelei dat die Britse regering sy beleid teenoor beide die inheemse stamme en die Boere verander het. Die grensoorlog en Moshweshwe se militêre suksesse teen Brittanje het Britse politici oortuig dat die werk van sendelinge onder die inheemse stamme onsuksesvol was en geen vrugte kon dra nie. Vyftien jaar nadat Piet Retief die sendelinge veroordeel het omdat hulle by politiek teen die Boere betrokke geraak het, het die Britse regering self die sendelinge vir hul politieke betrokkenheid veroordeel.[342] Na 'n besoek aan die Oranjerivier-Soewereiniteit het die Skotse predikant van die Nerderduitse Hervormde kerk, Dr. W. Robertson, in 'n private brief aan Sir Harry Smith geskryf: "Dit sou, in alle opsigte, beter wees as die sendelinge nie as die medium van kommunikasie tussen die regering en die

---

[341] Muller, C. F. J. (1946). *Die Britse Owerheid en die Groot Trek* [Doctoral dissertation, University of Stellenbosch]., p.467
[342] Muller, C. F. J. (1946). *Die Britse Owerheid en die Groot Trek* [Doctoral dissertation, University of Stellenbosch]., p.477

inheemse stamhoofde gebruik word nie."[343] In September 1852 het Goewerneur Cathcart geskryf dat in "lang en uitvoerige verhandelinge oor politieke onderwerpe" wat hy van inheemse stamhoofde ontvang het, dit duidelik is dat die sendelinge nie net die vertalers van die briewe is nie, maar ook die outeurs daarvan. Cathcart het die briewe wat deur die sendelinge namens stamleiers opgestel is, as "politieke bedrog" beskou en verklaar dat hy voortaan geskrewe kommunikasie van stamhoofde sal ignoreer.[344]

Die Agtste Xhosa-oorlog (1850-1853) in Brits Kaffraria, aan die oosgrens van die Kaapkolonie, was die moeilikste grensoorlog nog vir die Kaapse regering. Die grensoorlog is verder bemoeilik toe die Khoi-Khoi van die Katriviernedersetting in die Oos-Kaap in opstand gekom het. Kaapse Goewerneur Smith moes troepe uit die Oranjerivier-Soewereiniteit onttrek om in die Oos-Kaap te help. Intussen het Moshweshwe homself met gewere en ammunisie begin toerus, en hy het stamme wat vriendelik teenoor die Britse regering was en ook die setlaars in die Soewereiniteit bedreig. Volgens 'n brief van Smith aan Staatsekretaris Grey op 5 November 1851 het Moshweshwe "op 'n weeklikse basis" boodskappe aan die Xhosaleiers Kreli en Sandili gestuur wat hulle tot vyandighede teen die Britse regering aangespoor het.[345] Op 25 Junie 1851 het Majoor Warden, die Britse Resident in Bloemfontein, 'n ultimatum aan

---

[343] Muller, C. F. J. (1946). *Die Britse Owerheid en die Groot Trek* [Doctoral dissertation, University of Stellenbosch]., p.478
[344] Muller, C. F. J. (1946). *Die Britse Owerheid en die Groot Trek* [Doctoral dissertation, University of Stellenbosch]., p.488
[345] Muller, C. F. J. (1946). *Die Britse Owerheid en die Groot Trek* [Doctoral dissertation, University of Stellenbosch]., p.370

DIE SKEPPING VAN DIE BOERIDENTITEIT

Moshweshwe gestuur en skadevergoeding van 6000 beeste en 300 perde geëis vir stamme wat lojaal aan die Britse regering was en vir boere van die Soewereiniteit wat verliese deur aanvalle van die Basoethoe gely het.[346] Moshweshwe, 'n uitgeslape politikus, het nie aan die eis voldoen nie en het die Boere in die Soewereiniteit versoek om nie die Britse magte in die konflik te ondersteun nie. Die Boere het toe vir Moshweshwe by Thaba Boshigo besoek, en 'n vredesverdrag tussen die Boere en Moshweshwe is op 3 September 1851 deur Moshweshwe en sy seuns Molapo, Masupha, en Nehemiah, en vir die Boere deur G. F. Linde en Jan Vermaak, onderteken.[347] Op 25 Augustus 1851 het 137 Boere in Winburg 'n dokument onderteken waarin hulle Andries Pretorius versoek het om die posisie van Administrateur-generaal van Winburg te aanvaar. Die Boere het Warden se oproep om die Britse magte teen Moshweshwe te help, geïgnoreer, en 'n Britse mag onder Majoor Warden is op 30 Junie 1851, tydens die Slag van Viervoet, deur Moshweshwe verneder.

Hierdie gebeure in suidelike Afrika het die sienings van die Britse politici ingrypend verander. In 1851 het Staatsekretaris Grey die Agtste Xhosa-oorlog in die Britse Parlement beskryf as "'n uiters onuitgelokte uitbarsting," en hy het die Xhosas se optrede veroordeel as "die wrede

---

[346] De Wet, N. C. (1998). *Blank-Swart-Verhoudinge soos weerspieël in die Vrystaatse Historiografie, 1800-1910* [Doctoral dissertation, Universiteit van die Oranje Vrystaat]., p.75
[347] G. M. Theal (1888). *History of the Emigrant Boers in South Africa.* (2nd ed.). Swan Sonnenschein, Lowrey & Co., p.293

optrede van daardie barbare".[348] Tydens 'n toespraak in die Britse Parlement in Junie 1849 het Molesworth die inheemse stamme beskryf as "roofagtige en oorlogvoerende barbare, wat die Koloniale Kantoor op 'n tyd vir vreedsame en skadelose herders aangesien het."[349] Adderly het gesê dat Britse beleid teenoor die inheemse stamme "heeltemal en totaal misluk het".[350] Voormalige Staatsekretaris Gladstone het gesê dat die Aborigineskomitee se beleid van verdrae met die stamme "'n totale mislukking was en die feit was dat die oorloë in daardie kolonie sedertdien meer bloedig, duurder en meer verwoestend as ooit tevore was."[351] In April 1851 het Staatsekretaris Grey in 'n private memorandum geskryf: "...die kaffirs is heeltemal onbevoeg om 'n beleid van regverdigheid te verstaan; en skryf al ons maatreëls wat op hierdie beginsel berus toe aan swakheid - Dit is vrugteloos om van hulle te verwag om hulself deur motiewe soos respek vir verdrae en 'n sin vir regverdigheid te beheer, en niks behalwe die vertoon van mag kan hulle in toom hou nie."[352] Selfs John Fairbairn, die Redakteur van die South African Commercial Advertiser, wat deurgaans vir die vervolging van die Boere gepleit het, het blykbaar tot ander insigte gekom en het nou geskryf: "Dit is nou duidelik dat die vernietiging van Mzilikazi en die omverwerping van Dingaan

---

[348] Muller, C. F. J. (1946). *Die Britse Owerheid en die Groot Trek* [Doctoral dissertation, University of Stellenbosch]., p.482
[349] Muller, C. F. J. (1946). *Die Britse Owerheid en die Groot Trek* [Doctoral dissertation, University of Stellenbosch]., p.474
[350] Muller, C. F. J. (1946). *Die Britse Owerheid en die Groot Trek* [Doctoral dissertation, University of Stellenbosch]., p.483
[351] Muller, C. F. J. (1946). *Die Britse Owerheid en die Groot Trek* [Doctoral dissertation, University of Stellenbosch]., p.483
[352] Muller, C. F. J. (1946). *Die Britse Owerheid en die Groot Trek* [Doctoral dissertation, University of Stellenbosch]., p.485

DIE SKEPPING VAN DIE BOERIDENTITEIT

stappe was in die Goddelike Plan om Suider-Afrika te kalmeer."[353]

Op 15 April 1851 het 'n interessante debat in die Britse Laerhuis plaasgevind. Kolonel Thompson het 'n stelling gemaak: "Buskruit, soos almal geweet het, was plofbaar, en so ook die Kaffirs."[354] Volgens Vernon Smith het ondervinding aan die Britse owerhede bewys: "dat hulle nie vrede met die Kaffirs kon hê nie".[355] Sir George Napier, die voormalige goewerneur van die Kaap, wat vir die meeste verdrae met die inheemse stamme verantwoordelik was en wie 'n aggressiewe beleid van vervolging van die Boere gevolg het om "die inheemse stamme teen die Boere te beskerm", het nou 'n totale verandering in sy siening van die politieke situasie in die Kaap ondergaan. Tydens die parlementêre debat op 15 April 1851 het hy gesê: "... Ek waag dit om te sê dat, daardie verdrae wat deur Sir A. Stockenström aangegaan is, in die hele tyd wat ek daar was, nooit een keer deur die koloniste, die Regering, die Hollanders, of die Engelse geskend is nie; maar hulle is oor en oor deur die Kaffirs geskend. Die oomblik wat 'n barbaar dink dat dit in sy belang is om sodoende en sodoende te handel, mag verdrae by die venster uitgegooi word.[356] Napier het verder gestel dat die stamme heeltemal verslaan moet

---

[353] Giliomee, Hermann. Die Afrikaners (Afrikaans Edition). Tafelberg. Kindle Edition., p.172
[354] Muller, C. F. J. (1946). *Die Britse Owerheid en die Groot Trek* [Doctoral dissertation, University of Stellenbosch]., p.370
[355] Muller, C. F. J. (1946). *Die Britse Owerheid en die Groot Trek* [Doctoral dissertation, University of Stellenbosch]., p.370
[356] Muller, C. F. J. (1946). *Die Britse Owerheid en die Groot Trek* [Doctoral dissertation, University of Stellenbosch]., p.484

word sodat hulle nie dink dat die Britse regering bang vir hulle is nie. Hulle moet gedwing word om vir vrede te pleit.[357] Die Britse media het toe vir selfbestuur in die Kaap, wat die Imperiale regering in 'n groot mate van die las in suider Afrika kon losmaak, begin propageer. Op 20 Desember 1851 het The Times in Londen geskryf: "Ons mors ons bloed en ons miljoene omdat ons nie die Kaap 'n grondwet wil gee nie."[358]

Na die terugslag by Boomplaats het die Boere noord van die Vaalrivier, wat in verskeie gebiede gesetel was, 'n toename in getalle ervaar toe heelwat Boere van Natal en nou ook die Oranjerivier-Soewereiniteit by hulle aangesluit het. Verskeie vergaderings is in die Transvaalgebied gehou om eenheid te vestig, waarvan sommige deur beide Andries Pretorius en Hendrik Potgieter bygewoon is. In Mei 1848 by Derdepoort, naby die huidige Pretoria, het die Boere besluit om 'n Verenigde Bond van alle Boere noord van die Vaalrivier, onder 'n verteenwoordigende Volksraad, te vorm.[359] In Januarie 1851 het die Volksraad vier kommandante-generaal aangestel: Potgieter vir Zoutpansberg, Pretorius vir Magaliesberg en Potchefstroom, W.F. Joubert vir Lydenburg, en J.A. Enslin vir Marico.[360]

---

[357] Muller, C. F. J. (1946). *Die Britse Owerheid en die Groot Trek* [Doctoral dissertation, University of Stellenbosch]., p.484
[358] Muller, C. F. J. (1946). *Die Britse Owerheid en die Groot Trek* [Doctoral dissertation, University of Stellenbosch]., p.199
[359] Storm, J.M.G. (1989). Die konvensie van Sandrivier as die afsluiting van die Groot Trek. *HTS Teologiese Studies / Theological Studies*, *45*(3), 680-695., p.689
[360] Storm, J.M.G. (1989). Die konvensie van Sandrivier as die afsluiting van die Groot Trek. *HTS Teologiese Studies / Theological Studies*, *45*(3), 680-695., p.689

Hierdie vier kommandante-generaal het onder die gesag van die Volksraad gestaan. Na die Britse nederlaag by Viervoet, het Pretorius 'n brief van die Boere van Winburg in die Oranjerivier-Soewereiniteit ontvang waarin hulle sy hulp versoek het om hulle van Britse heerskappy te bevry.[361] Pretorius het onmiddellik gereageer en op 8 September 1851 is hierdie versoek sowel as die situasie in die Soewereiniteit tydens 'n vergadering van die Boere se krygsraad en ook in 'n groot openbare byeenkoms by Magaliesberg bespreek. Die krygsraad het besluit om Pretorius, saam met F.G. Wolmarans en J.H. Grobbelaar, te stuur om met die Britse regering te onderhandel.[362] Die volgende dag, op 9 September 1851, het Pretorius 'n brief aan die Britse resident van die Soewereiniteit, Majoor Warden, geskryf en onderhandelings aangevra.

Die Nederduitse Gereformeerde Kerk-predikant, Andrew Murray (junior), wie deur Smith as die predikant vir Bloemfontein en Winburg aangestel is, het 'n paar weke later die Boere in Potchefstroom besoek om aangeleenthede aangaande die Soewereiniteit met Pretorius en ander Boerleiers te bespreek. Die Britse regering was bekommerd dat hulle in die sake van die Soewereiniteit betrokke gaan raak. Die Boere het aan Murray verduidelik dat hulle nie belangstel om in die Soewereiniteit se sake in te meng nie, maar dat hulle ernstig is oor 'n verdrag met Engeland om die

---

[361] Storm, J.M.G. (1989). Die konvensie van Sandrivier as die afsluiting van die Groot Trek. *HTS Teologiese Studies / Theological Studies, 45*(3), 680-695., p.690

[362] Storm, J.M.G. (1989). Die konvensie van Sandrivier as die afsluiting van die Groot Trek. *HTS Teologiese Studies / Theological Studies, 45*(3), 680-695., p.690

Boere se onafhanklikheid te verseker.[363] Op 4 Oktober 1851 het Pretorius weer aan Warden geskryf en hom ingelig dat hy, tesame met Wolmarans en Grobbelaar deur die Boere se krygsraad getaak is om 'n vredesverdrag, wat die Boere se onafhanklikheid erken, met Engeland aan te gaan. Majoor Warden het nou aan die Kaapse goewerneur, Sir Harry Smith verduidelik dat die Soewereiniteit nou deur die optrede van Pretorius bepaal gaan word en het aanbeveel dat die regering met Pretorius onderhandel.[364] Smith het Warden se voorstelle aanvaar en het hom meegedeel dat die Assistent-kommissarisse met wye magte, Majoor W. S. Hogge and Mr. C. Mostyn Owen, so spoedig moontlik na die Soewereiniteit sal reis om die aangeleentheid te hanteer. Toe die Assistent-kommissarisse op 27 November 1851 in Bloemfontein aankom was die Soewereiniteit in chaos.

Die Britse regering het dit nou 'n beter opsie beskou om in alliansie met die Boere te wees om sodoende beter in staat te wees om die uitgestrekte grense van die Britse gebiede te kan verdedig. Op 16 Januarie 1852 het die Assistent-kommissarisse die Boerdelegasie op die plaas van P.A. Venter naby die Sandrivier ontmoet. Die volgende dag, op 17 Januarie 1852, is die Sandrivierkonvensie onderteken, waarmee die Britse regering die Boere se onafhanklikheid en grondgebied noord van die Vaalrivier erken het. Uiteindelik het die Britse regering die Boere as 'n onafhanklike volk met die reg om hul Britse lojaliteit en nasionaliteit af te sweer,

---

[363] G. M. Theal (1888). *History of the Emigrant Boers in South Africa*. (2nd ed.). Swan Sonnenschein, Lowrey & Co., p.294
[364] G. M. Theal (1888). *History of the Emigrant Boers in South Africa*. (2nd ed.). Swan Sonnenschein, Lowrey & Co., p.295

DIE SKEPPING VAN DIE BOERIDENTITEIT

erken. Pretorius wou die Boere in die Soewereiniteit (Winburg) ook by die ooreenkoms insluit, dat alle grond wat voorheen aan die Boere behoort het aan hulle teruggegee word, maar Brittanje was nie gereed om die Soewereiniteit af te staan nie. Op 16 Maart 1852 het 'n groot byeenkoms van Boere in Rustenburg die Sandrivierkonvensie eenparig bekragtig, wat die ontstaan van die Boerrepubliek, wat vanaf September 1853 as die Zuid-Afrikaansche Republiek (Z.A.R.) bekend sou staan, geskep het.[365]

Na Sir Harry Smith in onguns met die Britse regering in Londen verval het en teruggeroep is, is Luitenant-generaal George Cathcart na die Kaap gestuur om die grensoorlog in Britse Kaffraria te beëindig.[366] Op 12 Oktober 1852 het Cathcart aan die staatsekretaris voorgestel dat die Oranjerivier-Soewereiniteit aan die Boere oorgedra moet word: "'n Erkende buitelandse staat sou baie makliker... en ekonomies beheer kan word... en sou 'n veiliger versperring teen barbare van buite vorm, as wat ooit deur Britse politieke inmenging en Britse regering sonder 'n duur militêre instelling vir ondersteuning, bereik kan word."[367] Cathcart moes egter eers die Britse prestige in suider Afrika herstel wat tydens die Slag van Viervoet beskadig is. Cathcart het Moshweshwe met 'n mag van 2 500 Britse troepe aangeval,

---

[365] Storm, J.M.G. (1989). Die konvensie van Sandrivier as die afsluiting van die Groot Trek. *HTS Teologiese Studies / Theological Studies*, *45*(3), 680-695., p.691
[366] Muller, C. F. J. (1981). *500 Years - A History of South Africa* (3rd ed.). Academica., p.178
[367] Muller, C. F. J. (1946). *Die Britse Owerheid en die Groot Trek* [Doctoral dissertation, University of Stellenbosch]., p.214

maar hy is op 20 Desember 1852 op Berea verslaan.[368] Moshweshwe het egter eerste vrede aangevra om Cathcart 'n eerbare uitweg uit die oorlog te bied. Na die Slag van Berea is Britse politici oortuig om die Soewereiniteit op te gee. Molesworth het in die Britse parlement verklaar: "...(die Soewereiniteit) word deur ontevrede Boere en vyandige barbare bewoon, en is aan die invalle van die vreeslikste barbare op die aarde blootgestel; en kan slegs deur 'n groot en toenemende uitgawe behou word... oorloë, fel en duur, gaan sekerlik periodiek in die Oranjeriviergebied plaasvind, solank as wat ons daarvan besit hou."[369] Die Britse regering het nou verkies om eerder te sien dat die Boere die uitdagings in die Soewereiniteit en die grensgeskille met Moshweshwe hanteer. Op 4 Maart 1852 het Lord Desart, die Britse ondersekretaris vir kolonies, geskryf: "Ek is oortuig dat deur 'n oordeelkundige beleid van versoeningsgesindheid teenoor die Boere, ons probleme aan die Kaap relatief gesproke, sou verdwyn." As die Boere eerder as bondgenote beskou word, "sal die Kaffir nie langer so 'n formidabele vyand lyk nie."[370]

Ten spyte van die groot getal Engelse koloniste wat hulle in die Oranjerivier-Soewereiniteit gevestig het en die lojale Hollands-Afrikaanse trekboere wat op Britse behoud van die Soewereiniteit aangedring het, het die Britse regering besluit om met die Boere oor die oorhandiging van die Soewereiniteit te onderhandel. Die Nederduitse

---

[368] Muller, C. F. J. (1981). *500 Years - A History of South Africa* (3rd ed.). Academica., p.179
[369] Muller, C. F. J. (1946). *Die Britse Owerheid en die Groot Trek* [Doctoral dissertation, University of Stellenbosch]., p.215
[370] Muller, C. F. J. (1946). *Die Britse Owerheid en die Groot Trek* [Doctoral dissertation, University of Stellenbosch]., p.372-p.373

DIE SKEPPING VAN DIE BOERIDENTITEIT

Gereformeerde prediker, Murray, het selfs na Londen gereis om in die Britse Parlement vir die behoud van die Oranjerivier-Soewereiniteit deur Brittanje te pleit.[371] Brittanje het reeds op 30 Januarie 1854 'n koninklike proklamasie uitgereik "waarby alle heerskappy en soewereiniteit oor die Oranjerivier-gebied opgegee en verwerp word."[372] Op 23 Februarie 1854 het Sir George Clerk en Boerverteenwoordigers die Bloemfonteinkonvensie onderteken, waarin Brittanje erkenning aan die politieke onafhanklikheid van die gebied tussen die Oranje- en Vaalriviere verleen het. Hierdie handeling het formeel die Republiek van die Oranje Vrijstaat tot stand gebring. In Kaapstad was die burgers ontsteld oor die afstanddoening van die Oranjerivier-Soewereiniteit deur die Britse regering. In Februarie 1854 het hulle 'n petisie aan die Britse regering gestuur wat sê: "...maar bo alles, vir die eer van die Britse nasie en die goeie trou van Groot Brittanje, om die Konvensie te herroep."[373] Andere, soos die Engelse historikus en skrywer J.A. Froude, het geglo dat die Britse regering die moeilikhede in die Soewereiniteit oneerbaar op die Boere afgeskuif het: "Met die opgee van die Oranje-Vrystaat het ons 'n onopgeloste grensgeskil met die Basoethoe, as erfenis nagelaat. Ons was moeg om self met hulle te baklei, en ons het die President en Volksraad in

---

[371] G. M. Theal (1888). *History of the Emigrant Boers in South Africa*. (2nd ed.). Swan Sonnenschein, Lowrey & Co., p.350
[372] G. M. Theal (1888). *History of the Emigrant Boers in South Africa*. (2nd ed.). Swan Sonnenschein, Lowrey & Co., p.359
[373] Muller, C. F. J. (1946). *Die Britse Owerheid en die Groot Trek* [Doctoral dissertation, University of Stellenbosch]., p.333

DIE BOERREPUBLIEKE

Bloemfontein gelaat om die geskille soos hulle kan te reël."[374]

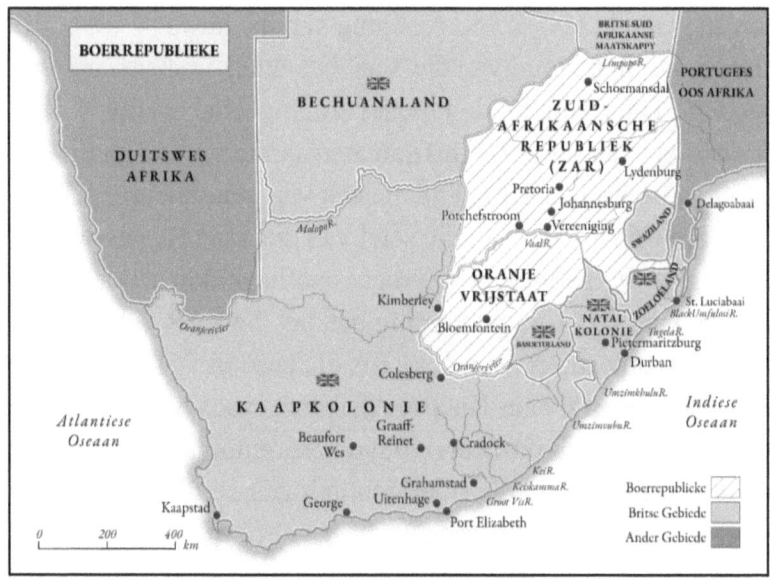

Kaart 5: Die Boerrepublieke

Die Bloemfontein Konvensie het, na twee dekades, die Boere se Groot Trek beëindig. Die Boererepublieke, die Suid-Afrikaanse Republiek (ZAR) en die Republiek van die Oranje Vrystaat (OVS), het nou die regte en vryhede van die Boere gesimboliseer en beskerm. Ongelukkig het die laaste twee prominente Voortrekkerleiers van die Boere, Hendrik Potgieter en Andries Pretorius, heengegaan voordat hulle die onafhanklikheid van die Oranje Vrystaat kon aanskou. Potgieter is op 16 Desember 1852, die Boere se Geloftedag, oorlede, en Pretorius het sewe maande later op 23 Julie 1853

---

[374] De Wet, N. C. (1998). *Blank-Swart-Verhoudinge soos weerspieël in die Vrystaatse Historiografie, 1800-1910* [Doctoral dissertation, Universiteit van die Oranje Vrystaat]., p.87

DIE SKEPPING VAN DIE BOERIDENTITEIT

gesterf. In sy laaste boodskap aan sy mense het Pretorius hulle gesmeek om eendragtig te bly, hulle aangespoor om enige onenigheid vroeg op te los, en om getrou aan mekaar en aan God te bly.[375] Die vestiging van die nuwe Boerrepubliek noord van die Vaal het egter verskeie jare geduur. Die Boere in die Potchefstroomgebied het die Grondwet van die ZAR in 1856 aanvaar, terwyl dié in die Zoutpansbergdistrik in 1858 die eed van getrouheid afgelê het. Pretoria het in 1860 die setel van die regering geword. Die Lydenburg-Boere, wat vroeër onafhanklikheid verklaar het en later met Utrecht verenig het, het die ZAR Grondwet in 1860 aanvaar.[376] Aanvanklik is die bestuur van die Oranje Vrystaat meestal deur Kaapse Afrikaners soos Sir John Brand (Johannes Brand) oorheers. In tyd het sommige leiers, soos F.W. Reitz, egter in die Boeridentiteit geassimileer en hulself met die ZAR geïdentifiseer.

---

[375] G. M. Theal (1888). *History of the Emigrant Boers in South Africa.* (2nd ed.). Swan Sonnenschein, Lowrey & Co., p.244-p.345
[376] Walker, E. A. (1922). *Historical Atlas of South Africa.* Humphrey Milford Oxford University Press., p.19

DIE SKEPPING VAN DIE BOERIDENTITEIT

Naskrif

Gedurende die eeu waarin die Boeridentiteit gevorm is, het die unieke omstandighede en ervarings wat hulle karakter en kultuur gevorm het, hulle doeltreffend toegerus om die uitdagings en vervolging van die daaropvolgende era te hanteer. Dit het hulle nie net in staat gestel om dit te hanteer nie, maar ook bygedra tot verdere ontwikkeling en versterking van die Boeridentiteit. Hoewel die Boere reeds 'n unieke kulturele entiteit was voordat hulle die Kaapkolonie verlaat het, het die Groot Trek hul Boeridentiteit verder ontwikkel en versterk. Die gedeelde geskiedenis en gedeelde trauma tydens die Groot Trek het 'n beduidende invloed op die ontwikkeling van die Boeridentiteit gehad. Hul stryd om oorlewing as 'n groep, waar hulle met aanvalle deur groot inheemse magte gekonfronteer is en hul voortdurende vervolging deur die Britse owerhede, het hul unieke identiteit gevestig. Vanaf die aanvanklike konfrontasies met Mzilikazi se aanvalle het die Boere geleer dat hulle slegs as 'n verenigde kultuurgroep die uitdagings kon oorkom. Die onderskeid tussen die Boere en die Nederlands-Afrikaanse bevolking in die westelike distrikte van die Kaapkolonie, die latere sogenaamde Kaapse Afrikaners, diegene wat ook nie aan die Groot Trek deelgeneem het nie, het met die ontvouing van die Groot Trek meer duidelik geword.

DIE SKEPPING VAN DIE BOERIDENTITEIT

Dit is egter van kritiese belang om tussen nasionale en kulturele identiteit te onderskei. Ondanks die feit dat die Boere alles vir selfbeskikking en vryheid opgeoffer het, was die Boere nie nasionaliste nie. Hulle het hul Boeridentiteit as 'n saambindende kulturele entiteit wat grense oorskry, beskou. Piet Retief, die eerste oorhoofse Boerleier, het gepoog om toestande in die Kaapkolonie te verbeter sodat die Boere in die Kaap kon bly. Hy het eers getrek toe hy tot die oortuiging gekom het dat die situasie in die Kaap onder die Britse bewind van die tyd nie kan verbeter nie, nadat hy alle kanale uitgeput het om die Kaap vir die Boere leefbaar te maak. Daar was ook geen politieke kanale tot sy beskikking om die Britse Imperiale regering in London te oortuig om sy beleid te verander nie. Eers in 1847, vier jaar na die anneksasie van Natalia, het Andries Pretorius en Sarel Cilliers Natal verlaat. Hulle was bereid om 'n Britse regering te aanvaar en daaronder te leef, maar die Britse owerhede was nie gewillig om hul belange in ag te neem of hul kulturele Boeridentiteit te erken en te respekteer nie.

Bibliografie

Baten, Joerg and Fourie, Johan, (2015), Numeracy of Africans, Asians, and Europeans during the early modern period: new evidence from Cape Colony court registers, Economic History Review, 68, issue 2, p. 632-656

Bergh, J. S. (1992). Die vestiging van die Voortrekkers noord van die Vaalrivier tot 1840. Historia, 37(2), pp.39-47.

Bezuidenhout, J. P. (1985). Forte en Verdedigingswerke op die Kaapse Oosgrens 1806-1836. Scientia Militaria, South African Journal of Military Studies, 15(4), 23-45.

Botha, J. P. (2008). Ons Geskiedenis (1st ed.). J.P. Botha.

Britannica, T. Editors of Encyclopaedia (2022, Oktober 3). Napoleontiese Oorloë. Encyclopedia Britannica. (https://www.britannica.com/event/Napoleonic-Wars

Cilliers, D. H. (1951). Die Eerste Verhoudinge Tussen Boer en Brit. Koersjoernaal, 19(3)

Claasen, J. W. (1994) Skotse predikante en die geestelike bearbeiding van die Voortrekkers. HTS Teologiese Studies/Theological Studies, 50.3.

Cory, G. E. (1921). The Rise of South Africa, Vol.I. Longmans, Green & Co.

Cory, G. E. (1926). The Rise of South Africa, Vol.IV. Longman's, Green & Co.

Cubbin, A. E. (1988). The English alliance with the Voortrekkers against the Zoeloes during March and April 1838. Historia, 33(2), 63-73.

Cubbin, A. E. (1992). An exposition of the clash of Anglo-
   Voortrekker interests at Port Natal leading to the military
   conflict of 23-24 May 1842. Historia, 37(2), 48-69.
De Jong, R. C. (1979). Die Slag van Bloedrivier - 16 Desember
   1838. Scientia Militaria, South African Journal of Military
   Studies, 9(4).
De Kiewiet, C. W. (1957). A History of South Africa, Social &
   Economic. Oxford University Press.
De Klerk, P. (2002). 1652 - Die begin van kolonialisme in Suid-
   Afrika? Historia, 47(2), 739-764
De Villiers, J. (2012). Colonel John Graham of Fintry and the
   Fourth Cape Eastern Frontier War, 1811-1812. Scientia
   Militaria - South African Journal of Military Studies,
   31(2).
De Wet, J. (1888). Beknopte geschiedenis van de Nederduitseche
   Hervormde Kerk van de Kaap de Goede Hoop sedert de
   stichting der volkplanting in 1652 tot 1804. J.C. Juta &
   Co.
De Wet, N. C. (1998). Blank-Swart-Verhoudinge soos weerspieël
   in die Vrystaatse Historiografie, 1800-1910 [Doctoral
   dissertation, Universiteit van die Oranje Vrystaat].
Dieter and Johan Fourie, (2010), A history with evidence: Income
   inequality in the Dutch Cape Colony, No 184, Working
   Papers, Economic Research Southern Africa
Du Plessis, J. S. (1952) Jan Van Riebeeck — 'N Biografiese Skets
   En Enkele Karaktereienskappe. Koers, vol. 19, no. 4,
   1952, pp. 129-143.
Du Toit, A., & Giliomee, H. (1983). Afrikaner Political Thought.
   Volume 1: 1780-1850. University of California Press
Duvenhage, G. D. J. (1963). Wanneer het die Trichardt-trek begin?
   Historia, 8(2), 100-103.
Emanuelson, O. E. (1927). A History of Native Education in Natal
   between 1835-1927., Master's Thesis, University of
   KwaZoeloe-Natal.

Erasmus, L. J. (1972). Die Tweede Britse Verowering van die Kaap, 1806 [Master's Thesis, Potchefstroomse Universiteit vir Christelike Hoer Onderwys].

Fourie, J. & von Fintel, D. (2010) The Fruit of the Vine? An Augmented Endowments-Inequality Hypothesis and the Rise of an Elite in the Cape Colony. WIDER Working Paper 2010/112. Helsinki: UNU-WIDER.

Fourie, J., The remarkable wealth of the Dutch Cape Colony: measurements from eighteenth-century probate inventories, Economic History Review, 66, 2 (2013), pp. 419–448

Fourie, Johan and Uys, Jolandi, (2011), A survey and comparison of luxury item ownership in the eighteenth century Dutch Cape Colony, No 14/2011, Working Papers, Stellenbosch University, Department of Economics

Fourie, Johan and van Zanden, Jan Luiten, (2012), GDP in the Dutch Cape Colony: The national accounts of a slave-based society, No 04/2012, Working Papers, Stellenbosch University, Department of Economics

Fourie, Johan, (2011), Slaves as capital investment in the Dutch Cape Colony, 1652-1795, No 21/2011, Working Papers, Stellenbosch University, Department of Economics

Fourie, Johan, (2013), The quantitative Cape: Notes from a new Histriography of the Dutch Cape Colony, No 371, Working Papers, Economic Research Southern Africa

Gabriels, B. (1999). 'n Vergelyking tussen die verengelsingsbeleid na die Tweede Britse besetting van die Kaap aan die begin van die 19de eeu en die verengelsingsbeleid na die oorname van die ANC-regering in 1994 in Suid-Afrika [Master's Thesis, Stellenbosch Universiteit].

Geyser, O. (1967). Die lastige bure op die Noordgrens. Historia, 12(4), 225-233.

Gie, S. F. (1932). Geskiedenis vir Suid-Afrika, II (2nd ed.). Pro Ecclesia-Drukkery.

Giliomee, H. B. (1971). Die Kaap tydens die Eerste Britse Bewind, 1795-1803 [Doctoral dissertation, University of Stellenbosch],

Giliomee, H. B. (1973). Die Kaapse samelewing teen die einde van die kompanjiesbewind. Historia, 18(1), 2-17.

Giliomee, Hermann. Die Afrikaners (Afrikaans Edition). Tafelberg. Kindle Edition.

Godlonton, R. (1879). Case of the colonists (2nd ed.). Richards, Slater & Co.

Grebe, H. P. (1999). Oosgrensafrikaans : 'n te eksklusiewe begrip? Literator, Vol. 20(no.1), pp.51-66.

Grobler, J. E. H. (2010). Afrikaner- en Zoeloeperspektiewe op die Slag van Bloedrivier, 16 Desember 1838. Tydskrif vir Geesteswetenskappe, 50(3). pp.363-382.

Grobler, J. (2011). The Retief Massacre of 6 February 1838 revisited. Historia, 56(2), pp.113-132.

Grönum, W. (1987). Die Difaqane: Oorsprong, Ontplooiing an Invloed op die Tswana [Master's thesis, North-West University].

Haswell, R. F., & Brann, R. W. (1984). Voortrekker Pieter Mauritz Burg. Contree: Journal for South African Urban and Regional History, 16, 16-19.

Hattingh, J. L. (1988). Kaapse Notariële stukke waarin slawe van Vryburgers en amptenare vermeld word (1658 - 1730). Kronos: Journal of Cape History, 14(1), 43-65.

Heese, H. F. (2019). Cape Melting Pot, The role and status of the mixed population at the Cape 1652-1795, as translated by Delia Robertson from Groep Sonder Grense

Henning, E. E. (2014). The cultural significance of the church of the vow in Pietermaritzburg [Master's thesis, University of Pretoria].

Historical Publications Southern Africa (n.d.). The Diary of the Rev. F. Owen, Missionary with Dingaan, together with the accounts of Zoeloe affairs by the interpreters, Messrs.

Hully and Kirkman. Retrieved October 4, 2023, from https://hipsa.org.za/publication/the-diary-of-the-rev-f-owen-missionary-with-dingaan-together-with-the-accounts-of-Zoeloe-affairs-by-the-interpreters-messrs-hully-and-kirkman/

Hollfelder, N., Erasmus, J.C., Hammaren, R. et al. Patterns of African and Asian admixture in the Afrikaner population of South Africa. BMC Biol 18, 16 (2020).

Hugo, M. (1988). Piet Retief in die Suid-Afrikaanse geskiedskrywing. South African Journal of Cultural History, 2(2), 108-126.

Jansen, E. G. (1938). Die Voortrekkers in Natal., https://archive.org/details/VoortrekkersInNatal

Johan Fourie and Dieter von Fintel, (2010), The dynamics of inequality in a newly settled, pre-industrial society: the case of the Cape Colony, Cliometrica, Journal of Historical Economics and Econometric History, 4, (3), 229-267

Kapp, P. (2002). Die VOC-tydperk en die ontwikkeling van identiteitsbewussyne aan die Kaap. Historia, 47(2), 709-738., p720 (Prof. Kapp refers to a statement in his doctoral thesis by A. Biewenga)

Kotze C.R., Edited by Muller, C. F. (1984). 500 Years, A History of South Africa (4th ed.). Academica.

Kotze, C. R. (2021). Reaksie van die Afrikaners op die owerheidsbeleid teenoor hulle, 1806-1828: II. Historia

Lambert, T. (2021, March 14). A History of the Population of England. Retrieved June 12, 2023, from https://localhistories.org/a-history-of-the-population-of-england/

Le Roux, P. E. (1946). Die geskiedenis van die burgerkommando's in die Kaapkolonie (1652-1878) [Doctoral dissertation, University of Stellenbosch].

Leftwich, A. (1976). Colonialism and the constitution of Cape society under the Dutch East India Company. Doctoral dissertation, University of York.

Maphalala, S. J. (1980). Zulu relations with the whites during the nineteenth century : A broad perspective. Historia, 25(1), 19-27.

Markram, W. J. (1992). Stephanus Petrus Erasmus: Grensboerpionier en Voortrekker, 1788-1847 [Master's thesis, University of Stellenbosch].

Markram, W. J. (2001). Die lewe en werk van Petrus Lafras Uys, 1797-1838 [Doctoral dissertation, University of Stellenbosch].

Meintjes, K. (n.d.). The Massacre at Zuurberg. Eggsa.org. Retrieved September 17, 2023, from https://www.eggsa.org/articles/Zuurberg_intro.htm

Muller, C. F. J. (1946). Die Britse Owerheid en die Groot Trek [Doctoral dissertation, University of Stellenbosch].

Muller, C. F. J. (1971). Andries Pretorius se grondverkopings in Graaffreinet, 1837 tot 1838: 'n hersiening van dr. G.S. Preller se gevolgtrekkings. Historia, 16(1), 2-8.

Muller, C. F. J. (1981). 500 Years - A History of South Africa (3rd ed.). Academica

Muller, C. F. J. (1987). Die oorsprong van die Groot Trek (2nd ed.). Tafelberg Uitgewers.

Nel, H. F. (1967). Die Britse verowering van die Kaap in 1795 [Masters' Thesis, University of Cape Town]

Oberholzer, J.. (1989). Die Voortrekkerideaal - Natal of Transvaal?. HTS Teologiese Studies / Theological Studies. 45. 10.4102/hts.v45i3.2316.

Olga Witmer, Germans, the Dutch East India Company, and Early Colonial South Africa., German Historical Institute London Blog, 15/09/2020, https://ghil.hypotheses.org/23.

Olivier, G. C. (1968). Die vestiging van die eerste vryburgers aan die Kaap die Goeie Hoop. Historia, 13(3), 146-175.

Patterson, S. (1957). The Last Trek: A study of the Boer people and the Afrikaner Nation. Routledge & Keagan Paul Ltd., London.

Penn, N. (1995). The Northern Cape frontier zone, 1700 - c.1815. (Doctoral thesis). University of Cape Town, Faculty of Humanities, Department of Historical Studies.

Ploeger, J. (2012). In diens van die Kompanjie. Scientia Militaria - South African Journal of Military Studies

Pont, A. D., (1978). Die herderlijken brief van die Sinode van 1837. HTS Teologiese Studies/Theological Studies. (34)(4), 91-105.

Rautenbach, T. C. (2021). Sir George Napier en die Natalse Voortrekkers, 1838-1844. Historia, 34(2), p.22-p.31.

Retief, J. (2015)., The Voortrekker and the Ndebele, Part One: Attacks at the Vaal River and Liebenbergskoppie, 21 and 23 August 1836, Military History Journal, 16(6)., https://www.samilitaryhistory.org/vol166jr.html

Retief, J. (2016). The Voortrekker and the Ndebele, Part Two: The Battle of Vegkop, 20 October 1836. Military History Journal, 17(1)., https://www.samilitaryhistory.org/vol171jr.html

Roux, P. E. (1946). Die geskiedenis van die burgerkommando's in die Kaapkolonie (1652-1878) [Doctoral dissertation, Universiteit Stellenbosch].

Saks, D. (2004). The Real "First Anglo-Boer War": The Siege of Port Natal, 1842. The South African Military History Society, Military History Journal, 13(1)., Retrieved June 13, 2023, from https://samilitaryhistory.org/vol131ds.html

Scholtz, J. D. P. (1939). Die Afrikaner en sy Taal. Nasionale Pers.

Schutte, G.J., (2002) Neerlands India. De wereld van de VOC: calvinistisch en multi-cultureel, Historia 47(1), Mei 2002

Shamase, M. Z. (1999). The reign of King Mpande and his relations with the Republic of Natalia and its successor, the British colony of Natal [Doctoral dissertation, University of Zululand].

Smith, K. W. (1974). From frontier to midlands - A history of the Graaff-Reinet District, 1786-1910 [Doctoral dissertation, Rhodes University]

Steyn, J.C. 2016., Afrikanerjoernaal. 'n Vervolgverhaal in 365 episodes. Pretoria: FAK

Storm, J.M.G. (1989). Die konvensie van Sandrivier as die afsluiting van die Groot Trek. HTS Teologiese Studies / Theological Studies, 45(3), 680-695.

Strauss, P. (2015). Die Kaapse NG Kerk en die Groot Trek: 'n evaluering. Stellenbosch Theological Journal, 1(1), 273-289.

The South African Military History Society (n.d.). South African Military History Society Eastern Cape Branch Newsletter / Nuusbrief August/ Augustus 2013: Great Trek Anniversary: Military encounters of the Voortrekkers 4. http://samilitaryhistory.org/13/p13augne.html

Theal, G. M. (1886). Boers and Bantu: A History of the Wanderings and Wars of the Emigrant Farmers from their leaving the Cape Colony to the overthrow of Dingan. Saul Solomon and Co.

Theal G. M. (1888). History of the Emigrant Boers in South Africa. (2nd ed.). Swan Sonnenschein, Lowrey & Co.

Theal, G. M. (1913). Willem Adriaan van der Dtel and other Historical Sketches. Thomas Maskew Miller, Publisher.

Theal, G. M. (1916). The story of Nations - South Africa (8th ed., p. 24). T. Fisher Unwin Ltd.

Uys, I.S. (1979). The Battle of Italeni. The South African Military History Society, Military History Journal, 4(5)., The Battle of Italeni - Military History Society - Journal (samilitaryhistory.org)

Van Aswegen, H. J. (1994). Die Mfecane. Werklikheid of mite? Historia, 39(1), 19-32.

Van Boven, M. W. (2006). "Memory of the World - Archives of the Dutch East India Company: Nomination Form - VOC Archives Appendix 2".

Van der Merwe, J. P. (1926). Die Kaap onder die Bataafse Republiek 1803-1806. Swets & Zeilinger, Amsterdam.

Van der Merwe, P. J. (1937). Die Noordwaartse beweging van die Boere voor die Groot Trek (1770-1842) [Doctoral dissertation, Rijksuniversiteit, Leyden].

Van der Merwe, P. J. (1995). The Migrant Farmer in the History of the Cape Colony 1657-1842. Ohio University Press

Van Jaarsveld, F. A. (1963). Anthropo-geographical aspects of the Great Trek: 1836-1863. Historia, 8(2), 93-99.

Van Jaarsveld, F. A. (1985). Die Ndzundza-Ndebele en die Blankes in Transvaal 1845-1883 [Master's Thesis, Rhodes Universiteit].

Van Zyl M.C., Edited by Muller, C. F. (1984). 500 Years, A History of South Africa (4th ed.). Academica

Van Zyl, M. C. (1986). Die Slag van Vegkop. Historia, 31(2).

Visagie, J. C. (1980). Louis Jacobus Nel: 'n voortrekkerleier uit die tweede linie. Journal of Cape History, 3(1), 52-89.

Visagie, J. C. (1988). Jan en Breggie Pretorius van die Tregardt-trek. Journal of Cape History, 13(1), 14-22.

Visagie, J. C. (1990). Minder bekende Voortrekkerleiers. Historia, 35(1), 39-57.

Visagie, J. C. (1992). 'n Besoek aan Mzilikazi in 1830. Historia, 37(1), 9-23.

Visagie, J. C. (1993). Verset teen die burgermilisieplan van 1835. Historical Association of South Africa (HASA), 38(2).

Visagie, J. C. (1996). Die fyn onderskeid tussen die Voortrekkers en die trekboere. Historia, 41(2).

Voigt, J. C. (1969). Fifty years of the history of the Republic in South Africa 1795 - 1845, Volume 1. New York, Negro Universities Press

Voigt, J. C. (1899). Fifty Years of the History of the Republic in South Africa 1795-1845, Volume II. E.P. Dutton & Co.

Vrey, W.J.H., (1968), Blanke besetting en bevolkingsgroei van die Republiek van Suid-Afrika vanaf 1652 tot 1960, Doctoral dissertation, University of the Orange Free State,Bloemfontein.

Walker, E. A. (1965). The Great Trek (5th ed.). Adam & Charles Black, London.

WikiTree. (2023, March 18). Project: Voortrekkers. Retrieved September 13, 2023, from https://www.wikitree.com/wiki/Project:Voortrekkers

Zukowski, A. (1992). Polish relations with and settlement in South Africa (circa 1500-1835). Historia, 37(1).